U0683670

2022

湖北省社会科学院　主办

张忠家　主编

长江学研究

长江出版社
CHANGJIANG PRESS

图书在版编目（CIP）数据

长江学研究 . 2022 / 张忠家主编 .
—武汉 ： 长江出版社，2023.8
ISBN 978-7-5492-9000-0
Ⅰ . ①长… Ⅱ . ①张… Ⅲ . ①社会科学－文集 Ⅳ . ① C53

中国国家版本馆 CIP 数据核字 (2023) 第 155608 号

长江学研究 . 2022
CHANGJIANGXUEYANJIU.2022
张忠家　主编

责任编辑： 张琼　刘依龙
装帧设计： 刘斯佳
出版发行： 长江出版社
地　　址： 武汉市江岸区解放大道 1863 号
邮　　编： 430010
网　　址： https://www.cjpress.cn
电　　话： 027-82926557（总编室）
　　　　　027-82926806（市场营销部）
经　　销： 各地新华书店
印　　刷： 武汉市首壹印务有限公司
规　　格： 787mm×1092mm
开　　本： 16
印　　张： 19.5
字　　数： 323 千字
版　　次： 2023 年 8 月第 1 版
印　　次： 2023 年 8 月第 1 次
书　　号： ISBN 978-7-5492-9000-0
定　　价： 59.00 元

再论长江学的建设与发展问题

张忠家[①]

　　长江是中国第一大河,是中华民族的母亲河、生命河。长江学作为一门以长江流域为研究对象,以生态保护、区域经济、历史文化为研究重点,兼涉交通运输、社会治理、法学、文学、艺术等诸多研究领域的区域性、综合型新兴学科,对于深入学习贯彻落实习近平总书记关于推动长江经济带发展系列重要讲话精神,加快中国特色哲学社会科学学科体系、学术体系、话语体系建设具有重要理论价值和现实意义。

　　湖北省社会科学院自20世纪80年代以来即致力于长江研究,成立了全国第一个流域经济研究机构——长江流域经济研究所,参与制定了《湖北长江经济带开放开发总体规划》《长江中游城市群发展规划》等重要规划文件,连续承办了"长江论坛""长江高端智库对话"等系列高规格会议,先后承担了国家社科基金重大项目"长江经济带重大战略研究"、教育部哲学社会科学研究重大课题攻关项目"推动长江经济带发展重大战略研究"等国家级课题。

　　经过多年酝酿,2019年12月,湖北省社会科学院组织召开了第一届"长江学"学术研讨会,正式向学界发出了在新的时代背景下共建长江学的号召。自兹迄今,已涉三载。三年来,湖北省社会科学院聚焦长江学研究,取得了一系列重要成果,包括连续举办了三届长江学学术研讨会;创办了一份专门刊载长江学最新研究成果的专业学术辑刊——《长江学研究》;设立了重大科研项目"长江研究之研究";成立了长江技术经济学会流域经济发展专业委员会等。

---

①张忠家,湖北省社会科学院党组书记、副院长。

同时,我们关于建设长江学的号召也获得了学界的广泛响应。一系列研究论文相继发表,相关专著陆续出版,一批重点科研项目成功立项。特别是四川省社会科学院的同仁们在李后强教授的主持下,撰写出版了《长江学》一书,提出了长江与黄河"双联体"共同构成中华民族文化基因(DNA)双链结构的新说。

现在,我们已经可以自信地宣示,在学界同仁们的共同努力下,构建长江学的重要意义已经获得学界广泛认同,长江学的概念已基本厘清,长江学的"四梁八柱"也已大体确立。我们三年前的设想已基本转化为现实。

未来,我们有充分的理由相信,长江学一定会成长为一门时代显学。这首先是由长江的重要地位所决定的。长江流域横跨我国东中西三大板块,人口和生产总值超过全国的40%,是我国经济重心所在、活力所在。可以预料,长江必将成为引领中国发展的经济腾飞之江、生态和谐之江、文化繁荣之江。其次,推动长江经济带发展,是党中央作出的重大决策,是关系国家未来发展全局的重大战略。党的十八大以来,以习近平同志为核心的党中央高度重视长江经济带发展,提出了长江经济带要"共抓大保护、不搞大开发",使其成为我国生态优先绿色发展主战场、畅通国内国际双循环主动脉、引领经济高质量发展主力军等一系列重要论断。长江学对于以学术研究引领和助推长江经济带高质量发展具有非常重要的现实意义。

为进一步推动长江学建设与发展,我提出三点意见,供大家参考。

一、进一步凝聚各方共识,共同助推长江学快速发展

目前,在我们的积极呼吁下,长江学研究虽然已经获得较高关注,但其影响主要集中于学界。下一阶段,我们应通过多种手段,积极扩展长江学自身影响力。从纵向上看,长江学建设一方面要积极争取国家层面的政策支持和资金扶持;另一方面要深入基层,积极获取广大人民群众的理解和拥护。从横向上看,

长江学的未来发展有赖于团结政界、商界、学界的力量共同发力。我们呼吁政府通过设置专项研究课题，支持长江学研究交流平台建设等手段助推长江学发展。同时，我们也欢迎商界设置专项基金，专门用于鼓励和资助开展相关学术研究活动。学界则应集中精力，真正致力于解决长江流域所面临的一系列重大复杂现实问题，持续提升长江学的学科竞争力，永葆学科青春活力。

二、进一步完善长江学的学科体系、学术体系、话语体系

习近平总书记指出，加快构建中国特色哲学社会科学，归根结底是建构中国自主的知识体系。要以中国为观照、以时代为观照，立足中国实际，解决中国问题，不断推动中华优秀传统文化创造性转化、创新性发展，不断推进知识创新、理论创新、方法创新，使中国特色哲学社会科学真正屹立于世界学术之林。长江学作为一门诞生于新时代，立足于本土的新兴学科，有必要、有责任也有义务、有能力为构建具有中国特色的哲学社会科学学科体系、学术体系、话语体系贡献自己的独特力量。今后，长江学建设可以从以下几方面发力。一是通过壮大学科背景多元化的专业研究队伍，增加相关国家级科研项目立项和专项资金投入，丰富成果发表渠道，编写专题教材等方式努力实现长江学的学科化，争取早日进入国务院学位委员会和教育部认定的学科目录。二是要主动设置议题，扩宽研究思路，强化研究深度，规范研究方法，推动形成相对成熟的长江学学术体系。三是要积极从中华优秀传统文化、改革开放和社会主义现代化建设的伟大实践中汲取养分，同时借鉴人类文明发展的有益成果，凝练出能够更好地与人民对话、与世界对话的话语体系，努力建设具有中国特色、中国风格、中国气派的长江学。

三、进一步开展跨学科交流与对话，实现协同发展

突破既有学科壁垒，促进多学科协同发展是新时代学术创新的原动力之一。国家"十四五"规划和2035年远景目标纲要提出，要"优化学科布局和研发布局，推进学科交叉融合"。2021年，国务院学位委员会决定设置"交叉学科门类"，并赋予其与传统学科同等的地位。当前，多学科交叉与融合发展正在成为学术新常态，并不断碰撞出新的学科前沿和研究领域。长江学作为一门以长江流域为研究重点，兼涉诸多研究领域的新兴学科，天然具有多学科交叉的学科特质。在长江学的未来发展过程中，应切实增加跨学科的学术交流与合作，综合运用多学科知识共同研究，为长江学的发展不断注入新的动能与活力。

Contents 目 录

长江流域
政治演进

长江学术研究
2022

再探南明隆武帝殉难地

王浩淼　　徐梓又①

摘　要：隆武帝朱聿键的最终殉难地一直困扰着后人。由于南明贵族官僚受儒家政治理念忙于择嗣，加之清方档案又语焉不详，造成这一问题至今无人能详细说清。从清初到近代所成形的说法大致可分为三类：福州说、粤东说和汀州说。本文综合分析清初文献和隆武二年南明动乱的环境，认为三说都很难完美说清隆武帝最终的行迹，但是汀州遇害说更为接近事实，唯一记载相关信息的清朝官方档案使用了"汀水"说，不仅可以概括汀州遇害说，同时能灵动地解释汀州说所不能反映的一些现象。探寻朱聿键的殉难地有助于了解南明遗臣对新旧君主观念的心理分野。

关键词：唐王；朱聿键；汀州府；汀水；粤东

唐王朱聿键是唐藩第九代亲王，崇祯九年（1636）被封为唐王，弘光元年（1645）闰六月初七日在福州监国，二十七日称帝，史称隆武帝，是南明史上第二位被公认的君主。朱聿键个人研究是 20 世纪热门话题之一，而本世纪的学界重视朱聿键集团的政权机制运转，如徐晓望在《论隆武帝的战略问题》一文中认为隆武帝速败的主因是战略决策失误②，又在《论隆武帝与郑氏家族的权力之争》一文中比较了隆武帝和郑氏集团的纷争，认为隆武帝在斗争中逐渐占优势③，杨海英在《隆武帝的中心战略及其破灭——关于隆武"兵发五路"收复南京计划的研究》认为隆武帝的中兴战略失败是受制于郑芝龙的闭关自守和清军强

---

①王浩淼，安徽大学历史学院博士研究生；徐梓又，江南大学马克思学院博士研究生。
②徐晓望：《论隆武帝的战略问题》，《中国史研究》2002 年第 2 期，第 115—126 页。
③徐晓望：《论隆武帝与郑氏家族的权力之争》，《福建师范大学学报》（哲学社会科学版）2002 年第 1 期，第 109—114 页。

大的攻势所致①。关于朱聿键殉难前的行迹,清代文献说法不一,而近人公认汀州府堂遇难说为确,黄宗羲结合诸说评论称:"(清军)遂执上与曾后,后至九龙潭投水死,上崩于福京。或曰,建宁代死者为唐王聿钊,汀州代死者为张致远,上实未死……其后朱成功屯兵鼓浪屿,有遣使存问诸臣者,云为僧于五指山,然亦莫必其真伪也。"②该句提及的三种殉难方式迥异,因此探析朱聿键的最终殉难地是很有必要的,现对三说依次进行辨析,如有不确,望方家予以批评斧正。

一、福州遇害说

福州遇害说主要有两种说法:

第一,始终留守福州说。

有人认为,在清军入闽后,隆武帝并未出逃,始终留守福州。这一种说法的依据是清朝文献记载出奔汀州的是唐王朱聿钊,"钊"与"键"在字形和音韵上都不相近,因此"朱聿钊"不是满文谐音而来,说明留守福州的唐王和出奔汀州的唐王是两个人,《行朝录》《东南纪事》等文献未做考证,故只能当作一种参考,《小腆纪年》则将李聿键和朱聿钊混为一人③。

事实上朱聿钊是清朝单方面的记载。《清世祖实录》卷 24 记载"明唐王朱聿钊兵寇徽州,总兵张天禄等率兵堵剿,败之,获其阁部黄道周等"④,众所周知,黄道周始终为唐王朱聿键效力,而朱聿键监国后也并未派遣过藩王单独出兵。当听闻金声桓大举入攻江西,黄道周主动请缨出关,自主招兵⑤,最终因无饷,仅存有"七建及江、浙诸门人子弟之兵"⑥,可见出关以后黄道周本人并未受到某藩王直接的军事领导,而《清实录》所载的唐王明显指代的就是唐王、隆武帝朱聿

①杨海英:《隆武帝的中心战略及其破灭——关于隆武"兵发五路"收复南京计划的研究》,《中国史研究》2000 年第 4 期,第 21 页。

②(清)黄羲之著、沈善洪主编:《行朝录》卷 1《隆武纪年》,《黄宗羲全集》第二册,浙江古籍出版社 1986 年版,第 120 页。

③(清)徐鼒:《小腆纪年》卷 11,"顺治三年十一月"条,《台湾文献史料丛刊》第 134 册,人民日报出版社,台湾大通书局印行 1962 年版,第 561 页。

④(清)巴岱、(清)图海、(清)索额图等:《清世祖实录》卷 23,"顺治三年正月己巳"条,中华书局 1985 年版,第 201 页。

⑤(清)钱秉镫:《所知录》卷 1,《台湾文献史料丛刊》第 86 册,人民日报出版社,台湾大通书局印行 1961 年版,第 7 页。

⑥(清)蔡世远:《黄道周传》,(明)黄道周:《黄道周传》第一册,中华书局 2017 年版,第 57 页。

键。清政府在情势大好的环境下自然将正统性归属于自己,并认为南明各朝廷皆是伪政权,不认可其年号,仍称藩号。在《清史稿》本纪中记载的有关"朱聿钊"的行迹和《博洛传》中"朱聿键"的行迹相同,可见清朝官方文献默认了隆武帝朱聿键就是所谓逃亡汀州的朱聿钊。

关于"朱聿钊"与唐王朱聿键的具体辨析,笔者曾从明代藩王避讳的角度考虑了朱聿键有因避讳改名的嫌疑,朱聿键与李聿键的名字恰与监国所在区域吻合,这种巧合不得不联想到避讳改名,于是利用了藩王即位后不得与先帝名讳相似的原则①,但李聿键是由"朱聿镇"改名而来的过程是得到文献佐证的,而朱聿键并未有任何实质性佐证,因此此说只是对朱聿键名讳的一种猜测。事实上"朱聿键"之"键"字,右半边为"建",其音恰与"剑"音相同,而在传抄过程中"剑"左边的"刂"容易误写成"金",于是通过音误再到字误,对于满人而言音韵和字形的变化是合乎他们的写作习惯。在档案中"博洛"就已经被写成"孛罗","孛罗"在蒙古文中是很常见的名讳,也是诸多音韵最容易变形得来的名讳。与此相似的还有"福王朱由崧"被写成"朱由松"②,"鲁王朱以海"被记载为"鲁王朱彝垓"③。清朝学者俞樾在解释苏州市民运动首领葛贤为何被更名为"葛咸"时就借鉴了满人名讳传抄中的借音、借形等特点④。由于朱聿钊只在清朝单方面的文献才出现,有人认为朱聿钊与朱聿键是两人,朱聿钊是朱聿键即位后所封唐王,如果这一假设成立,那么"唐王朱聿钊"、唐王李聿键和"唐藩朱聿键"又该如何区分呢?唐王虽然有志向,但都仅仅停留在书本,有人认为唐王能躬行征伐,是为明主,这是仅从唐藩政权的地理位置看待,若从个人角度分析,朱聿键难免保留着明代藩王固有的懦弱、骄奢和贪恋等特性。唐王朱聿键自登基以来,派遣黄道周等奔波福建附近各省以诏谕诸王,在《黄漳浦集》里记录了唐王朱聿键劝谕鲁王、惠王、益王、靖江王等诏书,他以西晋八王之乱为切入点,劝说诸王放弃恩怨,共同推戴自己为天下之主。在隆武政权中,他将军权交予郑氏成员,而文官仅能自己招募兵马,甚至朱聿键的御林军数量也是捉襟见肘,因此从延平西向的军队如果不以朱聿键而以某位藩王为首,这就无法解释这股兵马的来源

---

①王浩淼、徐梓又:《明朝宗室避讳考析》,《六盘水师范学院学报》2020 年第 1 期,第 61—67 页。

②《清世祖实录》卷 21,"顺治二年十一月戊申"条,第 185 页。

③《清世祖实录》卷 26,"顺治三年六月丁酉",第 224 页。

④(清)俞樾:《茶香室三钞》卷 6《葛咸》,中华书局 1995 年版,第 143 页。

和西向的原因，同时也与朱聿键只招徕藩王而不以为将帅的方针相悖。假使说延平府奔赣的车驾是为了迷惑清军的话，车驾中尚有数位大学士扈从，代价似乎过大，其中何吾驺是朱聿键的宠臣，其人本身较为贪婪、胆小、势利，绝不会提及代主出征的计划，因此根本不能和黄道周相提并论。从六月至八月，朱聿键多次提及前往汀州、赣州事宜，郑芝龙将兵马转移至福宁，使朱聿键倍感恐慌。为了获得勤王兵力，他不得不亲自前往赣州。《明末忠烈纪实》称，当清兵迫近福州，贡生齐巽、中书张份、僧不空等起兵奉礼部右侍郎曹学佺为主[①]，这也说明了当时福州城已经没有宗王镇守。

　　唐王朱聿键既然并未始终留守福建，那么他会不会在延平府私自东向福州，而令部下继续西奔呢？答案是否定的，朱聿键始终要求亲征，尽管他本身也十分惧怕清军，自始至终都未离开过福建境内，当时处于闽浙连心的时刻，他必须耐着性子作表率来证明自己的决策能力高于鲁王，因此当有人言论朱聿键将会回到福州时，朱聿键生气地说："朕以进战自誓，岂有复回之理！谁为此言以惑耳目，即应立刻察明斩首，以警其余。"[②]金堡在奏疏中隐刺朱聿键有奔楚的打算，"幸楚不可旬日至，能如羽林神策以死卫蜀道梁洋之难乎？万一又不能，陛下何所税驾？"[③]。湖北的何腾蛟也曾派遣张先璧、郝永忠等接应御营[④]，赣州苏观生提议派兵接应御营，隆武大臣钱澄之也能佐证朱聿键曾到达汀州，他曾亲自到达汀州，看到汀州已经失陷[⑤]。如果朱聿键未在汀州，清兵在攻下福州以前分兵攻击毫无防御力的汀州[⑥]是不能够得到解释的。

　　《闽事纪略》收录了一位亲自参与过赣州保卫战的南明乡绅范康生的文章《仿指南录》。作为赣州士人的代表，他的听闻是最具有代表性的，其称："会在

　　①(清)徐秉义：《明末忠烈纪实》卷13《曹学佺传》，浙江古籍出版社1987年版，第225页。
　　②(清)李长祥：《燐火录》卷15，"隆武二年五月十五日"条，《台湾文献史料丛刊》第177册，人民日报出版社，台湾大通书局印行1963年版，第830页。
　　③(明)金堡：《岭海焚余》卷上《极陈时事疏》，《台湾文献史料丛刊》第302册，人民日报出版社，台湾大通书局印行1972年版，第20页。
　　④(清)佚名：《思文大纪》卷8，《台湾文献史料丛刊》第111册，人民日报出版社，台湾大通书局印行1962年版，第147页。
　　⑤《所知录》卷上《隆武纪事》，第19页。
　　⑥延平以西州县防御较为薄弱，当听闻清军跨过关险而南，守兵犹如蜀人惊闻邓艾那般失去了战斗力，《思文大纪》称延平府士兵听闻清兵至，咸遁走。《岭海焚余》称"八闽人情脆而喜变，储无宿粮、守无宿备"，见该著卷上《极陈时事疏》，第20页。

汀州之变,余以为根本大计较急,相国(苏观生)、司马(郭维经)宜引兵迎扈"①,而赣州的苏观生和郭维经是朱聿键的亲信之人,必然能看出朱聿键的笔迹,且该录使用了"根本大计"和"引兵迎扈"诸词,可见福州留守说不可信。值得说明的是郭维经,《台湾外记》《明季南略》等称在西奔过程中,与朱聿键一起的四位阁臣中有郭维经,但是据亲自参与留守赣州的范康生记载,隆武二年(1646)七月左右郭维经始终在赣州防守,《小腆纪传》《所知录》也记载隆武二年五月,朱聿键加吏部尚书郭维经六省督师衔,与御史姚奇允募兵救援赣州,后死于赣州②,《思文大纪》作六月。如果郭维经是和何吾驺一起在前往汀州途中逃脱,何吾驺的散走与本人的胆怯和足疾有关,郭维经与二者无关,而且和何吾驺一起逃跑,何吾驺逃至广州,郭维经又如何跑到赣州? 同样是殉国,不与朱聿键同死,又何必多此一举跑到赣州就义呢? 再者,赣州自五月开始被清兵团团包围③,清军在此后不断增兵,郭维经作为一个逃难之人,又如何能进得了赣州?因此与朱聿键在一起的阁臣中并没有郭维经。

第二,自汀州执送至福州说

该说的结局有两种,一种融入了殉国,认为朱聿键绝食而死,另一种是清军将朱聿键处死于福州集市。

福州被执说是在汀州被袭之说的基础上形成的,在南明野史中流传最广,由于从中能体现朱聿键与曾后的不屈个性,较能为他人所接受。如《罪惟录》称"北师挟主至福州之橙塘,不终",作者查继佐并不想追究朱聿键的最终下落④。顺治十四年(1657)左右撰写的《明季遗闻》详细记载了朱聿键从延平到汀州的过程⑤,成为之后文献的模板。康熙末年编撰的《野史无文》记载"秋七月,清师至汀州府,执隆武,死之,福建平定"⑥,后来的文献又对"执"进行"创新"。《明季

①(明)华廷献:《闽事纪略》卷《仿指南录》,《台湾文献史料丛刊》第239册,人民日报出版社,台湾大通书局印行1967年版,第54页。

②《小腆纪年》卷12,"顺治三年五月"条,第596页;《所知录》卷上《隆武纪事》,第18页。

③《小腆纪年》卷12,"顺治三年五月丙午"条,第595页。

④(清)查继佐:《罪惟录选辑》卷1《唐主附》,《台湾文献史料丛刊》第136册,人民日报出版社,台湾大通书局印行1962年版,第56页。

⑤(清)邹漪:《明季遗闻》卷4《福建两广》,《台湾文献史料丛刊》第112册,人民日报出版社,台湾大通书局印行1961年版,第109页。

⑥(清)郑达:《野史无文》卷5《永历皇帝本纪》,《台湾文献史料丛刊》第209册,人民日报出版社,台湾大通书局印行1965年版,第42页。

南略》称当朱聿键车驾在八月二十四日从延平府逃至顺昌,清军自建宁府南袭,前部向东攻福州,唯独陈谦子帅领数名骑兵追击车驾,在汀州突击南明军队时,"获隆武之龙扛"①,清贝勒博洛杀朱聿键和曾后于福州集市②。福州遇害说被清后期和近代学者广泛认可,如清末王之春所撰之《清朝柔远记选录》称"唐王被执死"③,《清代全史》记载称,当朱聿键逃至汀州,一天晚上有数十名清朝骑兵自称是唐藩扈从,城门打开而朱聿键被执送至福州被害④。而《清史讲义选录》则称唐王朱聿键是在福州不食死⑤,谢国桢的《南明史略》也支持这一说,而孟森的《明清史讲义》将其作为一说。洪承畴《叛藩勾乱设计擒弈事揭帖》中谈到朱绍鲲的行迹时提到"近闻唐王被获,思欲之闽、之粤,自行僭窃"一语⑥,此虽是朱绍鲲的话语,却出自于洪承畴之口,似乎证明朱聿键是被执。因此要解决朱聿键是否被执送至福州的问题,首先要解决朱聿键是如何遭遇到清军的。

当时博洛作为主帅定然亲率主力攻打省城,如果是陈谦之子作为前锋袭击汀州府地区的朱聿键,作为一名做过如此惊人事件的角色,怎么会在史籍中隐去名讳?清廷为何没有赐予其官爵作为降者的奖赏呢?部分史料仅提到数十名清朝骑兵自称扈跸兵,裹挟朱聿键而走,《靖海志》甚至将骑兵和陈谦之子两说相结合⑦,而《爝火录》称有六名清兵诈称邵武差役入汀州城,汇合晚上到来的十六名清骑兵杀害明朝大臣数人,共同裹挟朱聿键及曾后东去⑧。如果是数十名清骑抓住朱聿键,从延平到汀州都是明朝溃兵,他们裹挟着朱聿键是如何逃出明军的包围的?再者,这两种说法似乎表明清军并不清楚朱聿键的去向,仅仅是游骑在机缘巧合下发现了踪迹,但是朱聿键在明知清军追击的情况下不可

　　①(清)计六奇:《明季南略》卷8《闽纪·隆武奔赣》,《台湾文献史料丛刊》第148册,人民日报出版社,台湾大通书局印行1963年版,第328页。

　　②《明季南略》卷8《闽纪·贝勒杀隆武帝后》,第329页。

　　③(清)王之春:《清朝柔远记选录》,"顺治三年"条,《台湾文献史料丛刊》第126册,人民日报出版社,台湾大通书局印行1961年版,第3页。

　　④[日]稻叶君山:《清朝全史(第二册)》第26章《明人恢复事业之悉败上》,中华书局印行1925年版,第22页。

　　⑤(清)汪荣宝:《清史讲义选录》第三章《本朝之定鼎及明室之偏安》,《台湾文献史料丛刊》第221册,人民日报出版社,台湾大通书局印行1966年版,第31页。

　　⑥(清)洪承畴:《洪承畴章奏文册汇集》卷《叛藩勾乱设计擒弈事揭帖》,《台湾文献史料丛刊》第261册,人民日报出版社,台湾大通书局印行1968年版,第10页。

　　⑦《靖海志》卷1,"隆武二年六月"条,第13页。

　　⑧《爝火录》卷16,"顺治三年八月二十九日"条,第863页。

能安然入驻汀州府堂，相反只有在被迫无路的情况下才会不得已进入成为绝境的汀州府堂。《闽事纪略》认为清军是以何吾驺部的衣物赚开汀州城门①，几个月后李成栋也是用惠州道印和南明商人衣物赚开广州城②，《罪惟录》甚至认为李成栋攻打广州城时以"十七骑汉装斩东门入"。文献中关于清军攻破汀州和广州的方式出奇地相似，有些文献仅添置"陈谦之子"作为俘虏朱聿键的追骑首领，何况当时何吾驺并未带兵，不存在遗弃军队衣物的说法，这些文献有将清军攻打广州的方法移接到攻打汀州上的嫌疑，该种书写的建构无疑是作者对当时情况不甚清楚而借鉴、整合前说的反应。因此数十追骑巧合地发现并抓获朱聿键的说法存在很多漏洞，似不可取。

陈谦执送说本身也存在很多疑问，尤其体现在陈谦本人的存在性。陈谦是鲁监国的亲信，在鲁、唐争长时，鲁王派遣陈谦出使福建，见面时称呼朱聿键为"皇叔父"而不称"陛下"。考虑到陈谦与郑芝龙走得过近，在钱邦芑的劝说下，朱聿键将陈谦处斩③。《明季南略》记载与陈谦一起的还有林垒，该书很模糊地记载林垒也与陈谦一起被杀④。然而当清军攻克福州，林垒突然从福清的某座山中散家资募兵起义，为清军所杀⑤，焉有已死之人又复活之理，而且闽浙两地所用之人大体是本省者，由浙入闽者有之，如金溪人王士和避浙乱入闽⑥，由闽入浙者甚少，而林垒是福州人，又怎么会跟从鲁王，可见陈谦被杀一事较为可疑。李长根根据陈谦之子烝父妾之事认为陈六御不是能报仇之人，而且君杀臣是天理之事，故此事不真⑦。徐鼒也对这个问题提出了自己的看法，根据《闽游日记》的信息，林垒并未担任过使者，而《粤游见闻》却记作鲁监国派遣林必达和一武弁出使福建，而且事后林必达被释放，诸文献模棱两可的记载加重了该事件的不确定性⑧。当时两地早有嫌隙，不跪拜是自然之事，此前鲁王未杀使者，而隆武帝朱聿键自幼好读书，懂得不斩来使的古训，断不是这种小肚鸡肠之人。

①《闽事纪略》卷《粤游见闻》，第44页。

②《清史列传选》卷《李成栋传》，第45页。

③《罪惟录选辑》卷1《唐主附》，第54页。

④《明季南略》卷11《闽纪·杀鲁王使陈谦》，第320页。

⑤（清）江日升：《台湾外记》卷2，《台湾文献史料丛刊》第60册，人民日报出版社，台湾大通书局印行1960年版，第96—97页。

⑥《小腆纪年》卷13，"顺治三年六月丁酉"条，第618页。

⑦《燐火录》卷16，"顺治三年八月二十九日"条，第864页。

⑧《小腆纪年》卷12，"顺治三年五月辛亥"条，第598页。

鲁王手下大臣和浙地人士多劝鲁王屈尊于朱聿键，如杭州人金堡在《一上鲁藩启》中提到"近日无论帝王之名与先后之序，殿下(指鲁王朱以海)以侄事叔，则今上既非湘阴殿下以贤事圣，则今上并非更始。即上表称臣、拜疏迎驾，岂遂为屈己乎?"①当时隆武政权中有较多浙地人士，朱聿键若杀害陈谦必然会冷了浙地人心，而且朱聿键较为听从郑芝龙的意见，又怎么会唯独在陈谦一事违背其意愿呢。集诸传闻于一身的《鹿樵纪闻》将朱聿键斩陈谦之事的影响继续发挥，不仅将埋怨朱聿键的郑芝龙换成方国安，杀闽使抱怨，甚至"鲁王恐闽中来讨，定议抽兵;使张国维西出，别遣余煌视师奖赏，故人心益涣"②。《浙东纪略》记载三月王之仁杀闽使陆清源起因是犒师不均，浙东分军是因为当时清军有南侵动作，为配合湖州义军，五月的西征正式实施，与陈谦无任何关系③。可见《鹿樵纪闻》的记载是江浙传言中对闽浙败亡因素的主观看法。事实上浙人并未离心于隆武，余姚人黄宗羲在评论熊汝霖时就埋怨熊"何不引闽师为助，而分唐、分鲁自开瑕隙，议者以公为闇。"④是闽浙离心的主因。清兵渐近，唐鲁虽然有嫌隙，但也存在合作，如在处州、温州⑤和衢州⑥皆有两地官员，何况朱聿键也明白仅仅只是浙地"一二佞臣"在挑拨闽浙关系，他在给杨文骢的话语中就说明了鲁王作为"朕爱侄王万不得已，业允勋镇所请，以明太祖大法，该督尚慎终如始，善保地方，善行宣抚。"既然朱聿键原谅了鲁王，还给予了厚望，"得觐孝陵，朕必不负元功"⑦，断不会不顾大局，乱杀浙地使者以破坏抗清大局。

《所知录》的作者钱澄之认为朱聿键杀陈谦并非称呼问题，而是陈谦久驻衢州，有"自以举足左右为重轻，因欲要取侯封，以闽要浙，以浙要闽"⑧的嫌疑。虽

①《岭表焚余》卷上《一上鲁藩启》，第 25 页。

②(清)吴伟业：《鹿樵纪闻》卷中《鲁王》，《台湾文献史料丛刊》第 127 册，人民日报出版社，台湾大通书局印行 1961 年版，第 57 页。

③(清)徐芳烈：《浙东纪略》，《台湾文献史料丛刊》第 268 册，人民日报出版社，台湾大通书局印行 1968 年版，第 21—23 页。

④(清)黄宗羲：《海外恸哭记》卷《移史馆熊公雨殷行状》，《台湾文献史料丛刊》第 135 册，人民日报出版社，台湾大通书局印行 1962 年版，第 137 页。

⑤《思文大纪》卷 6，第 141—142 页。

⑥《小腆纪年》卷 12，"顺治三年六月"条，第 607 页。在衢州，守将张鹏翼兄弟为鲁监国所派，而督学御史王景亮等由唐王所遣巡按金华、衢州，据《思文大纪》卷 6 记载，衢州知府伍经正不服从鲁王。

⑦《思文大纪》卷 5，第 97 页。

⑧《所知录》卷上《隆武纪事》，第 16—17 页。

然钱澄之也不清楚朱聿键是死于乱箭下还是被清军执送入福州，但更倾向于"已蒙尘"。与此同时他从钱邦芑的角度认为攻破汀州是陈谦之子所为，福州沦陷后，时人警告钱邦芑，陈谦之子作为清军向导，准备为父报仇，钱邦芑则不以为意，此后才知陈谦之子陈六卿①始终跟从郑成功于海上，不久被清军杀害②。值得注意的是，钱澄之十分反感朱聿键随意授予入闽诸生翰林、御史官职，认为他们好大言而无实干，尤其是镇江人钱邦芑和吴江人杨廷枢③，钱澄之借用陈谦一事也有可能是带有讽喻之意。与之相同的是钱澄之认为因为陈谦一事造成郑芝龙阴怀二志，秘密致书给清朝总督洪承畴④，此后不断提及郑芝龙阴事，但是没有任何资料显示郑芝龙是因此与清朝有秘密来往，更多只是谈到二人是同乡之故，《台湾外记》记载郑芝龙早在四月就已联系洪承畴，早于陈谦被杀一事⑤，想是钱澄之厌恶郑芝龙本人，借以其事贬低其人，因此并不能依据钱澄之为隆武官员而肯定朱聿键杀害陈谦一事的存在。钱澄之之说中，朱聿键为何对邀功者如此厌恶，钱邦芑密告和监斩陈谦的做法难道不怕惹怒郑芝龙，继而影响朱聿键的处境吗？何况钱邦芑后来也很重视唇亡齿寒的道理⑥等一系列问题未得到满意的解释；再者，继陈谦被杀一事后，鲁王君臣又议遣使臣入闽商议共同抗清，职方主事倪懋熹请行，至福州，朱聿键任命其为金事分守福宁道⑦，闽浙抗清之志如此，似乎并未受陈谦一事影响，而且包括朱大典、倪懋熹等同时接受闽浙两地官职的行为与陈谦又有什么分别呢，唯独只有陈谦被处死。如此虽不能保证陈谦必然是子虚乌有之人，但陈谦之子执送朱聿键或许是鲁监国之人或降清者埋汰之作，又经时人添入一些主观观点，将闽浙抗清不利的原因直接归咎于朱聿键因琐事乱杀使臣，甚至直指钱邦芑等非通过科考入仕者，间接指责朱聿键用人不当。

按照《明季遗闻》的记载，在朱聿键被执后，清军分别让固山韩岱和李成栋

①根据南明史籍，钱澄之所谈到的陈六卿就是陈六御，后跟随鲁监国、郑成功抗清，顺治十三年在舟山战死。

②《所知录》卷上《隆武纪事》，第 20 页。

③《所知录》卷上《隆武纪事》，第 3 页。

④《所知录》卷上《隆武纪事》，第 17 页。

⑤《台湾外记》卷 2，第 86 页。

⑥(清)温睿临：《南疆逸史》卷 3《唐王纪略》，《台湾文献史料丛刊》第 132 册，人民日报出版社，台湾大通书局印行 1962 年版，第页。

⑦《小腆纪年》卷 12，"顺治三年八月甲申"条，第 616 页。

下闽南四郡,其顺序是九月初八日入泉州,十五日入汀州,十九日入漳州①,其中汀州没有记载到降清者的信息。奇怪的是,闽南四郡自西向东为汀、漳、泉、兴,而泉州是韩岱所攻,那么汀、漳及邵武等则归于李成栋等,《清史列传选》有言佐证②。汀州信息模糊,说明汀州很早就已被攻下。既然陈谦之子追击之说不可靠,那么追击朱聿键的人会不会就是李成栋呢?

事实上清代官方文献从未有数十骑兵执送朱聿键的记载,而是博洛手下大将所为。《清史稿》直言是阿济格尼堪③,并在"顺治三年(1646)十一月"条将福建全省战事全部概述,实际上福建战事是从八月开始进行,直到十一月,清军和唐藩军队的正面交锋是在十月赣州失陷之前就已结束,"十一月"条还将在四川与张献忠交战一事叙述完毕。阿济格尼堪不可能是英亲王阿济格和敬谨亲王尼堪二人的混称,该书在《尼堪传》中称尼堪在顺治三年始终跟从豪格于陕西,先是与陕西孙守法等交战,十一月进入四川,斩杀张献忠④;《阿济格传》中记载阿济格在扫灭南明弘光政权后即还京,到顺治五年才西征姜瓖⑤,这与《博洛传》关于顺治五年的记载相吻合,可见尼堪和阿济格在并没有参与顺治三年围剿朱聿键的战斗。博洛是阿巴泰嫡第三子,因战功被封为贝勒,贝勒爵级低于郡王,因此他没有权力调动两名亲王,而亲王尼堪和阿济格又拥有自己的部曲武装。由此可知《清史稿·世祖本纪一》中的"阿济格尼堪"是一个人,其在《阿济格尼堪传》中的爵位是三等昂邦章京⑥,《博洛传》将其分为二人是有误的(后人添加标上所改)⑦。清朝文献多称杀害朱聿键的是清将图赖,而非李成栋,如《清代官书记明台湾郑氏亡事》记载博洛平定浙江后,分兵给都统图赖进讨福建⑧,《清史稿·图赖传》记载一等公图赖率部经仙霞关入闽,分兵予阿济格尼堪、杜尔德、

①《明季遗闻》卷4《福建两广》,第109页。

②《清史列传选》卷《李成栋传》,《台湾文献史料丛刊》第274册,人民日报出版社,台湾大通书局印行1968年版,第45页。

③赵尔巽:《清史稿》卷4《世祖一》,中华书局1977年,第104页。

④《清史稿》卷215《敬谨郡王尼堪传》,第8970—8971页。

⑤《清史稿》卷217《阿济格传》,第9017页。

⑥《清史稿》卷235《阿济格尼堪传》,第9444页。

⑦《清史稿》卷217《博洛传》,第9011页。

⑧《清代官书记明台湾郑氏亡事》卷1,"康熙十八年二月甲戌"条,《台湾文献史料丛刊》第174册,人民日报出版社,台湾大通书局印行1963年版,第1页。

和讬①等追击唐藩御驾，在汀州击败明军并俘虏朱聿键及诸王②，却没有提到李成栋。在这一阶段的清朝文献中我们都不能找到有关李成栋的任何信息，这很可能与后来李成栋附明有一定关系。

而南明史文献多数认为是李成栋所为，这也能与李成栋反清时并未有与隆武接洽的秘事传闻相印证。南明当事人屈大均所撰《文烈张公行状》称襄皇帝朱聿键臣子"弃其君于矢石之中"③，明确讲明朱聿键的御营遭遇的是清朝正规部队，《罪惟录》作者查继佐是鲁监国大臣，其称李成栋追及朱聿键，曾后因此自杀，而通政使马思理诈死后逃脱④，这一说法解释了以往文献中出现的马思理一人两死问题。由此可得，有很大可能是图赖率领的满汉军队追上并杀死了朱聿键，而李成栋是图赖所调遣的部将之一。

关于朱聿键被李成栋所执并送入福州的问题，查继佐表示肯定，不过关于朱聿键最终下落则表示不清楚⑤。明末学者张岱在易际之后考察多地，他的记录大致可信，其称："八月，清兵将至延平，上乃微服走汀州，为清镇将李成栋所逐，遂遇害。"在评论处又称："流离入闽，则径自称尊，敌未临城，则径自逃窜。"⑥张家玉在感叹自身时也提到"家玉罪过深重，致隆武途步踉跄，太公死骨抛弃"⑦，浙东部分士人也记载称隆武为"走死"⑧，这都说明朱聿键从延平出发，一直处于奔走的状态直至死去，并未被执。在张岱看来，朱聿键贪恋权力，"毫无实际"，又极度胆小，因此使用一个"逐"字以表现其狼奔的状态，而且《所知录》在《永历纪年》中也使用了"隆武蒙尘"一词⑨，因此清骑执送说不可信。钱澄之在《明末忠烈纪实》一书中《张致远传》后做补注，云："王之殂于福州也，福人无

---

①《清史稿》卷 230《康喀勒传》，第 9320 页。

②《清史稿》卷 235《图赖传》，第 9435 页。

③(明)张家玉撰，杨宝霖整理：《张家玉集》附录二《文烈张公行状》，广东高等教育出版社 1992 年版，第 206 页。

④《罪惟录选辑》卷 1《唐主附》，第 56 页。

⑤《罪惟录选辑》卷 1《唐主附》，第 56 页。

⑥(明)张岱：《石匮书后集》卷 5《唐王世家》，《台湾文献史料丛刊》第 282 册，人民日报出版社，台湾大通书局印行 1960 年版，第 73 页。

⑦《张家玉集》卷 4《书简》，第 87 页。

⑧《海外恸哭记》卷《移史馆熊公雨殷行状》，第 137 页。

⑨《所知录》卷中《永历纪年》，第 24 页。

有见者，至今亦疑之。"①以郑氏为主线的文献多认为是李成栋所为，如江之升的《台湾外记》记载清兵追击隆武事情最详，作者自称从朱聿键侍卫口述而来，可信度颇高，又与张岱、张家玉、传教士等隆武亲信或亲自考察者之言相符，是最为接近事实的记载。其称：清贝勒博洛攻陷延平府后，询问土人得之隆武帝已向左，于是派遣总兵李成栋向西，而自己派遣主力攻福州，李成栋于八月二十七日击杀忠诚伯周之藩，又在三元角击杀熊纬，最后在汀州府堂射杀朱聿键及曾后②。最重要的是，如果有执送的过程，李成栋在八月二十八日完成击杀朱聿键的任务后，那么至少在福州被攻下的不久之后就要将朱聿键押送到福州，此时郑芝龙还在与清贝勒博洛接洽，从此刻到十一月十五日郑芝龙拜谒清贝勒（此时李成栋开始从漳州进入潮、惠，准备攻打广州），再到郑芝龙北上，他必然耳闻福王被杀的过程，但在给郑成功的书信中却丝毫没有利用这件事劝说其子降清的痕迹，说明他自己也不清楚朱聿键的下落。正如《鞑靼战纪》所说的那样："大明皇室只要有一个后人还活着，官吏和百姓必不能拥戴他，所以他想假手鞑靼人把它们除掉"③，杭人陆圻也称郑芝龙有假手清军的嫌疑，如果他听闻朱聿键杀害的过程，不可能不说出来。可见福州被杀说似不可信。

此外也有人认为朱聿键在逃亡平远时被清军俘获，执送至福州被杀害，该说作为平远南奔说的分支，源自于平远当地百姓的口述，并为新加坡《梅州胜迹》所载。口述历史在改变历史内容的过程中，通过掺入口述人的思维控制目的，转移了人们的关注重心，改变了历史为权力单向掌控和书写的性质④，加之粤东说本身并不可信，清军若在广东俘获朱聿键必然会大书特书，以瓦解明军士气，而南明文献也会对此进行详细记载，甚至南明大臣将之作为一种宣传口号来证明记后政权的合法性。此说仅出现在非文献传承方式，可信度不高，姑附于文中作为一种异说。

①《明末忠烈纪实》卷 13《张致远传》，第 241 页。

②《台湾外记》卷 2，第 89、93—94 页。

③[西班牙]帕莱福等著，何高济译：《鞑靼征服中国史　鞑靼中国史　鞑靼战纪》，中华书局 2008 年版，第 375 页。

④周晓虹：《口述历史与集体记忆的社会建构》，《天津社会科学》2020 年第 4 期，第 138—146 页。

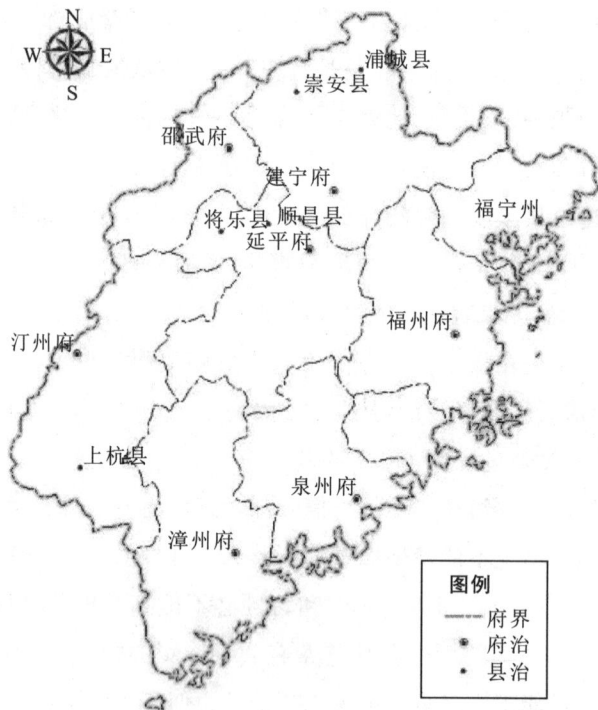

图 1 明末清初福建行省简图

二、广东抗清说

　　由于朱聿键最终结局在各文献中说法不一，有些学者出于同情朱聿键的目的，根据一些模糊的记载而认为朱聿键仍然存活着，被杀或被俘者是他的替身。该说引申出大帽山说、增城五指山说和平远说，尤以平远说最为著名。《南明野史》依照清史文献中的"唐王朱聿钊"而认为在当时同时存在唐王朱聿钊和唐王朱聿键，朱聿钊是代替朱聿键死于福州，"帝实未崩"①。《皇明四朝成仁录》称："二年九月，车驾亲征至上杭，为敌所袭，御营十万余人，不战而溃，次辅杨鸿请服衮以代，上微服行。"②《小腆纪传》则认为在汀州，清军追袭，朱聿键设法逃走，张致远代死。近代学者朱纪敦坚持此说，他在《张家玉的武兴营与隆武入粤考》

---

　　①(清)三余氏:《南明野史》卷中《绍宗皇帝纪》，《台湾文献史料丛刊》第 85 册，人民日报出版社，台湾大通书局印行 1960 年版，第 145 页。

　　②(清)屈大均撰:《皇明四朝成仁录》卷 9《苏观生传》，欧初、王贵忱主编《屈大均全均》第 2 册，人民文学出版社 1996 年版，第 833 页。

认为张家玉始终奉戴朱聿键以抗清,且在粤东平远地区有谢镇北奉隆武帝抗清的故事。新加坡《梅州胜迹》根据平远父老世代相传的故事记载了朱聿键在下坝圩为清军俘虏的事件,并认为朱聿键是在押送到福州"绝食自戕"①。朱纪敦又在《隆武入粤新证》一文中提供新的证据,首先摘出明末野史中关于"隆武帝不知下落"的所有信息,其次仔细分析了李士淳的《明兵部职方司主事李公家状》(以下简称《家状》),认为隆武帝朱聿键早已有密谋潜逃的打算,在隆武二年八月初就通过和张致远互换身份的方式抵达上杭,随后入粤,而张致远借朱聿键的身份在汀州被杀害②。

关于涉及朱聿键南逃的文献大体分为三类,第一类是使用不确定性语句,并以"不知道"结尾。《鲁春秋》记载清军逼近延平,"唐王不终",指意朱聿键在延平附近失踪③;《思文大纪》称唐王在延津得知清兵如仙霞关,由汀州出关,清军派遣骑兵追击,并未追及④。《东南纪事》作者以"王入汀州界,不知所之"作为最终收尾⑤。《永历实录》称桂王"遥尊隆武帝为思文皇帝,顺昌之讣未审,或曰潜逊故也。"该说在支持清军在顺昌追及朱聿键的基础上提出质疑⑥。其中朱纪敦先生所引用的多是此类,《南明野史》多取自耳闻,并用附说、怀疑或者"毫无音讯"的形式记录,而朱先生多摘取片语,将疑说变为信说。第二类是闽浙幸存人士的猜测。《海东逸史》记载张肯堂面临清军的逼近所说的话:"以唐王存亡未审,故不死。"⑦由于清军是东西两路进讨闽省,张肯堂当时在闽东,因此并不知道朱聿键西向后的结局,他的答复并不能佐证唐王的最终结局,但可以否决闽东(福州)被害说。第三类的含义明显倾向于"逐"而非"南逃且成功"。《纤言》记载称"不数日,清兵奄至,帝遁去。"⑧联系上下文可知这并非指明最终结局,是"逐"的变异,仅仅交代了清军来、隆武走的过程,相似的词还有《东山国

①朱纪敦:《张家玉的武兴营与隆武入粤考》,《广州研究》1984 第 3 期,第 60—64 页。
②朱纪敦:《隆武入粤新证》,《暨南学报(哲学社会科学)》1990 年第 3 期,第 48—55 页。
③(清)查继佐:《鲁春秋》卷《监国纪》,《台湾文献史料丛刊》第 118 册,人民日报出版社,台湾大通书局印行 1961 年版,第 41 页。
④《思文大纪》卷 6,第 152 页。
⑤(清)邵廷寀:《东南纪事》卷 1《唐王聿键》,《台湾文献史料丛刊》第 96 册,人民日报出版社,台湾大通书局印行 1962 年版,第 20 页。
⑥(明)王夫之:《永历实录》卷 1《大行皇帝纪》,岳麓书社 1982 年版,第 2 页。
⑦(明)翁洲老民:《海东逸史》卷 10《张肯堂传》,《台湾文献史料丛刊》第 282 册,人民日报出版社,台湾大通书局印行 1961 年版,第 58 页。
⑧(清)陆圻:《纤言》卷下《山呼二庆》,神州国光社 1952 年版,第 44 页。

语》两次用到的"走汀州不返",与"延平失驾""延平出亡"相对应①。可见支持南奔说的文献都不能确定朱聿键是否顺利到达粤东。

关于张致远的身世。朱纪敦先生论证的前提条件是张致远是存在的,其依据于《明末忠烈纪实》,《纪实》将张致远列于《曾樱传》之后,称在汀州,"致远服帝服以脱王而死",又引《所知录》一语"王之殂于福州也,福人无有见者,至今亦疑之。"根据《明末忠烈纪实》引用的路振飞一诗,路振飞在福建担任吏、兵二部尚书,后听闻粤东迎立唐王,于是相信了张致远代死的说法,这说明在清军占领福建至广州城陷这一时间段内已经有张致远代死的传言。我们再看张致远代死说,诸本关于朱聿键奔汀的细节,都强调了清兵堵截过程中有周之藩自称"隆武"一事。如《小腆纪年》称朱聿键入汀,随从有福清伯周之藩和给事中熊纬等人,《家状》称周之藩是汀州镇将,因此朱聿键不认识周之藩而称呼为"我儿",而徐鼒认为这是信任周之藩才有这样的称呼,并使其总督御营②。清兵追上朱聿键,周之藩自称为隆武帝,于是被杀,朱聿键逃至汀州府堂被杀。但是《明末忠烈纪实》有熊纬被杀一事,唯独没有周之藩的任何记载,《爝火录》作"吴之蕃",而没有"张致远"③,可见诸本所言的"周之藩"与《纪实》所提及的毫无任何背景的张致远之间存在一定联系。从北方人的角度来感受,这两个音在闽语中几乎分辨不出来,"周之藩"有被误听为"张致远"之嫌。朱聿键可能并不知道周之藩名讳,在与旁人提及也很难说出他的真名,而周之藩死前是通过回话的方式自称是隆武帝,因此不管是闽人还是清人,知道"周之藩"名讳的不多,而且音译转换相近,"张致远"很可能是"周之藩"的谐音,《皇明四朝成仁录》提及在汀州代死者是次辅杨鸿,且没有周、张二人,但在各种史料中根本没有这位次辅的信息,有的史料称杨鸿是杨鹗之弟,永历朝任东阁大学士,却并未在隆武朝任职④。钱澄之不相信有代死说,他在《郸江怨词》称:"隆准奇姿人尽识,谁为纪信代君王?"认为人人

---

①(清)查继佐:《东山国语》卷《闽语三》,《台湾文献史料丛刊》第 163 册,人民日报出版社,台湾大通书局印行 1963 年版,第 67 页。

②《小腆纪年》卷 13,"顺治三年六月二十八日"条,第 620 页。

③《爝火录》卷 16,"顺治三年八月二十九日"条,第 863 页。误,吴之蕃是谋复嘉定的把总,已被杀。

④(清)徐鼒:《小腆纪传》卷 29《杨鸿传》,《台湾文献史料丛刊》第 138 册,人民日报出版社,台湾大通书局印行 1963 年版,第 367 页。

都认识隆武帝,代死说站不住脚①,这种看法似乎过于主观。朱纪敦先生认为,文献中提到代死者朱聿钊、杨鸿、张致远而认定代死一事真实存在,继而断定朱聿键通过代死方式南奔成功,这个推论是可以借鉴的,但并不能保证朱聿键成功抵达平远。

朱先生多次提及江西金声桓和潮州郝尚久在反清时都获得过隆武帝的札印,但这并不能证明这些使者来自于隆武帝,颜章炮先生对此做了更为详细的解释②。笔者想说明一点的是,金声桓和郝尚久都是汉人,且都是当地有名的镇将,受满人的排挤而萌生反意,如果朱聿键主动联系金声桓或郝尚久,说明朱聿键就在闽粤赣的清统区范围,二人为何不早先有所耳闻主动清剿朱聿键以谋求更为优渥的待遇,如若早有反意,也可以主动联络朱聿键以挟功。而且清方文献中明确讲明永历二年朱聿键未死的口号是金声桓、王得仁"诡云"而来③。由此可见,正如颜先生所总结的那样,朱先生在使用史料中,尤其针对野史,摘取片段而忽视了历史背景,使得史料的真正价值指向南辕北辙。

光绪《嘉应州志》记载了在嘉应州城东北有王寿山,山中相传有明唐王的题诗④,但从诗的内容情境来看,像是逃亡者所写,该诗最后为"烟霞踏逼芒鞋破,一路春鸿题落花",纵使朱聿键南逃成功,则在九月至十一月之间,并非是春天,可见此诗是后人所撰,将其与唐王未死之说相联系。钱肃乐记载朱聿键在邵武曾投靠乡民蒋氏,并通过乡兵击却清兵,最后只身到达粤赣交界的大帽山,这一记载是有缺漏的,朱聿键利用乡兵暴露了位置,且从邵武到大帽山的路段需要经过汀州,而汀州在当时已被清兵占领,这是一件几乎不可能实现的事。

撇去字词章句,单从当时的抗清环境入手,也能说明朱聿键不可能待在闽粤赣交界的平远。

平远说认为朱聿键是在五指山为僧,颜章炮先生分析明末地图认为,按照张家玉的活动范围来看,只有增城北部的五指山才符合文献所要求的条件。然而支持平远说的文献大多指向于平远五指山,在短时间内从平远出发前往增城

---

①(清)钱澄之:《藏山阁诗存》卷5《鄞江怨词》,《钱澄之全集》第四册,黄山书社2004年版,第140页。

②颜章炮:《隆武入粤说质疑——与朱纪敦同志商榷》,《厦门大学学报(哲学社会版)》1988年第3期,第111—116页。

③《清史列传选》卷《金声桓传》,第43页。

④(清)吴宗焯修(著)、温仲和纂:光绪《嘉应州志》卷4《山川》,《中国古方志丛书》第117号,光绪二十四年刊本,成文出版社印行1968年版,第50页。

救援张家玉部似乎很难完成。奇怪的是,平远处于闽赣粤交界,当清军相继攻占福州以南各郡县和赣州后,平远成了由两省出兵的交点,但在所有史料中没有提及清军用重兵清剿平远据点,更别说有隆武帝的影子了。该说是建文帝逃难说的复生,《东南纪事》认为,"惠宗之遭靖难、绍宗之当末造,皆关世运,非独一家之事"。而且建文帝有程济等人偕从,隆武帝也有赖垓、熊纬二人①,两帝都被指认出家,建文出家尚有说法,隆武帝朱聿键若能存活且仍坚持抗清,又何必出家呢?顾诚先生就曾从"出家"的角度驳斥隆武帝逃至广东五指山当和尚的说法,他认为广东也是推戴隆武政权,何必用"逃"和"遁入空门",这与"派使者慰劳群臣"相悖。隆武皇帝在汀州之难发生以前始终坚持亲征,如果幸免于难而仍然致力于抗清,又何必通过"遁入空门"的方式去实施呢?张家玉为何不把隆武帝的口号做大来提高自身的法统性、和平解决唐桂争端来保存两粤实力呢?这似乎说明后者是借用前者(并不保证前者一定真实,但对后世起到一定影响)进行人为串联编造来达到某种目的。建文帝南逃促使明成祖曾一度探寻其下落,如果隆武帝也从汀州逃到上杭,继而来到平远,清朝官方文献和档案为何没有"平远大捷"呢?南明文献也都没有粤东抗清的具体记载,显然粤东缺乏一个有效的抗清核心,以至于仅仅一个月,潮、惠等州县就尽入清军之手。

如果隆武帝在广东并被张家玉秘密推戴抗清,这不会不被郑成功知道,郑成功曾对郑芝龙说:"明宗室无伯升昆仲才,不足奉。隆武势既孤,大抵走死。"②在郑成功心中,明宗室只有隆武帝值得推戴,并为此付诸实践,始终以隆武为旧朔。永历三年(1649)春,郑成功派往肇庆的使者陈士京回到厦门,郑成功于是去除隆武帝号,改为永历③,这说明朱聿键纵使存活,也并没有被郑成功所获悉。其年冬,郑成功入窥潮州时却遇到当地土豪的重重阻力,被迫撤军,但此次出兵也达到了一定效果,潮、惠等地的武装多来降。《从征实录》记载尽管潮州尚属明,但潮州土豪不明不清④。假设朱聿键曾经在潮州一带建立抗清基地,招徕义师,郑成功完全可以凭借恢复隆武帝基业作为说辞来劝服潮州土豪,而不会付诸武力征讨。

---

①《东南纪事》卷1《唐王聿键》,第23页。

②(清)沈云:《台湾郑氏始末》卷11"顺治三年八月"条,《台湾文献史料丛刊》第15册,人民日报出版社,台湾大通书局印行1958年版,第11页。

③《野史无文》卷12《郑成功海东事》,第161页。

④(明)杨英:《从征实录》卷1,《台湾文献史料丛刊》第32册,人民日报出版社,台湾大通书局印行1958年版,第4页。

永历元年(1647)，在鲁王君臣、郑氏的影响下，永胜伯郑彩占据厦门，随熊汝霖推戴舟山的鲁王，"漳泉守巡道彭遇飏、于华玉俱返正，闽中郡县多恢复，惟福州省城为(清)布政周亮工所守，未能克定"①，平远就在粤赣闽交界处，此时无人以隆武为旗号回应，甚至于当时汀州、韶州人武装起义抗清时也并未打出唐王朱聿键的旗帜，而是推戴德化王朱慈烨为帅，占据将军寨。随后几年内鲁监国影响力扩大到整个福建，大学士刘中藻起兵福安，大有复闽之势，但朱聿键仍未出面，甚至始终忠于唐王的刘中藻也未打出唐王旗号，可见唐王在闽人心中业已身死。

支持平远说的一个解释是张家玉继续推戴隆武帝，以平远为核心基地，在附近招兵买马继续抗清，其理由是张家玉始终以隆武为年号，不接纳绍武和永历。实际上张家玉仅在隆武二年没有抛弃隆武年号，永历元年三月所著之《莞城谕》就称"众绅当力保存，倘肯奉永历年号，本部当跪拜阶前，涕泣而称父母"②。且所发出的祭文中是以张家玉而非"帝"开头，并在《梁都督诗序》中自称"孤臣"③，篇末记有"永历元年菊月，家玉题于荡虏营中"，可见此时张家玉已奉行"永历"年号，并在开头引出了作序的原因"夫诗之传也，岂不以人哉，从昔忠臣孝子、贞妇烈女，或处宗社之变，或罹家室之惨"，这实际就是描述了自己国破家亡、君死臣孤的处境，可见张家玉并未与朱聿键在一起。朱纪敦先生将朱聿键去世的时间延长至永历元年八月，然而在此之前张家玉在三月就已经退还到莞城，密谋攻打广州。信者又称平远有谢镇北(谢志良)推戴隆武帝的传说，但是谢志良是张家玉部将，张家玉不可能将部众分成若干份置于两个毫不接壤的地区，将君主置于两省交界，而自己处于东莞、增城附近攻打省城。钱海岳在《南明史》称："永历五年(1651)八月，侍郎王命璿自五指山至中左，言上在山为僧。旋敕使至，故臣皆不能决。六年(1652)二月，复遣使存问，诸臣云将去平远起兵。故臣乃具公疏请敕验视，卒不可得也"④。此时张家玉已阵亡，李成栋附明后不久也被清军剿灭，整个粤东都在清军手中，然而并没有清军获得朱聿键的任何记载，而朱聿键又能躲藏于哪里呢？

<hr>

①(清)林时对：《荷牐丛谈》，《台湾文献史料丛刊》第 153 册，人民日报出版社，台湾大通书局印行 1962 年版，第 135 页。

②《张家玉集》卷 4《谕》，第 81 页．

③《张家玉集》卷 4《序》，第 83 页。

④钱海岳：《南明史》卷 2《绍宗本纪》，中华书局 2016 年版，第 112 页。

在去往汀州半路走散的何吾驺逃到广州后，极力劝说在粤官吏推戴桂王，说明他已经意识到朱聿键已遭遇不测，不然作为朱聿键的宠臣，他应劝说广东吏民救援福建。顾诚先生是坚决反对南逃成功说的，他的又一个依据是没有一个隆武大臣出面证实隆武帝仍然存活着。桂王即位后为了表示自己继统于隆武帝，追谥朱聿键为思文皇帝，永历帝这一系列称尊的行为没有受到福建、粤东抗清人士的责难，尤其是张家玉，可见朱聿键在粤东的影响已然在衰减，而建宁肯府义军首领王部也接受了桂王的土封府。

苏观生从赣州逃往肇庆，遭到王化澄、丁魁楚的排挤而来到广州，以"兄终弟及"的名义推戴李聿键，所谓"绍武"即"绍述隆武"。从苏观生的活动来看，他是始终效忠于南明政权，也是朱聿键比较信任的大臣之一。苏观生所信任的人多是潮惠人士，"好为大言"，希冀富贵①，因此在没有别的退路的情况下不可能另外推戴朱聿键，可见朱聿键在当时断然不在广东。降清将领李成栋贪功窥视广东，首先攻占潮、惠二州，如果朱聿键在平远，在平定广州之前剿灭平远是李成栋表现自己的最佳机会，然而从李成栋的进展速度和遗留下来的档案奏折来看，他在潮州丝毫没有逗留，因此平远说不可尽信。

除了平远出家为僧并继续抗清一说外，还有人认为朱聿键曾逃到琼州五指山为僧。《鹿樵纪闻》记载此说最为详细，该说认为朱聿键抵达邵武，有两名宫女自缢，于是将两具尸体和曾后一起钉在棺木中，自己逃至琼州五指山为僧。与诸平远说一样，郑成功到达厦门后询问遗臣，都不知真假②，作者将此说附于文末，而更倾向于汀州被执说。朱聿键是否来过邵武，清方资料没有提及，按照朱聿键出奔时的方针是前往赣州或韶州，再到湖南，而邵武的方向是抚州，抚州在隆武二年五月就已沦陷于清军之手，此去无疑是死路。其次《鹿樵纪闻》作者为何也愿意相信琼州为僧说呢，首先作者意识到广东地区确实未再出现打着朱聿键旗号的武装起义，而赣州也没有隆武帝的尸体；其次，作者在自序中也提到自己的资料来源是"谘之耳闻"，遗民在内心多奉信南明诸帝未死，最重要的是作者在唐王传中极力表现出唐王的昏庸奢靡无能，前文已说明，而邵武南逃说恰能表现出这一点。《荷牐丛谈》称当时有人称朱聿键逃到大帽山，鲁监国大学士钱肃乐甚至在诗中谈到自己曾听说唐王已到达赣州③。这些传言源自闽地，

---

①《鹿樵纪闻》卷中《唐王》，第 56 页。
②《鹿樵纪闻》卷中《唐王》，第 55 页。
③《荷牐丛谈》，第 145—146 页。

中间误差很大，是闽浙地抗清人士的一种倾诉和宣传方式，说明了在他们心目中希望朱聿键从汀州城向西成功逃脱，《鲁春秋》作者就记载称："唐王不终"①，但闽地人士的实际行动并未打着隆武帝的旗号，可见又对逃脱说存在疑问。

之所以出现各种关于朱聿键南逃粤东的说法，主要在于朱聿键是有南奔倾向的，其影响力感染到东南各省，当时东南各地都较为信奉朱聿键，犹如史可法在弘光政权的影响力，起兵于庙湾的益藩某宗人曾"奉隆武帝以号召，自称督帅史可法"②。当弘光从南京逃亡，或称弘光逃亡杭州，南昌知府彭期生曾"间道走表"③。隆武二年，贵州抚臣俞思恂就上疏给朱聿键称弘光帝朱由崧流寓土司，要求朱聿键准备礼仪迎接，后又称其伪④。同年二月，广西有僧人也自称为弘光帝，从黄得功军营逃出，由当地抚按上报，后来也证明为伪⑤。结合南明太子案和其余监国事例可知，对于当时的政治中心、原政治中心和其余地方而言存在两种信仰，新政治中心区域的信仰为新主，原政治中心的信仰为故主，其余地方徘徊于两种信仰之间，甚至追求下一任监国人选。受新政权的文化和军事打击，原政治中心对于故主的信仰会随着时间流逝而递减，直至埋没，其余地方却不减反升，直至受到文化抑制和军事打击。尽管桂、唐王在粤东相继被拥戴为监国，但在闽赣粤乡绅心中，忠于故君的思想仍然占据主流，他们起初并未融于永历政权，部分推戴鲁王，部分跟随郑成功，另一部分驻留当地，或以宗藩为主，朱聿键曾经为了招徕人士，广发文札，又大封宗藩和官爵，因此隆武在一段时间内仍然是军中的主流信仰。为了控制人的思想，鼓舞士气，这种信仰必须是鲜活、变化，可以适应随时变化环境的，因此在闽赣粤抗清势力内部会有朱聿键未死的谣言。许多思念故主的明遗臣更愿意相信隆武帝逃跑成功，尤其是当听闻广州迎立了唐王时，路振飞、万年英等人辞别郑成功航海到粤东追寻唐王，结果遇到林察才知是隆武之弟⑥。对于朱聿键南奔说实际也是如此，流落在外的闽人和隆武遗臣无法融于其他群体，不满粤东官僚忙于择嗣，又对抗清大局充满失望，于是更容易接受故主成功逃脱的谣言，并写入著作中来表达伤感，如在《钱肃乐神道碑》中提到"相传唐王在大帽山"，钱肃乐曾梦到自己的兄弟十分伤

---

①《鲁春秋》卷《监国纪》，第 41 页。

②《续明纪事本末》卷 15《诸方义旅》，第 376 页。

③《石匮书后集》卷 49《彭期生传》，第 413—414 页。

④《闽事纪略》卷《粤游见闻》，第 41 页。

⑤《所知录》卷上《隆武纪事》，第 13—13 页。

⑥《台湾外记》卷 3，第 99 页。

心,怀疑是唐王未死①。这些遗臣因为各自的经历和与其他势力相处的融洽程度不同以及不断发现谣言中的隆武帝在现实并未出现,不得不转换宣传方式和内容,考虑到谣言又不能距离现实太过遥远,于是最终以"不终""不果""未知真假"结尾而放弃。

三、汀州被害说

汀州被害说的影响最为深远,也最为学者所能接受。然而事实上汀州被害说只是笼统的说法,具体分为三大类:顺昌和将乐被害说、汀州府堂(即长汀)被害说和朱紫坊赵家塘(长汀街市)被害说、上杭被害说,此外还有建宁被害说,此说矛盾过多,本文认为由于史料的缺漏过多,各说都只是猜想,应根据清朝官方档案的记载确认为汀水被害说。

诸多文献记载隆武帝死于与清兵初次接触的地点,部分南明文献记载称,当隆武政权听闻清军入仙霞关即将逼近福州时,隆武帝走延平,意大利传教士卫匡国在《鞑靼战纪》中记载了隆武帝军队被鞑靼的骑兵射杀的场面,可佐证清军与南明御营是在场外相遇②。以将乐被害说为代表的是《闽海纪要》,其记载:"将幸赣,清兵猝至迫城,明主仓皇出奔将乐,追及之,遂遇害。"③

《海纪辑要》收集汀州遇难诸说,附云:"或云投井死,或云死于乱军。"认为汀州城内是遇害地点④。清代学者多采取长汀说,《明季南略》称行驾在二十四日到达顺昌不久就遭到清军突袭,隆武帝最终在汀州被杀害⑤。《明亡述略》称朱聿键死于汀州,曾氏从死⑥。《闽事纪略》称清兵借何吾驺旗号于半夜犯汀州

①(清)全祖望:《鲒埼亭集选辑》卷1《明故兵部尚书兼东阁大学士赠太保吏部尚书谥忠介钱公神道第二碑铭》,《台湾文献史料丛刊》第217册,人民日报出版社,台湾大通书局印行1965年版,第12页。

②《鞑靼征服中国史 鞑靼中国史 鞑靼战纪》,第375页。

③(明)夏琳:《闽海纪要》卷上,《台湾文献史料丛刊》第11册,人民日报出版社,台湾大通书局印行1958年版,第3页。

④(清)夏琳:《海纪辑要》卷1,"隆武元年"条,《台湾文献史料丛刊》第22册,人民日报出版社,台湾大通书局印行1958年版,第3页。

⑤《明季南略》卷11《闽纪·隆武遇害》,第324页。

⑥(清)锁绿山人:《明亡述略》卷2,《台湾文献史料丛刊》第244册,人民日报出版社,台湾大通书局印行1968年版,第29页。

城,唐王自杀①。《台湾郑氏始末》②等以郑氏为主要记载对象的文献多从之。《罪惟录》虽然主福州被杀说,但认为清军是在黄田镇追上朱聿键③,黄田在汀州城西面,也就是在奔赣的路上。顾诚先生结合《清世祖实录》中"闻伪唐王朱聿钊遁走汀州,遣护军统领阿济格尼堪、杜尔德等率兵追击……擒斩朱聿钊及伪阳曲王朱盛濒……"的记载,和《台湾外记》中"隆武帝、后死于汀州府堂"的记载,认为隆武帝及王后曾氏大概率在长汀殉难④。

顾诚先生认为《台湾外记》的说法最接近于现实,《台湾外记》是整合了《明季南略》中顺昌事件和其他史料的汀州府堂被害事件,采取折中说,如八月二十七日,在汀州外郊遭遇清军,周之藩自称隆武帝,最后被李成栋部射杀⑤,符合《辁鞑战纪》的记载。朱聿键逃至三元角,熊纬战死,朱聿键随后逃入汀州城的行迹也符合只有在追兵的情况下认为州城最可靠的心理。当清军包围府堂,王国翰进入禀报,朱聿键甚至想杖打他,此前还曾与曾后吵架,符合《小腆纪传·路振飞传》中的"上有爱民之心而未见爱民之政,有听言之明而未收听言之效;喜怒轻发,号令屡更。因去陈庸下而过于督责,因博览书史而务求明备"评论⑥,体现了唐王危难时刻容易发怒的性格,最终与妃嫔、太妃一起被射杀。但也存在一些矛盾。第一,周之藩在《台湾外记》里被封为忠诚伯,甚至称其墓为"忠诚伯周之藩之墓",傅冠被清军押送至罗汉岭,傅冠为之下拜,但他书皆作"福清伯",而且据称罗汉岭也葬有朱聿键及其他死难者,傅冠为何未拜? 第二,从顺昌开始,朱聿键的队伍明显有加快的迹象,但该著却称朱聿键的书籍在汀州府堂被发现,同时还有马士英、阮大铖等人的内应书,他本皆作在顺昌时发现。第三,前文所谈到的郭维经此时应在赣州。江日升自称听锦衣卫陆昆亨的口述,作为遗臣自然希望隆武帝逃跑,但是陆昆亨说自己亲眼看到隆武帝死于汀州府堂,可见这是事实,但也存在辨误的可能,陆昆亨是根据戎装黄帽辨识朱聿键,如果朱聿键有心逃离,可以将黄帽送给代死者,而且西奔的过程是江日升采纳前史,似有不足。钱澄之在为同乡吴德操写传时,其称:"已而,上由延平趋赣

①《闽事纪略》卷《粤游见闻》,第44页。
②《台湾郑氏始末》卷1,"顺治三年八月"条,第11页。
③《罪惟录选辑》卷1《唐主附》,第56页。
④顾诚:《南明史》第九章《隆武政权的作为和覆败》,中国青年出版社1997年版,第308页。
⑤《台湾外记》卷2,第93页。
⑥《小腆纪传》卷24《路振飞传》,第308页。

州、过长汀,需役数千名,民逃不应命,(吴德操)大为卫士所窘"①,按吴德操当时为长汀县令,汀州之难发生后南奔广东,在永历二年与钱澄之两次相见,两人交往甚密,因此钱澄之关于隆武朝的记录即是吴德操亲自经历,当无误,但钱澄之却以多种说法结尾,当是不确定之故。如此朱聿键确实曾到达长汀,而长汀县是汀州府的倚郭县,如果朱聿键死在汀州府堂,吴德操焉能不知? 因此朱聿键很可能当时并未死在汀州城内。不管是明人还是清人,都无法确定朱聿键殉难于何地,这加重了汀州府堂说的不可确定性,一切似乎暗示朱聿键逃离汀州府堂和身亡于汀州府都是事实。

　　清代官方文献说法较为模糊,可以确定的是在汀州府范围内进行的,但并未说清在汀州府的哪个方位,如借鉴于《宗室王公功绩表传》《满汉名臣传》《国史馆本传》等的《清史列传·郑芝龙传》言"贝勒博洛师至福建,斩聿键"②。《清代官书记明台湾郑氏亡事》记载都统图赖等擒斩朱聿钊于福建③。《清史稿》记载清将图赖击败明大学士黄鸣骏于仙霞关,接着攻克浦城、建宁、延平,唐藩走汀州④。那么这个汀州是汀州府还是汀州城呢?

　　试看清朝档案中所记载的灭闽战役,其称:"爰命征南大将军贝勒孛罗整旅而前……既定浙东,遂取闽越,先声所至,穷寇潜逋,大将奄追及于汀水,朱聿钊就灭,列郡悉平。"⑤该档案中的"就灭"和"列郡悉平"意味着朱聿钊(键)即死于汀水。汀水,顾名思义自然和汀州府有关,那么汀水是哪,查《中国历史地名大辞典》中"汀"字条,只有"汀水"符合所需条件⑥,其记载同于《汀州府志》,称该江又名白石溪,源自宁化县,"历湘洪峡至东庄潭,分为二派,一自惠政桥入,一自太平桥入,至高滩角复合为一,南流至杭(上杭),达潮以入于海……按天下水皆东,惟汀独南,南,丁位也,郡名汀州取此。"⑦可见汀州府的来源是借鉴于汀水,

　　①(清)钱澄之:《藏山阁文存》卷5《吴廷尉鉴在传》,《钱澄之全集》第四册,黄山书社2004年版,第420页。

　　②《清史列传选》卷《郑芝龙传》,第1页。

　　③《清代官书记明台湾郑氏亡事》卷1,"康熙十八年二月甲戌"条,第1页。

　　④《清史稿》卷4《世祖本纪一》,第104页。

　　⑤国立中央研究院:《明清档案》丙编第六本,《布告浙东福建新定地方诏》,中华书局1985年版,第583页。

　　⑥魏嵩山主编:《中国历史地名大辞典》,广东教育出版社1995年版,第319页。

　　⑦(清)曾元瑛等修,(清)李绂等纂:《汀州府志》卷4《山川》,《中国方志丛书》:第75号,成文出版社1967年版,第41页。

而汀水取自于方位。汀水在长汀县东面,长汀县又是汀州府的倚郭县,可见这里的汀水并不直接指代汀州城,而是汀水流域,清朝档案的记载表明清军是在从汀州城到上杭乃至再延长的汀水一线某点追上朱聿键,至少说明不是延平府的顺昌和将乐。

关于朱聿键的最终行走路线是涉及到幸楚还是幸粤提议。诸本根据隆武二年朱聿键一直有奔赣的谕告,于是认为朱聿键是不断向西,纵使从汀州府脱离后,也当继续向西奔走,只有在粤遗臣认为有向南的趋势,如路振飞、屈大均等。在福建遭到毁灭打击的前夕,隆武政权君臣已经感受到亡国的危险,但在当时他们自始至终都以崖山之战作为前鉴,如金堡就提及"设令遂返天兴,此由泉州港自谢女峡迁于硐州,至崖山旧路也。陛下既不屑为,岂可坐困延平,待其自毙。"从这个奏折我们可以知道,隆武君臣正在为幸赣、幸粤、幸楚、出关等犹豫不决,其中幸粤似乎顾虑更多。当情况日益窘迫,金堡一改原先幸楚危险极高的态度,提出幸楚、幸赣和水路出关的三个策略,而将两广作为后备力量①。李鲁在隆武元年(1645)年底也有相似提议:"大兵惟当直取江右,江右披山襟湖,可东提两浙,西挈荆、湖,南控闽、粤,三方辐辏,据上游以望孝陵。不然,则急驻荆南,……若羁旅闽中,指臂不灵,兵食肘露………"②从浙东到闽的钱肃乐在隆武二年六月上疏强烈要求"提兵出关,不可退入广东,并陈越(粤)中十弊以为戒"③。张家玉在五月也有相似的建议,他首先认为天下形势,"关中为上,荆襄次之,建康又次之,下次虔州一块土,尚属兴王地也",坚决反对"由闽入粤恢江"之旨,最后提出三策,上策是幸虔,中策是驻雄,最下策是入广。《思文大纪》五月条记载朱聿键一再有出关的提议,要求从衢州到仙霞关、赣州到汀州的防备要落实,甚至宣谕杨廷麟,要求十日左右于汀州驻跸面商④。朱纪敦先生却认为这是为了召见张家玉谋画幸粤,事实并非如此,虽然该疏文中提到张家玉,但真正面商的对象是杨廷麟,而且朱聿键的目的就是幸赣或商议援赣事宜。但不可否认的是朱聿键确实有幸粤的打算,张家玉在疏中末端一再强调"伏乞皇上依臣上策,独断行之……乞皇上必以为归,必以为归"⑤,说明朱聿键周围有人不

①《岭海焚余》卷上《请决策出闽疏》,第21页。
②《小腆纪年》卷13,"顺治三年九月戊申"条,第629页。
③《鲒埼亭集选辑》卷1《明故兵部尚书兼东阁大学士赠太保吏部尚书谥忠介钱公神道第二碑铭》,第7页。
④《思文大纪》卷7,第132页。
⑤《张家玉集》卷3《奏疏(下)》,第56页。

断提议幸粤，因而有如此强烈的幸赣建议，本文之后将得出提议者是李鲁或者类似人员的结论。朱聿键随后答复"朕为祖宗，救百姓，当出虔入楚，一如尔言。"由此可见隆武帝在八月的幸赣态度相较于幸粤更强烈些。但据称朱聿键最后奔赣的行为是何吾驺怂恿的，而何吾驺又先逃脱①，朱聿键为此大为后悔，从而萌生原来的幸粤念头。因此有必要对趋粤说和趋赣说分别讨论。

1. 幸粤未至说

几乎所有文献均认同朱聿键的奔赣计划，然而当广州唐王非朱聿键的消息散开后，大帽山说、五指山说、平远说的出现恰表明朱聿键的目标可能转向了南方。屈大均于顺治十六年(1659)所撰的《文烈张公行状》(以下简称《行状》)有不一样的记载：

九月车驾亲征，至上杭，御营不战而溃。公闻上将入粤，引兵出迎，卒遇虏于赤山之阪，兵不肯战，职方主事赖其肖曰："方今主上蒙尘，我曾当此，首先死敌，以明忠义，虏易与耳。"众曰："我饥，非畏战，请一战以谢。"贝勒遣辫发四人招降，众将起而刚之，碎其牌，遂潜绕虏营而伏，诱虏骑入山谷中，率劲弩驰射，斩获十余人，虏并走，公拔还镇平，士卒皆盗贼之余，粮尽终无固志。公遂叹息曰："廉颇思用赵人，集吾莞子弟尚可为也。"会有大父之丧，遂抵家。

诸本皆称朱聿键将奔赣，只有如《行状》等少数文献则认为将幸粤，因此屈大均断不会是将"长汀"误写成"上杭"，不然张家玉如何得知"将入粤"。九月初，朱聿键来到汀州中南部，这里多奇石怪滩，可以体现"途步踉跄"的情形。在危难时刻，朱聿键若自汀州城不断往西，赣州方面的清军也会包围自己，而且动静大，容易引起李成栋部的警觉，因此如果逃脱成功，朱聿键在八月二十七日到汀州城后可能利用"张致远"(亦或是"周之藩"、"杨鸿")代死暂时摆脱清军的追赶。路振飞所言的"驾幸长汀逼敌营，计穷烈士显忠贞。纪信乘车能建汉，韩成赴水实兴明"中，纪信和韩成都牺牲了自己而保全君主，路振飞并未在福建遇难，后来逃至粤东，他的诗句是在当时受到一定诱导的结果，但能被路振飞等遗臣所信，说明在当时确实有南奔的说法，且影响力较大②。赖其肖所说的"蒙尘"是"主上流亡在外"的意思，表明张家玉部遇到清军时还没有遇到隆武帝，即使通过鼓舞士气击退清前哨，也只是"粮尽终无固志"，于是"拔还镇平"，自始至终

①《思文大纪》卷7，第152页。
②《明末忠烈纪实》卷《张致远传》，第241页。

都没有救出朱聿键。朱纪敦先生虽然也用到了这段材料,却忽视了"拔还"一词,坚决认为张家玉已经迎回了朱聿键,这是不对的。张家玉实际心里明白,刚刚遇到的是清军前哨,若再深入,不仅救不出朱聿键,而且自己也将全军覆没,何况自己没有遇到朱聿键的御营,却先遇到清军,说明朱聿键已经凶多吉少。由于没有得到确信消息,张家玉在军中一直尊奉隆武帝,以迎回隆武帝为目标,所以从隆武二年九月到永历元年的书简赐谕中都以"张家玉"为开头,在永历元年夏季以前都奉行"隆武"年号,如《祭杨邦达将军文》以"隆武三年"起头,《哭杨邦达》中的"忠魄想应随烈帝,英魂犹自绕王师"而不言随"思文"或"故帝",但是仍然承认自己的部队是"唐王师"[①]。在张家玉心目中只有一个唐王,因此绍武在广州即位后并不被张氏推戴,而且当时桂王在肇庆先已监国,陈邦彦等在粤隆武遗臣一致瞩目于桂王而非唐王弟,张家玉非常不希望抗清过程中发生内斗,正如他对自己家人所说的那样:"乱世只宜好静,不宜好动"[②],因此坚辞绍武朝的官职也是情理之中了。

既然朱聿键没有到达粤东,那么究竟到达什么位置呢?朱纪敦先生在《隆武入粤新证》一文主要用了《明兵部职方司主事李公家传》,内容是李鲁的言语和行迹,李鲁是上杭人,因此他坚决提议幸(上)杭。先摘录《家传》中重要语句:

> 鲁奉简书,八月初二日至汀,而县报贼首张思选等围攻上杭,危在旦夕。汀帅周之藩奉督军务,司礼监王礼,汀州知府汪指南,推鲁速赴杭境,设策退贼为急。鲁密谓之藩曰:"大驾日晚且至,公其爱整师旅,扈从逾岭,倘上杭不守,则风声遥沸,驾行又复次,且切虑变生意外,鲁今委身先解杭围,即同扈驾而东。"初四日,星驰发棹,舟次干甯时,主仆八人,无一矢一兵,崎岖于风声鹤唳间,经营八昼夜,号召四乡义勇,痛哭投诚,商度救援。……十四日,仲(李鲁自称)乃入城,寝不安席,半月之内,屯练节目,次第有绪。仲氏眷栖福员,所以投身险阻,不遑宁处者,惟以急守莫如汀城,急练莫如汀兵,此为岭峤咽喉,欲成一旅,缓急扈驾也。……三十日,鲁戴星返汀,未至,而闽关不守。

结合相关史料可以得知,这段语句都是关于李鲁一个人的行径,与隆武帝朱聿键无直接关联,但可以确定的是,朱聿键在驾幸前确实有前往上杭的计划,

---

①《张家玉集》卷5《诗》,第163页。
②《张家玉集》卷4《谕》,第80页。

令李鲁先扫清汀州的障碍，这正和从延平出发时朱聿键令钱邦芑先行清路相同，体现了朱聿键的胆怯心理。但朱先生根据"日晚且至"一语认为八月初二日晚上朱聿键也抵达汀州，与李鲁一前一后赶到。但是在《张家玉集》中收录了很多在八月间张家玉和朱聿键之间的奏疏来往，而且从八月初二日到二十八日，明清双方都有文献记载八月中旬隆武帝并未到达汀州，尤其是钱澄之等亲自经历者的记载尤为可靠。此外二十一日的御驾中还有何吾驺等大学士，如果从初二日到二十一日的朱聿键都由"张致远"扮演，朱聿键身边的亲信大臣岂会不知？何吾驺逃到广州即立刻商议择选继承人也说明何吾驺在逃跑前明了朱聿键的逃跑路径和当时的局势，因此朱聿键并没有离开御营。《家传》中朱聿键令李鲁先回上杭的目的是"贼首张思远等围攻上杭"，"推鲁速赴杭境"，赴杭的建议取自地方大臣，这种带有危险的临时使命是不可能让君主一个人去承担，加之朱聿键较为胆小，由此可以推断《家传》中的"日晚将至"是"早晚将至"的变异，《小腆纪年》可佐证，该书记载李鲁对上杭贼的对话："天子早晚入粤东，诸君部勒一军为护卫，便为禁旅亲军矣。"[1]"主仆八人"并不指朱聿键和李鲁的关系，而是李鲁与随从的关系，前文交代了李鲁对周之藩的密语，"公其爱整师旅，扈从逾岭"一句表明朱聿键若到汀州，周之藩要率领镇兵保护他，这与《行状》中的"御营不战而溃"相符，主仆八人是不包括朱聿键和镇兵的。而且全文未出现任何朱聿键本人的身影，作为一军的主帅、南明的君主，李鲁招降濮民后，主帅应当予以鼓励和奖赏，全文毫无提及。何况朱聿键一直以"拯救黎民"为己任，八月初二日，清军虽然击败鲁监国部众，但是还未踏入闽地，此时逃跑，无异于对国人宣告政权的瓦解，而且对于郑芝龙来说无疑是一次重大打击，或许早已投降清兵，断不至于到八月底接受清朝的招降。另外李鲁如果保护着朱聿键，又为何在上杭休整半个月而向镇平的张家玉部接洽，甚至自己回到汀州，这表明此时李鲁在上杭一直焦急等待着朱聿键，甚至可能也是他联络了张家玉，但为了等待朱聿键而没有采取行动，最终扈驾并未抵达上杭，而是在汀州城向南某河段的路上就可能已被杀害。李鲁在九月五日被部将挟持，自杀[2]。虽然根据李鲁的活动情况不能确定朱聿键自北赶来，但朱聿键确实曾有南下广州的提议并准备付诸实施。

通过李鲁的行为我们看出，他善于为君主着想，起初反对幸粤，后来力驳众

---

①《小腆纪年》卷13，"九月戊申"条，第630页。
②《小腆纪年》卷13，"九月戊申"条，第631页。

意,怂恿朱聿键奔粤,在李世熊看来,李鲁提出的屯练法和抚军书都是切合实际的,并且本人最后身死,于是认为李鲁是一位有才能的大臣[1]。从另一方面看,李鲁的提议动摇了朱聿键奔赣的决心,加深了逃跑念头,而且李鲁回上杭,所利用的却是峒民、反贼,没有上杭乡绅、土人协助的痕迹,仅有的记载是他结交某富民丁某,结果自己也死在这位富人继子之手,说明李鲁虽为朱聿键谋划充足,但本人并非实干之才,不为人所信服,纵使朱聿键幸粤成功,也难逃失败的结局。有些史料也在强调上杭遇害说,但叙事逻辑无法让人读懂。屈大均是主上杭说的代表人物,而奔粤说是以上杭说为基础延伸的,可见上杭说有一定的参考价值。屈大均在评论朱聿键的文武大臣不救其主时也暗示了朱聿键是死于清军矢石之下。他在《皇明四朝成仁录·苏观生传》支持杨鸿代死之事,但是将汀州改写成"上杭"[2],很明显和《家传》结合,他的信息与其他文献信息十分似,仅将"汀州"换成"上杭","周之藩"换成"杨鸿",但他的目的在于"奔粤"而非"奔赣"。《小腆纪传》记载杨鸿在永历时死于佛神山寺[3]。《爝火录》在记载李成栋在福建的行迹时,认为他先在八月二十四日左右攻克上杭,其次北上攻打汀州城[4],似乎想说明清军曾割断朱聿键从长汀南下的路线,然而李鲁在九月份才自杀,而且"长汀以南,上杭以东险恶多瘴"[5],很难保证清军在五天内能完成从延平府抵达上杭,再合围汀州的行走任务,可见此说不确,但很可能说明清军追击朱聿键是沿着南北走向。九月十五日李成栋从北向南又入汀州,再攻漳州,此处的汀州应是指上杭,从汀州城到上杭是追击的过程,从上杭到漳州,李的前哨遭遇了张家玉部,被张击退。朱纪敦先生关于这次逃跑是以幸粤计划为核心的说法是不完全准确的,但可以说奔粤计划在幸赣过程中有付诸实施的很大可能性。

2. 幸赣未至说

尽管汀州府堂说有疑问,幸粤说又存在可能性,但借于当时汀州府的状况来看,城西遇难说的可能性最大。部分史料也提到清军在汀州城追及御驾,但赞成城西殉难说。在驻跸于汀州城时,清军铁骑已逼近,监察御史王国翰将三

①《小腆纪年》卷13,"九月戊申"条,第631页。

②《皇明四朝成仁录》卷9《苏观生传》,第833页。

③《小腆纪传》卷29《杨鸿传》,第367页。

④《爝火录》卷16,"顺治三年八月二十四日"条,第862页。

⑤(明)王世懋:《闽部疏》,明宝颜堂订正刊本,成文出版社1975年版,第42页。

面面临清军的险境告诉朱聿键后，朱聿键十分暴躁，想杖杀王国翰①。《文林郎贵州道监察御史王君（按状）》记载了唐王在汀州前后的一些行迹，虽不能完全真实，但从中可获得一些信息，其称清军入府堂，门人与之相持，张致远代替朱聿键坐堂上，朱聿键则从行宫后门出去，王国翰与自己的儿子走散，听人说御驾已向西，于是丢弃自己的仆人往西赶，直到韶州仁化县才发现追寻的目标竟是韩王②，这个信息联系了房县抗清的韩王与郝永忠的关系，本文暂且不分析。值得一提的是，《闽事纪略》称王国翰同时死于汀州府堂③，但是《按状》的作者在开头称"天下之变莫乎君臣父子，一旦相失而永诀终天"，末称王国翰死于全州，后由子迎梓北葬，因作墓志铭，可信度较高。我们试图分析王国翰所提及的"三面险境"，隆武二年八月中旬，清军自衢州赴仙霞关，当时郑芝龙部将撤尽守关官兵，以至于"清兵数十骑按辔过岭，不费一矢"，此后清兵"或由建、或由汀、或由福宁，俱走山谷间道，出其不意，不必尽走仙霞岭也。"④由上文论述可知，从仙霞岭入关的清军一部由李成栋、阿济格尼堪等率领向西趋往汀州，这是东路敌。由"汀"入者指代的是绍武方向来的清军，清军曾令韩岱等攻破广信府，杀害明巡抚周定礽、兵科给事中胡梦泰等⑤，继而从分水岭南下，其一部下崇安，由"清军六人伪称邵武差役"可知邵武也有从分水岭南下的清军，此则北部敌。揭重熙曾由建昌趋赣州，却遭到清军主力掩击，其碰到的并非是江西清军，而是入闽清军，原因在于揭重熙先是趋仙霞关，后急速向南，与清军相遇于邵武一带。再者当时江西清军聚焦在赣州城以西，八月，清军在章江击败赣州明朝水军，九月，清军攻陷上犹县和南康县后合围赣州，可见江西清军的战术方针是占领赣州附近府县，堵截入赣援军，而汀州不存在西路来犯的敌人，却存在南路的敌人。据《爝火录》称，博洛曾令李成栋自上杭趋汀州，尽管此种行迹存在时间的冲突，但至少说明李成栋是从汀州的南边合围府城，是为南路敌。按照这种情形来看，南奔似不可能，唯有向西逃跑在当时才具备唯一的可能性。太仆卿姜一洪跟从朱聿键至汀州，又逃至赣州之木橛庵，自沉于江⑥，王国翰也曾逃至韶

---

①《南明野史》卷中《绍宗皇帝纪》，第145页。

②《鲒埼亭集选辑》附录《文林郎贵州道监察御史王君墓志铭》，第285页。

③《闽事纪略》卷《粤游见闻》，第44页。

④《爝火录》卷16，"顺治三年八月十一日"条，第856页。

⑤《小腆纪传》卷27《詹兆恒传》，第340页。

⑥《南疆逸史》摭隐卷2《姜一洪传》，第454页。

州,两个案例都说明西方是当时汀州逃难者的最佳方向,何况朱聿键并非大才,向西靠近赣州也是当时的政策方针和在慌乱中的思维惯性。尽管如此,朱聿键还是被合围而来的清军追上并杀害,因此《罪惟录》关于朱聿键在黄田镇被追及的说法较为符合实际。《思文大纪》也提到朱聿键出关,清军未赶上[①],似乎也说明了朱聿键逃离汀州城后继续向西。既然何吾驺能逃至肇庆,朱聿键却未入赣州和广州,也未在韶州与郝永忠部相遇,表明他在汀州城附近即已殉难,这也符合汀水涵盖的地域范围。

虽然朱聿键南逃和西向的说法较多,却很少有人去探讨朱聿键真正的下落,仅仅以可能性的话语记载于后,似乎后人对朱聿键的下落并不关心,这种态度与士绅对朱聿键的评论多以褒义为主的状况大相径庭。明太祖封藩主要目的是屏藩,当中央受到威胁而各地藩王又无法起到屏藩作用时,亲王也能作为帝位的候选人。正如《石匮书》所言:"一君复立,一君践祚,继统视为儿戏"[②],马士英就曾对福王说道:"上之得立由臣及四镇力,其余诸臣皆意戴潞藩。近日弹臣去,明日且拥立潞藩矣。"[③]在东林—复社成员的搅动下,传统宗法制受到了严重挑战,君主交替在当时成为一种常态思维,一方面受制于当时紧张的局势,激起了忠明和势利的复杂人心,另一方面弘光政权覆灭后,全国向心力荡然无存,南京作为陪都也沦陷,中央权力无法压制蓬勃发展的地方力量,各省各地进入地方自治状态,即使潞王、鲁王、唐王相继监国也无力恢复北京灭亡前夕各地向心的态势。崇祯皇帝去世,三子不知去向,福王、潞王皆无子,鲁王、唐王相继监国,改变了原来按伦序择嗣的规则,择嗣的祖制成了空文,隆武帝朱聿键甚至想效仿明成祖,张家玉将朱聿键比作汉光武帝,这都说明了他的监国失去了原来宗法制的规则,点燃了各地同姓藩王称尊的野心。因此一地覆灭,另一地就有新的藩王称尊,甚至同时有多地竞相争长。这就标志着藩王的地位不是稳定的,他的法统性仅在其在位时起作用。如弘光时伪太子受审,诸大臣竞相称太子为伪,当弘光出逃,诸大臣向伪太子罗拜;武冈惨败,永历帝不知下落时,荣王朱由桢立刻被推上帝位。唐王朱聿键沦没,诸大臣竞相逃亡粤东推戴下一任藩王,在利益的驱使下,他们无心追究上一任监国的下落,在政权角逐中,只是考虑择贤和择序是否适应时局,关于上一任监国是否存在的疑虑随之消亡。放弃

---

①《思文大纪》卷8,第152页。

②《石匮书后集》卷5《唐王世家》,第75页。

③(清)李清:《南渡录》卷5,浙江古籍出版社1988年版,第281页。

对故主的追思尽管从现实看有助于集结后备力量,却助长了贵族的浮躁,激化了新旧贵族和区域矛盾,如苏观生自赣州入广州,两广总督丁魁楚"虑其以旧相居己上,拒不与议"①,而何吾驺虽然成功融入永历政权,却和辜朝荐等争权。此外朱聿键在汀州被清军杀死已成为事实,仅有零星武装为了号召清统区的吏民才向外宣称朱聿键隐匿山林,隐去人们认定的行迹,将文献中的一些歧义夸大,如清方文献中的"朱聿钊"被指为另一人,李聿键在福州城不屈而死等等,从而达到混乱人们视线的目的。此外当时闽人被清军的阵势所吓倒,纵使对朱聿键有怜悯之情,也很难有抗清意志,只能借助于故事发泄情绪。清初学者带着同情朱聿键的主观情绪,加之清朝官方强硬的文化控制态度,使他们宁可相信朱聿键成功躲过了汀州的那场变端,但如果说朱聿键仍然滞留于福建似不可信,所以根据一些"南奔"的迹象将结局定在粤东。后者不断承抄前说,用简洁语言记朱聿键最后的行迹,却附以不同的说法而不加辨析,再加上清廷的文化压制,使得一件史实逐渐变得模糊不清。

由此可见,朱聿键在汀州府堂遇难的可能性较小,趋赣说似乎比趋粤说更符合实际,但最终结局必然是被清军追上并被杀害,两种结局都发生在汀水上半段,因此清朝档案所记载的汀水遇害说当是最符合实际的。

四、结语

作为南明四朝中比较有作为的君主,朱聿键的最终殉难之地一直困扰着后人。多数文献不断承袭前说,将错误的信息不断传承,鉴于清方关于顺治三年的档案较少,部分文献因无法断定而仅列为"不知所终",另一部分文献带有更强烈的主观色彩,在择取文献时选择抄袭明遗臣的作品,从而出现了十余种说法。较为著名的大致有三种,即福州遇害说、粤东抗清说和汀州遇害说。福州遇害说的前提是朱聿钊代死和数十名清朝骑兵执送,根据文献可以发现朱聿钊是满文音译的结果,而清朝骑兵执送的主要漏洞是陈谦之子对于清朝的态度出现了分歧,而且闽东的遗臣对朱聿键的下落并不知晓,可见福州被害说是不符合实际的。粤东说的代表人物是朱纪敦先生,他多截取文献中对自己有益的语句,从而改变了史料的实际价值指向。潮惠地区武装和汀延地区的义民在清军兵力分散之后相继反攻失地,却始终没有以"隆武"为口号,可见在这些地区人

①《清史讲义选录》第三章《本朝之定鼎及明室之偏安》,第32页。

民心中,朱聿键已经遇难。汀州说为大多数文献所认可,也是公认最接近事实的一种说法,其中《台湾外记》所记载的内容也是被认为是最真实的信息,然而通过对比其他文献的内容可知,《台湾外记》整合了诸说,矛盾较多,可信度较低。时人多认为朱聿键的目标是奔赣,而朱纪敦先生认为是奔粤,事实上朱聿键对两种逃跑路线有所犹豫,奔粤未至说符合朱聿键对李鲁的信任,但奔赣未至说更符合当时汀州的实际环境,二者与府堂说都是清档案中汀水遇难说的分支,这也是本文所支持的说法。

安源工运中新组织的建立与工人的整合

邹子平[①]

摘　要：在工运开始前，安源路矿工人被工人彼此分散割裂，束缚在同乡会、会党、包工制等组织中；工运开始后，中共先后成立了安源路矿工人补习学校，建立了中共党组织，创办了安源路矿工人俱乐部，使路矿工人经历了从思想上解放到组织上整合，再到行动上联合的过程。

关键词：安源工运；组织；工人联合

1921 年 11 月起，毛泽东、李立三、刘少奇、蒋先云、黄静源等一批具有马克思主义信仰的知识分子怀揣着"劳工神圣""全世界劳工联合起来"的理念，来到了江西萍乡安源。在安源，这批知识分子宣传马克思主义，开展工人运动，让安源这座湘赣边地区偏僻的小镇，一时间成为了中国劳工运动的重镇，时人称呼安源为"东方的莫斯科"。对于安源工运史的研究，学界已经取得了很大成果。有研究者对安源工运史的史料进行了搜集整理，如中共萍乡市委宣传部《安源工人运动》编写组的《安源工人运动》（上海人民出版社 1978 年版）、长沙市革命纪念地办公室的《安源路矿工人运动史料》（湖南人民出版社 1980 年版）、中共萍乡市委《安源路矿工人运动》编纂组的《安源路矿工人运动（上下）》（中共党史资料出版社 1991 年版）等；有研究者对整个安源工运的历程进行了研究，如刘善文的《安源工人运动史 1921—1930》（上海社科院出版社 1993 年版）；有的学者考订了安源工运中的史实、总结了安源工运中的经验教训，如劲松的《刘少奇同志在安源签订的十三条协定》[《南昌大学学报》（人文社会科学版）1980 年第 1 版]、宋俊生的《究竟是谁代表安源路矿工人谈判并签订十三条协议的》[《南昌大学学报》（人文社会科学版），1980 年 3 月]、吴直雄的《试论一九二五年九月安源工人运动受挫的原因和教训》（《江西社会科学》1983 年第 4 期）、杨丽娟的

---

①邹子平，甘祖昌干部学院教师。

《李寿铨〈药石轩日记〉与安源大罢工爆发原因之分析》(《萍乡学院学报》2021 年第 4 期);有的研究者对安源工运中个别领导者的作用进行了研究,如马学军的《陆沉领导安源工运事实考》(《苏区研究》2020 年第 5 期)、黄伣的《毛泽东在安源的初心奋斗与现实启示》(《红旗文稿》2021 年第 7 期)、黄领的《毛泽东开创安源革命运动的伟大实践及其意义》(《党史文苑》2013 年第 18 期)、李京的《毛泽东安源调查研究及其意义》(《党史文苑》2013 年 16 期);有的学者引入社会学理论对安源工运进行了研究,如(美)裴宜理著、阎小骏译的《安源:发掘革命之传统》(香港大学出版社 2014 年版)等。但就现有成果来看,很少有研究者从整体的角度来研究安源工运中的组织变迁对安源工人产生的影响。[①] 笔者希望通过挖掘新史料来探究安源工运前工人自发形成的组织如何影响工人之间联系,以及中共到安源后,如何通过建立新组织,使分散中的工人最终走向了联合。

一、旧组织与松散状态中的安源工人

在中国共产党未成立之前,安源煤矿中的工人依托地缘、业缘、共同的信仰自发形成了一些组织。这些组织在某些方面能给工人帮助,但是无形中将工人的社会关系割裂开来,使工人之间无法联合起来。

(一)同乡会中的小圈子

1898 年萍乡煤矿开办以及株萍铁路建成后,湘、鄂两省大批民众来到萍乡煤矿和株萍铁路务工讨生活。一时间萍乡的人口迅速膨胀,据统计,萍乡的人口在 1869 年仅有 21.56 万人,而到了 1906 年人口已经有 59.01 万人,[②]37 年间人口增长了 173.7%。1906 年时,安源煤矿矿工的省籍构成比例分别为江西籍50%,湖南籍 30%,湖北籍 20%[③],可见本省籍和外省籍工人各占一半。但是到了 1907 年萍乡煤矿基本建成以后,外省籍的矿工数量进一步增加,其中尤以湖南籍的矿工人数增加最多。根据《萍乡矿务局志》载,1920 年时,安源煤矿中的矿工"机械工人多半来自浙江、广东两省。但采煤工人还是湖南人居多(其中湘

---

①有的学者研究了中共在安源建立的个别组织的发展,如郑颖丽:《中共第一个产业工人支部的创建与发展》,《江西社会科学》2015 年第 4 期;张玉良:《党创立时期的安源工人学校》,《江西师院学报》1980 年第 3 期。

②萍乡市志编纂委员会:《萍乡市志》,方正出版社 1996 年版,第 110 页。

③湖北省冶金志编纂委员会:《汉冶萍公司志》,华中理工大学出版社,第 82 页。

潭、长沙、醴陵等县约占大半），因而有'安源矿区多讲长沙方言'之说"①。

旅居萍乡的客籍商人、劳工为了在外相互照应，在萍乡建立起了自己的同乡会组织。当时萍乡外省籍的同乡会主要有湖北同乡会、湖南同乡会、江苏同乡会、广东同乡会②，它们中的成员很大一部分来自于安源煤矿和株萍铁路的工人。湖北、湖南离萍乡较近，在萍工作的人员相对较多，因此湖北、湖南同乡会在萍乡的影响力也相对较大。湖北同乡会馆舍就设在安源煤矿厂区内，还在安源煤矿创办了自己的学堂，供本省的矿工子弟读书。湖北同乡会里的成员，平时相对较为封闭，很少与当地人打交道，根据湖南籍萍矿老工人杨秀兰回忆："工人子弟学校的右边是湖北同乡会办的学堂，一个老头在那里教老书，也有十几个学生。老头讲孔孟之道，《女儿经》，什么'人之初，性本善'，'清早起，爱干净'，'父母骂，莫作声'等等。工人子弟学校与湖北同乡会办的学堂虽然在一起，但互不来往，双方的老师都不准自己的学生到对方去③。"可见受地域因素的影响，不同省籍的工人较少互动。

湖南同乡会馆则建在县城南门外的禹王宫里④，在萍乡外省籍人员属湖南人最多，湖南同乡会的影响力也最大，参与了近代许多发生在萍乡的政治事件。1906年，同盟会准备发动萍浏醴起义，曾派刘道一前往萍乡与萍乡籍同盟会成员蔡绍南同谋大事，当时安源煤矿中的湖南籍领班萧克昌闻讯后，准备联络安源矿工中的湖南人士发动起义，可惜最后消息泄露，萧克昌被清廷捕杀，安源路矿工人参加萍浏醴起义的计划也不了了之。1910年，湖南旅萍人士在禹王宫设立了湖南旅萍小学堂，为旅居萍乡的湖南子弟提供上学的机会。⑤ 1912年11月20日，湖南同乡会又与萍乡矿务局、安源商务分会等团体共同举办了欢迎辛亥革命元勋黄兴来萍考察仪式。第二天，黄兴又亲自前往萍乡县南门外的禹王宫，对湖南同乡会、旅萍湖南学生会发表演讲。⑥ 湖南同乡会的这些活动，加强了湖南籍矿工的省籍地域的认同，但是却削弱了湖南籍矿工与其他省级矿工的联系。

---

①萍乡矿务局志编纂委员会：《萍乡矿务局志》，萍乡矿务局1998年版，第97页。
②萍乡工会志编纂委员会：《萍乡市工会志》，萍乡市工会1999年版，第88页。
③中共萍乡市委《安源路矿工人运动》编纂组：《安源路矿工人运动》（下），中共党史资料出版社1991年版，第1006页。
④刘洪辟：《昭萍志略》卷2《营建志》，萍乡私立邑志馆1935年版。
⑤萍乡市教育志编纂委员会：《萍乡市教育志》，江西高校出版社2009年版，第62页。
⑥黄兴著：《黄兴自述·下》，深圳报业集团出版社2011年版，第262页。

因此,笔者认为同乡会为来安源务工的外省籍矿工提供了诸多便利,但是同乡会的排他性,人为地割裂了工人和工人之间的联系,不利于工人的团结。

(二)会党

清末以来,中国的民间秘密结社风盛行,在五方杂处、人口密集之地尤盛。近代的萍乡作为一个外来人口众多的商埠,会党力量也很盛行。影响萍乡安源煤矿的会党主要为哥老会的分支洪江会。洪江会是一个以"反满兴汉"为宗旨的秘密会社,内部等级森严,拥有严密的帮规和复杂的仪式。1898年安源开矿后,哥老会势力被湘、鄂两省的移民带到了安源煤矿。湖南湘潭人洪江会正"龙头"萧克昌在安源煤矿分社"岳麓""卧龙"两个码头,吸收了刘志和、王春和、李柏云等一批湖南籍安源矿工入会,总人数一度达六千余人。[①] 哥老会在当时安源煤矿工人中的影响力可见一斑。

民国时,洪江会这一组织继续存在,并在安源依然控制着大量煤矿工人。1922年9月,中共准备发动安源大罢工时,为了争取会党的支持,安源工运的领导人之一李立三还亲自拜会洪江会头目争取他们的支持。1924年5月,中共安源地委在给上级的报告中说道:"安源洪匪颇发达,工人加入者,已一千余人"[②],这里的"洪匪"指的正是"洪江会"也称"洪帮"。安源煤矿矿工人数长期在一万人左右,由此推测民国时期安源煤矿工人加入洪江会占到了矿工人数的十分之一,依然是安源煤矿中不可小觑的力量。

然而需要指出的是,会党尽管本身有"排满兴汉""反清复明""忠义"等共同理念,内部也有严格的帮规制度,但是它却无法整合煤矿内所有的工人,使其成为一个有机整体。这主要表现在三个方面。一来,洪江会在晚清时经常从事秘密推翻清政府的事情,民国后又经常从事鸦片、赌场等生意,绝大多数工人不可能会冒着被官府镇压的风险加入会党,这就导致会党成员始终是工人中的少数。二来,洪江会在后来逐渐从一个具有一定革命性的团体,变为欺压路矿工人的组织。洪江会头目对普通成员拥有严格控制权,这种控制权渐渐成为他们从工人身上渔利的工具,湖北黄陂籍的开国中将韩伟年青时曾在安源煤矿做过

①萍乡市政协:《湖广总督张之洞等奏萍浏醴会党起事始末及剿办详细情形折》,《萍浏醴起义资料汇编》,湖南人民出版社1986年版,第157页。

②《安源地方报告》,中共萍乡市委《安源路矿工人运动》编纂组:《安源路矿工人运动》上,中共党史资料出版社1991年版,第235页。

工人,他曾回忆"工人还要受青洪帮的种种剥削。那个时候,不论谁来安源做工,都得先向青洪帮头送礼,不然站不住脚①。"三来,有些会党头目本身就是安源煤矿中的工头,是矿主欺压矿工的爪牙。

(三)包工制

包工制是指企业主委托中间人为其招募、管理工人的一种用工制度。中间人被称为工头,或者"包工头"。工头为企业主招募的工人基本上是自己的同乡或者亲戚,管理矿工要比企业主直接管理更为方便,因此包工制在近代中国的新式企业中非常受资方的欢迎。在近代中国的工矿企业中,80%工人是在包工制下为企业作工的。②

包工制不仅是一种制度,更是一种束缚、压迫工人的组织。当时安源煤矿除机械工人和做杂事的点工是矿局直接雇佣的外,绝大多数煤矿工人不直接和资本家发生交易,都在工头下做点工。每个工头领着几十个,甚至上百个煤矿工人干活,工头经常虐待、勒索工人,从工人身上渔利,根据当事人的回忆,工头们压榨工人的方法最少有三种:

一是直接克扣工人薪水。工头常常克扣矿局支付给矿工的薪水,且克扣数往往超过了工人所得工资的一倍以上,刘少奇曾指出:"如窿内矿工,矿局所给工资,每人每日可合银洋二角七八分,而工头给与工人,则每人每日只可合铜元二十六七枚(安源洋价每一元可换铜元二百一十余枚),工头剥削所得,实在工人工资一倍以上。且当发给工资时,又得剥削其尾数,如工资在一元以上者给一元,不上一元者则仅以不足数之铜元付给之。他如歇工扣伙食,误事罚工资,重利盘剥等事,无所不用其极③。"安源煤矿工人宋新怀,也曾回忆工头如何克扣工人的薪水:"依照规定,我们每天应领的工资(包括吃饭费和零用钱在内)是一角八分,但到我们手里只有八分了,这一角就被工头、职员用扣饭费以及扣这个

①韩伟:《忆安源工人的苦难生活和英勇斗争》,中共萍乡市委《安源路矿工人运动》编制委员会:《安源路矿工人运动》下,中共党史资料出版社1991年版,第933页

②刘明逵、唐玉良主编:《中国近代工人阶级和工人运动》第1册《鸦片战争至大革命时期工人阶级队伍和劳动生活状况》,中共中央党校出版社2002年版,第617页。

③刘少奇:《安源工人俱乐部史略》,中共萍乡市委《安源路矿工人运动》编纂组:《安源路矿工人运动》上,中共党史资料出版社1991年版,第114页。

费、扣那个费的名义装进了他们的腰包。"①

二是向工人收取礼物。工头掌握着工人的排班,有权辞退工人,对工人平时的工作进行监管,因此工人有时候不得不讨好工头,向其送礼。工人宋新怀回忆:"工头家里的婚丧喜事,工人都要送礼,并要聚在工头家打牌,当然是工头做头,对工头来说这又是一笔可观的收入。如果有哪个工人不送礼,那就对不起,客气一点的就在平常折磨你,弄得你非孝敬他不可,不客气的就干脆把你开除。"②

三是"吃点"。所谓"吃点",即工头向矿局承包活时故意多报工人数量,发薪时工头从矿局领取超过实际人数的薪水。多出来的工人工资直接被工头贪污,而本来可以由更多工人完成的活,却被迫让更少的工人完成,大大加重了工人的负担。

包工制使工人的薪水,干活的多少,是否会遭受打骂,甚至能否继续得到工作都受制于工头,可以说工头牢牢控制着工人。工人们分散在各个工头那里工作,因此很难形成联合,也不可能产生联合的意识。

二、安源工人补习学校与工人思想的解放

在工运前,工人们的思想受同乡会、会党、包工制的影响,很难认识到自己是一个被压迫的群体。中共正式成立后,面临着一项很重要的任务,就是如何使工人从旧思想中解放出来,如何"提高工人的觉悟,使他们认识到成立工会的必要"③。为了培养工人的觉悟,中共提出要在各大企业设立工人学校。因此为了落实上级决议,1922 年 1 月,中共党员李立三来到安源不久后,就创办了安源工人补习学校④。

---

①宋新怀:《安源煤矿工人斗争生活片段》,中共萍乡市委《安源路矿工人运动》编纂组:《安源路矿工人运动》下,中共党史资料出版社 1991 年版,第 982 页。

②宋新怀:《安源煤矿工人斗争生活片段》,中共萍乡市委《安源路矿工人运动》编纂组:《安源路矿工人运动》下,中共党史资料出版社 1991 年版,第 983 页。

③中共中央文献研究室:《建党以来重要文献选编 1921—1949》第 1 册,中央文献出版社 2011 年版,第 5 页。

④之所以创办工人补习学校,除了启发工人思想觉悟,还因为毛泽东对留在安源领导工人运动的李立三建议道:"应当利用一切合法的可能,争取公开活动,以便和工人群众接近",工人教育正是一个让工人取得合法活动的途径。参见李立三:《李立三回忆安源工人学习、消费合作社、大罢工》,中共萍乡市委《安源路矿工人运动》编制委员会:《安源路矿工人运动》(下),中共党史资料出版社 1991 年版,第 902 页。

李立三在安源创办的第一所工人补习学校位于今天安源五福巷。它的宗旨是一面招收工人补习文化知识，一面向工人宣传马克思主义。然而，工人补习学校在刚创办初期，却面临着严峻的生源压力。尽管不收取任何费用，但因为不能从中直接获取物质利益，解决生计问题，工人们对到补习学校读书的意愿并不大。为了劝矿工来工人补习学校读书，李立三当时经常跑到矿工家里做工作，但是情况依然不理想。在这种情况下，李立三不得不求助于传统的社会中依靠地缘形成的"老乡"关系来打破僵局。根据工人回忆，当时李立三是这样动员工人去工人补习学校补习的：

> 一天下午，张明生正在机房找些零碎配件，忽然进来一个人，穿身学生装，脸带笑容。张明生以为是哪里来的一个"老爷"，觉得很奇怪。但他也不去理会他。正当他和另一个工人讲话时，忽然从背后插来一个声音：
>
> "你是醴陵人吗？"
>
> 他回头一看，见正是刚才进来的那位先生，忙回答说："是醴陵。"
>
> "家住哪里？"
>
> "丁家坊。"
>
> "啊，我家住醴陵阳三石，真是隔河对岸的老乡。"
>
> 这人亲切的问话，使张明生早忘了他是"老爷"还是谁了。两人互相问了下姓名，张明生才知道他是夜校的李老师。他问到张明生的家庭情况，张明生告诉他，母亲给"老爷"家做奶妈，在乡下没饭吃，自己随父亲来到矿上，十五岁学开吊车（绞车）。
>
> ……
>
> 听了李立三同志这一说，张明生答应去读书了。[1]

从这段材料，我们发现矿工张明生之所以会答应到工人子弟学校读书，很大原因是出于对老乡李立三的信任。李立三也乐于利用工人对老乡，对熟人的信任来招收学员。根据这位工人后来回忆，李立三招收到张明生后，又通过熟人介绍招到了几个工人学生，然后再动员这些工人回到餐宿处和其他工人谈读书的好处，就这样"一带两，两带三，学生人数逐渐增加"[2]。

---

①中共萍乡煤矿委员会宣传部：《红色的安源选本》，作家出版社1960年版，第50页。
②中共萍乡煤矿委员会宣传部：《红色的安源选本》，作家出版社1960年版，第51页。

从李立三通过熟人来招工人学生的方式,我们可以看出安源工人的思想观念受地缘因素的影响很大,倾向于相信老乡、熟人,这显然不利于工人的团结。为了打破传统观念对工人的束缚,中共决定在安源工人补习学校向工人宣传马克思主义。

然而同招收学生时一样,李立三等人在向工人传播马克思主义时也遇到了困难。马克思主义是一种外来的理论,对于文化水平有限、受传统思想影响很大的工人来说较难理解。最开始由于讲授方法不恰当,工人们普遍无法理解中共知识分子所讲授的内容。有些工人甚至觉得老师讲得内容十分"搞笑",据安源煤矿工人袁品高回忆,"听老师讲到马克思、列宁这类外国人名字时,只觉得很搞笑"[1]。有的工人反映,听老师讲"剩余价值",刚开始一直听不懂。[2]

为了让工人理解马克思主义的理论,李立三以及后面陆续来到安源工人补习学校的蒋先云、汪泽楷等人在给工人讲课时不再空洞地讲马克思主义理论,而是结合了煤矿工人的痛苦经历来讲述马克思主义的基本理念。1979 年 11 月,安源煤矿工人谭福生曾这样回忆李立三给他们讲课:

> 紫家冲也开了补习班。讲课,讲价值,多少工资一天,劳动值多少钱,其余的钱哪儿去了。为什么我们做几年抵不了资本家一天。不是命苦,是压迫剥削去了。李立三讲:不起来革命,一辈子受苦,子子孙孙还要受苦,世界上受苦人是多数。[3]

另一名安源煤矿工人周贵良则回忆李立三给他上课时说道:"起初,哪里是读书,尽讲故事。工人越来越多,李能至讲课,要团结,打比方,一根筷子一折就断,一把筷子折不断[4]。"在解释什么是"资产阶级"什么是"无产阶级"时,李立三采用了打比方的方式向工人解释,工人曾回忆道:

> 一天,立三同志上课。他首先在黑板中间画了道直线,接着在一边写上"资产阶级",另一边写上"无产阶级"。大家一楞:什么是资产

① 中共萍乡市委"安源路矿工人运动"编纂组:《袁品高回忆罢工前后情形》,《安源路矿工人运动》下,中共党史资料出版社 1991 年版,第 1368 页。

② 中共萍乡煤矿委员会宣传部:《红色的安源选本》,作家出版社 1960 年版,第 54 页。

③ 中国社会科学院现代史研究所编:《刘少奇与安源工人运动》,中国社会科学出版社 1981 年版,第 177 页。

④ 李立三原名李隆郅,后改名李能至、李立三;参见:中国社会科学院现代史研究所编:《刘少奇与安源工人运动》,中国社会科学出版社 1981 年版,第 178 页。

阶级和无产阶级？只听得立三同志说："比方工厂老板,他有资本,有产业,招来些工人给他做工,自己可以不做事,坐着吃,他就叫资本家,这样一伙人就是资产阶级。你们在矿上给资本家做工,什么财产都没有,不做工就没饭吃,你们这叫什么？"无产阶级！"大家一哄地叫了起来。①

从这些工人的回忆中,我们可以发现中共的红色教育家们在成立安源工人补习学校这一教育组织后,从工人切身体会的角度来宣讲马克思主义,并且没有使用非常深奥的语言,而是用通俗化的语言来使工人理解。调整授课策略后,中共红色教育家们的马克思主义宣讲收到了明显的效果。一方面,工人理解了这些难懂的概念,以至于他们几十年后仍能清楚地说出来。另一方面,来安源工人补习学校学习的工人人数也越来越多。根据1928年接管安源煤矿的国民党政府统计,1922—1925年间,安源工人补习学校学生数量从最开始的二三十人,增长到1305人,工人补习学校的数量也由最开始的1所变为7所,另外还设立了12处读书处。②可见中共创办的工人补习学校在之后对安源煤矿工人具有很强的吸引力。

安源工人补习学校的成功,有利于重塑工人思想观念,使工人的思想被整合到中共的意识形态中来。工人们不仅仅认为自己是同乡会、会党的成员,而是渐渐认识到自己是与"资本家"对立的"工人阶级"。这为工人后来的大联合,奠定了坚实的思想基础。

三、中共党组织的建立与工人被初步整合

解决了工人们的思想问题后,还亟需解决如何让工人实现联合的问题。当时中共采取了设立党组织、成立安源工人俱乐部的方式来实现安源路矿工人的大联合、大团结。

1921年12月,毛泽东考察完安源后,除了建议李立三搞平民教育外,还建议李立三在搞平民教育时,要"发现他们当中的优秀分子,逐渐把他们训练和组

---

①中共萍乡煤矿委员会宣传部:《红色的安源选本》,作家出版社1960年版,第53页。
②《共党在安之教育概况》,中共萍乡市委"安源路矿工人运动"编纂组:《安源路矿工人运动》下,中共党史资料出版社1991年版,第1368页。

织起来,建立党的支部,作为团结广大群众的核心"①。根据李立三的回忆,他在1922年2月建立了由党员组成的中共安源路矿支部。它是中共在全国产业工人中建立的第一个党支部,也是江西最早的党组织。

中共安源路矿支部最早由六名党员构成,分别为李立三、朱锦堂、朱少连、蔡增准、李涤生、周镜泉,除了李立三、蔡增准是知识分子出身外,其他四名都是安源路矿的工人。朱少连是一名火车司机,在安源煤矿里面可以说是技术工人层,不是在包工制下受压迫的煤矿工人;周镜泉、李涤生是火车修理工,朱锦堂是位普通矿工,他们是安源煤矿里的底层。从六名党员的出身可以看出,中共安源路矿支部成员的身份是各不相同的。中共党组织不仅仅吸收工人入党,还为工人提供了广阔的平台。1922年2月—1927年7月间,共有五人担任过中共安源党组织的负责人,除了李立三、汪泽楷是知识分子出身外,其他的负责人朱少连、宁迪卿、刘昌炎等都是矿局的普通工人。在同乡会、会党、包工制这类的旧组织中,工人成为组织中领导层,几乎是不可能的。

中共党组织对工人具有很强的吸引力。后来入党的安源工人,尽管文化水平较低,但是经过培训后,他们对中共都十分信任。

> 李立三和刘少奇又介绍我入党。与我一起入党的九个人都是洗煤台和洋炉炼焦处的工人,我们在小洗煤台宣誓,我看见党徽以为是十字架,就很不高兴。他们问我怎么了,我说这个组织是传基督教的。他们耐心解释说,这是镰刀、斧头组成的党徽,说明共产党是代表广大的工人、农民的利益,是与资本家作斗争的组织。②

安源煤矿送桶工贺桂兰则是这样回忆自己入党时的情景:

> 他对我讲了三、四次,有时在井下做工时讲,有时在外面走路时谈,使我逐步懂得了共产党是为劳苦大众谋利益的,相信一定会成功的。于是,我向他表示了愿意加入共产党。一九二三年五月十七日,我由周子南介绍参加了中国共产党,填了表格。我所在的八方井有左贵生、方玉奎也入了党。一天晚上,我们在牛角坡俱乐部里,由周子南

---

① 李立三:《看了"燎原"以后》,中共萍乡市委"安源路矿工人运动"编纂组:《安源路矿工人运动》下,中共党史资料出版社1991年版,第907页。

② 《袁品高回忆罢工前后情形》,《安源路矿工人运动》(下),中共党史资料出版社1991年版,第995页。

带领在党旗下宣了誓。从此,我们在党的领导下,更加自觉地投入革命斗争。①

从以上两个工人的回忆中,我们发现他们已经能够理解自己是"劳苦大众",知道了路矿当局是压迫他们的资本家,他们需要"革命",与资本家作斗争。对工人意识形态上的整合,使工人走向了组织上的整合。

中共对于工人的吸引力除了体现在对普通工人上外,还体现在那些已经加入会党的工人身上。对于会党,中共的正式文件中称安源路矿中的会党分子被称为"洪匪"②,要求安源的中共党组织立即纠正工人加入"洪匪"的错误决定。但是,当时安源路矿中工人加入洪帮者众多,洪帮头子是矿上的顾问,包工头大多数是他徒弟,矿上资本家利用他们压迫工人,此外他们又以"义气""保护穷人"、"为穷人谋幸福"等欺骗工人,使工人牢牢地被他们掌控。如果不与会党搞好关系,中共很难在安源煤矿中立足,开展革命活动。李立三于是通过自己的努力,吸收洪帮中的小头目谢怀德、周怀德加入了中共,为中共与安源煤矿中的洪帮头目联系搭建了桥梁。洪帮自身就是一个纪律严明、组织化很强的组织,但是中共能把会党中先进分子,吸收进中共,可见中共对于工人来说具有很强的吸引力。

此外,中共吸收安源路矿中的洪帮成员入中共,某种程度上来说为中共今后改造洪帮提供了可能。将来中共可以利用洪帮中的党员,向洪帮成员宣传中共的主张,培育洪帮成员的阶级觉悟,进而吸收更多有思想觉悟的洪帮成员入党,以此实现彻底改造洪帮的目的。

经过李立三等安源中共党组织负责人的努力,中共在安源路矿中的影响力不断扩大。据统计,自1922年2月中共党组织成立以来,到1927年8月秋收起义爆发前,安源中共党组织的党员人数从最开始的6人,到安源大罢工时期的10余人,再到秋收起义前增长到了700人。③ 其中中共四大时,安源党支部的党员人数达200人,占到了当时全国党员人数的五分之一,成为当时党员规模

①《贺桂兰回忆安源工人纠察队》,《安源路矿工人运动》(下),中共党史资料出版社1991年版,第997页。

②《附安源地方报告》,《中国共产党党报》1924年第4期,第7页。

③《中共安源路矿党组织发展概况表》,《安源路矿工人运动》(下),中共党史资料出版社1991年版,第1457—1458页。

人数最大、产业工人最多的党组织。[①] 这其中虽然有部分党员是从湖南、湖北等地调入[②]，但是绝大部分党员都是从安源路矿工人中发展起来的。这些党员有文化相对较高的技术工人，也有在包工制下干苦力的点工；有湖南人，也有湖北人，也有江西，或者其他省籍的人，使工人初步走向联合。党员人数虽然只占了安源路矿工人中的少数，但都是工人中的先进分子。

综上，我们可以发现安源的中共党组织成立后，安源煤矿工人已经在思想上、组织上实现了新的联合，工人也重新整合、联合，加入中共的工人在组织上也实现了初步的整合。

四、安源路矿工人俱乐部的成立与工人整合的深化

《中国共产党第一个决议》中指出"本党的基本任务是成立产业工会。凡有一个以上产业部门的地方，均应组织工会；在没有大工业而只有一两个工厂的地方，可成立比较适于当地条件的工厂工会"[③]。李立三经过一番筹备，于1922年5月1日国际劳动节当天，正式成立了由安源萍矿和株萍铁路工人组成的工会组织——安源路矿工人俱乐部。俱乐部成立后，安源工人在组织上进一步走向整合，并且逐渐采取联合行动来实现共同的目标。

(一)俱乐部的制度设计

中共的成立，让部分煤矿工人在组织上走向了联合，但是当时绝大部分煤矿工人并不是党员，因此新成立安源路矿工人俱乐部需要设计一套制度，将所有的工人都纳入到俱乐部中来。

根据《安源路矿工人俱乐部总章》，俱乐部设最高代表大会，享有对俱乐部一切事情的最高决策权，对俱乐部的干事职员享有任免、监察权之权。另设干事会，干事会设总主任一人，分设路局主任、窿内主任、窿外主任各一人。干事会下又设文书、会计、庶务、教育、宣传、互济、游艺、交际八股，各股设股长一人，

---

①黄领：《中共安源支部的创建和发展》，《党史文苑》2022年第3期，第6页。

②根据刘善文的研究，1923年6月三大前夕，上级党组织曾从湖南、湖北调了至少九名党员来安源党组织。参见：刘善文：《安源路矿工人运动史1921—1930》，上海社会科学院出版社1993年版，第247页。

③中共中央文献研究室：《建党以来重要文献选编1921—1949》第1册，中央文献出版社2011年版，第4页。

委员数人。另外还"十进制"代表制，每十名俱乐部成员推选出十代表，十个十代表选出百代表，百代表再选出干事会主任。这样的设计，让株萍铁路工人、煤矿井内的工人、煤矿井外面的工人都能找到自己的代表，不同工种的工人在安源路矿工人俱乐部中都有自己的代言人。可见安源俱乐部在制度设计上，就保证了它可以整合所有的安源工人。

安源路矿工人俱乐部的 4 个主任，各股股长，以及子弟学校、补习学校的教务主任，构成了安源路矿工人俱乐部的职员层，是俱乐部的领导层，以下是安源路矿工人俱乐部第一届职员表：

表 1　　　　　　　　安源路矿工人俱乐部第一届职员表

姓　名	年　岁	籍　贯	职　务	通讯处
李能至	二四	湖南醴陵	总主任 前消费合作社总经理 前宣传股长	本部
余红涛	二八	湖北应城	窿内主任	本部
刘少奇	二四	湖南宁乡	窿外主任　代理总主任 代理窿内主任	本部
朱少连	三七	湖南衡阳	路局主任 消费合作社副经理	本部
陆沉	二三	湖北黄岗	代理窿外主任	本部
易礼容	二六	湖南湘乡	消费合作社总经理	安源路矿工人消费合作社
蔡增准	一九	湖南长沙	教育股长	安源中牛角坡第二校
蒋先云	二五	湖南衡州	前文书股长	
赵楠	二四		前代理文书股长	
易菊庄			前代理文书股长	本　部
刘钝	二二	湖北保康	前代理文书股长	
李求实	二一	湖北武昌	文书股长	本部
陈伟铎	二四	湖南攸县	会计股长	安源花冲十五号
张芝祥	三二	湖南醴陵	前交际股长	
谢怀德	三五	湖南衡山	交际股长 经济委员会委员	安源炮台下
袁达时	二二	湖南湘潭	讲演股长（即宣传股长）	本部
朱锦棠	二五	湖南醴陵	前庶务股长 最高代表会议书记 裁判委员会委员长	本部

姓　名	年　岁	籍　贯	职　务	通讯处
杨床兴		湖南湘阴	庶务股长	本部
周　泉	三二	湖南益阳	互济股长	安源火车房
谢敬贤	二三	湖南衡山	游艺股长	安源新房子第二间
周怀德			纠察团团长	
易友德	二六	湖南长沙	杂务员	本部
毛泽民	二五	湖南湘潭	消费合作社兑换股经理 代理消费合作社总经理	安源路矿工人 消费合作社
唐升超	二八	湖南湘张	消费合作社粮食股经理 全社银钱账务总稽核	安源路矿工人 消费合作社
陈枚生	三五	湖南湘潭	消费全作社服物股经理	安源路矿工人 消费合作社
谭茂林	四十	湖南衡山	消费合作社器用股经理 杂分股经理	安源路矿工人 消费合作社
宁时佐	二四	湖南安化	子弟学校补习学校 第一校教务主任	安源新街第一校
唐绍予	二四	湖北黄陂	前子弟学校补习学校 第二校教务主任	
刘　义	二三	湖南醴陵	子弟学校补习学校 第二校教务主任	安源中牛角坡 第二校
易足三	二二	湖南醴陵	子弟学校补习学校 第三校教务主任	安源总局下 第三校

　　资料来源：中共萍乡市委《安源路矿工人运动》编纂组：《安源路矿工人俱乐部第一届职员表》,《安源路矿工人运动》上,中共党史资料出版社 1991 年版,第 202—203 页。

　　从上表中,我们可以发现安源路矿工人俱乐部中的职员层打破了地域了身份界别。职员中既有李立三、刘少奇这样的职业革命家,也有朱少连这样的技术工人,朱锦堂、周镜泉这样的普通工人,更有像谢怀德、周怀德这样的会党成员[1],且工人还起到很重要作用。地域上同样打破了界限,籍贯上职员中虽然都来自湖南、湖北,且湖南人占了多数,但是他们来自的县区绝大多数不相同,总体上来说还是打破了地域的限制。因此可以说安源路矿工人俱乐部是一个中

---

　　[1]参见刘善文：《安源路矿工人运动史 1921—1930》,上海社会科学院出版社 1993 年版,第 117 页。

国共产党领导的,具有广泛代表性的工人组织。

(二)工人对俱乐部的态度

安源路矿工人俱乐部成立后,得到了工人们的广泛拥护。有些工人尽管没有搞懂工人俱乐部是做什么的,但是他们都相信工人俱乐部是为了工人服务的。工人杨万乔曾经这样回忆,他加入工人俱乐部时的情景:

> 俱乐部宣布只吸收工人,别的任何人都不准加入。工人们从来都没有看见过有这样的组织,很多参加了。那时候,我记得自己特别高兴,根本不记得什么疲劳,下了班就到俱乐部来了,发动这个,动员那个。记得洗煤台有个工人名叫赵泽高,我去找他报名:
> "伙计,报名参加俱乐部呀!"
> "俱乐部是干什么的?有什么好处?"老赵问。"俱乐部是为我们工人谋利益,解除痛苦的。"怎样谋利益除痛苦呢?"老赵进一步问。
> 我也说不出个所以然,反正觉得这个组织好,可是不能说明我的意思,脸都红了,老赵说:"你们这些冒失鬼呀!总是随风跑。现在的潮流,团体、帮会又多,晓得哪个是好的?还是做一个老老实实自由自在的工人好。"说完扭头就走,这可急坏了我,忙把他拉住,我说:
> "你活了几十岁了,看见过哪朝哪代有个给穷苦人民办事的团体?有了俱乐部,我们穷人就有靠山了!"
> 老赵沉思了一阵,点点头说:"好,让我想想!"
> 后来我把这事告诉立三同志,立三同志说:"不要性急,他会知道俱乐部的好处,会自己要求加入的。"
> 四月十六日开第三次筹备委员会时,部员已经有三百多人,老赵也来报了名。[①]

从杨万桥说得那几句"我也说不出个所以然,反正觉得这个组织好""俱乐部是为我们工人谋利益,解除痛苦的",可见俱乐部当时确实深得煤矿工人的支持,哪怕对它不是很清楚,也知道它是来帮助工人的。曾在安源煤矿中工作过的开国

---

①杨万乔:《俱乐部——工人的靠山》,中共萍乡煤矿委员会宣传部:《红色的安源选本》,作家出版社1960年版,第63—64页。

中将韩伟曾回忆"安源路矿工人俱乐部像一面鲜艳的红旗飘扬在安源山上,它把保护工人利益作为宗旨,工人把它当做获得新生的靠山。因此,短短三个月,参加俱乐部的工人迅猛发展到一万多人"[1]。而根据记载,安源大罢工时期工人有13000 左右,可见安源路矿工人俱乐部使工人实现了组织上空前的联合。

(三)俱乐部领导大罢工

工人俱乐部成立后不久,很快领导工人开展了两次集体行动。一次是安源路矿工人俱乐部成立时的"五一"游行。由于工人俱乐部并未是秘密创办、秘密活动的,而是获得了萍乡官厅的许可,因此它可以采取公开行动。在 1922 年 5月 1 日,俱乐部正式成立的当天,李立三率领工人补习学校的学生前往安源街上游行。李立三在游行队伍的最前面,李立三带领工人高呼"全世界无产者联合起来""打倒军阀""劳工万岁""俱乐部万岁"。[2] 游行完的当天晚上,工人俱乐部又组织了文艺表演。这是安源工人俱乐部成立后的采取的第一个活动,在这次活动中安源路矿工人第一次向路矿当局放出了自己的声音,也成为了安源大罢工的预演。

第二次集体行动则是安源大罢工。1922 年 9 月 14 日,安源路矿工人俱乐部发动了声势浩大的安源路矿工人大罢工。由于此前工人在思想上、组织上已经实现了高度的联合,因此这次大罢工得到了工人的广泛支持。在正式发动大罢工之前,由于李立三争取了洪帮的支持,洪帮答应在罢工那天鸦片馆关门,禁赌,不发生抢劫案。[3] 可见在为争取工人谋福利的旗帜下,洪帮中成员也在罢工运动中接受了安源路矿工人俱乐部的领导。

在罢工当天,13000 名工人参与了罢工行动。这 13000 名工人中有一些还不是俱乐部成员,也有一些是路矿的管理层,并非都是底层的煤矿工人,但是他们在共同的目标下,服从安源路矿工人俱乐部的安排,开展了大罢工。1922 年9 月 14 日,俱乐部提出"从前是牛马,现在要做人"的口号,全体路矿工人统一行

---

①韩伟:《忆安源工人的苦难生活和英勇斗争》,中共萍乡市委《安源路矿工人运动》编制委员会:《安源路矿工人运动》(下),中共党史资料出版社 1991 年版,第 937 页

②《安源第一次"五一游行"》,中共萍乡煤矿委员会宣传部:《红色的安源选本》,作家出版社 1960 年版,第 66 页。

③李立三:《李立三回忆安源工人学习、消费合作社、大罢工》,中共萍乡市委《安源路矿工人运动》编制委员会:《安源路矿工人运动》下,中共党史资料出版社 1991 年版,第 904 页

动,铁路工人把火车停了,窿内工人走出窿内,并用树枝堵死矿口。面对路矿当局、军队的威逼利诱,坚决不在当局与工人俱乐部达成协议之前复工。在工人俱乐部担任窿内主任,同时也是工人代表的刘少奇与路矿当局代表、军队代表、商界、学界调停谈判时,几千名工人围在谈判大楼前,成为刘少奇坚强的后盾。

在俱乐部的统一领导下,以及工人的统一行动下,安源路矿当局最终答应了安源路矿工人俱乐部提出的十七条主张,彻底废除了压榨工人的包工制,大大改善了工人生活。

五、结语

"全世界的无产阶级联合起来"是中共成立初期领导工人运动以来的一个夙愿。中共在安源的革命实践过程,可以被视作中共如何把被各种旧组织分散、割裂的路矿工人,整合到中共的意识形态,及其领导的组织体系中来,进而实现行动上的大联合的过程。在这个过程中,中共始终把控着安源路矿工人实现联合的方向,并且采用了较为灵活的策略,这反映了中共在安源工运中已经坚持了实事求是的方针。安源工人从分散走向联合,是中共能成功发动安源大罢工、秋收起义的一项重要因素。

从巩固鄂豫边到发展河南：
新四军第五师的战略选择(1944—1945)[①]

吴　晶　郭　洋[②]

摘　要:"一号会战"爆发后,中共中央与华中局向新四军下达了"发展河南"的指示。新四军第五师对于发展河南、缩毂中原拥有地缘优势。面对中共中央与华中局的指示,郑位三领导下的中共鄂豫边区党委及五师决策层,决定继续实行"以巩固为中心"的既定战略,有选择性地贯彻了中央的指示。五师在1944年做出的选择,充分考虑到了自身实情及发展河南的困难,是特定时空的产物,在当时也得到了上级组织的理解。至于说五师过于固执,丧失了缩毂中原的大好机遇,只是今人的后见之明而已。

关键词:五师;河南;郑位三;李先念;新四军

1944年起,八路军、新四军在敌后抗日根据地普遍发动了反攻作战,攻克据点,收复失地,扩大根据地面积,抗战由此进入到战略反攻阶段。在这样的叙事体系下,容易忽略一些局部的特质。实际上,新四军五师在整个1944年,对日伪的反攻作战是十分有限的,并没有呈现出战略反攻态势。这就使得五师与中共其他正规军的发展节奏显得有些不协调。原因在于,五师当时的发展战略是"以巩固为中心",即保持与稳固现有根据地,进行整风整军,轻易不进行反攻作战,原则上不扩大根据地。那么为何在全国形势一片大好的情形下,五师领导层对中共中央与华中局做出的发展河南指示,做出了这样的战略选择? 郑位三在这其中扮演了

---

①本文是国家社科基金重大项目"人民兵工史文献整理与研究"(立项号 22ZD026)的阶段性成果。

②吴晶,南京审计大学金审学院思政老师,历史学硕士;郭洋,南京大学中共党史党建研究院,历史学博士。

怎样的角色,李先念等人又是如何进行调整与应对的? 又该如何认识多年之后一些针对五师当年战略选择的批评? 这些问题,是研究新四军五师战史及鄂豫边区根据地发展史所无法回避的,遗憾的是,既有研究对这些问题还鲜有论述。①

新四军第五师(以下简称五师)及鄂豫边区抗日根据地,在华中具有特殊的战略地位,长期孤悬敌后,生存艰难。② 本文以五师战史资料及相关人物史料为依托,挖掘与梳理五师抗战末期(1944 年至 1945 年间)在战略决策上的相关史事。通过对这些历史真相的追寻,可以对一些著作中指出的"五师遵循'以巩固为中心'的方针,丧失发展河南机遇"的论断,给予回应。本文所做的工作,乃本着实事求是的史观,回到历史现场,努力还原当年所发生的事情。对于 1949 年之后一些针对五师当年决策的批评,笔者并不做太多价值判断。相信众方家在明晰了相关史实之后,心中自有判断。

一、"以巩固为中心"战略之出台

郑位三,是本文所论主题无法回避的关键人物。他 1902 年出生于湖北黄安(今红安),参加过五四运动,1925 年入党,此后长时期在鄂豫皖革命根据地工作,后参加长征,是一位有着丰富革命经验的优秀干部。③ 新四军军部重建之

---

①关于中共中央发展河南战略及五师北上河南相关课题的研究,如潘泽庆:《缩毂中原——抗战后期中共中央发展河南敌后抗日根据地的战略壮举》,《军事历史》2006 年第 1 期;叶汉权:《对"发展河南缩毂中原"的认识》,湖北省新四军暨华中抗日根据地历史研究会编:《铁军雄风——纪念新四军建军六十周年学术讨论会论文集》,1997 年;马焰:《重新审视新四军第 5 师发展河南问题》,北京新四军暨华中抗日根据地研究会编:《铁流》(27),解放军出版社 2014 年版。关于郑位三的研究,涉及本文所论主题的有辛向阳:《郑位三与鄂豫边区》,《黄冈职业技术学院学报》2015 年第 5 期。此外,官修战史对于本文所论主题亦有涉及。新四军战史编审委员会编辑室编印:《新四军抗日战争史》(初稿),内部资料,1963 年;鄂豫边区革命史编辑部编印:《新四军第五师抗日战争史》,内部资料,1986 年;《新四军战史》编辑室:《新四军战史》,解放军出版社 2000 年版。

②关于新四军第五师创建与发展的艰苦一面,1986 年版的《新四军第五师抗日战争史》这样总结道:"由于王明的反右倾投降主义错误,曾使边区敌后游击战争的发动丧失了大好时机;边区处在正面战场的前沿,面临敌顽的夹击;边区长期孤悬敌后,与兄弟部队相隔绝。"鄂豫边区革命史编辑部印:《新四军第五师抗日战争史》(内部资料),1986 年,第 2—3 页。相关研究如刘定:《第五师:孤悬敌后的新四军部队》,《湖北档案》2013 年第 9 期。

③中共中央组织部编:《郑位三同志生平》,湖北省新四军历史研究会等编:《郑位三百年诞辰纪念文集》,湖北人民出版社 2002 年版,"附录"。

后,郑位三担任第二师的政治委员。1943 年 11 月,受党中央及华中局委派,郑位三来到五师担负领导工作。在李先念主持的欢迎大会上,郑位三高度肯定了李先念、任质斌、陈少敏三位同志过去领导五师和边区取得的成绩。① 12 月 17 日,郑位三与李先念、任质斌联名致电新四军军部并转中共中央,报告鄂豫边区决定在 1944 年的发展方针是"以巩固为中心"。②

1944 年 1 月 30 日,郑位三同李先念向饶漱石、张云逸、曾山报告说,"以巩固为中心"的新方针传达相当顺利,干部接受得很快,现在可以说思想基本上转变了。③ 2 月,中共鄂豫边区党委召开扩大会议,正式确立了这项方针。会上还决议:在军事上要求各地"减少战斗频繁",把作战的决定权集中于高级领导机关。④ 2 月 17 日,边区党委发出《关于赶紧组织人民大多的指示信》。指出今年边区党的中心工作是组织人民大多数。⑤ 中共中央华中局对于鄂豫边区党委做出的决定,也表示认可。3 月 15 日,华中局指示:"由于敌寇向西出击与打通平汉路的可能,因此五师地区可能在客观条件上仍存在着顺利发展的机会与可能。但你们由于过去长期战争环境,很少有时间去进行各方面的巩固工作,因此争取时机,巩固自己是你们目前中心任务。只有巩固自己,才能更有效地迎接明天的时局的好转。"还指出:"你们于郑位三同志到达后所讨论和决定的工作方针和部署,我们基本上完全同意。"⑥这样,"以巩固为中心"的工作方针就此在五师和鄂豫边区内完全确立。

这一方针能够比较顺利地确立,与郑位三的地位及五师当时的情况有关系。毫不夸张地说,郑位三是五师向上级组织请来的"钦差大臣"。1943 年春,李先念、任质彬等就向中央去电,请求中央派得力干部来鄂豫边区指导工作。同年 9 月,华中局书记刘少奇根据中央指示,决定派郑位三为华中局代表,全面

①《李先念年谱》第 1 卷,中央文献出版社 2011 年版,第 409 页。

②《李先念年谱》第 1 卷,第 410 页。

③《李先念年谱》第 1 卷,第 416 页。

④《李先念年谱》第 1 卷,第 417 页。

⑤鄂豫边区革命史编辑部编:《鄂豫边区抗日民主根据地史稿》,湖北人民出版社 1995 年版,第 354 页。

⑥《华中局关于第五师地区工作指示致郑位三等电》(1944 年 3 月 15 日)《新四军第五师·鄂豫边区和八路军新四军中原军区历史资料丛书·电报类》第五册,中央文献出版社 2017 年版,第 52 页。

领导鄂豫边区的党、政、军工作。^① 郑位三虽然以华中局代表身份主持工作,实际上他的正式头衔却是中共鄂豫边区党委书记兼五师政治委员,是名副其实的中共鄂豫边区与五师的最高领导人,只不过郑位三并没有向李先念等人宣布这一任命。这一任命的电报,是华中局直接发给郑位三的,李先念等人并不清楚。郑位三没有公布,五师的原有领导同志也便无从知晓。^② 这些情况,数十年以后我们才得以知晓。郑位三究竟为何没有向李先念等人如实公布华中局的任命,恐将成为一个历史谜团了。

经历了 1943 年难得的快速发展之后,五师之所以确立"以巩固为中心"的战略,有其内在缘由。首先,便是五师的发展地缘环境十分恶劣,生存压力很大。巩固来之不易的成果,合情合理。

边区所掌控的根据地彼此分散,未能连在一起。各抗日民主政权之间,分布着日伪军、国民党友军与顽军,沟通不便。境内水道纵横,加剧了彼此联系的困难。再者,鄂豫边区的一大特点就是基本控制区面积小,游击区面积大。这也反映出此区域内敌伪顽势力的强大。从生存环境的角度看,五师着力巩固既有成果,有其必要性。

新四军其他各主力师,基本上聚集在江苏省与安徽省境内。淮南、淮北、苏北、苏中、苏南五大根据地,地缘上彼此互为依托。虽然各根据地间也穿插着敌伪与国民党军控制区域,但是总体上各根据地间还是保持着秘密联系通道。五师与其他兄弟部队相隔较远,联系不便。郑位三从淮南来,对于这些情况应该是有所了解的。在艰苦卓绝的情况下取得的成就,应该下大力予以巩固,这也在情理之中。

此外,当时五师存在着内部整风运动不力的情形。由于鄂豫边区根据地生存环境艰难,再加上 1943 年的过快发展,干部队伍成分复杂,整风运动未能及时展开。1943 年是五师部队建设大发展的年度。截止到 1943 年年底,五师正规军由 1942 年初改编时的一万五千余人,发展到了近四万人。^③ 整风巩固部

①刘光明:《郑位三与鄂豫边区的整风运动》,湖北省新四军历史研究会等编:《郑位三百年诞辰纪念文集》,湖北人民出版社 2002 年版,第 185 页。

②尹化:《高明之举、魅力无穷——从一封未被公布的任命电报看位老》,湖北省新四军历史研究会等编:《郑位三百年诞辰纪念文集》,湖北人民出版社 2002 年版,第 182—184 页。

③鄂豫边区革命史编辑部编:《新四军第五师抗日战争史》,内部资料,1986 年,第 165 页。

队,实有其必要。从 1942 年初以来的全党全军整风发展情形看,鄂豫边区及五师的整风工作确实较为滞后。1944 年 1 月 15 日,五师司令部、政治部联合发出教令,认为几年来本师各部队低估了军事政治、文化教育及整训的必要性,甚至在某些地方忘记了提高军事技术、政治质量的要求。……各部队中担任教育的部分太少了,太弱了,而现有的干部在其本身的水平就不高。① 新四军各师、军(分)区的整风运动,总的节奏是一致的,但由于各单位所处环境不同,加上其他因素的影响,因而进度参差不齐,实施步骤和方法互有差异,实际进度不一。再者,当时还流传着五师内部已经混入奸细的说法,这也是郑位三到来后要解决的问题之一。后经郑查清,奸细之说,并不存在。②

中共中央华中局在 1943 年 6 月,发出加强整风工作的指示,规定整风、审干为华中全党全军 1943 年、1944 年的中心任务。③ 因此,正是由于郑位三的到来,才使得五师的整风运动于 1943 年底陆续开展起来。据任质斌晚年回忆,郑位三当面跟任质斌说过,"华中局派我来鄂豫边区的一个重要人物是搞整风审干"④。综合上述情况判断,郑位三强调内部整风、巩固,确实有其一定的决策逻辑与合理性。在这样的思路下,郑位三提出"以巩固为中心"的方针,不难理解。

于是,郑位三在根据地内深入进行整风运动,调整训练部队,加强根据地内部建设,并提出了"减少战斗频繁"的观点。根据《关于巩固方针下交朋友工作的决定》,五师对于根据地周边的国民党军队尽量不交战,力求和平相处。在"以巩固为中心"方针指导下进行整风,组织人民大多数、集训主力部队和加强政权建设等工作,对根据地的巩固起到了一定的积极作用。

"以巩固为中心"却意外带来了"减少战斗频繁"的教条,这恐怕不是郑位三

① 详见《教令:1944 年元月 15 日于浣家冲师司令部、政治部》(发字第一号),新四军第五师战史编审委员会编辑办公室编印:《新四军五师战史资料》某册,机密内部资料,1962 年,第 25—38 页。

② 湖北省新四军研究会沙洋劳教所联络组:《襟怀坦荡,忠心耿耿》,湖北省新四军历史研究会等编:《郑位三百年诞辰纪念文集》,湖北人民出版社 2002 年版,第 194 页。笔者按:中共中央在给华中局的指示中,明确要求郑位三带可靠译电员同去五师,因为华中局有情报显示五师内部机要科已经有奸细打入。《李先念年谱》第 1 卷,第 396—397 页。

③ 新四军战史编审委员会编辑室编印:《新四军抗日战争史》(初稿),内部资料,1963 年,第 199 页。

④《访问任质斌同志谈话记录》(1980 年 8 月 7 日),刘光明:《郑位三传记》,华中师范大学出版社 2012 年版,第 158 页。

的本意。"以巩固为中心"方针提出后的一段时间内,鄂豫边区的军事斗争与根据地建设,曾一度出现了主观与客观相脱离的被动局面。[1] 文敏生对此回忆说:"这样做的结果(指'减少战斗频繁'),是捆住了地方武装的手脚。……甚至敌伪到基本区的连界中心去抢粮抓丁,区干部怕违反纪律也不敢打。他们发现情况先跑到指挥部请示报告,待批准后已失去战机,造成损失。"[2]在 1944 年上半年发生的三次大悟山保卫战中,五师指战员虽成功捍卫了边区指挥中枢,却付出了较大代价。据统计,五师主力在这三次阵地战中,人员伤亡和弹药消耗都比过去历次战斗为大。仅后两次战斗,五师伤亡者即达 460 余人。[3] 这些情况,可以说是"以巩固为中心"发展方针带来的负面效果。

就在五师着重内部整训之时,抗战局势发生较大变化。1944 年 4 月中旬,日军在正面战场发动了"一号作战",企图彻底打通大陆交通线,并摧毁中美联合空军的若干基地,做最后挣扎。华北、华中地区的日军精锐师团被抽调参战,这就使得日军在后方的力量更加薄弱。中共中央敏锐捕捉到这一变化,做出了一系列指示。华中局和新四军军部决定主动地有重点地向日伪军发动攻势作战,扩大解放区。在这样的背景下,新四军诸部进行了富有成效的反击作战。典型战役如粟裕指挥第一师发起的车桥战役,被认为是拉开了新四军局部反攻的序幕。[4] 其他各师,也都有不俗的表现。比较之下,当时的五师就显得有些"畏手畏脚"了。此时,五师正在着重强调内部巩固,进行根据地建设。军事作战以自卫防御为主,而不是反攻。

二、党中央关于北上发展河南的指示与五师的反应

进入到 1944 年后,抗战形势已经发生较大变化。国际上,世界反法西斯战争已经转入战略反攻阶段。欧洲战场,苏军已经将全部德军赶出苏联境内,完全掌握了战争主导权。北非战场已结束,意大利已经投降。盟国已经在谋划开辟西线第二战场。太平洋战场上,美军已经逼近菲律宾群岛,且对日本本土进

①鄂豫边区革命史编辑部编:《新四军第五师抗日战争史》,内部资料,1986 年,第 167 页。

②《文敏生回忆录》,自印本,1997 年,第 152 页。按:文敏生时任中共鄂中地委书记兼新四军五师第二军分区政治委员。

③鄂豫边区革命史编辑部编:《新四军第五师抗日战争史》,内部资料,1986 年,第 179 页。

④《新四军战史》编辑室:《新四军战史》,解放军出版社 2000 年版,第 347—353 页。

行了猛烈的轰炸。

在中国战场上，八路军、新四军已经在若干地区占据些许优势，并于1944年初开始向日伪军实施局部反攻，展开了广泛的春季攻势。[①] 华北方面，敌我力量对比已经出现较大变化。日军在华北所控制的约400个县中，"治安良好的"不过1.4%，[②]这显示出日军控制力的严重下降。特别是"一号会战"爆发之后，日军华北、华中方面的主力部队大多被抽调作战，使得国民党军在河南战场上一溃千里，连失数城。八路军、新四军在敌后发展的机会大大增加。

"一号会战"爆发几天之后，毛泽东便致电滕代远、邓小平等人，指出："日军打通平汉铁路战役，……准备向黄河以南侵犯。我军应乘日军南犯后方空虚时，开展豫北地方工作，以便将来可能时开辟豫西工作基地"[③]。进入到1944年下半年之后，中共中央发展南方的战略趋向已经非常明显。1944年10月10日，中央军委发出了建立豫西根据地的指示。次月，中央指示新四军准备力量向苏浙地区发展。[④] 从相关决策过程来看，中共中央对于发展南方的战略思考，是与"一号作战"局势演变密切相关的。五师，地处中原腹地，占据绝佳位置，战略意义非凡。

1944年6月23日，刘少奇、陈毅致电新四军军部和五师指出："五师的战略地位和作用益形增高，五师今后发展方向应该确定向河南发展，完成绾毂中原的战略任务。这一任务的完成，使我华中、华北和陕北呵成一气，确立了我党我均颠扑不破的战略地位。……总之，发展河南的斗争任务是必须完成的。"[⑤]显然，华中局已经充分注意到五师对于发展河南任务，拥有得天独厚的优势条件。

五师控制区基本上分布在平汉铁路东西两侧，以鄂北大悟山和豫南嵖岈山为两大中心。五师师部及主力部队则聚集于大悟山一带。五师以南，为日军华中派遣军第11军稳固控制下的武汉地区；五师以西，是国民党军队陈诚第六战区所在的核心区域；五师以东，密集分布着国民党顽军与日伪军多部。因此，沿

①《新四军战史》编辑室：《新四军战史》，第345页。

②日本防衛廳防衛研修所戰史室：《北支の治安戰》(2)，朝雲新聞社1978年版，第536页。

③《毛泽东年谱(1893—1949)》中卷，中央文献出版社2013年版，第593页。

④《关于建立豫西根据地的部署》(1944年10月14日)、《准备力量向苏浙地区发展》(1944年11月2日)，《毛泽东军事文集》第2卷，军事科学出版社1993年版，第731—734页。

⑤《关于华中部队准备向河南发展的指示》(1944年6月23日)，中央档案馆编：《中共中央文件选集》第14册，中共中央党校出版社1992年版，第259页。

平汉线向北发展河南,是五师欲摆脱既有孤立局面的极佳选择,也是打通与华北八路军联系通道的必然途径。从地理版图上看,五师是执行中央发展河南战略的最佳单位。

此时五师面对上级机关的指示与实际形势,却显得有些犹豫踌躇。在"以巩固为中心"的既定方针下,如何执行进入河南的任务?豫鄂边区及五师领导层内部出现了分歧,发生了一些争论。1944 年 7 月 1 日,中共豫鄂边区委员会在大悟山白果树湾召开扩大会议,专门讨论今后的发展方针问题。会上讨论很激烈,出现了"以发展为主"和"以巩固为中心"的意见分歧。一些干部认为:应该以发展为主,派出主力部队进军河南。襄河地委书记张执一慷慨陈词:"哪里有敌人,需要革命,我们就要向哪里发展。月球上如果有敌人,需要革命,我们就要向月球上面发展。"①作为鄂豫边区及五师最高领导人的郑位三,则主张半年内继续坚持"以巩固为中心"的既定方针。据与会者周志坚②回忆:"反对发展河南的同志认为,在河南连年灾害之时以主力或全部出击,进入河南后部队的财政、粮食问题都难以解决。而这个问题不能解决,其他一切都难以实现。"③在会议最后的表决环节,多数与会者还是同意了郑位三的意见。会议最终决定:半年内五师以巩固为主,以进军河南、湘鄂赣为辅。④ 数十年后,李先念、任质斌、周志坚等亲历者回忆起这次会议的时候,多少有些悔意。李先念觉得"郑位三对力量的估计、军队的估计、干部的估计发生了偏差"⑤。任质斌则认为"郑位三当时有一种临时思想,再加上刚来五师不久,有些情况还没有摸透"⑥。多年后周志坚感慨"当时我并没有觉得这个看法有什么问题,但是当我站在今天的高度回顾那段历史的时候,就深深感到自己当时缺乏一种从全局的高度用战略的眼光看问题的能力"⑦。暂且不论后见之明如何高超,鄂豫边区党委于 1944年 7 月 1 日至 2 日间所做出的决策,是边区领导层经过讨论,集体表决的结果。这是不争的事实。

①《任质斌传》,文物出版社 2011 年版,第 369 页。
②按:周志坚时任五师第十三旅旅长。
③周志坚:《八易春秋》,湖北人民出版社 1990 年版,第 172 页。
④《李先念年谱》第 1 卷,第 431 页。
⑤《李先念在洪山宾馆的讲话记录》(1963 年 1 月 26 日),《任质斌传》,第 370 页。
⑥李少瑜等主编:《任质斌在中原八年》,湖北人民出版社 1998 年版,第 135 页。
⑦周志坚:《八易春秋》,湖北人民出版社 1990 年版,第 173 页。

7月3日，郑位三、李先念等人致电中共中央，报告关于向河南发展的安排。根据此报告内容，五师先准备组织一千人枪，侦察前进河南。……主要干部在淮河南，了解各方情况后，再派较大部队去河南敌后。[1] 同日，郑位三拟稿，以郑位三、李先念名义致电华中局张云逸、饶漱石、曾山并刘少奇、陈毅，报告说五师当时面临着一些发展困难。其一，财政困难；其二，地方工作落后；其三，干部匮乏。[2] 五师向北进军河南，势必消耗一定数目的钱粮，以及抽调走一部分干部、战士，如此动作对于五师来说，困难甚大。因此，在郑位三看来，欲发展河南，必先等待五师克服财政危机，进一步增加力量之后才可以。郑位三甚至直接提议中央多调别的力量，少指望我们。[3] 如此坦诚，不难看出五师当时面临的困难的确很大。7月10日，中共中央复电表示同意，同时指出："关于发展河南工作，应首先沿平汉路两侧向北发展，以求得和华北八路军打通联系。"[4]华中局做出的指示是："我们深悉你们目前集中力量进行巩固工作之重要，但目前五师向北发展客观顺利条件，对五师与全国今后发展前途均有极大意义，不可错过。"[5]

面对五师提出的困难，中央及时给予反馈。8月12日，中央指示华中局请各根据地在经济上给五师一些帮助。华中局随即号召新四军第一师、二师、三师、四师、七师等部，节约抽款接济第五师。[6] 由于其他各部与五师联系不便，外部支援短时很难抵达。9月14日，鄂豫边区党委致电华中局并中央，汇报了根据地收入情形。"粮食收入只有定额的半数，……生产贸易收入太小，约两千万，等于菜金的十五分之一。……目前第一个大问题，是财政困难威胁着我们一切。"[7]综上，笔者认为，当时束缚五师北上发展河南的最大障碍，就是财政困难。这也是郑位三未能积极响应中央号召发展河南的极大顾虑所在。

即便是困难重重，五师还是尽可能贯彻了党中央的指示。在李先念的调派

①《向河南敌后发展》(1944年7月3日)，《李先念文选》，人民出版社1989年版，第62—63页。

②《关于五师工作和向河南发展等问题的报告》(1944年7月3日)，《中共中央文件选集》第14册，第273—274页。

③《李先念年谱》第1卷，第434页。

④《中央关于五师工作给郑位三、李先念、任质斌、陈少敏的指示》(1944年7月10日)，《中共中央文件选集》第14册，第272页。

⑤《李先念年谱》第1卷，第435—436页。

⑥《李先念年谱》第1卷，第442页。

⑦《鄂豫边区党委致华中局并中央电》(1944年9月14日)，第542—543页。

下，五师很快便抽调了 1000 余人，组成豫南游击兵团，准备北上。7 月 29 日，豫南游击兵团先遣部队正式进军河南。① 到了 1945 年初，五师的情况有所好转之后，又增调了一批干部北上河南。在"以巩固为中心"的主方针下，五师为响应党中央的发展河南指示，做出了有限的积极实践。

《新四军战史》认为："第五师不适当地长时间强调'以巩固为主'的方针，没有派足够部队北上，因而没有很好完成控制中原的战略任务。"②五师起初只派出 1000 余人的非主力部队进军河南，而四师则是派出五个主力团进军河南。比较看来，同样贯彻党中央的指示，两支部队做出的反应确有不同。需要注意到的是，四师发展河南并不顺利。由于四师主力部队离开了淮北，使得敌伪势力，特别是国民党顽军在淮北乘机反扑。1944 年 11 月 6 日，华中局指示四师"发展河南是中央已定的方针，但现在只能逐步发展，首先建立巩固阵地，然后向前推进。"③华中局的这一指示，某种程度上显示出四师发展河南，遇到了一些阻力。由此可见，五师没有向四师那样派出主力部队发展河南，也很难说一定就是错的。当然四师发展河南的成绩也是显著的。到 1944 年底，四师已经控制了东起津浦路，西止商亳公路，北自陇海路，南迄涡河的广大地区，基本完成了西进收复原豫皖苏边区根据地的任务，为战略反攻扩大了前进阵地。

1938 年开始，日军与国民党军在河南境内隔黄河对峙已经数年。中共在河南的既有根基非常薄弱，短期内通过外力进入的方式大力发展河南，困难可想而知。党中央对这一情况有一定预估。"此次向河南发展与以前发展华北和华中的情况均有不同，情况更复杂，我军政策应照顾敌伪友我诸方面，更灵活的去适应具体情况，成功关键取决于此。"④

综上所述，五师当时做出的战略决策，是综合考量后的选择。

---

①《新四军战史》编辑室：《新四军战史》，解放军出版社 2000 年版，第 377 页。

②《新四军战史》编辑室：《新四军战史》，第 380 页。

③《中共中央华中局关于发展河南方针及淮北目前主要任务致张爱萍等电》(1944 年 11 月 6 日)，中共安徽省委党史工作委员会编：《淮北抗日根据地》，中共党史出版社 1991 年版，第 358 页，

④《中央关于发展河南敌后工作的指示》(1944 年 7 月 25 日)，《中共中央文件选集》第 14 册，第 289 页。

三、八路军三五九旅南下与"以巩固为中心"方针的退出

进入到 1944 年下半年,国内外的战争形势进一步发生转变。1944 年底,苏联红军已经逼近德国边境。太平洋战场上,美军亦扫平菲律宾群岛,准备进军冲绳群岛。中共中央号召各根据地向敌伪守备薄弱的地方积极进攻,扩大解放区。新四军在苏北、苏中、淮北、淮南各区域展开了一系列反击作战,收复了很多县城与重要据点。统计数据显示,1944 年度,是新四军对敌作战次数最高的一年,达 6582 次。毙伤日伪军将近 3 万人。[①] 到了 1945 年初,战略反攻的客观形势已经非常明显。在这样的背景下,五师"以巩固为中心"的既定战略,已经显得非常不合时宜。

1944 年 8 月,中共中央派出八路军第三五九旅南下,拟挺进粤湘,与华南抗日游击纵队联系。八路军南下河南的部队已经在皮定均、徐子荣率领下,于 1944 年 9 月到达登封一带。中央还准备从陕北派出两个主力团并大批干部进入河南活动,支援五师的干部,亦在准备动身。10 月 7 日,毛泽东主持召开中共六届七中全会主席团会议,指出:今后主要发展方向是南方,江南、湖南、河南。[②] 10 月 14 日,中央将开辟河南根据地的部署情况告知了郑位三、李先念等人,希望五师派出到豫南的部队,坚持活动。[③] 至此,五师大力发展河南已经不得不为。"以巩固为中心"的既定方针,在客观形势的影响下已站不住脚了。

11 月 6 日,中共中央与华中局指示五师迅速挺进豫中,迎接八路军南下部队。[④] 然而,由于活动在豫南的五师部队兵力小,人手不足,挺进豫中的难度很大。此时,五师主力部队尚集结在大悟山附近。据李先念在基层的调研显示,下面的许多干部对"以巩固为中心"的方针意见很大。[⑤] 在此情况下,五师副政治委员任质斌主动提出前往河南工作。得到郑位三与李先念的同意后,任质斌

---

①《对敌伪作战主要战绩和我军伤亡统计表》,新四军战史编审委员会编辑室编印:《新四军抗日战争史》(初稿),内部资料,1963 年,第 292 页。

②《毛泽东年谱(1893—1949)》中卷,中央文献出版社 2013 年版,第 619 页。

③《军委关于开辟河南根据地问题给郑位三、李先念、任质彬、陈少敏的指示》(1944 年 10 月 14 日),《中共中央文件选集》第 14 册,第 382 页。

④《李先念年谱》第 1 卷,第 456 页。

⑤《李先念年谱》第 1 卷,第 459 页。

率主力部队第13旅第39团的一个营①和抗大第10分校的一批干部，从大悟山出发北上。如此一来，在1944年底，五师在豫南的局面一下子得到了相当改善。任到达豫南后，整合原有部队，建立了五个县的抗日民主政权，为迎接八路军南下部队奠定了基础。任的随从参谋肖健章回忆说："任政委亲自到前线，对挺进河南敌后的广大指战员以极大的鼓舞，大家感到有了主心骨，增强了抗日和夺取胜利的信心。"②

12月15日，毛泽东在陕甘宁边区参议会上发表演讲，指出："1945年，中国解放区的第一项任务就是扩大解放区。无论哪一个解放区的附近，或其较远之处，都还有许多被敌伪占领而又守备薄弱的地方，我们的军队应该进攻这些地方，消灭敌伪，扩大解放区，缩小沦陷区"③。进入到1945年，八路军、新四军发动了一系列反攻作战。可这时候的新四军五师，主力部队仍然原地不动，与大局面显得十分不协调。

鄂豫边区的粮食危机挥之不去，财政困难仍然没有得到根本改善。直到1944年底，边区农救总会的报告显示，粮价飞涨，有的地方几天之内即涨到一倍。粮食大量外流，向敌区，向大后方。敌人发行大批票子，高价收买我们区域的粮食，想把我们饿死，不仅荒旱地区，即半收地区，如陂安南粮食普遍外流。④郑位三向中央汇报："我五师地区现存着严重的财政危机，粮食勉强够吃，过年之后，每月收入不够全部用的（油盐在内）四分之一。……如果目前分兵就食，大可减轻财政困难。但若分兵就食，等于将大小悟山让于顽军，大小悟山阵地，今日意义更大，不可放松。"⑤郑位三的这封电报，透露出一个很重要的信息。他不愿调主力北上河南的重要原因就是，在他看来，保住大小悟山根据地比发展河南意义更大。然而，现实情况是八路军南下部队已经即将来到鄂豫边区。

---

①第13旅是五师所辖各部最精锐的部队，战斗力最强。据李先念1943年12月给中央的报告，第13旅所部四个团，各有一千人左右，武器较全，经常靠近师部，为全师的机动部队。作战能力强，战斗情绪高，善于长途行军和野战攻坚。李先念：《1943年鄂豫边区的斗争》（1943年12月），《李先念文选》，人民出版社1989年版，第56页。

②李少瑜等主编：《任质斌在中原八年》，湖北人民出版社1998年版，第380页。

③《1945年的任务》，《毛泽东军事文集》第2卷，军事科学出版社1993年版，第739页。

④《关于粮食管理和调剂问题》（1944年12月2日），《华中抗日根据地财经史料选——新四军五师、鄂豫边区部分》，湖北人民出版社1989年版，第576页。

⑤《郑位三关于五师财政困难致中央并华中局电》（1944年12月15日），《华中抗日根据地财经史料选——新四军五师、鄂豫边区部分》，湖北人民出版社1989年版，第570页。

郑位三与鄂豫边区党委不得不做出改变了。

1945年1月13日，王震、王首道率领的先锋部队与五师河南挺进兵团会师。1月17日，二王所部在大悟山与五师主力会师。[1] 2月，中共鄂豫边区党委召开扩大会议，听取南下部队传达的党中央和毛泽东主席的指示，研究了目前的形势，确定五师今后的方针是以发展为主。会议结束后，第13旅旅长周志坚率第38团主力挺进河南。此后数月间，五师在豫南根据地基础上，创建了豫中根据地，开辟了东起汝南、西至沁阳、南至信阳、北接舞阳，方圆二百余里的敌后抗日根据地，并初步打通了与华北八路军的联系。在豫五师正规军与地方武装一起总兵力达8000余人。[2] 4月，五师河南挺进兵团改设为嵖岈山军分区。5月，李先念率领的部队与任质斌部成功在信阳、应山交界处会师。至此，五师发展并立足河南的局面方告形成。任质斌对于半年来五师在河南的发展，比较满意，曾对他的作战参谋说："这半年多的实践，我们做了很多工作，打开了局面。当然，开始碰到的困难很多，特别是敌情那么严重，我们部队少，一无粮二无钱，如果没有那么多优秀的指战员，那么多好党员的共同努力，对于能否打开局面，是很难想象的"[3]。实行了近一年半之久的"以巩固为中心"的战略方针，退出了历史舞台。

经历了1944年的巩固以及1945年上半年的迅速发展。抗战胜利之时，五师所辖正规军总兵力达53827人，装备有步枪27142枝，轻机枪721挺，重机枪78挺，迫击炮23门，掷弹筒90门。[4] 当时新四军所辖六个师以及各军（分）区的正规军总兵力是215325人，[5]五师的兵力占到约25％的比例，其发展成果可见一斑。

其实，在1945年2月的中共鄂豫边区党委扩大会议上，郑位三起初的发

---

①鄂豫边区革命史编辑部编：《新四军第五师抗日战争史》，内部资料，1986年，第190页。会师日期存疑。王首道回忆两军会师的日期是1945年1月29日。《王首道回忆录》，解放军出版社1987年版，第305页。按：王首道时任八路军南下支队政治委员。

②《任质斌传》，文物出版社2011年版，第381—382页。

③肖健章：《时代足迹》，湖北人民出版社1997年版，第57页。按：肖健章在抗战时期在五师历任排长、连长、团政治处股长、司令部作战参谋等职。

④《鄂豫边区情况》（1945年），新四军第五师战史编审委员会编辑办公室编印：《新四军五师战史资料》某册，机密内部资料，1962年，第108页。

⑤《新四军各年度实力统计表》，新四军战史编审委员会编辑室编印：《新四军抗日战争史》（初稿），内部资料，1963年，第291页。

言，仍然强调 1945 年还是应该以巩固为主。但大多数与会者主张以发展为主，特别是任质斌的态度最为明确。这种局面已经与一年前的不同。彼时还是有很多同志支持"以巩固为中心"的意见。据亲历者王恩茂在日记中所写："经过很多同志发言，强调发展的意思，结果郑老接受了大家的意见，同意以发展为主。这种民主精神，是领导者的正确态度。"①王恩茂的记载，为我们客观认识郑位三这位重要人物，提供了不一样的视角。由此亦可看出，在 1945 年初，扩大而不是巩固，已经是五师大多数干部的共识了。

自 1960 年代初，有关部门开始编纂新四军五师战史开始至今。中共鄂豫边区党委在 1944 年执行的"以巩固为中心"的决策，一直被官修史书、相关人物传记给予较为负面之评价，矛头直指郑位三。一些同志对郑位三的批评甚至极为犀利。② 任质斌晚年回忆，"现在来看这个问题，我认为不能算是哪一个人的责任，作为集体领导，我们都有责任"。③ 李先念晚年则认为"有个别同志一度认为五师战斗太频繁，边区根据地发展太快，因而提出了以巩固为中心的工作方针，……在片面强调以巩固为中心的思想的影响下，我们有一次很大的失误，没有集中主力沿平汉路向河南敌后发展"。④ 李先念这里并没有点郑位三的名字，心中应该有些别的考量。到了 2015 年出版的《新四军第五师、鄂豫边区和八路军新四军中原军区历史资料丛书》电报类第五册的"出版说明"中这样写道："中共中央和华中局多次向第五师发出进军河南、缩毂中原的指示。然而，由于鄂豫边区党委坚持'以巩固为主'，'组织人民大多数'，犹豫徘徊，导致了大发展时

---

① 王恩茂：《王恩茂日记——南征北战》，中央文献出版社 1995 年版，第 79 页。按：王恩茂时任八路军南下支队副政治委员。

② 刘子厚晚年对郑位三有较为严厉的批评。《刘子厚同志谈鄂豫边区财经工作》（1983 年 4 月 25 日—28 日），《华中抗日根据地财经史料选——新四军五师、鄂豫边区部分》，湖北人民出版社 1989 年版，第 760—761 页。按：刘子厚时任鄂豫边区行署副主任兼财政处长。

③ 粟在山：《一个值得回顾与探讨的战略决策》，《风雨历程，光辉人生——怀念任质斌同志》，中央文献出版社 2000 年版，第 66 页；李少瑜等主编：《任质斌在中原八年》，湖北人民出版社 1998 年版，第 135 页。按：粟在山时任五师司令部参谋处处长，后任五师河南挺进兵团政治委员。

④ 《关于编写新四军五师战史和鄂豫边区革命史的谈话》（1982、1983 年），《李先念文选》，第 448 页。

机的丧失,在'减少战斗频繁'口号影响下,一度陷入被动局面。"①郑位三究竟应该负有什么样的责任,似乎很难做出判断。

由于郑位三并没有留下日记、回忆录之类的材料,我们也无从得知他本人对往事的认识。《李先念传》中写到:"郑位三能够从实际出发,未对五师动'大手术',并逐渐消除了中央的怀疑和误解,无疑是难能可贵的。"②笔者认为,郑位三、李先念、任质斌等人关于五师发展方针的分歧,不存在思想路线斗争问题,只是决策出发点不同而已,且党内也未有过正式文件对此给予定性。如果历史可以假设的话,当年五师主力倾巢而出,发展河南,结果也不好说,充满了未知因素。末了,郑位三晚年的两句诗,或许能说明一些问题,曰:"一生长短凭公论,百年心事惟诗知"③。

四、结语

随着抗战形势的变化,中共中央对其领导之武装力量、根据地的发展路径,是有一个调整过程的。八路军与新四军各部的角色,各抗日根据地的任务,也是动态变化的。从"进军华北、放手发展"到"巩固华北、发展华中",再到"向北发展、向南防御",进而到抗战末期的"发展南方"战略,这样的规划,显示了中共已经在为战后的大局提前做准备。日后的事实证明,如此安排,是符合战后军事、政治局势发展态势的。1944年"一号会战"的爆发,让华北、华中的日伪力量出现明显下滑,再加上国际局势之大大好转,给八路军、新四军以较好的反攻发展机遇。因此,中共中央敏锐捕捉到这一变化,及时对各根据地做出了政策指导。但是,对于各根据地而言,未必就能充分把握住中央的政策实质。同样是反攻,不同根据地的反攻形式就有所差异。同样是发展河南,新四军四师和五师的举措也有不同。就中共鄂豫边区和新四军五师而言,他们既要认真对待上级给予的指示,也要充分考虑自身的实际情形,然后才能做出决策。中共中央

---

① 中共湖北省委党史研究室、湖北省新四军研究会编:《新四军第五师、鄂豫边区和八路军新四军中原军区历史资料丛书·电报类》第5册,中央文献出版社2015年版,"出版说明"第2—3页。

② 《李先念传》(1909—1949),中央文献出版社2009年版,第470页。

③ 湖北省新四军历史研究会等编:《郑位三百年诞辰纪念文集》,湖北人民出版社2002年版,第414页。

与华中局未必足够了解五师的实际发展状况,而五师的领导层也不见得能做到像上级部门那样的"高屋建瓴"。

不管怎样,历史的实际发展轨迹就是:五师在1944年,总体上保持了"以巩固为中心"的发展方针,响应中央发展河南战略的力度较小,实际效果一般。当年郑位三为首的五师领导层做出了这样的选择,有其一定合理性不假,产生了一些负面影响也是事实。需要注意的是,在郑位三到来之前,中央对五师存在着一些误解,①而五师也急于解决自身问题。笔者以为,"以巩固为中心"的方针能够压制发展河南的思路,主要的原因就是两点,第一是鄂豫边区财政始终比较困难,对发展河南的信心不足。实际上,鄂豫边区从开始初创到中原突围,大部分时间都处于财政困难的状态中。② 第二就是五师亟需开展整风运动。1944年,正是五师整风运动最为关键、最为彻底的一年。既要自上而下内部整风,又要抽调大批干部和士兵北上发展河南,对于当时的五师而言,是做不到的。从既有事实来看,五师大力开展整风运动,着重内部干部建设,取得的成绩也是不可否认的。客观地说,"以巩固为中心"的发展思路,除了在内部整风中成绩斐然外,对于根据地建设亦有帮助。例如为贯彻"以巩固为中心"之方针,鄂中地委加强组织群众工作,以安应县槎山乡为试点。结果全乡踊跃交纳爱国公粮1900石,比预定任务多出了400石。③

今日我们讨论郑位三、李先念等革命先辈的功过是非之时,不应"倒放电影",而应充分考虑到他们也是处于特定时空下的人。太阳底下没有尽善尽美的人和物。1944年新四军五师的发展战略决策,折射出中国共产党敌后抗日的复杂性。面对宏观大趋势,身处不同区域的部队及根据地,对于大趋势的理解和把握,不尽相同。这样的情形也符合今日学界研究达成的共识。倘若华北、

---

①根据亲历者的回忆,所谓的"误解"与康生发起的"抢救运动"有关系。再者,由于五师的核心领导人物李先念是红四方面军的老干部,历史上与张国焘关系密切。当时延安出现了"清算张国焘路线"运动,李先念不免受到波及。赵家驹:《位老对五师的特殊贡献》,湖北省新四军历史研究会等编:《郑位三百年诞辰纪念文集》,湖北人民出版社2002年版,第224—225页。按:赵家驹长期在鄂豫边区基层工作,担任过县委书记、地委组织部长等职。

②1946年春,任质斌到达延安请求中央帮助解决五师的财经困难。刘少奇和任弼时指示五师要精兵简政。五师随后复员了近一万人,但困难仍没解决。《任质斌同志谈鄂豫边区简况》(1982年12月),《华中抗日根据地财经史料选——新四军五师、鄂豫边区部分》,湖北人民出版社1989年版,第755页。

③《文敏生回忆录》,自印本,1997年,第151页。

华中、华南各根据地、军(分)区及部队的发展形态都一样,那么研究中共抗日的意义也就消失了。几代学人的研究证明,差异性与多元性,恰恰是中共敌后抗日根据地相关研究的显著特点与魅力所在。

我们也要看到,即便是鄂豫边区党委已经做出"以巩固为中心"的决策,并伴随整风运动在根据地内得以贯彻,李先念、任质斌等人仍然能够通过合理合情的方式,在维护党内团结的大局下,做出力所能及之调整与修正,兼顾到发展河南的任务。特别是任质斌后来多次与郑位三协商沟通,成功受命带领一个主力营进军河南。这些史实显示出郑位三没有"一言堂"的家长作风,他坚持的"以巩固为中心"的既定方针也并非是不能改变的教条,这就充分彰显了"人(干部)"的因素在中共革命事业发展历程中的重要性。李先念、任质斌等在发展河南一事上体现出的灵活自主、张弛有度的优秀品质,是中共能够取得革命胜利的重要原因之一。这也是为何在艰苦抗战时期,中共要大力开展整风运动,不断加强干部队伍建设的原因所在。反观同时期的国民党,"因人成事,因人废事"的现象层出不穷。总之,五师"以巩固为中心的"发展方针的上台与落幕,只是五师与鄂豫边区发展史上的一个插曲。抗日战争胜利之后,身处中原腹地的五师,在内战阴云下迎来了更加严峻的挑战。

长江流域
文化发展

荆楚蟠龙菜传说研究

张骏杰①

摘　要:饮食传说是饮食文化不可或缺的一部分,更是人类文明的重要文化遗产之一。蟠龙菜是湖北钟祥地区的特产名菜,被评为湖北省非物质文化遗产。关于蟠龙菜的来历,钟祥地区流传着许多传说,而这些传说都与明嘉靖帝父子有关。蟠龙菜的烹饪技法并非明代所创,而蒸菜饮食在湖北地区是非常普遍发达的。钟祥蟠龙菜传说实际上是一种普通食物被文化叠加后的结果,反映了钟祥地区居民的历史记忆。蟠龙菜传说极有可能不是历史事实,但仍体现了一定的现实价值。

关键词:饮食传说;钟祥;蟠龙菜;非物质文化遗产

　　历史传说是历史研究中不可忽视的宝贵资料,但由于其内容往往带有一些荒诞不羁的细节,其载体也经常是口述或民间文献,因此利用起来有一定的难度。其实对于历史传说,其真假固然是值得考量的,但历史传说背后所隐藏的现实价值也许更加值得关注。关于历史传说,历史学界早有关注,并取得大量成果。民国时期,顾颉刚先生对于孟姜女传说的研究②,不仅丰富完善中国古代史层累说,更为历史传说提供了一个很好的研究范例。顾颉刚先生以后,我国学者对中国古代史传说的研究可谓汗牛充栋,数不胜数,其关注点也是五花八门,为历史学做出了很大贡献。但仔细耙梳,学界对于饮食文化传说关注颇少。笔者以为原因有两个方面:其一,饮食文化传说往往在民间口头流传,很少形成系统的文字资料。其二,很多学者对饮食文化有一定误解,认为饮食文化仅仅是"吃喝之学",其最多只能对社会生活史研究有一定帮助,并没有什么现实价值,因此常常没有关注。其实孟子早就说过:"一箪食,一豆羹,得之则生,弗得

---

①张骏杰,湖北省社会科学院文史所助理研究员。
②详细内容见顾颉刚编著《孟姜女故事研究集》,上海古籍出版社1984年版。

则死。"①饮食对于人之生死息息相关,饮食也贯通于人类历史中,涉及人类历史的每一方面。本文试以湖北钟祥蟠龙菜饮食传说为例②,探讨饮食传说的现实价值。

一

蟠龙菜,又名盘龙菜,当地又叫卷切或者剁菜,是湖北钟祥的代表性名菜,当地酒席有"一龙二凤三炒四熬五煮六汤七碎八蒸九鱼十圆"之说,其中龙就是指蟠龙菜。由于其历史悠久,极具地方特色,蟠龙菜被列为湖北省第三批省级非物质文化遗产③。现代蟠龙菜的制作方法为:"1. 将猪瘦肉剁成茸,放钵内,加清水浸泡半小时,待肉茸沉淀后沥干水,加精盐 5 克、淀粉 100 克、鸡蛋清、葱花、姜末,边搅动边加清水,搅成粘稠肉糊。2. 鱼肉剁成茸,加精盐、淀粉搅上劲透味成黏糊状。3. 鸡蛋摊成蛋皮。鱼茸、肉茸合在一起拌均匀,分别摊在鸡蛋皮上卷成圆卷上笼,在旺火沸水锅中蒸半小时,取出晾凉,切成 3 毫米厚的蛋卷片,取碗一只,用猪油抹匀。将蛋卷片互相衔接盘旋码入碗内,上笼用旺火蒸 15分钟取出翻扣入盘。炒锅上火,加鸡汤、盐、味精,勾芡,淋入熟猪油 10 克,点缀花饰即成。"④而蟠龙菜的来历,根据笔者到钟祥采访和查阅现代资料,有三种说法:

---

①(清)焦循:《孟子正义》,中华书局 1987 年版,第 784 页。

②目前学界对蟠龙菜多有介绍,如管志源:《嘉靖继位引出一道"蟠龙菜"》,《中国保健营养》1998 年第 7 期;彩平:《蟠龙菜起源》,《食品与健康》1999 年第 2 期;孙国军:《蟠龙菜的传说》,《四川烹饪》1999 年第 9 期;胡献国:《嘉靖皇帝与蟠龙菜》,《养生大世界》2002 年第 2 期;黄飞英、黄建东:《为夺帝位立下奇功的荆楚名肴——蟠龙菜传奇小史》,《烹调知识》2003 年第 8 期;胡振栋:《嘉靖皇帝与蟠龙菜》,《饮食科学》2005 年第 9 期;莜莜:《无龙不成席之蟠龙菜》,《中国保健营养》2010 年第 4 期;宋玉琴:《宫廷名肴"蟠龙菜"的由来》,《山西老年》2011 年第 10 期;袁秀芬:《明世宗与蟠龙菜》,《烹调知识》2014 年第 6 期;胡萍:《钟祥美食蟠龙菜》,《保健医苑》2019 年第 2 期等等。关于蟠龙菜的现实利用,学界也多有关注,如胡凡:《关于蟠龙菜包装设计的改良研究》,《大舞台》2015 年第 9 期;董珍珍、刘香雨、汪进东:《"互联网+"地方传统特色菜产品的跨地区推广营销——以湖北钟祥蟠龙菜为例》,《品牌研究》2018 年第 2 期;鲁红梅:《地方文化彰显与土特产形象设计研究——以钟祥蟠龙菜包装为例》,《艺术品鉴》2020 年第 3 期等。然而众多成果并没有注意到蟠龙菜本身的历史辨析。

③见《湖北省人民政府关于公布第三批省级非物质文化遗产名录的通知》,发文日期:2011 年 06 月 09 日,文号:鄂政发〔2011〕33 号。

④湖北省人民政府网站——荆门钟祥蟠龙菜,http://www.hubei.gov.cn/mlhb/fwxc/jmxc/201206/t20120605_378174.shtml

第一，明武宗死后无子嗣继承皇位，按照兄终弟及之说，北京张太后要三位藩王（就藩湖北安陆州的兴王、就藩湖北德安的寿王、就藩河南卫辉的汝王）入京，先到为君，后到为臣。大臣向兴王朱厚熜献计，要朱厚熜扮成囚犯，坐囚车赶到北京。一来可以轻车简从火速赶到，二来可以乔装打扮防人暗害。但是兴王朱厚熜受不了囚犯的饮食，因此要王府厨师制作出一种吃肉不见肉的食品。而王府厨师受到红薯的启发，将猪肉、鱼肉和以调料再包裹以红薯皮蒸熟，创作出一种新式食品。于是，兴王朱厚熜拿着"红薯"，最先赶到北京继承皇位。后回忆自己"真龙天子"盘坐囚车入继大统的经历，因将此菜赐名为"蟠龙菜"。

第二，明武宗正德皇帝属猪，曾经禁止全国食用猪肉。而安陆州兴王喜爱吃猪肉，为了不违背皇帝的旨意，而又不断肉食，于是发明了"看肉不见肉"的食品——"蟠龙菜"，从而流传后世。

第三，嘉靖皇帝以藩王入继大统，在赴京即位前（也有说是即位后南巡），朱厚熜来到老师家拜访，老师为了庆贺学生"龙飞九五"，因此用肉加以各种辅料制成肉馅，外用鸡蛋皮包裹，蒸熟后摆成龙形，放到朱厚熜面前。朱厚熜随着热气腾腾的蒸汽仿佛真的看到真龙腾云驾雾，飞向九天。老师的这一创意让朱厚熜非常高兴，赐名"蟠龙菜"，并带入宫中。

笔者在钟祥听到的蟠龙菜传说主要以第一种为主。对于第一种传说，稍微用明史知识加以考证，便知道其纯属虚构。明武宗的确无子，但在刚刚驾崩后，明朝廷就已经确定了皇位继承人，对此《明武宗实录》记载：

> 正德十六年三月丙寅，上（明武宗）崩于豹房。先一夕，上大渐，惟太监陈敬、苏进二人在左右。乃谓之曰："朕疾殆不可为矣。尔等与张锐，可召司礼监官来，以朕意达皇太后，天下事重，其与内阁辅臣议处之。前此事皆由朕而误，非汝众人所能与也。"俄而，上崩。敬、进奔告慈寿皇太后，乃移殡于大内。是日传遗旨，谕内外文武群臣曰："朕疾弥留，储嗣未建。朕皇考亲弟兴献王长子厚熜，年已长成，贤明仁孝，伦序当立。已遵奉祖训兄终弟及之文，告于宗庙，请于慈寿皇太后，即日遣官迎取来京，嗣皇帝位，奉祀宗庙，君临天下。"又传慈寿皇太后懿旨谕群臣曰："皇帝寝疾弥留，已迎取兴献王长子厚熜来京嗣皇帝位，一应事务俱待嗣君至日处分。"于是司礼等监太监谷大用、韦霖、张锦，内阁太学士梁储、定国公徐光祚、驸马都尉崔元、礼部尚书毛澄奉金符

以行。①

按《明世宗实录记载》由北京出发的"司礼等监太监谷大用、韦霖、张锦,内阁太学士梁储、定国公徐光祚、驸马都尉崔元、礼部尚书毛澄"于正德十六年(1521)四月癸卯到朱厚熜封地安陆州,并宣读即位诏书。四月壬午,朱厚熜随文武官员一起启程赴京即位:"上(朱厚熜)辞兴献王墓,伏地恸哭,左右扶而起,从官莫不感泣。明日辞圣母,车驾发安陆,戒扈从诸臣,沿途务安静毋扰。经诸王府,设供馈悉谢不受。敕有司,膳羞廪饩止用常品,他珍异皆却之。行殿惟取朴质,有过侈者,则去。视诸治道仓卒不及备亦弗问"②四月壬寅日,到良乡。癸卯日到京城外。终于正德十六年四月二十二日正式即位。

从以上叙述可以看出,按照明代官方文书的记载,武宗驾崩前后,皇位继承人就已经确定为兴王朱厚熜。并且新皇帝入京即位并非是朱厚熜先赶到北京,而是北京的司礼监太监和众多文武官员来湖北安陆州迎接,然后一起北上即位,根本不存在三个藩王"先到为君,后到为臣"的闹剧。据笔者所见,也没有发现明代文献关于明代藩王"先到为君,后代为臣"的任何记载。况且按照明太祖《皇明祖训》"凡朝廷无皇子,必兄终弟及,须立嫡母所生者。庶母所生,虽长不得立"③的规定,继承皇位也只能是朱厚熜即位,而不能是别人。众所周知,明武宗一生荒淫无子,而武宗为明孝宗唯一儿子,他死后继承人。只能上推一代到宪宗皇帝,按《明史》记载:"宪宗十四子:万贵妃生皇第一子。柏贤妃生悼恭太子祐极。纪太后生孝宗。邵太后生兴献帝祐杬、岐王祐棆、雍王祐枟。张德妃生益王祐槟、衡王祐楎、汝王祐梈。姚安妃生寿王祐榰。杨恭妃生泾王祐橓、申王祐楷。潘端妃生荣王祐枢。王敬妃生皇第十子。第一子、第十子皆未名殇。"④由于《皇明祖训》规定"兄终弟及"和"庶母所生,虽长不得立"两大原则,而当时宪宗生前所立皇后吴氏又并无子女,因此宪宗根本没有嫡子可供选择,只能"立长"。当时皇第一子、悼恭太子祐极、孝宗皇帝后代已经全部绝嗣,因此兴献王朱祐杬的独子朱厚熜就成为明武宗最"亲"的弟弟。按照《皇明祖训》"兄终弟及"原则,立为明武宗继承人。由此看来,关于蟠龙菜的第一个传说纯属后人

---

①《明武宗实录》卷197,正德十六年三月丙寅,台湾"中研院"1962年影印本,第3680—3681页。

②《明世宗实录》卷1,台湾"中研院"1962年影印本,第4页。

③(明)朱元璋:《洪武御制全书》,黄山书社1995年版,第401页。

④(清)张廷玉等:《明史》卷119《诸王传》,中华书局1974年版,第3640页。

附会,找不到一点历史依据。

关于第二种传说,仔细考量,也很荒诞。明武宗确实有过禁止养猪食用猪肉的命令,对此学界已有考证。① 关于明武宗禁令,明代史籍多有记载。《明实录》记载,"(正德十四年十二月乙卯)上至仪真。时上巡幸所至,禁民间蓄猪,远近屠杀殆尽。田家有产者,悉投诸水。是岁,仪真丁祀,有司以羊代之"。②

明人沈德符在其《万历野获编·禁宰猪》中也有详细记载:

> 宋徽宗崇宁间,范致虚为谏官,谓上为壬戌生于生肖属犬,人间不宜杀犬。徽宗允其议,命屠狗者有厉禁,此古今最可笑事,而正德十四年十二月亦有之。时武宗南幸,至扬州行在。兵部左侍郎王抄奉钦差总督军务威武大将军总兵官后军都督府太师镇国公朱钧帖:照得养豕宰猪,固寻常通事。但当爵本命,又姓字异音同。况食之随生疮疾,深为未便。为此省谕地方,除牛羊等不禁外,即将豕牲不许喂养,及易卖宰杀,如若故违,本犯并当房家小,发极边永远充军。③

明人李诩在《戒庵老人漫笔·禁宰犬豕》中说:

> 余家藏旧通报中有正德十四年十二月十九日辰时牌面,其略云:养豕之家,易卖宰杀,固系寻常,但当爵本命,既而又姓,虽然字异,实乃音同,况兼食之随生疮疾。宜当禁革,如若故违,本犯并连当房家小发遣极边卫,永远充军。④

对于明武宗的荒唐命令,明代大臣也留下了反对的记录,杨廷和在《请免禁杀猪疏》说道:

> 谨题:近日传闻直隶及山东等处镇巡等官,钦奉圣旨,禁约地方人等,不许养豕,及易卖宰杀。违者,发极边卫分永远充军。远近流传,旬日之间,各处城市乡村居民,畏避重罪,随将所养之豕,尽行杀卖,减价贱售,甚至将小豕掘地埋弃者有之。人心惶骇,莫测其由。臣等切思,民间豢养牲豕,上而郊庙、朝廷、祭祀、宴飨、膳羞之供;下而百官万

①参见李洵:《明武宗与猪禁》,《史学集刊》1993 年第 2 期,第 40—48 页。
②《明武宗实录》卷 181,正德十四年十二月乙卯条,台湾"中研院"1962 年影印本,第 3560 页。
③(明)沈德符:《万历野获编》卷 1,中华书局 1959 年版,第 32 页。
④(明)李诩:《戒庵老人漫笔》卷 4,中华书局 1982 年版,第 143 页。

姓日用饮食之资给，皆在于此，不可一日缺者。孟子曰：鸡豕狗彘之畜，无失其时，五十者可以食肉矣。古先哲王之治天下，所以制民之产，其道如此。且人年五十，非肉不饱，则豚豕之畜，正养生之具，而非所以致疾也。人生疮痍，乃血气内伤，风湿外感所致，是食豕肉而致然乎？况小民畜养贸易，以此为生理之资，正宜教之孳息蕃育，是可禁乎？至于十二支生辰，所属物畜，乃术家推算星命之说，鄙俚不经，不可为据。若曰国姓字音相同，古者嫌名不讳。盖以文字之间虽当讳者，尚且不讳嫌名。今乃因其字之音，而并讳其物之同者，其可乎？又况民间日用牲豕，比之他畜独多。牛以代耕，亦非可常用之物，私自宰杀，律有明禁，不可纵也。此事行之虽若甚微，而事体关系甚大。如此传之天下后世，亦非细故，诚不可不虑也。伏望皇上洞察物情，详审命令，亟勅所司，追寝前旨，仍通行晓谕各处地方人等，各安生业，毋致惊疑，则事体不乖，而人心慰悦矣。①

通过以上材料笔者可以断定，正德十四年(1519)十二月明武宗确实下过禁猪令，并给普通民众带来恶劣影响。这一史实正与蟠龙菜第二种传说"明武宗的禁猪令导致安陆州的兴王创作出一种吃肉不见肉的"蟠龙菜"，达到既不违背皇帝的旨意，又不用停止肉食的目的"相符合。但从时间上考辨，则该传说也很荒诞。上引诸多明代史料关于"禁猪令"的记载均认为"禁猪令"发布于正德十四年(1519)十二月，据《明实录》和《睿庙圣政实录》记载兴献王朱祐杬死于正德十四年六月己卯日，也就是说明武宗"禁猪令"颁布之前，兴献王就已经去世了。明武宗"禁猪令"颁布时，朱祐杬的儿子朱厚熜正在服丧。据《大明会典》记载，亲王死后"王妃、世子、众子及郡王、郡主，下至宫人，俱斩衰三年。封内文武官员，齐衰三日，哭临五日而除②。"而居丧期间，按照中国古代传统是不宜公开食肉的。宋代朱熹说"居父母之丧者，虽或未能尽遵古制，全不出入。亦须服麤布黲衫、麤布黪巾，系麻绖，着布鞋，不饮酒不食肉，不入房室。如是三年，庶几少报劬劳，勉遵礼律，仰承圣化。"③明代丘濬说："三年之间，不饮酒，不食肉，不御

①(明)陈子龙等:《明经世文编》卷121，中华书局1962年版，第1161—1162页。
②(明)赵用贤:《大明会典》卷98，明万历内府刻本，第35页。
③(宋)朱熹:《晦菴集》卷100，民国上海商务印书馆四部丛刊本，第124页。

内,时至而哀,哀至而哭。"①从正德十四年六月(1519)到正德十六年(1521)六月,朱厚熜属于"斩衰"服丧期。如果第二种传说属实,那么朱厚熜在其父亲死后第六个月,受到明武宗"禁猪令"的影响,就发明一种吃肉不见肉的食品来掩人耳目,享受肉食。毫无疑问,朱厚熜的"创造"在当时属于既不孝又不忠的行为,会受到舆论后世的批评。按常理来说朱厚熜的"发明"属于自己的私密行为,是不会让这种事情传播开去,让后世知晓的。况且朱厚熜发明的菜肴后来取名"蟠龙菜",广为人知。而这种菜居然是朱厚熜在守孝服丧期间,违抗明武宗旨意创造出来的,后来当上皇帝的朱厚熜会放任这种菜肴,这种传说到处流传吗?综上所述,明武宗发布"禁猪令"之时,老一代兴王已经去世,新一代兴王又正在守孝服丧。此时此刻,整个大明朝为何只有正在守孝的朱厚熜创造了一种吃肉不见肉的菜肴来对抗明武宗的"禁猪令"?并还被赋予冠冕堂皇的名称——"蟠龙菜"流传后世,成为后人的传说。因此关于蟠龙菜的第二种说法也是经不起历史事实推敲的。

关于蟠龙菜第三种传说,则需要仔细考量,因为其传说内容合情合理,与明代史实没有根本性的矛盾冲突。但是蟠龙菜不仅名称上有"龙"字,并且在形状上也模仿龙形。而明清时期,对龙图案的使用有严格的规定。以服装为例,《明实录》记载:"上御奉天门谓工部臣曰:官民服饰皆有定制,今闻有僭用织绣蟒龙、飞鱼、斗牛及违禁花样者,尔工部其通谕之。此后敢有仍蹈前非者,工匠处斩,家口发充边军,服用之人亦重罪不宥。"②这里所谓的蟒龙、飞鱼、斗牛其实都是和龙非常相似的图案。特别是蟒与龙,除了是四爪和五爪之外,几乎很难分别。明代中后期,随着社会风气的转变,官员士绅,甚至商人妇女,往往在衣服上装饰类似龙的图案,但却说是蟒、飞鱼或者斗牛。《万历野获编》记载道:"勋戚如公侯伯支子勋卫为散骑舍人,其官止八品耳,乃家居,或废罢者,皆衣麟}曾见一人以白身纳外卫指挥空衔,其衣亦如勋卫,而衷以四爪象龙,尤可骇怪……内官在京内臣稍家温者,辄服似蟒,似斗牛之衣……至贱如长班,至秽如教坊,其妇外出,莫不首戴珠箍,身被文绣,一切白泽、麒麟、飞鱼、坐蟒靡不有之。"③明代文献《旧京遗事》也说道:"有吉庆之会,妇人乘坐大轿,穿服大红蟒衣,意气奢

---

①(明)丘濬:《大学衍义补》卷51,明成化刻本,第20页。
②《明英宗实录》卷149,正统十二年正月戊寅,台湾"中研院"1962年影印本,第1135页。
③(明)沈德符:《万历野获编》卷5,中华书局1959年版,第141—148页。

溢。但单身无婢从,卜其为市佣贱品。"①从明代的例子可以看出,即使服饰是僭越逾制,也只是用蟒、飞鱼、斗牛像龙一样的图案,不敢公开宣称是龙。到了清代,清政府于顺治二年(1645)规定:"和硕亲王、多罗郡王、多罗贝勒、固山贝子仪仗,郡王以上用五爪龙,贝勒以下不许用。"②雍正元年(1723)规定:"禁止官民人等服用五爪龙纱缎。"③可见清代以五爪龙、四爪龙区分帝王贵族的等级,一般官员或平民百姓是不允许使用龙纹图案的。以上所列举的都是服饰上规定,在饮食上虽没有看到明确关于龙的禁令,但《大明律》明确规定:"凡官民房舍、车服、器物之类各有等第,若违式僭用,有官者杖一百,罢职不叙。无官者,笞五十,罪坐家长。工匠并笞五十。若僭用违禁龙凤文者,官民各杖一百,徒三年,工匠杖一百,连当房家小,起发赴京籍充局匠,违禁之物并入官。首告者官给赏银五十两。若工匠能自首者,免罪,一体给赏。"④大清律也沿用此条律令。因此不仅服饰上一般平民百姓不能随意使用龙,房屋装修、车马装饰、日用器物都不能随意使用龙图案。据姚伟钧等学者编著的《中国饮食典籍史》介绍,明清时期各种有关饮食文化的典籍有 142 种⑤。笔者对这些饮食典籍进行检索查阅,发现明清时期固然有许多带有"龙"字的食品、药品、饮品(如龙眼、伏龙肝、龙须菜、龙井茶等),但却没有哪一样菜肴做成整条龙的形状。因此笔者认为蟠龙菜在明清时期做成蟠龙的样子,似乎有些疑惑之处。其实今天钟祥地区除了高档饭店,一般居民家里制作的蟠龙菜只做成长条形状即可,丝毫没有龙的模样。笔者猜测明清时期,钟祥地区的人们可能就已经在食用这种"吃肉不见肉"的食品,其形状可能和今天钟祥居民食用的蟠龙菜形状一样,与龙形没有任何联系。因此钟祥土话叫这种菜肴为"剁菜"或"卷切",与龙没有任何关系。

二

笔者花费大量篇幅对蟠龙菜的三种传说一一考证,并非是要全面推翻民间传说的真实性,而是将这三种传说放入历史现实中进行考证。经过考证笔者发

①(明)史玄:《旧京遗事》卷2,清退山氏抄本,第7页。
②《世祖章皇帝实录》卷14,顺治二年二月辛巳,中华书局1987年影印本,第727页。
③《世宗宪皇帝实录》卷10,雍正元年八月庚申,中华书局1987年影印本,第79页。
④(明)刘惟谦:《大明律》卷12,明嘉靖范永銮刻本,第36页。
⑤见姚伟钧、刘朴兵、鞠明库:《中国饮食典籍史》,上海古籍出版社2011年版,目录页。

现，关于蟠龙菜的前两种传说，并不是历史事实。而第三种传说，则可能是事实，但有些细节仍值得怀疑。如果将蟠龙菜的制作工艺放入饮食文化史中看，则会发现蟠龙菜在本质上其实就是蒸鱼糕和肉糕。古代钟祥人民如何烹饪蟠龙菜已经不可考，但从流传下来的蟠龙菜技艺来看，就是用鱼肉、猪肉剁成肉蓉状，配上各种调料，裹上鸡蛋皮蒸熟，达到"吃肉不见肉，吃鱼不见鱼"的效果。用水汽将食物蒸熟的技法，我国早在先秦时期就已经掌握，先秦时期甗与甑的大量出土就可以证明。所谓甑，就是底部有许多透蒸汽的孔洞的器皿。而甗就是上半部为甑，下半部为锅的蒸食器皿。甗与甑实物器具的出土，与这两个字的使用就可以表明用水汽蒸食在先秦时期就已经存在。关于蒸食，先秦文献《楚辞》亦可佐证。《楚辞·东皇太一》有"蕙肴蒸兮兰藉"[1]，这种祭祀类食品就是用蕙草包裹的肉类放入底下铺着兰草的器皿中蒸熟。而将肉切细制作成菜肴，中国古代多以有之，"食不厌精，脍不厌细"一直是中国古代饮食烹饪的追求之一。到了宋代，有将肉放入糕中食用的记载："造枣肉糕：二社重阳尚食糕，而重阳为盛，大率以枣为之，或加以栗，亦有用肉者"[2]。而"糕"往往是用米粉或面粉配以其他食物蒸制或烤制而成的。将肉剁碎，做成丸子，也是古已有之，并且将肉圆子当做药品使用。宋代《太平惠民和剂局方》记载："羊肉圆：治真阳耗竭，下元伤惫，耳轮焦枯，面色黧黑，腰重脚弱，元气衰微，常服固真补气，益精驻颜。补骨脂（炒）、胡芦巴（炒）、川楝子（炒）、茴香（炒）、续断（炒、去丝）、附子（炮、去皮脐）、茯苓各三两，山药（炒）、桃仁（别研去尖麸炒）、杏仁，各二两，去皮尖麸炒别研右为末。精羊肉四两，酒煮烂，研极细，入面煮糊，圆如梧桐子大，盐汤温酒空心下，三五十圆。"[3]笔者翻阅明代之前的饮食文献，并没有发现类似蒸肉糕这种菜肴的记载。笔者以为造成这种现象的原因有二：第一，明代嘉靖之前，并没有蒸肉糕，各种饮食典籍无所可记。第二，蒸肉糕制作工艺其实非常普通，大众化，各种饮食书籍没有必要将其单列出来。笔者以为第二种解释比较符合实际。如前文所分析的，蒸食技艺和将肉剁成细末"吃肉不见肉"，这两个重要因素明代之前，中国早已具备。而从烹饪过程看，蟠龙菜除了形状很特殊

①林家骊译注：《楚辞》，中华书局2009年版，第36页。
②（宋）谢维新：《古今合璧事类备要前集》卷17，台湾商务印书馆影印文渊阁四库全书第939册，第152页。
③刘景源整理：《太平惠民和剂局方》卷5，人民卫生出版社1985年版，第188页。

（为龙形）之外，其实并没有什么创新奇特之处，与湖北广为流行的肉糕鱼糕简直如同一辙。

湖北地区处于长江中下游地区，古代境内江河湖泊水网密集，自古以来就是"饭稻羹鱼"。湖北人民（特别是江汉平原的湖北居民）在长期的生产实践中形成了自己独特的蒸菜文化。据笔者采访生于二十世纪三四十年代的老人，当地居民之所以选择蒸食，首要目的并非为了追求饮食的美味，而是出于节约的目的。用水蒸气将食物蒸熟，可以利用空气受热上升的原理，一次性使多个蒸笼内的大量食物蒸熟，从而可以节约柴火。而蒸菜所使用的食用油数量也要远远低于其他常见的烹饪方法。基于这两点优势，再加上蒸菜确有自己独特的风味，所以一直被劳动人民流传至今，遍布湖北全省。除了蟠龙菜，湖北蒸菜被列入湖北省非物质文化遗产的如下表所示：

表1　　　　　　　　　湖北省非物质文化遗产中的湖北蒸菜

地区	名称	特点
荆州	荆州鱼糕	鱼肉猪肉搭配制成，鱼有肉味，肉有鱼香，被评为湖北省第二批非物质文化遗产
仙桃	沔阳三蒸	种类及其繁多，工艺复杂，善用米粉蒸菜，被评为湖北省第三批非物质文化遗产
天门	天门蒸菜	取材广泛，形成复杂的蒸菜技艺——天门九蒸：粉蒸、清蒸、炮蒸、扣蒸、包蒸、酿蒸、花样造型蒸、封蒸、干蒸。被评为湖北省第三批非物质文化遗产
十堰竹溪县	竹溪蒸盆制作技艺	是用猪肉、鸡肉、土豆等若干当地食材放入土制陶盆中蒸熟而成的地方美食，被评为湖北省第五批省级非物质文化遗产（扩展）

除被列入湖北省非物质文化遗产的蒸菜之外，湖北武汉市黄陂区的"黄陂三鲜"（鱼丸、肉丸、肉糕）、麻城肉糕、赤壁肉糕也被当地居民所喜爱。湖北省蒸菜中，肉糕只是其中一小部分。当代社会，肉糕更是几乎遍布全湖北省，在湖北处处可以看到吃到。关于肉糕鱼糕，湖北各地更有着自己的传说。比如荆州地区关于鱼糕（鱼糕也要加一定的猪肉）有两种传说。第一，上古时期舜帝和娥皇、女英出游到荆州附近，娥皇因长途劳累，身体不适，想吃鱼肉但又讨厌鱼刺。于是女英将鱼肉剁成蓉状和以其他辅料蒸熟，发明鱼糕。第二，春秋战国时期，楚国有一家卖鱼老板因大量鱼肉卖不出去，为了促销而发明鱼糕。后来，楚庄

王游览到此，品尝鱼糕，大为满意，于是将其带入宫中，成为宫廷菜。而湖北许多地区关于肉糕（"肉糕"其实是一种非常宽泛的含义，既指单纯用猪肉做成的肉糕，也指用鱼肉等其他材料制成的肉糕）的发明，则又归结到楚王身上。传说春秋战国时期，一位楚王喜好吃鱼，但又嫌弃鱼刺卡喉。一位厨师将分离鱼刺的鱼肉与猪肉混合剁碎，配上作料蒸熟，从而获得楚王欢心，该厨师的发明也流传到民间，传承至今。除了肉糕鱼糕，沔阳蒸菜传说是陈友谅的妻子为了体恤将士而发明，天门蒸菜则传说是由新莽时期的农民起义领袖王匡、王凤而发明（因此又称"绿林菜""匡凤菜"），竹溪县蒸盆的由来则传说与唐朝武则天时期薛刚有关（薛刚是民间演义小说创造出的人物，其故事与唐中宗李显有关，唐代实无其人）。

由此可以得知，在湖北地区，蒸菜、鱼糕、肉糕并非只是某一个地方的特产，而是广为人们接受的烹饪方式或食品。而关于这些食品的肇始发明在每个地方都有自己的传说故事，由于湖北（特别是荆州附近）是楚文化的摇篮，因此鱼糕肉糕往往与楚王有不解之缘。绿林起义军领袖王匡、王凤是京山人，曾转战天门白湖一带，天门蒸菜也就与之有关。沔阳蒸菜则与元末农民起义军领袖沔阳人陈友谅有关。十堰竹溪县更是用虚构的小说人物薛刚来构建自己的传说，传说故事中薛刚与流放十堰的唐中宗李显的命运息息相关。上述蟠龙菜的三种传说，虽然彼此内容相差很大，但都与明代兴王有关。兴献王朱祐杬是明宪宗的儿子，被分封于湖北安陆州。后来明武宗无子，兴献王儿子朱厚熜即位，是为嘉靖。嘉靖帝即位后，怀念家乡，于嘉靖十年（1531）将安陆州升格府，嘉靖帝："定府名曰承天，附郭县曰钟祥，割荆州之荆门州、当阳、潜江二县及沔阳州景陵县隶之"①。"钟祥"不仅是嘉靖皇帝的家乡，其名称也是由嘉靖皇帝起的。因此钟祥蟠龙菜这种蒸肉糕也就与嘉靖帝有着不解之缘。笔者在这里并不完全否认民间传说的真实性，特别是蟠龙菜的第三种传说更是无法全盘否定。但笔者认为蒸肉糕鱼糕，这种烹饪技术与菜肴制作方法并非只是某一位著名人物发明出来的，而是许多平凡人物经过多年实验摸索，不断创新改良而传播开来的，但并不能排除某一著名人物也许的确与蒸肉糕有过一定的因缘机遇，被后人留存至今。湖北众多关于蒸菜的传说，其实可以看做各地区将自己本区域的历史文化附着于某一普通物品的体现。

---

①《明世宗实录》卷129，嘉靖十年八月辛丑，台湾"中研院"1962年影印本，第3074页。

钟祥蟠龙菜，抛开其龙的形状（何况今天钟祥地区居民食用的蟠龙菜并没有龙形），其实就是一种非常普通的蒸肉糕。相比与其接壤的天门、沔阳（今天的仙桃等地）纷繁复杂的蒸菜，反而略显单调。钟祥蟠龙菜的传说流传过程其实是将钟祥地区的历史文化附着于湖北地区广泛食用的肉糕上的过程。关于蟠龙菜的传说究竟始于何时？由于资料过于局限，实在无从查考。但民国《钟祥县志》说道："蟠龙菜系钟祥特品，其质取猪肉之精者，和板油与鱼剁成肉泥，和以绿豆粉、鸡蛋清，后用鸡蛋皮裹之。皮间附以银朱。蒸熟后，切成薄片，蟠于碗中。红黄相间，宛如龙形，相传明兴邸所创。俗名卷切，又曰粘剁。又有四盘两碗，及蒸笼格之，名称则随便待客也。"①因此蟠龙菜及其与明兴王的传说至少在民国 1937 年前就已经流传开来。而钟祥的竹枝词也透露出关于蟠龙菜的一些历史信息："山珍海错味无穷，富水春香酒味浓。满座宾客呼上菜，装成卷切号蟠龙。"②这首简单的竹枝词中的"卷切"正是钟祥方言蟠龙菜的称呼，竹枝词中说将"卷切"这种菜肴称呼为蟠龙菜，虽没有透露出蟠龙菜与嘉靖皇帝的关系，但至少可以表明竹枝词的作者生存的年代，蟠龙菜就已经存在了。按照收录此竹枝词的《钟祥诗征》记载，这首竹枝词是樊国楷《郢中竹枝词十二首》中的一首。而樊国楷是何年代之人呢？《钟祥诗征》只说他属于清代人③，而没有做其他的说明。笔者在乾隆《钟祥县志》、同治《钟祥县志》中并未发现此人，因此笔者怀疑樊国楷是晚清人。综上所述，钟祥蟠龙菜及其传说绝不是商业炒作和现代人随意附会的结果，钟祥蟠龙菜传说至少在民国时期就已经存在了，而蟠龙菜这一菜肴从文字记载来看，也可以上溯到清代。

本文已经分析过，钟祥蟠龙菜的传说大部分都可以肯定地说不是事实。就算是事实，钟祥一代又一代的居民为什么对兴献王父子的"发明"如此感兴趣？一代又一代的传承这种"食品"？而钟祥以外的地区就算吃着与蟠龙菜相似的肉糕鱼糕也绝不会想到兴献王和嘉靖帝。因此，笔者以为无论蟠龙菜的传说是真还是假，钟祥民众对嘉靖帝记忆的不断传承应是真实的。在嘉靖帝以湖北藩王的身份入承大统之前，并没有钟祥这个地名，只有安陆州（该州只辖有一个京山县）这个地名，而"湖广安陆州地狭民贫"④。到了嘉靖十年（1531）嘉靖帝眷恋

①赵鹏飞等：《钟祥县志·方言下》卷 13，1937 年铅印本，第 14 页。
②《钟祥诗征》卷 2，1937 年铅印本，第 47 页。
③《钟祥诗征》卷 1，1937 年铅印本，第 4 页。
④《明世宗肃皇帝实录》卷 90，嘉靖七年七月丁亥，台湾"中研院"1962 年影印本，第 2066 页。

家乡将湖北行政区划进行了一番变革"定府名曰：承天，附郭县曰：钟祥。割荆州之荆门州，当阳、潜江二县及沔阳州、景陵县隶之"①。经过这番行政区划的改变，安陆州城变成了钟祥，以钟祥为行政中心的承天府，不仅面积广大，并且与北京的顺天府、南京的应天府并成为"都"——"兴都"。嘉靖帝对家乡钟祥的感情的确是真挚的，不仅多次减免钟祥赋税，还增加钟祥学额。即使到了生命的尽头，嘉靖帝还想到钟祥，迷信钟祥会给他带来康复。嘉靖四十五年（1566）二月，嘉靖帝说："朕病十四月矣，不见全复。兹就大志成一，南视承天，拜亲陵，取药服气，此原受生之地，必奏功。诸王不必朝迎，从官免朝，用卧辇，至七月还京"②。由于大臣的极力反对，再加病体沉重，嘉靖帝未能如愿，但临死前几个月"犹时念郢中不置云"。③ 今天钟祥地区仍可见到多处与嘉靖皇帝有关的名胜古迹。到了清代，钟祥地位也一落千丈，顺治三年（1646）清廷将"承天府"改称"安陆府"，撤销了钟祥"都城"的地位。乾隆二十七年（1762）将安陆府的沔阳州划归汉阳府，乾隆五十六年（1791）又把安陆府荆门州和当阳划出来成立荆门直隶州，不断地缩小以钟祥为中心的政区范围。到了1912年，废除安陆府，将钟祥不断改变隶属区域。1949年后钟祥属于荆州管辖，1996年又被隶属于荆门市直到现在（数百年历史沧桑，荆门与钟祥的隶属关系完全颠倒过来）。因此从明到今，钟祥自从诞生开始，其政治地位是不断下降的，其管辖范围是不断缩小的。钟祥蟠龙菜其实是钟祥居民对其历史的一种文化附加，钟祥普通居民通过对自己喜爱菜肴的文化附加，一代又一代传承着对钟祥的命名者嘉靖帝的历史记忆。沔阳与天门在明代均是以钟祥为中心的承天府管辖范围，而同是湖北省非物质文化遗产的沔阳三蒸与天门蒸菜，其来源传说却决不提嘉靖帝。

三

通过钟祥蟠龙菜的饮食传说研究，我们可以发现饮食传说有三点现实价值，值得我们注意。

其一，饮食传说能真实反映普通大众的文化认同，为政府各项政策提供重

---

① 《明世宗肃皇帝实录》卷129，嘉靖十年八月辛丑，台湾"中研院"1962年影印本，第3074页。

② 《明世宗肃皇帝实录》卷555，嘉靖四十五年二月庚辰，台湾"中研院"1962年影印本，第8933—8934页。

③ 《明世宗肃皇帝实录》卷555，嘉靖四十五年二月庚辰，台湾"中研院"1962年影印本，第8934页。

要参考。尽管蟠龙菜传说的真实性是非常值得怀疑的,但它被钟祥居民代代相传,以至于今。传说越是丰富曲折,越能够广为传播,深入人心。从烹饪技法上来看,蟠龙菜并没有什么创新之处。蟠龙菜之所以是钟祥的特产,并不是因为只有钟祥出产,别处不能制作。更非只有钟祥人喜爱吃,别处人不爱吃。而是因为只有钟祥地区传承着对嘉靖皇帝的历史记忆,使得钟祥居民将这一历史记忆附着于湖北广大地区常吃的肉糕之上。对于古今绝大多数钟祥民众而言,蟠龙菜传说的真实性没有任何意义。而民众也不会以真实与否来选择是否将某一传说流传下去。决定某一说法是否在民间广泛长久流传的重要因素在于民众内心的好恶。而饮食文化传说其实真实反映了某一人群隐藏在内心深处的文化认同感和现实需求。蟠龙菜传说足以证明历代钟祥人有着对兴献王父子的文化认同感,同时也折射出钟祥人对自己辉煌过去的无限怀念,对钟祥行政地位不断下降的惋惜。因此深入了解饮食传说的来龙去脉,确实可以了解当今民众的内心世界、文化认同感,为政府各项政策提供重要参考。

第二,饮食传说增添菜肴个性化因素,为菜肴创新提供文化支撑。中国饮食烹饪源远流长,异常发达。其品种之繁复,制作之精美,已为世界所公认。但仔细考察当代饮食业,由于人口迁移频繁,出现了一些趋同倾向。即某些菜肴传播到很多地区,成为全国范围内大众百姓的日常饮食,而另一些特色菜肴由于种种原因正在渐渐消失,或仅保留其名,口味配方早已趋同。在某些菜肴的传播过程中,不同地区的人们会根据不同情况改变一些制作方法,加入本地区的口味偏好,但其名称却并未改变。如全国各地各大餐馆常见的鱼香肉丝,其用料、口味存在很大差异,但名称却并未改变。有的菜肴在传播的过程中改变了名称(甚至故意标新立异),却并未改变其基本食材或烹饪方法。如农家小炒肉与辣椒炒肉,蚂蚁上树与肉末粉条其实并没有多大差异。菜肴名称的趋同和食材、技法的趋同本是民众与商家共同选择的结果,但这并不利于中国饮食各大菜系的传承与创新。笔者认为中国各地饮食个性的保持与创新不妨注意古老的饮食传说,将各地饮食文化传说充分发掘出来。如蟠龙菜的传说可以给蟠龙菜带来两点好处:其文化传说不仅为菜肴增添了浓郁的地方历史文化气息,而且还以传说的方式固定了菜肴制作方式,坚持了楚菜的特点,传承了地方特色。其文化传说有"龙"的因素,然而现今钟祥当地老百姓制作的蟠龙菜却并没有看到龙形(估计是造型难度太高导致的)。也就是说蟠龙菜"名不副实",我们能否在造型、食材、烹饪方法上给蟠龙菜加上些"龙"的因素,在不改变其基本要素的前提下,使其更加美观可口呢?因此,饮食传说以其历代的传承性保持了某一地区的个性化饮食传统,又以其丰富的内涵为菜肴的创新预留了很大的空间。

第三,饮食传说能够为历史学、社会学、文化学等人文学科提供丰富素材,有助于人文学科的发展。蟠龙菜的饮食传说与明代嘉靖皇帝有关,包含了丰富的历史信息。明代嘉靖帝以藩王入继大统后,将今天钟祥、荆门、仙桃、当阳组合为承天府,这一行政区划延续了数百年。今天钟祥、荆门、仙桃、当阳的蒸菜都十分发达,都有自己的饮食文化传说。为什么只有钟祥的传说与嘉靖帝有关?其他地区都选择了对嘉靖帝的文化遗忘呢?这一现象为明史研究提供了很好的素材。同样钟祥地区居民十分复杂,有回族聚居的地区,有外来迁移人口聚居的地区,还有钟祥本地人世世代代居住的地区,探讨蟠龙菜传说在钟祥不同民众中的传播样态亦可为社会学家提供很好的素材。更为重要的是蟠龙菜传说所揭示的文化现象值得关注:在中国历史上,原本很普通的某一物品传入各地区后,被不同地区的文化叠加或物质改造,反而成为某地特产,并且关于这一特产的传说又往往追溯到该地区行政区划或文化圈形成的肇始时期。这一文化现象很值得广大文化学者关注。

综上所述,饮食文化传说不仅是我国传统文化的宝贵遗产,也能够服务于现实,值得广大学者进一步开发挖掘,笔者相信饮食文化传说研究一定大有可为。

汉晋南朝时期狐的形象转变

姚秀敏①

摘　要:狐的形象经历了一个演变过程。两汉时期,人们普遍认为狐狸是瑞兽,狐狸拥有拟人化特征。至魏晋南北朝,文献可见狐狸具有了人的外形,但形象日益被丑化。由于胡族入侵,江南民众对狐狸的态度转变为警戒与厌恶。两晋以后,狐成为胡人在自然界的映射。总之,汉晋南朝时期,长江流域成为狐怪故事的渊薮,狐狸的文化形象也随着狐怪故事的涌现而不断转变。这一发展轨迹反映了不同历史时期人们对于动物以及妖怪鬼神认知的转变,也体现了人类生存空间和文化观念的变化。

关键词:狐;狐妖;胡人;汉晋南朝;长江流域

狐狸是一种被赋予了多重品性的动物。汉晋南朝时期,胡人统治范围扩大,长江以南地区遭受到巨大的文化冲击。随着胡汉文化交融,狐的形象经历了由单纯的动物到拟人化的动物、再到动物的人化的转变过程。

不少学者已注意到自然动物的人文化现象。例如,伊藤清司对《山海经》里的神兽恶鬼进行善恶分类,认为人们对兽怪的认识背后,是对于"外部世界"的好奇与恐惧。②潘兰香指出,自然界的动物被赋予人类的文化观念,继而成为人文动物,并具有特定意义的文化表征符号。③胡司德、游自勇等学者侧重于动物异象与人类政治关联的研究。前者讨论古代中国借助动物界设定圣人的标准,树立社会政治权力标杆。④后者主要围绕中古时期的《五行志》,分析动物的怪异现象,认为中古史家通常将妖的出现视为人事活动的结果。⑤此外,刘怡的博

①姚秀敏:武汉大学历史学院2021级硕士研究生。
②[日]伊藤清司:《中国的神兽与恶鬼——〈山海经〉中的世界》,商务印书馆2019年版。
③姚立江、潘兰香:《人文动物——动物符号与中国文化》,黑龙江人民出版社2002年版。
④[英]胡司德:《古代中国的动物与灵异》,江苏人民出版社2015年版。
⑤游自勇:《天道人妖——中古〈五行志〉的怪异世界》,首都师范大学2006年博士学位论文。

士论文指出先秦儒家将动物的行为赋予道德内涵,这种认知模式奠定了古人认识动物的方法。[①] 在动物与祭祀方面,胡司德指出,在祭祀过程中,动物以及享用动物、讨论动物的环境,将人类社会与鬼神世界连接起来。[②]

具体到狐狸研究方面,吉野裕子分析了中日的狐狸故事的相似性,并认为日本稻荷神崇拜的出现,乃源于中国民间的狐狸祭祀。[③] 李建国梳理从远古时期到清末的狐狸形象,并提出狐狸经历了由图腾、瑞兽到妖怪的转变。[④] 山民开创性地将狐狸信仰分为吉兽凶兽、神的使者、变人作怪、亦神亦妖和半仙半人五个阶段。[⑤] 李珊珊指出,狐的意象文化在不同历史发展时期大致经历了"图腾崇拜和符命化—巫术化—世俗化—艳情化"的演变过程。[⑥] 王守亮将狐文化分为瑞狐文化与妖狐文化两大文化系统,认为今人将研究焦点集中于妖狐文化,而忽视了瑞狐文化的基础性作用。[⑦] 徐瑞则进一步聚焦于九尾狐,梳理汉代至明朝九尾狐从祥瑞到妖邪的形象转变。[⑧]

从现有成果来看,首先,关于汉晋南朝时期狐文化的研究并不多,聚焦于长江流域狐狸的研究也不多;其次,狐狸形象变化所反映的人类生存空间盈缩、异族人群进入与文化观念变化,这一点尚未得到充分揭示;第三,狐狸从瑞兽到狐妖的认识转变,其实是人们对神妖群体认知转变过程的一个缩影,对此也较少有人注意。

本文拟探讨的问题便是:狐狸从"拟人化"到"人化"是怎样逐步发生的?狐形象的转变体现了妖怪在人类认知中发生了怎样的转变?为什么会出现狐狸的妖化?以下即以汉晋南朝时江南地区人们对狐狸的认知为线索,分析狐狸的拟人化与人化现象。

一、汉晋时期作为瑞兽的狐

战国以来,人们对于狐狸的认知已经超越了生物属性。至两汉时期,方术

---

①刘怡:《先秦儒家动物观探究》,西北大学 2021 年博士学位论文。

②[英]胡司德:《早期中国的食物、祭祀和圣贤》,浙江大学出版社 2018 年版。

③[日]吉野裕子:《神秘的狐狸:阴阳五行与狐崇拜》,辽宁出版社 1990 年版。

④李建国:《中国狐文化》,人民文学出版社 2002 年版。

⑤山民:《狐狸信仰之谜》,学苑出版社 1994 年版。

⑥李珊珊:《中国古代文学作品中狐意象文化的嬗变》,《重庆邮电大学学报》2010 年第 3 期。

⑦王守亮:《唐前瑞狐文化的演变与兴衰》,《浙江海洋学院学报》2013 年第 1 期。

⑧徐瑞:《中国古代九尾狐形象流变研究》,山东大学 2020 年硕士学位论文。

空前兴盛,狐狸与人类的吉凶祸福被关联在一起。社会主流的认知中,狐狸是瑞兽。

狐狸之瑞,首先涉及仁德。《九章》曰:"鸟飞反故乡兮,狐死必首丘。"战国时期,人们已发现了狐狸习惯于临死前头部朝向巢穴所在的土丘。这种习性在《礼记》中被拔高为仁义的体现,其文称:"古之人有言曰:狐死正首丘,仁也"①。在此影响下,狐死首丘也成为比喻游子思乡和忠君报国的成语。类似表述还见于东汉的《白虎通义》和《说文解字》。《说文》云:"狐有三德,其色中和,小前后大,死则首丘。"②《白虎通义》亦曰:"狐九尾何?狐死首丘,不忘本也,明安不忘危也。必九尾者也?九妃得其所,子孙繁息也。于尾者何?明后当盛也。"③狐狸的生活习性被两汉经学家赋予道德内涵,狐狸也被打上了"不忘本""中和"等文化烙印,狐狸形象在两汉时期朝向道德化和伦理化发展。

除了"仁"的意涵之外,上引《白虎通义》还将"狐九尾"诠释为子孙繁息、后世昌炽。品德良善的狐狸变成九尾狐,明君在位开创太平盛世时,九尾狐降临。狐狸作为瑞兽的形象还出现在器物上。例如,"先秦时期的铜镜上,就雕刻着狐怪形象,狐怪呈现狐面、鹿耳、长卷尾的特征。狐狸作为瑞兽被刻画在人们日常生活用器之上。"④1955 年长江中游出土的东汉西王母画像砖上刻画着九尾狐,⑤九尾狐在西王母的右方奔跑,长尾飘然。冯绲墓六玉碑上也出现了九尾狐:"其上有乌三足、狐九尾,其下则二驴,有一人跨其右者,最下一牛首蜀人,谓之双排六玉碑。"⑥可以设想,只有当狐狸是一种瑞兽时,才可能被采纳为日常用器的装饰,并被用于与丧葬建筑之中。

不过,也就是在汉代,狐狸形象开始出现由瑞兽到妖异转变的萌芽。《说文解字》一面认为"狐有三德",一面又记载:"狐,祆兽也。鬼所乘之。"这里同样是"物老为精"的逻辑。这或许是关于狐狸形象妖化的最早记载。而狐狸的妖化,与它身上被赋予人的特征相关。东汉王充认为:"鬼者,老物精也。夫物之老者,其精为人;亦有未老,性能变化,象人形"⑦。即,动物的妖化表现在动物的人

---

①《礼记正义》卷 7《檀弓上》,阮元校刻《十三经注疏》,中华书局 2009 年版,第 2774 页。

②(汉)许慎撰,陶生魁点校:《说文解字》,中华书局 2020 年版,第 320 页。

③(清)陈立撰,吴则虞点校:《白虎通疏证》卷 6《封禅》,中华书局 1994 年版,第 284 页。

④孔祥显,刘一曙:《中国古代铜镜》,文物出版社 1984 年版,第 43 页。

⑤该画像砖长 45.5 厘米,宽 40.3 厘米,近正方形,现藏于四川博物馆。

⑥陈思:《宝刻丛编》,《丛书集成出编》,中华书局 1985 年版,第 441 页。

⑦王充:《论衡》卷 22《订鬼篇》,商务印书馆 1947 年版,第 114 页。

化上。汉代这种观念萌芽,晋时此类例子增多。

狐狸人化的特征之一,是可以说出人话,甚至预测吉凶。《搜神记》记载了伯裘的故事:酒泉郡的太守总是无故而死,陈斐将去酒泉赴任,请人占卜,结果是"远诸侯,放伯裘,能解此,则无忧"。陈斐赴任后,遇到一只狐狸,自称伯裘,并说"我本千岁狐也,今变为魅"。[1] 这个故事中,伯裘是狐狸自名,狐狸拥有名字,这应该是第一例。它又称已有千岁,这也符合王充所谓"鬼者老物精也,其精为人"的观念。又,《玄中记》记载:"狐五十岁,能变化为妇人。百岁为美女。为神巫,或为大夫与女人交接,能知千里外事,善蛊魅,使人迷惑失智。千岁即与天通,为天狐"。

《搜神记》甚至将这种观念附会到时代已远的春秋时期孔子身上。孔子在夜里遇到一个人,此人大叱,惊动左右,弟子子路察看,此人乃是一条鳏鱼。孔子感叹道:"吾闻物老则群精依之,因衰而至。……夫六畜之物及龟蛇鱼鳖草木之属,久者神皆依凭,能为妖怪。"[2]

那么,对于当时人来说,应该以怎样的态度去应对妖怪与鬼神呢?《风俗通义》有所提及:

> 凡变怪皆妇女下贱,何者? 小人愚而善畏,欲信其说,类复禅增;文人亦不证察,与惧悼慑、邪气承虚,故速咎证。易曰:"其亡斯自取灾。"若叔坚者,心固于金石,妖至而不惧,自求多福,壮矣乎。[3]

面对妖怪,普通民众更多的是惊惧,并以讹传讹。在当时的圣人看来,妖怪并不能伤人,人类可以以气胜之,被妖所伤皆为自伤。圣人和常人的区别在于圣人可以洞悉万物生存的法则,事物的变化是有规律的,圣人见多识广,遇到妖怪现象时便不会惊恐。常人只熟悉动物的一般形态,在动物发生变化时,便认为是妖怪而惊慌失措。

综上,汉晋时期,瑞狐文化颇为流行。但狐狸形象开始向妖怪转变,反映出"物老为精"观念的强化。狐狸超越生物属性,拥有名字,能开口人言,甚至预料吉凶。不过,这一阶段认知中的妖异狐狸,尚不具备人的生理躯格。直到东晋南朝时期,狐狸的拟人化才有新突破,它变为狐妖,为普通民众所敬畏。

---

①干宝、陶潜撰,李建国校证:《新辑搜神后记》卷6《伯裘》,中华书局2007年版,第532页。
②干宝、陶潜撰,李建国校证:《新辑搜神记》卷18《五酉》,第295页。
③应劭撰,王利器校证:《风俗通义校注》卷9《怪神》,中华书局1981年版,第418页。

二、东晋南朝时期狐狸形象认知的分化

狐妖化人最早集中出现于东晋时期。南朝人青睐于具有高贵品格的龙凤和麒麟,不再将狐狸视为瑞兽。在此时民众的认知中,狐狸已经可以幻化人形,与人类产生伦理关系。

云梦睡虎地秦简有对妖下定义:"鸟兽能言,是夭(妖)也。"如果说汉晋时期,拟人化的动物已经是妖异,那么东晋以降,狐狸的人形化则是狐狸拟人化的进一步发展,并呈现以下规律和特点:

第一,狐狸有了较为固定的形象。雌狐通常化身年轻貌美的女性,雄狐常以书生的身份出现。人们也开始给狐狸命名,最先为之命名的是东晋的干宝,"阿紫"这个名称成为淫妇所化狐狸的代称。《搜神记》载:

> 狐者先古之淫妇也,其名曰"阿紫",化而为狐,故其怪多自称"阿紫"也。[1]

晋时狐狸所变成的人并不受性别和年龄的限制。阿紫是狐狸所化年轻女性的特定称呼。受其影响,晋时的狐妖也被描写成"通身紫衣"的形象。[2] 永康的舒寿夫打猎时遇到了一位狐狸所变的老人,言其三女"姿容兼多伎艺,弹琴歌诗,闲究五典"[3],可见,雌狐不仅容貌娇美,还多才多艺。雄狐一般化为书生而出现,如斑狐书生和胡博士。狐狸化作书生并有所命名,是在南朝刘宋时期。《搜神记》曰:

> 有一书生居吴中,皓首,自称"胡博士"。以经传教授诸生,假借诸书。经涉数载,忽不复见。后九月九日,士人相与登山游观,但闻讲诵声。命仆寻觅,有一空冢,入数步,群狐罗列。见人迸走,唯有一老狐独不去,是皓首书生,常假书者。[4]

又,《异苑》曰:

> 胡道洽,自云广陵人,好音乐医术之事。体有臊气,恒以名香自

---

①干宝、陶潜撰,李建国校证:《新辑搜神记》卷18《阿紫》,第311页。

②刘敬叔:《异苑》卷8,中华书局1996年版,第76页。

③刘敬叔:《异苑》卷8,第79页。

④干宝、陶潜撰,李建国校证:《新辑搜神记》卷18《胡博士》,第312—313页。

防，唯忌猛犬。自审死日，诫弟子曰："气绝便殡，勿令狗见我尸也。"死于山阳，敛毕，觉棺空，即开看，不见尸体。时人咸谓狐也。[①]

第一则故事中，狐狸以书生的身份出现，自称"胡博士"，人们判断墓中的老狐狸是胡博士的依据则是皓首以及假书。第二则故事里的狐狸也姓胡，喜欢音乐、医书，以香遮盖体味。他生前怕狗，并嘱咐弟子不要让狗看到自己的尸体。人们开棺并没有发现他的尸体，推测他是狐狸。两只狐狸都是以书生或学者身份出现，且都有名字，并且都姓胡。由此可以明确地看到，两则故事的狐狸身份是人们通过细节推测出来的，其中并没有出现人直接变为狐狸的情节。狐狸化作书生其实是狐狸睿智的表现，因此被冠以"书生狐"的称号，而胡也成为狐狸最常见的姓氏。故事中的狐狸好学又爱显摆，他们有目的有意识地组织文化教育活动，这说明狐狸在江南地区并不罕见，狐狸群居的习性被人们熟知，睿智的狐在文人笔下摇身一变，成为学识渊博的书生，这是有其合理性的。

第二，狐狸并不局限于和人类交流，开始与人类产生伦理关系，迷惑人们，甚至伤害人类。

《幽冥录》中《淳于矜》和《费升》是最早记载人狐相爱的故事。北魏时期出现了人狐结婚的事件：

> 后魏有挽歌者孙岩，取妻三年，妻不脱衣而卧。岩私怪之。伺其睡，阴解其衣，有尾长三尺，似狐尾。岩惧而出之。甫临去，将刀截岩发而走。邻人逐之，变为一狐，追之不得。其后京邑被截发者一百三十人。初变为妇人，衣服净妆，行于道路。人见而悦之，近者被截发。当时妇人着彩衣者，人指为狐魅。[②]

孙岩发现妻子是狐狸后十分惊惧，狐狸砍下他的头发后逃跑，变成美女，在京城截掉了一百多人的头发。北齐也发生了狐狸截发事件，《北齐书》载："武平四年正月戊寅……邺都、并州并有狐媚，多截人发。"[③]如果狐狸真的有伤人之心，为何只是截发，而没有砍伤人或取人性命？只是取人头发，为何人类对其如此恐惧？

①刘敬叔撰，范宁校证：《异苑》卷8，第83页。
②杨衒之撰，范祥雍校证：《洛阳伽蓝记》卷4《城西》，上海古籍出版社1978年版，第204页。
③《北齐书》卷8《后主纪》，中华书局2000年版，第71页。

《孝经》有云："身体发肤，受之父母，不敢毁伤，孝之始也。"①《荀子》云："人有气、有生、有知，亦且有义。故最为天下贵也。"②郭象《庄子注》："今气聚而生，汝不能禁也；气散而死，汝不能止也。"③古人对气血的认知一脉相承，认为气血是人延续生命的基础。头发中蕴含着人的精气，狐狸割断自己的头发，于内损伤精气至于减寿，于外不行孝道受人指责。狐狸化为女子与孙岩成婚，为民众所知，孙岩除了自身的惊恐与身体的损伤，想必也会担心自己声名尽毁。《搜神记》还记载了两个儿子想要斩杀狐狸变成的父亲却误杀了真正的父亲的故事。④在狐怪故事中，动物的拟人化并不是主流，在文学作品中短暂出现，动物的人格化主要通过人形化完成的，先有人形，再有人性。魏晋时期的狐精虽然从兽形变成人形，但仍然是妖怪的本性，没有人类的思想性格和道德品质，并调戏伤害人类，这或许也是人类憎恶狐精的原因之一。

第三，狐狸的负面形象被放大，它的出现与凶兆的降临有关。人们对狐狸的态度逐渐恶劣，影响了后人对狐狸的认知。除了上文所提及的狐狸伤人头发事件，人们将狐狸与吉凶祸福相联系。《南史·顾欢传》记载：

> （剡白石山）山阴白石村多邪病，村人告诉求哀。欢往村中为讲《老子》，规地作狱。有顷，见狐狸鼋鼍自入狱中者甚多，即命杀之，病者自愈。⑤

虽然没有确凿证据，但是在人们看来，村人生病是狐狸作怪，杀死狐狸后便病愈，狐狸出现必然引起人们的警惕，否则可能招致疾病。更有人将阴阳失衡与狐狸相关联，暨阳县任谷与穿羽衣之人交合，任谷也因此成为阉人，并自称有道术。郭璞认为，"阴阳陶烝，变化万端，亦是狐狸魍魉凭假作孽"。⑥两晋时期，社会动乱不安，秩序失常，各种妖异的现象频出，"史家千方百计要赋予理性的解释，把非常的状态纳入常态的轨迹，把种种不可理解的状态与现实联系在一起，通过联想、比附、扭曲的方式，凸现社会主流意识对'秩序'的渴求"。⑦

---

① 《孝经注疏》卷1《开宗明义》，阮元校刻《十三经注疏》，中华书局2009年版，第5526页。
② （清）王先谦撰：《荀子集解》卷5《王制篇》，中华书局1988年版，第164页。
③ 郭庆藩撰：《庄子集释》卷7《知北游》，中华书局1961年版，第739页。
④ 干宝、陶潜撰，李建国校证：《新辑搜神记》卷18《吴兴老狐》，第307页。
⑤ 《南史》卷75《顾欢传》，中华书局2000年版，第1251—1252页。
⑥ 《晋书》卷72《郭璞传》，中华书局2012年版，第1908页。
⑦ 游自勇：《天道人妖——中古〈五行志〉的怪异世界》，第17页。

受此影响，人们对于狐狸由心态上的惊恐进一步转向行为上的攻击。《搜神记》记载了江南百姓黄审看到狐狸所变的妇人进而追杀的故事：

> 句容县麋村民黄审，于田中耕，有一妇人过其田，自塍上度，从东适下而复还。审初谓是人。日日如此，意甚怪之。审因问曰："妇数从何来也？"妇人少住，但笑而不言，便去。审愈疑之。预以长镰伺其还，未敢斫妇，但斫所随婢。妇化为狸，走去。视婢，乃狸尾耳。审追之，不及。后人有见此狸出坑头，掘之，无复尾焉。①

前文提及，狐狸频繁出现于长江流域。此处，句容县的狸妇并没有想要伤害百姓的意图，而黄审在怀疑她是狐狸后拿着镰刀追赶妇人，杀掉了她的婢女。晋人张华官至司空，一位由狐狸所变的少年与之讨论学术，张华对少年起疑，怀疑他是狐狸，烹杀了狐狸，并洋洋自得。张华博学多识，对各类灾异事件都可以做出自己的推测，②但也正是因为张华见多识广，他斩杀狐狸的事情才让人费解。狐狸化成的少年并没有什么恶意，张华却不给少年解释的机会，直接处死他，这足以体现时人对于狐狸的厌恶。与前文的"书生狐"故事有所不同，狐狸的出现引起人们的警觉，除了惊恐，人们亦会有所防备。即使狐狸并没有对人产生恶意，人们也会适时出击，甚至会对自己捉住狐狸的行为感到骄傲。这是由于狐狸的行踪诡秘，没有人类的情感，不被人类所理解，在人类眼中，狐狸的鬼魅气息浓烈，斩杀狐狸成为自我防卫的手段。

综上，两晋与南朝时期，狐狸的形象被丑化。南方民众眼中的狐狸逐渐拥有人形，起初是以书生的形象出现，后来幻化人形作祟于人。究其根源，狐妖类人形而无人性，人类并不想与之共处，因此将其作为鬼魅镇压。

三、狐与胡

狐狸从单纯的动物形象变成狐精和狐妖的过程，与人们对妖怪认知的深化几乎同步。那么，狐狸被妖魔鬼怪化有怎样的历史背景？狐狸变成的人有何文化内涵？江南百姓为何对狐狸秉持敌视态度？

人类和动物一直是共存的。对人类而言，未知的生物属于陌生的"外部世

---

① (东晋)干宝、陶潜撰，李建国校证：《新辑搜神记》卷18，中华书局2007年版，第308页。
② 例如，《异苑》记载，"魏时殿前大钟，无故大鸣，人皆异之。以问张华，华曰：此蜀郡铜山崩，故钟鸣应之耳。寻蜀郡上其事，果如华言。"（《异苑》卷2，第7页）

界"。外部世界对处于内部空间的人类而言,是神秘未知的,人类既好奇又充满着恐惧。《庄子》记载:"水有罔象,丘有峷,山有夔,野有彷徨,泽有委蛇。"①古人认为,在外部空间的每个区域都有不同的怪兽。其中,山林在古代是一个特别的存在。② 对于普通民众而言,可以从山林中获取必要的生产生活资料,同时"外部世界"的生物被人们视为神,"山林川谷丘陵,能出云为风雨,见怪物,皆曰神"。③

人类进入外部世界,去捕捉驯服动物,是对于野蛮的开化;而外部世界的动物侵入人类的活动空间,灾祸将要降临。"野兽入邑,及至朝廷若道,上官府门,有大害,君亡"。人类与动物都有各自的活动范围,内部与外部之间本有着明确的界线,只是随着人类对于外部世界的探索,这个界线有时会变得模糊,会出现一个交叉区:

文——文/野——野

落城区——征服区——山林河谷

已知区域——交叉区域——未知区域

社会——教化驯服——自然

内部空间——内/外——外部世界

尽管在山林沼泽开垦是一项艰巨的工作,甚至会惊扰到山林中的神灵,但是由于社会动乱,人们不得不踏入未知领域,以保全生命。《续汉书·五行记》载:

> 顺帝阳嘉元年十月中,望都蒲阴狼杀童儿九十七人。时李固对策,引京房《易传》曰:"君将无道,害将及人,去之深山以全身,厥妖狼食人。"陛下觉寤,比求隐滞,故狼灾息。④

在高压统治下,民众认为"苛政猛于虎也",宁愿踏入从未涉足的深山,也不愿忍受君主无德。到了魏晋时期,中原地区战乱频繁,加上天灾,百姓面临着生存困境,不得不涉足山林寻找食物:

①(宋)吕惠卿:《庄子义集注》卷7《达生》,中华书局2009年版,第356页。

②(法)葛兰言撰,汪润译:《中国人的信仰》,哈尔滨出版社2012年版,第45页。

③《礼记正义》卷46《祭法》,阮元校刻《十三经注疏》,第3445页。

④《后汉书》卷108《五行志》,中华书局2000年版,第2236页。

岁大饥，藜羹不糁，门人欲进其饭者，而衮每日已食，莫敢为设。及麦熟，获者已毕，而采捃尚多，衮乃引其群子以退，曰："待其间。"及其捃也，不曲行，不旁掇，跪而把之，则亦大获，又与邑人入山拾橡，分夷险，序长幼，推易居难，礼无违者。或有斩其墓柏，莫知其谁，乃召邻人集于墓而自责焉，因叩头泣涕，谢祖祢曰："德之不修，不能庇先人之树，衮之罪也。"①

人类在涉足尚不能完全掌控的空间即上文提及的交叉地区时，常会将该地区的动物妖魔鬼怪化。因为这些动物踏入了人类的生存空间。《太平广记》就曾记载，唐代初到南方的北方人看到黄腊鱼发出的金光，恐惧不已。② 这可以反映出，人们对于未知领域或并不熟知的事物所出现的"异常"，常常为之打上吉凶祸福的标签。同时，魏晋时期佛道思想蓬勃发展，僧人们借助鬼神方术扩大影响，因此，人们将异象趋之鬼神成为一种社会风气。

那么，狐狸化人事件中的狐狸又有什么深刻含义呢？

魏晋以来，胡成为西域诸国的代称。③ 自北朝以来，五胡内迁，南北两大政权对立。对于江南汉人来说，胡人本就占领了中原的土地，胡族文化更是冲击了汉族发达的文明。受此影响，江南汉人对胡人表现出强烈的排斥态度。在文学创作时，人们对于胡人的厌恶也会转移到狐狸身上，这就合理地解释了传奇小说中，狐狸身上出现的妖异现象。

语音方面，"胡"与"狐"同音，以"狐"来比喻"胡"，一语双关。生活习性方面，志怪中的狐狸与胡人有一些共同的特征。文本记载方面，狐狸的第一大姓氏即为"胡"。文化内涵方面，古人习惯以动物比喻外族，清人以"鹅鬼"称呼来华的俄人。在江南人眼里，胡人的出现即灾难的开端，恰与狐为灾异之兆一致。

早在 20 世纪 30 年代，陈寅恪先生就指出狐臭与胡人的关系，认为人体腋气本是西域胡人的生理特征，被称为"胡臭"。随着胡汉交融的深化，混血后的汉人遗传了"胡臭"，而"胡臭"与狐狸散发的臭味相似，便演化为"狐臭"。④ 后来也有学者指出，"随着西域贾胡、僧人的大量涌入，"狐"字即已成为对胡人的歧

①《晋书》卷 88《庾衮传》，第 1522 页。
②李昉：《太平广记》卷 464《黄腊鱼》，中华书局 1961 年版，第 3821 页。
③王国维：《西胡考》，载王国维：《观堂集林二》，中华书局 1959 年版，第 606—614 页。
④陈寅恪：《狐臭与胡臭》，收入《寒柳堂集》，生活·读书·新知三联书店 2009 年版，第 157—161 页。

视性称呼"。① 上述传奇小说中记载的狐狸与胡人有哪些共同点呢？

第一，喜香，佩戴香囊。《太平广记》中记载习凿齿打猎时，在雪地中射中狐狸之事，并对狐狸有如下描写：乃老雄狐，脚上带绛纱香囊。② 胡道洽"体有臊气，恒以名香自防"。北方少数民族多游牧为生，盛产牛羊肉，加工时需要放入香料去除膻味。加之气候环境适宜香料生长，佩戴香囊成为西域人的风尚。狐狸不仅以老雄狐的形态出现，同时佩戴名香，这与西域盛产香料有所关联。

不仅如此，施行宗教法术时也会焚香。《晋书》记载，襄国（今河北邢台市西南、南部）大旱，石勒问及佛图澄解除缺水的良方，佛图澄在泉源边烧香念咒，三日后，一条小龙随水流出。③ 佛图澄本是龟兹僧人，永嘉年间来到中国传教，深受石勒与石虎的信任。烧香是礼佛的仪式，而安息香盛产于西域，因此胡人喜焚香一事合情合理。

第二，断发。狐狸断人发的事件频繁发生，汉伯夷烧杀狐狸后，在洞穴中得到百余人的发结。④ 狐狸好断人发与西域胡人的断发风俗有相似之处：

> 末国，汉世且末国也。胜兵万余户。北与丁零、东与白题、西与波斯接。士人剪发，著毡帽小袖衣，为衫则开颈而缝前。多牛羊骡驴。其王安末深盘，梁普通五年，始通江左，遣使来贡献。⑤

因此，狐狸断发其实是西域风俗的一种映射。五胡乱华，胡人在民众心中有负面印象，而民间了解这种风俗后，将断发之事强加给狐狸，便出现了孙岩妻断发之事，以此来表达民众对于胡人的恐惧、不满与怨恨。

第三，博学多识。虽然晋与南朝的狐狸化成的人物形象已经出现了妙龄女子，但是更多时候以博学多才的书生出现，这也与胡人在汉人心中的形象有关。东汉时期出现了大量来华传教的胡人，其中不乏学识渊博者，如安世高，"外国典籍，莫不该贯。七曜五行之象，风角云物之占，推步盈缩，悉穷其变；兼洞晓医书，秒善针脉，睹色知病，投药必济；乃至鸟兽鸣呼，闻声知心"。⑥

由此亦可推想，既然普通民众对于胡人始终有所畏惧，为何选择狐狸而不

---

① 王青：《早期狐怪故事——文化偏见下的胡人形象》，《西域研究》2003 年第 4 期。
② 李昉：《太平广记》卷 447《习凿齿》，第 3654 页。
③《晋书》卷 95《佛图澄传》，第 1658 页。
④ 应劭撰，王利器校证：《风俗通义校注》卷 9《怪神》，第 428 页
⑤《南史》卷 79《夷陌传》，第 1324 页。
⑥ 僧祐：《出三藏记集》卷 13《安世高传》，中华书局 1995 年版，第 508 页。

是狮子老虎更加凶猛的动物来代表胡人？狐狸较之其他动物，多了一分机智与狡猾，这更加贴合人们对于胡人的看法。胡人特征从人类社会投射到自然界，狐狸就被赋予了胡人的特性。按照这样的推断，我们可以梳理出"书生狐"故事背后的逻辑：

就生物属性来说，狐狸是动物，主动踏入人类世界，被认为是不合理的。当狐狸展现出睿智的特征，修成天狐，成为人们口中的妖怪，狐妖脱离了人们的控制，这在人类眼中是非常危险的行为。在胡人入侵后，南方百姓对狐狸的厌恶达到顶峰，狐狸成了胡人的化身，因此，江浙地区的"书生狐"遭到排斥。而从狐狸角度来看，南北朝时期，胡族与汉族逐渐融合，狐狸所代表的胡人踏入江南地区谈不上全是非法入侵，与江南文人谈老庄、论风雅、组织教育活动是友好的交流行为，被驱逐与绞杀更是在胡人意料之外。狐狸所映射的胡人，想融入南方汉人所代表的人类社会，但是因为习俗和身份的差异，被敌视与驱逐。因此，在狐狸与江南百姓的交流互动中，表面上是人对动物和妖怪的单方面抵制，深层次的则是江南百姓对胡族入侵的厌恶与抵抗，这是一种特殊的动物文化现象。

综上，由于战乱，人们踏入未知领域，受佛道思想影响，将不熟悉的事物视为鬼神，这是人们眼中狐狸妖化的重要原因。魏晋南朝时期，江南地区百姓对胡人的入侵深恶痛绝，而狐狸拥有与胡人相似的习性与特征。因此，狐狸、狐妖与人类的交流和摩擦，也是胡人与江南汉人文化冲突的映射。

四、结论

从汉代以来，狐狸形象经历了由单纯的动物到动物拟人化、再到人化的演变路径。东晋南朝时期，江南人笔下的狐狸被丑化，甚至成为胡人在自然界的映射。综合上述，我们可以得出以下结论：

其一，汉代的狐狸被认为是祥瑞动物，其行为与体态被披上仁德与繁衍生息的外衣。东汉时，狐狸形象开始向妖异转变，反映了汉晋时期"物老为精"的认知。

其二，东晋南朝时期，普通民众将狐狸视为妖怪。狐狸有了生理躯骼和丰富的外表形象。狐狸走进人们生活中，与人类产生伦理关系，有时伤害人类。因此，人们会主动攻击狐狸。

其三，中古时期，战乱频繁，民众为保全性命，拓展了活动空间，闯入并不熟悉的外部世界，又因为受到佛道思想影响，所以将吉凶祸福趋于鬼神。胡人入侵冲击了汉族政权,汉人被迫南迁。而在汉人眼中,动物界的狐狸与胡人有相似特征,狐狸成为了胡人的代称。所以南方百姓对狐狸的仇视是华夷之争的表现。

总之,狐狸形象的拟人化与人化并不是偶然的现象,而是历史背景下社会情势、人类生存空间盈缩及多重思想观念在动物身上的投射。

论湖北当代文学中的生态意识

梁桂莲①

摘　要:随着经济的高速发展和社会的剧烈转型,环境污染、生态危机问题频现,引起作家高度关注。湖北作家陈应松、李传锋等继承楚人忧愤深广的现实关怀精神,创作的"神农架系列小说"和"动物小说"等书写自然,展现现代文明下的生态之殇与精神之困,不仅具有强烈的生态意识,而且也在探讨现代社会发展中人与自然、环境与发展、文明与异化、现实危机与终极命运等矛盾冲突及人的精神境遇方面,为中国生态文学贡献了自己的力量。

关键词:生态意识自然书写;生态文明建构;

20 世纪 80 年代以来,随着中国经济的高速发展和社会的剧烈转型,环境污染和生态问题也日益突出,成为影响中国发展和民族前途的重大问题。在这一过程中,不少作家直面现实,创作了一系列生态文学作品,如徐刚的《守望家园》《长江传》、陈桂棣的《淮河的警告》、李青松《最后的种群》《遥远的虎啸》、郭雪波的《大漠狼孩》《银狐》、杨志军的《藏獒》等,揭示生态危机,反思人类生存活动,探寻人与自然和谐发展。在这方面,湖北作家陈应松、李传锋等继承楚人忧愤深广的现实关怀精神,创作了"神农架系列小说"和"动物小说"为动物、森林立言,不仅具有强烈的生态意识,而且也在探讨现代社会发展中人与自然、环境与发展、文明与异化、现实危机与终极命运等矛盾冲突及人的精神境遇方面,为中国生态文学贡献了自己的力量。

一、自然景观书写中的生态意识

从古至今,自然就是文学创作的重要题材。对自然的态度,反映了作家的

---

① 梁桂莲,湖北省社会科学院文史研究所助理研究员。

审美态度和价值取向。从古代山水田园诗物我合一、崇尚自然的生态智慧到新中国成立后将自然作为征服对象的人定胜天思维，再到改革开放后自然描写中生态意识的萌芽、初露，中国文学对自然的描写和态度，几经起落、嬗变。进入20世纪80年代以后，随着生态环境的恶化，人类对自然的态度发生了重大转变，返归自然、诗意栖居，成为人们新的渴望。在这种情况下，自然重新作为审美对象进入文学视野，成为作家书写生态图景、涤荡精神心灵、彰显生态意识的重要组成部分。

在湖北当代作家中，陈应松是聚焦自然书写较多的作家。在他的笔下，自然作为自在自足的本体，不仅具有一种自在天然的美，而且也洋溢着生命的活力。学者张子程认为，"自然生态美则是自然生态本身所呈现出的一种充满生机的健康的样态之美……给人以一种充盈的生命之感，能够引起人对生命的敬畏和愉悦……是自然本身创造出来的，是自然生态本应如此的一种感性状态。"①在陈应松笔下，无论是动物，还是植物，以及山石云海，都生机勃勃，充满了强旺的生命力，显示出自然造物之美和造化之奇。如在《森林沉默》中，陈应松关于森林的描写就占了全书六分之一，涉及的动植物达近百种，如马缨花、羊蹄蹦、鸢尾和射干、淫羊藿花、延胡索花、冷杉、桦、连香木、天师栗、摆手树……还有各种关于森林的物候、地质、气象等，若把其他小说、散文中所涉及的动植物加起来，则可称得上是一部动植物百科全书了。这种以自然为本体的自然书写，不仅还原了神农架林区的自然本色和原始、神秘，展现了森林生态系统的丰富性及自成一体的自然运行规律，也展示了森林沉默外衣下生命万物的喧哗与骚动、激情与活力。走进神农架，我们看到，陈应松笔下的自然颇富生命和诗意：卡在石头缝里的松树和冷杉，会发出野狼般的吼叫；落叶松在冬天落满了雪，像舞蹈的少女，展开玉色的裙子（《松鸦为什么鸣叫》）；杜鹃花满山开放，像燃烧，如癫狂，油菜花俯首称臣，灿烂地谄媚，向春天招摇着淫荡的欲念（《狂犬事件》）；猕猴桃青梗梗的，五味子红骚骚的，蔷薇果紫屃屃的，都串在枝条上（《巨兽》）……陈应松用诗般的语言描摹神农架的自然景观，不仅为我们展现了神农架丰富的生命形态，也为我们提供了一个丰盈的天人合一的生命世界，为我们展现了一个神秘的神农架，文学的"神农架"。

"文学如何书写自然，往往最能显示该文学的精神品质。"②确实，对自然的

---

① 张子程：《自然生态美论》，中国社会科学出版社 2012 年版，第 45 页。

② 汪树东：《生态意识与中国当代文学》，中国社会科学出版社 2008 年版，第 35 页。

审美，事实上也是作家与自然心灵契合的过程，"原生态自然美是自然本身和谐本质的一种显现。对原生态自然美的感受以及由此引发的美感正是原生态自然本质与人的生命本质的一致因同质共生而达成的和谐，是原生态自然生命和人的生命的一种天然契合……"①。陈应松自己也说，他描写的自然是一种内心的自然，不光是自然，而是一种精神存在，是能慰藉和安抚我们的精神世界。对此，陈应松多次表示，森林是其灵魂和身体的双重归宿，人类终归是要回到森林去的，究其原因，不仅在于对自然、森林的审美能与我们的精神世界达成和谐、同构，也在于只有在自然中，我们的精神、心灵才能得到诗意的栖居。在《云彩擦过悬崖》中，陈应松说，"群山、草木、草甸、鸟和野兽，我感到了那隐隐之中它们的灵性，它们的知觉"。所谓自然的灵性、知觉就是自然界生命的本真状态，就是"坚硬的石头和粗糙的树皮"。为此，陈应松主张让自然回归自然，因为只有这样才能理解自然、尊重自然、保护自然。因此，陈应松在作品中从不对自然作牧歌、童话式的赞美、讴歌，相反，他总是展现出自然神秘、凌厉、残酷的一面，展现自然弱肉强食、春生秋谢的生存法则，他的作品因真实的自然书写和自觉的生态意识而被人称道，他本人也被誉为"写森林的圣手"。

陈应松之外，恩施籍作家叶梅也对自然万物寄予了深厚的感情。作为土生土长的土家族作家，叶梅在早先的作品中总是将目光投注于其生活过的清江的自然山水，致力于展现巴楚文化的诗意美和精神资源，为我们营造出一个神奇秀美、淳朴宁静、众生和合的鄂西世界、生态世界。在新近出版的散文集《福道》中，叶梅则走出"乡愁"，走进了更为广阔的生态图景。从《撒忧的龙船河》《清江水长流》《酉水河上》《仙女出没的九畹溪》《利川的山》到《万物生长》《根河之恋》《一只鸟飞过锦州》等，叶梅笔下的生态书写，已从其所眷念的清江山水跨越到祖国的大江南北，从书写土家山水风情、寻译民族密码，发展到展现中国生态现实、关注人类未来命运。在她笔下，无论是奔腾不息的八百里清江、清澈如水的酉水河，还是纯真清冽的根河、唯美原始的白桦林……都寄予了作家对自然生态的关注和对民族命运、人与自然关系的忧思。尤为难得的是，在《福道》《根河之恋》等作品中，叶梅对中国生态问题的关注更为宏阔、深远，其作品也从民族风情展示走向了对生态文明建设和人类未来命运的深思，走向了探寻人与自然和合共生的"福道"之路。

---

① 张子程：《自然生态美论》，中国社会科学出版社 2012 年版，第 71 页。

同样,在李传锋笔下,我们也能看到人与自然和合的自然生态描写,感受到作家对自然生态美的发现。习近平总书记说,"人与自然是生命共同体"。在生态主义哲学看来,自然不单是写作的对象,而是我们生存的世界,是与我们同在的命运共同体。因此,"生态审美"不只是对外在自然的书写和发现,更是生态自然与个体生命的共感与欢歌,是"上可以仰望天空,下可以俯瞰大地,承日月光辉,沐流岚虹霓,拥抱自然,与人亲亲"①的诗意栖居世界,是人与自然和谐共生的"福道",也是《云彩擦过悬崖》中人山无法分离的精神皈依。陈应松、叶梅等作家在对自然物象多姿多彩的生态书写中,不仅为我们展现出真实的自然世界,也呼吁人们尊重自然、保护自然,体现出了强烈的生态意识和对生态文明建设的文学思考。

二、动物书写中的生态伦理

动物小说是一种绿色的生态文学,关注的中心问题就是人究竟应该怎样对待动物。自有人类文明以来,我们就一直致力于征服、利用动物,如古希腊哲学家亚里士多德就认为"动物是为了人类而生存","驯养动物是为了给人们使用和作为人们的食品,野生动物,虽非全部,但其绝大部分都是作为人们的美味,为人们提供衣物以及各类器具而存在"②。正是在这种人类中心主义思维主导下,人类捕杀动物,毁坏自然,无往不胜,最终导致大量动物灭种、濒危。进入生态文明时代以来,我们对动物的认识开始发生转变,认识到动物也是具有生命主体地位的个体,也具有欲望、感知、记忆,不少作家开始尝试动物写作,展现动物心理,探讨人与动物关系及生命伦理,进而对人类社会生存状况进行反思与追问。

李传锋是湖北作家中最先创作动物小说的。早在1981年李传锋就写了动物小说《退役军犬》,展现人与动物的亲密关系,对驯养动物回归自然进行探讨。之后他又写了《毛栗球》《牧鸡奴》《母鸡来亨儿》《三只北京鸭》等小说,这些小说将动物人格化,赋予它们以思维、情感、欲望,展现动物生命意识和主体意识,对动物命运和人类行为予以反思。1989年开始创作的《最后一只白虎》则被称为

①刘秀珍:《论沈从文作品中的生态美》,《江汉论坛》2010年第2期。
②[古希腊]亚里士多德:《政治学》第1卷,颜一、秦典华译,中国人民大学出版社2003年版,第15页。

是"真正有意识地举起动物小说的旗帜",是展现动物生命原生态的力作。在这篇小说里,李传锋以小公虎为视角,既描写了森林里老虎与其他动物和谐生存的图景,老虎母子之间的舐犊情深,又表现了人与动物、人与自然的冲突。在文中李传锋激愤地写道:"有人要吃它的肉,有人要扒它的皮,有人要嚼它的骨头,就把山砍光,老虎没有了藏身之地,它还能活?"为此,他呼吁人不要到动物的世界里来,不要破坏动物世界的和谐安宁。之后的《红豺》,李传锋继续对人与动物关系进行思考,既展现了红豺的生命强力,又借动物写人类,反思人类自身的命运。对此,他说:"人类破坏了自然的和谐,最终的后果是严重的。……动物小说写动物,也是写人类,所涉及的既是生态的命题,也是人类自身的命题。"①《红豺》中红豺离去、野猪横行霸道的事实,提醒我们,人类必须建立起尊重自然法则、尊重物种生命,与自然、动物和谐相处的生态伦理,否则,生态失衡的灾难最终会落到我们人类头上,由人类承担。

在中国文学视野中,狼是凶残、狡诈的象征,狗是忠诚的象征,似乎理应被射杀、驯养,但跳出人类的偏见和狭隘认知,站在动物的视角,我们就会发现,动物生命远比人类纯洁、高贵,对待感情的态度也比人类诚挚。邓一光的《狼行成双》讲述一对狼夫妻患难与共、互相救助,最后公狼自杀、母狼殉情的故事,展现狼的生命尊严及对爱情的坚守;《孽犬阿格龙》讲述阿格龙因为同伴米娜被知青所杀,绝望之余逃离村庄,与狼群为伍,最后因为救主而被人杀死,展现动物的野性生命和忠诚品质。两篇小说都描写动物生命的高贵和对情义的坚守,尤其是"孽犬阿格龙"似狼似狗,生于野性,死于忠诚,更是让人心绪难平,不得不反思人类对动物的态度是否符合动物本性及生命伦理?

除李传锋、邓一光外,陈应松也有不少以动物为主角的小说,如《豹子最后的舞蹈》《太平狗》《神鹭过境》《青麂》等。在他的小说中,动物不仅有着生命的尊严,而且也各有各的灵性,如野猪不仅能猜人心思,还懂人语(《猎人峰》);熊站着的时候像个绅士,小眼睛眨巴地望着人的时候,温和、淳朴、憨厚,暗藏杀机;松鸦会轮换地变幻各种腔调的表演(《松鸦为什么鸣叫》);青鼬翘起的毛茸茸的黑尾,像机敏的旗杆,宝蓝色的小脑袋东张西望,金色的皮毛像贵妇人发怒时的披巾,尤其是那尖得像耙齿的嘴,冲锋在前,凶残毕露,所向披靡(《狂犬事件》);勇猛的鬣羚面对追逐,绝不会坐以待毙,而是选择跳崖,舍身成仁;豹子美

---

①李传锋:《小说林中的动物》,内蒙古师范大学中国少数民族作家研究中心:《李传锋研究专集》,中央民族大学出版社2005年版。

丽的母亲只要能呼吸,就会咆哮,面对死亡也不忘最后凌空而起(《豹子最后的舞蹈》)……在小说中,陈应松一方面用细腻的笔触对动物的行为和心理、神态和情感进行丰富生动的描写,如豹子的孤独与无奈、太平狗的孤勇与呐喊、青麂的高傲与倔强、鸳的悲哀与屈从……,真实地书写出动物的习性和特点,展现动物为了生存与人搏斗、撕杀的生命原欲和强韧,表达出对动物生命的尊重和认同;另一方面又描写了人为了自己私利对动物的残杀,昭示出人类对自然的作恶,呼吁人们爱护动物、尊重自然生命。《神鹭过境》中,鹭本是翔翔天空的王者,但人为了口腹之欲不断猎杀迁徙的它们,号更是被丁连根训练成了杀害同类的工具;《森林沉默》中可爱的小熊在亲眼目睹母亲的死亡后,还要被人类强迫吃下母亲的心肝;《豹子最后的舞蹈》中动物都已经绕着人走了,可人类还是要将它们赶尽杀绝,连最后一只豹子都不放过;还有《猎人峰》里挂满了各种野牲口头的屋子……在这些作品中,陈应松怀着激愤的心情描写了人类对动物的野蛮残杀,指出:"我们与动物分享的世界,其实并不平等,散发着血腥和被宰割血肉的气味"[1]。确实,为了生存,人类自诞生之初就学会了残暴、猎杀,踏着野兽的鲜血,从原始时代走向文明时代。但即使在现代文明高度发展的今天,人们仍对动物怀着血腥的暴力和杀戮。为了对付动物,人类使用了各种各样的武器,火枪、鸟枪、铳、自响枪、管子、垫枪、短枪……还有各种猎刀、猎叉、铁锚子以及丧尽天良的绝后窖、阎王塌子千斤榨……人类对动物的残害可说是到了丧心病狂的地步!这种对动物生命的漠视,根源就在于人类无休止的口腹之欲,《猎人峰》中白娘子吃过各种动物的肝,《豹子最后的舞蹈》中的老关偏爱熊油炒饭,还有闻所未闻的"百鸟朝凤"吃鸟法……。在作品中,陈应松对人类虐杀动物的行为进行强烈的谴责,也批判了以人类为中心,以欲望为追求的人类生活方式的病态,同时也向我们提出一个严峻的现实问题:我们对动物、自然应怀有怎样的伦理基点?

千百年来,人类一直以自我为中心的价值尺度来看待自然、动物,对自然、动物予取予求,由此不仅造成大量动物丧生,也造成了生态的失衡。对此,陈应松怀着义愤讲述了最后一只豹子是怎样死亡的,他说:"一个没有动物的森林是非常寂寞的……对大自然我们还是应该有一种敬畏,它有它自己的平衡方式,人类不应该对自然进行过度的干涉和索取。"[2]正是这种敬畏生命、尊重自然的

---

①陈应松:《猎人峰》,湖南文艺出版社 2020 年版,第 346 页。
②周新民、陈应松:《灵魂的守望与救赎——陈应松访谈录》,《小说评论》2007 年第 5 期。

生态主义思想,使得陈应松在书写神农架时,不断思考人与动物、自然的伦理关系。陈应松主张书写真实的自然,为此,他将动物放置于森林这一生态环境中,以生态眼光和自然生命原则看待动物的生命本性和情感欲望,展现出它们原始、兽性的一面,同时又对它们生的坚韧、死的顽强的生命原欲予以激赏,并对造成它们生存困境的人类活动及其利己主义、伦理道德等进行批判、反思,由此超越了人类的价值偏见和叙事立场,走向了广泛的生命认同和生命伦理。值得注意的是,陈应松在反对人类中心主义的同时,并不主张动物中心主义,相反,他尊重一切生命形式,坚持"众生平等,万物至善"的原则,既反对人类对动物的滥杀,也反对不顾现实的极端动物主义。在这方面,他的动物书写与神农架山区的底层叙事结合,既关注神农架山区人们贫瘠的日常生存现实和精神困境,又将生态保护、动物保护置于人类活动范畴,由此超越了人类中心主义的审美偏见,走向了更开阔的生态审美、生命审美。

三、城乡二元对照中的生态批判

城市是现代文明发展的结果,集中了现代文明的诸多病症:集中化、标准化、技术化、欲望化……因此,当作家对现代文明负面性进行批判时,城市首当其冲成为被批判的目标。法国著名政治哲学家伯特兰·德·朱维诺说:"由于世界是由城市控制的,人类在城市中是与其他种类生物隔绝开的,因此人类属于生态系统的感觉不复存在。这使我们对自己必须终生依赖的东西如水和树木采取苛刻和急功近利的态度。"[1]陈应松也说,"田野上的东西全是有生命的。而城里的大部分东西是无生命的,虽然高大巍峨,但毫无生机。"[2]在湖北作家中,除方方、池莉外,几乎大部分作家都对城市采取了直面批判的态度,这可能既源于他们浓厚的乡土情结,也与20世纪80年代以来的现代性批判有关。20世纪90年代中期以来,湖北作家将对城市的现代性批判与生态批判结合起来,为我们展现了城乡对照中的生态之殇与精神之困。

一是展现自然生态之殇,对现代文明及人类行为进行批判。胡发云的《老海失踪》是一篇饱含生态意识的作品。作品中的老海是一个富有理想、激情的

---

①[美]赫尔曼·戴利、肯尼斯·汤森编:《珍惜地球》,马杰等译,商务印书馆2001年版,第204页。

②陈应松、张艳梅:《在大地和时代深处呼喊——陈应松访谈录》,《百家评论》2014年第2期。

知识分子,他在城市格格不入,于是主动到"乌啸边"当一名摄影记者,因为发现了女峡和乌猴,使得"乌啸边"的乌猴被疯狂虐杀,女峡被开发,树木被伐,自然环境遭受巨大破坏。老海想制止人类这一行为,却无济于事,最终只能牺牲生命帮助乌猴寻找新的栖息地,以减轻内心的罪孽和自责。在小说中,作者以城乡对照的方式,展现了城市人的精神病态和空虚无聊,也展现出现代文明进程中人与自然、地方发展与环境保护的冲突。小说借老海之口批判了人类自以为是、狂妄无知以及打着发展经济旗号掠夺自然的行为,"我们现在所有的文字、音像、图片、数据……它们最终都是人类罪恶的证据","人是一切苦难之源。是一切苦难之首恶"。但悲剧的是,老海说服不了老朝,也无法阻止人类的肆意妄为,老海最终只能像殉道者一样,以牺牲生命来抗拒人类的强力意志,以绝圣弃智的方式来对抗现代文明,以此向世人发出警告。胡发云写《老海失踪》的时间正是"98洪水"肆虐的那年,生态环境的恶化使他认识到,人与自然的冲突,根源在于人类的生活理念及对物质的病态追求,因此,他通过老海、老朝、何必、思思等几人的生活方式及命运,不仅展示出现代文明造成的人与人、人与社会的疏离、冷漠,也揭示了以发展牺牲环境的现代生活方式的悲剧性、不可持续性,呼吁人类要学会善待地球上的其他生命。

除《老海失踪》外,陈应松、李传锋的《最后一只白虎》《豹子最后的舞蹈》《森林沉默》《猎人峰》等作品也同样对现代文明进行了生态批判。在《最后一只白虎》里,李传锋借小公虎的视角和经历,将城市与森林进行对照,既描写了伐木、炸山、修路等人类行为造成的生态灾难,也映照出城市的失序和人性的贪婪、自私。《森林沉默》里,陈应松也为我们呈现了人类开发咕噜山区导致的百鸟哀鸣、百兽逃亡、河流堰塞、森林倒下、村民流离失所的生态惨象;《独摇草》中因为建度假村,堵了落水孔,导致滴雨未下,村民无法耕种;……在这些作品中,李传锋、陈应松深刻描写了人类行为所造成的自然之殇,并针对人类行为义愤填膺地说:"对山冈的杀戮是共同的,不分种族、姓氏、阶级和派别,为了对付树木,人们开始修路以便砍伐,更多的是对准了禽兽。"[1]虽然在现代文明发展的今天,人类已经摆脱了茹毛饮血的原始生活,但人类对自然的掠夺始终如一,由此不仅造成自然生态的恶化与灾难,也引起大自然对人类的报复。如《火烧云》中生态植被破坏后造成的大旱;《猎人峰》中白中秋抢了野猪的食物造成野猪疯狂报

---

① 陈应松:《猎人峰》,湖南文艺出版社2020年版,第2页。

复,还有《吼秋》《最后一只白虎》中山洪、泥石流爆发摧毁人类家园……詹姆斯·乔伊斯说:"现代人征服了空间、征服了大地、征服了疾病、征服了愚昧,但是所有这些伟大的胜利,都只不过在精神的熔炉中化为一滴泪水!"①站在生态的角度,陈应松、李传锋等作家对现代文明进行批判,为自然万物,人类命运呐喊、反思,表现出了强烈的忧患意识和社会责任意识。

二是展现现代文明弊病及所造就的精神生态的崩溃。在《最后一只白虎》里,李传锋借小白虎之口,批判城市"流出来的河水,是世界上最脏的水,就像从染缸里放出来的染酱一样,既浑浊又带着刺激的怪味,连游鱼和水禽也不堪忍受"。在《太平狗》《农妇·山泉·有点田》等作品里,陈应松更是通过程大种、太平狗、早霞姐妹等在城市的遭遇,展现了现代工业文明所造就的环境污染及城市文明对人的异化和身体的戕害。程大种在工地泥坑里挖泥,结果两只脚泡得稀烂,十个趾缝里流着臭水;化工厂更像是传说中的地狱,毒气弥漫,黄水横流,程大种去了没几天,就病倒了,最后七窍流血、骨瘦如柴,被老鼠啃噬而死(《太平狗》)。在《农妇·山泉·有点田》里,晚霞到城里半年后就"头晕、呕吐、肌肉发颤、萎缩",最后眼盲腿烂。"神农山区的妮子们可一个个都是水灵灵的,水好,皮肤就好,然而走出去,什么也没换回,却换来了一身残败,外头就是残败你身子的啊!"《像白云一样生活》中的王红霞,同样也是一个被残败的女子,进发廊没几天,就染了病;还有细满、金贵、喜旺等也都在城市或迷失心性犯错或失去性命……

在陈应松笔下,城市就像一个巨大的漩涡,不仅残败了进城打工的年轻男女的身体,其所代表的现代文明也涌入乡村,打破了旧有的乡村伦理道德秩序,造成精神生态的失落、崩溃。伯纬、戴老泉是陈应松塑造的代表乡村传统道德的代表人物,他们正直、善良、以德报怨,不计得失,是淳朴的乡村精神生态的外在显现;但在现代文明的浸染下,乡村已褪去其道德风范的外衣,成了争权夺利的名利场、人性险恶的孵化地。这里有恃强凌弱、欺男霸女的恶霸,徇私舞弊的村长(《火烧云》),偷鸡摸狗的村民(《青麂》),六亲不认的公婆小叔(《归来》),见利杀人的村民(《马嘶岭血案》),误入歧途的少年(《像白云一样生活》《望粮山》),见利起心残害侄子眼睛的伯伯(《猎人峰》)……在现代化高速发展的二十世纪,乡村本应该是传统道德和传统价值体系的最后堡垒,是抵御现代文明入

①枢元:《生态文艺学》,陕西人民教育出版社 2000 年版,第 149 页。

侵的最后屏障,但我们看到,即使是在偏僻落后的神农架山区,随着现代文明的发展,传统农耕文明及乡村伦理秩序下所形成的义利观、是非观、乡邻观及勤劳、善良、朴素、仁义等美好品德正在瓦解,代之而起的则是对现代文明的膜拜和对金钱、利益等物质的病态追求,而这无疑更加剧了生态的恶化,加速了人与自然的疏离。文艺学家鲁枢元也认为,近些年来,随着严重的生态失衡,中国人的"精神生态"也正在恶化,表现为重经济轻文化、重物质轻精神、重技术轻感情。确实,随着现代化进程的加速和科技理性的胜利,生态危机已透过自然层面、社会层面而进入人的精神领域,由此导致了人的物化、类化、表浅化,以及道德感的丧失、交往能力的丧失、爱的能力的丧失、审美创造能力的丧失。[①] 而精神生态的恶化,无疑又加剧了自然生态的恶化,加速了整个地球生态的颓势。

四、多元文化碰撞中的生态文明建构

古希腊哲学家芝诺认为,"人生的目的就在于与自然和谐相处。"[②]但近代以来,随着科学技术的发展,人与自然的关系日益疏离,人类不得不面对人口剧增、能源短缺、大气污染、森林锐减、土地沙化、水土流失、物种灭绝等种种生态危机。在此情况下,国家适时调整经济发展战略,提出"生态中国、美丽中国"的发展方向,把经济建设与生态文明建设统筹起来,加大力度推进生态文明建设。在文学方面,不少作家也树起"生态文明"大旗,以作品揭示生态危机及其根源,弘扬生态理念,提出了保护自然、建构生态文明之路的文学命题。

湖北作家受荆楚文化影响,历来就有忧国忧民、关注现实人生的价值取向。从屈原的"长太息以掩涕兮,哀民生之多艰"的民生关怀,到池莉、陈应松等对现实人生、底层人生的书写观照,湖北文学一直都贴近现实,体现出高度的社会责任感和忧患意识。当下,湖北作家的生态文学创作,一方面与底层书写、现实关怀结合,直陈现代文明之弊与生态之殇,另一方面,又与民族叙事、寓言想象结合,创造性地提出了生态文明建设的文学方案。在这方面,湖北作家对生态文明建设的思考与设想大致沿着两个方向:

一是以民族文化救弊现代文化,为生态文明建设提供别样经验。叶梅、李传锋都是土家族作家,在20世纪80年代寻根文学兴起时,叶梅、李传锋就以自

---

① 鲁枢元:《精神守望·序言》,东方出版中心1998年版。
② 王诺:《欧美生态文学》,北京大学出版社2003年版,第25页。

己对民族经验的表达、重述对时代主潮作了呼应。不同的是，叶梅在对鄂西民族文化寻译的同时，仍不忘注目鄂西世界的底层生活、女性命运及生态吁求，由此使得其作品在进行"民族志"谱系书写的同时，又带有女性书写、生态叙事的自觉。同沈从文一样，叶梅也企图借土家民族文化的发掘来寻找救治现代文明弊病的精神资源和启示。她说："我的小说植根于长江三峡流域的民族地域生活，高山峡谷的三峡人对世界万物和人生的理解，体现了巴楚文化中从庄子到屈原浓烈的诗意美……。我想表现各色人等的生存状态及命运，并试图诠释民族的文化母体，有力寻译民族文化的秘密，对土家人刚烈勇武、多情重义、豁达坦荡等民族性格与文化精神的展示，对西部山地少数民族地方与民间文化资源的发掘，来寻找救治现代文明之弊的某些有用的活性资源。"[1]在叶梅笔下，无论是土家儿女的热情奔放、孔武有力，还是清江山水的秀丽神奇，人与自然合二为一的生存状态以及独具特色的民俗风情样态等，都是作家土家民族经验的表达、诠释，蕴含着救治现代文明弊病，建设生态文明、返归自然的文化理路。与叶梅一样，李传锋自幼与自然、动物接触，因此，他借动物叙事来书写自然、观照人生，将严峻的生态问题提上议事日程。在《最后一只白虎》中，白虎作为土家人的图腾、信仰，它的灭绝，不仅代表着"白虎"这一物种的灭亡，更代表着现代土家人精神信仰的坍塌、失落，为此，他借"最后一只白虎"影射人类命运，表达了在现代文明发展中重拾信仰、重建民族文化的思想，也表达了尊重自然、建立人与自然和谐发展的生态伦理思想。

二是主张重归自然、重建人与自然和谐的生态理路。如果说胡发云《老海失踪》中"老海"回归森林，以生命守护乌猴，还只是作者对当下生态恶化现实的无可奈何之举的话，那么在陈应松这里，回归森林、回归自然则成了其自觉的生态建构和灵魂觉醒。在《愿为森林立言》中，陈应松就说："现代文明应该是与森林互补的，绿色永远是人类文明的底色。我无法预言现代文明还要吞噬多少森林，但我还是坚信人类终将回归森林，并且是更高层次的回归，是灵魂的回归。"[2]在散文《文化森林，文学之魂》中陈应松也说，"人类是从森林中走出来的，他最后将会回到森林中去"[3]。为此，陈应松不仅自己全身心回归森林，而且也

---

①叶梅：《首尔独白》，《朝发苍梧：叶梅散文选》，中国民族摄影艺术出版社2009年版，第198页。

②陈应松：《愿为森林立言》，《检察风云》2021年12期。

③陈应松《天下最美神农架》，长江文艺出版社2009年版第29页。

借作品建构了人类重回自然的生态文明之路:如在《森林沉默》里,陈应松就借獾娃和花仙子的心路历程,表达了"人类古老的故乡就在森林"的生态主题,并以寓言般的想象为我们建构了一幅人类与自然和谐共存的美好生态家园图景,以及自然与现代文明交融互补、和谐发展的生态文明之路;在《猎人峰》里,陈应松同样以瞎眼的白椿回到神农架改良玉米为归宿,表达了人与自然和谐共处,发展生态农业、建设生态乡村的美好愿景。

罗尔斯顿说:"在人类历史的童年,人类需要逸出自然以便进入文化,但现在,他们需要从利己主义、人本主义中解放出来,以便获得一种超越性的视境,把地球视为充满生命的千年福地,一片由完整性、美丽、一连串伟绩和丰富的历史交织而成的大地。这不是对自然的逃逸,而是在希望之乡的漫游。对大自然的这种治理要求我们遵循自然。"①确实,生态文明要求我们尊重自然,遵循生态法则,改变现行以人为标准、尺度的思维模式和文化习惯,弥合破碎的人与自然的关系、促进人与自然和解,在人与自然之间建立一种和谐、互洽的良性循环,如此才能精神返乡,抵达生态文明的绿洲。为实现这一目标,文艺理论学家提出了"精神生态"的理念,要求高扬人的精神价值,加强人的自由、尊严,进而担负起恢复人与自然和谐发展的重任,建设人类自然家园和精神家园。

"在科学技术神速发展、人类社会以梦幻之步向前迈进的今天,现代文明带来的生态灾难和危机使我们人类的生存面临着前所未有的威胁和挑战,作家是以'以天下为己任'的,所谓'为生民立命,为天地立心',天地就是自然生态,我们作家必须站出来,为自然、为万物生命呐喊。"②当前,陈应松、叶梅、李传锋等作家关注生态问题,为自然(森林)立言,为万物呐喊,将环境保护与经济建设、生态保护与人类发展、人类活动与自然伦理、自然生态与精神生态等进行辩证思考,显示出了强烈的人文关怀和生态意识。但遗憾的是,目前湖北还没有形成生态文学创作的潮流,大部分作家也没有形成生态文学创作的自觉,也就更谈不上对生态文明建设作系统的思考和回应了。不仅如此,在生态危机日益严峻、生态文学已成"显学"的当下,湖北生态文学创作还存在着量少、生态意识不够显豁等弊病:如陈应松的《森林沉默》虽获得了"美丽中国"生态文学奖,但其

---

①[美]霍尔姆斯·罗尔斯顿:《环境伦理学》,杨通进译,中国社会科学出版社2000年版,第463页。

②陈应松:《我与生态写作》,中国作家网,2021年6月5日。http://www.chinawriter.com.cn/n1/2021/0605/c403994-32123366.html。

所主张的"回归森林"仍显得虚幻缥缈,最终只能以寓言、想象的形式实现;胡发云《老海失踪》中老海放弃让孩子读书的绝圣弃智式的做法,在现代文明发展的今天,则显得决绝而不合时宜;而李传锋《红豺》中褒红豺贬野猪的观念,则更带有人类中心主义的偏见,显示出了作家审美的局限。但即便如此,在中国生态文学书写版图上,陈应松、叶梅、李传锋等作家,也都各以其对生态的书写、思考而占有一席之地。不仅如此,他们对自然、生命等维度的重申,对人类命运、民族未来的忧思,不仅显示出作家"以天下为己任"的担当和胸怀,而且也会唤醒更多人,转变人类中心主义的思想观念,改变现存生活方式和发展模式,参与到生态文学创作和生态文明保护中,促进生态文明建设发展。

论当代湖北文艺对文化长江的构建

高　娴①

摘　要：地处长江中上游的湖北受到荆楚文化和长江文明的涵养，有着积淀深厚的文学艺术传统。在当代湖北文艺七十年创作的历程中，文艺家们也将对自然山水的敬畏、眷恋和赞美表现在长江题材的创作中。本文梳理了当代湖北文艺创作中长江题材文艺创作并加以评析，强调要在长江经济带建设和文化长江建设中传承长江精神、加强文化认同，并主张以长江题材文艺创作推动长江生态文化建设。

关键词：文化长江；湖北文艺；自然美；生态美

2016年9月，《长江经济带发展规划纲要》出台，由此确立了长江经济带作为国家发展战略的整体布局和发展格局。长江经济带的发展引发了人们对长江文化的关注。长江文化是流域性的空间文化，不少作者以区域文明来解释长江文明，认为其包括长江流域从上游到下游不同地域文明的总和。长江文化也是动态发展的民族历史和区域文明。包罗万象的长江文化从纵横两个方面构建了文化长江的谱系，彰显其博大丰富与深厚。

当代文化的发展需在继承与发扬文化传统的基础上开拓创新。七十年湖北文艺事业的开展和创作实践，是当代湖北文化中具有活力、表现力的组成部分。文艺创作是传承和弘扬深厚文明的棱镜，也是当代湖北文化的组成部分，既是目的又是手段。文学艺术在吸收总结文明果实、融合时代风气、凝练文化精髓等方面，无疑最具敏锐性和表现力。文学艺术作品从来不会凭空产生，它是作者所在的文化语境以及所具有的文化积淀与媒介语言或质料形式之间的交汇与碰撞，因此带有鲜明的时代性、社会性与个体风格。

湖北地处长江中上游地区，是拥有长江干线仅次于四川的省份，汉江、清江

---

① 高娴，湖北省社会科学院文史研究所助理研究员。

在湖北汇入长江。这一片迤逦的山水养育着湖北儿女,自然的恩惠与残酷以及湖北人对这片山水的依恋交织出浓浓的乡情,篆刻下荆楚儿女铮铮铁骨和坚毅品质。很多故事被留下,很多情思被铭记:神女峰、巫山云雨、三峡石……都成为湖北文艺家们遥想、遐思的灵感所在,长江文化与荆楚的风物与人文一经碰撞,在当代湖北文艺家们的手中、眼中和心中,幻变出水墨丹青、气象万千。

古今有不少文人骚客在湖北留下诗文吟诵长江,孟郊《巫山曲》、杜甫《秋兴》《长江》、李商隐《夜雨寄北》、李白《上三峡》《早发白帝城》。郦道元《水经注》描写三峡,《三峡》篇勾勒了三峡奇绝壮丽的自然景象。竹枝词是巴蜀三峡地区流行的边歌边舞的民歌形式,宋玉《对楚王问》"客有歌于郢中者,其始曰下里巴人,国中属而和者数千人"。唐代诗人薛能有"春来还似去年时,手把花枝唱竹枝"。唐代诗人杜甫、刘禹锡,让竹枝词成为"流行"的诗歌形式。三峡还有田歌、山歌、号子等民歌形式。荆楚儿女歌善舞,情感才情细腻丰富。

"文变染乎世情,兴废系乎时序。"习总书记在十九大报告中,进一步诠释文艺的社会功能:"文艺是时代前进的号角,最能代表一个时代的风貌,最能引领一个时代的风气。"湖北省的文艺家始终保持着对长江、三峡题材的关注,在文学、美术、音乐等方面都从长江母亲河汲取营养,滋养创作,产生了大量艺术精湛、情感丰富、感染力强的艺术作品。

一、七十年湖北文艺的长江抒写

在当代湖北文艺创作中,长江是永具生命力的主题,相关题材涉及广泛、载体多样,湖北作家在艺术创作中实现了对长江题材表现的延续性、系统性,叙事与抒情兼顾,历史与现实兼顾,为世人描绘了一幅宏大壮阔的画面。长江题材的文艺作品创作,反映了湖北经济社会发展的脉动和伟大工程建设的旋律,也反映了历史中的荆楚儿女所保有的精神面貌和努力拼搏的姿态。这些文艺创作反映了社会发展的不同历史时期,真实刻画了环境中人的思想与情感。

七十年风雨兼程,湖北文学记录了荆楚儿女对长江的眷念和与洪水的抗争。

新中国成立初,工农兵文学反映了广大群众投入国家建设的豪情和喜悦。20世纪50年代,辛雷的武汉长江大桥建设题材作品是这一时期的有力见证。他先后发表《长江上的战斗》《万古长青》《水上漂》等作品、作品集。码头工人黄声笑以自己的独特视角和明快话语表达了长江边直起腰杆的新中国"长江主人"之喜悦。吴烟痕的作品歌颂母亲河,表现了自然风光的雄奇壮丽,同时又反映了水利工程的艰苦环境和一线工人们的十足干劲。新时期湖北诗人们首先发声,抒发了三峡豪情。谢克强的三峡抒情诗《三峡交响曲》被诗评家们誉为"政治抒情诗的成功的范例"。20世纪90年代举世瞩目的三峡工程的上马、百年不遇的98年洪灾以及令人荡气回肠的抗洪壮举,都成为湖北诗歌的创作题材。熊福林的《三峡移民》将三峡工程的进程展示在读者面前。董宏猷、罗高林则以《江汉平原的树》《防汛纪念碑作证》等诗为1998年抗洪留下了历史的见证。成缓台、卢江林、张世黎合写的长篇报告文学《风流峡谷——中国长江三峡工程》,及时反映了举世瞩目的伟大水电建设壮举。1998年抗洪救灾之后,湖北出版发表了许多以此为题材的报告文学。最突出的当数岳恒寿的反映簰州湾军民抗洪救人事迹的报告文学《洪流》。同类型还有长篇报告文学《决战决胜——98荆江抗洪大特写》《军民大抗洪》等。

从民间文艺改编到作品原创,湖北音乐舞蹈创作在改革开放后凸显其强烈生命力,作品在多样性与地域性中凸显出特色,歌颂长江、歌颂家乡母亲河成为艺术家们的创作主题。

20世纪80年代,钟信民的交响组曲《长江画页》、王义平的交响音画《长江三峡素描》以音乐表现流淌的长江,勾勒出一幅令人魂牵梦绕的长卷。1982年一些具有地方民歌风情的通俗歌曲创作《弯弯调》《一个姑娘家》《清江放簰》《接龙桥上迎贺龙》传达了长江儿女的心声。民族器乐唢呐独奏《三峡黄牛曲》二胡独奏《楚天抒怀》也别具风情。90年代,高亢的土家曲调走进千家万户大街小巷:《山路十八弯》《纤夫的爱》《三峡我的家乡》《三峡的孩子爱三峡》《我从三峡来》《雀尕飞》等歌曲造就了时代之声。大型地域风情舞蹈诗《家住长江边》由湖北武汉多个艺术院团联袂演出,作品描绘出一幅长江流域人与自然和谐的美好画卷。此外,大型民族舞剧《荷花赋》、大型民族风情音画《楚水巴山》都是这一时期的艺术精品。严酷的自然环境和美好的自然风光,与对山水的歌颂和对人性之美的歌颂是一体的。

摄影艺术以系列的图片记录下历史的片段,给人以震撼的视觉感受,不论是抗洪精神,还是对家乡山水的依恋,都在其中得以呈现。

20世纪50年代出版的摄影画册保存了新中国成立之初抗洪抢险的记忆。荆江分洪指挥部编辑了《荆江分洪》,武汉防汛指挥部编辑了《党领导人民战胜了洪水——1954年武汉防汛》。郝纯一的《天堑变通途》在1957年入选荷兰第三届国际新闻摄影展览。张其军拍摄了关于长江大桥建成通车的作品,后入选《中国摄影四十年》画册。崔怀德《长江女神白鱀豚》于1978年出版,向大众揭开白鱀豚的神秘面纱,也展现了一幅生态和谐的美好画面。以拍摄三峡风光著称的佘代科在1973年凭借《川江航运》入选全国摄影艺术展览,他的《高峡幽谷》《三峡飞线》《蜀道难》等作品都是在攀登悬崖峭壁、走遍三峡沿岸才寻来的。擅长黑白风光集锦摄影的徐达长期在宜昌从事宣传工作,他创作了《天高任鸟飞》《三峡轻舟》《三峡渔歌》等表现三峡自然人文风情的作品。新时期胡伟鸣创作拍摄了《三峡女儿别故土》《三峡移民的平原新生活》。吴志坚的民俗摄影《楚风》《纤夫》《艰巨历程》都是对三峡自然人文精神的生动表现。

电影电视创作综合了多种表现形式,对当代长江文化经济和生态文明发展做了全面的记录与歌颂。20世纪80年代湖北影视行业刚刚走上正轨,故事片并未成为影视创作的主流,其中《三峡情思》是为数不多的作品。但纪录片佳作迭出:《长江截流》《抗洪图》《三峡情趣》《神农架》《武当揽胜》《鄂南秀色》等记录了社会生活重大事件,也为后人留下了宝贵的图像资料。歌颂母亲河的记录片还有《清江畅想曲》和《三峡梦正圆》,在国内频频获奖,围绕三峡地域与文化制作的《端午节与屈原》《黄金水道》《长江抒情》《三峡奇观》等影片被译成多种外语版本,影响远波海外。为了向共和国50华诞献礼,湖北电影制片厂还与电视台联合拍摄了反映举世瞩目的三峡工程的史诗性故事片《世纪之梦》。

音乐画面配以优美的旁白解说,电视媒介以多层次的感官感受传达了长江三峡给人的震颤。电视音乐艺术片《三峡梦》以神奇秀丽的长江三峡自然风光为背景,以地方特色浓郁的巴蜀音乐为基调,讴歌三峡梦的达成。大型音乐艺术片《三峡随想》将施江城创作的长江三峡山水画卷与三峡奇峻的自然风光和宏大的三峡工程融为一体。大型系列记录电影《三峡梦正圆》表达了"三峡工程"功在当代、利在千秋的崇高主题。《千秋三峡》叙述了中国人民为实现三峡梦想而奋斗近百年的艰难历程。广播剧《三峡移民第一村》、电视剧《家在三峡》先后获得全国"五个一工程奖"和电视剧"飞天奖"。

二、长江题材湖北文艺的审美旨趣

当代湖北文艺创作中,对青春汗水与建设事业的热血纪实,对遥远文明的敬畏观望,对壮丽山河的吟咏喟叹,对"洪水无情我志愈坚"的生死铭记,都离不开长江二字。七十年湖北文艺全方位展现了长江沿岸的美好风光,也展现了荆楚儿女生于长江边,长于长江边的生活图景与情思,其主题主要展现了三个层面:一是自然之美,二是人文之美,三是辩证统一的人与自然关系。

1. 秀丽风光、壮阔山河,奇谲自然之美

三峡山水绘画、摄影作品将自然景观作为主要描摹对象,对自然美进行展现。险、奇、秀丽,在这些作品中既有对大自然的崇拜、敬畏,又有秀丽清新的宁静与秀美。长江沿岸的自然美、人文美和社会风貌在文艺家的笔下,共同构成了富有张力的表现形式。一方面是量的张力,体现在体积、质量、构成这些物理形态方面,大自然的鬼斧神工令人敬畏;另一方面是质的对比造成的表现张力,自然景观和人造物之间不同性质和动静结合所造成的独特表现力。这类作品如:大型音乐艺术片《三峡随想》将施江城先生创作的长江三峡山水画卷与三峡奇峻的自然风光和宏大的三峡工程融为一体。以巴蜀民间音乐为基调,创作出一组具有人性的生动的意境深远的交响音乐。大型地域风情舞蹈诗《家住长江边》结合湖北地域性文化和艺术原生态资源,描绘出一幅长江流域人与自然和谐的美好画卷。大型民族风情音画《楚水巴山》表现严酷的自然环境和美好的自然风光,对山水的歌颂和对人性之美的歌颂是一体的。以拍摄三峡风光著称的摄影家余代科,他攀登悬崖峭壁,走遍三峡沿岸,创作了《高峡幽谷》《三峡飞线》《蜀道难》等优秀作品。

在这些文艺作品中,对长江三峡的自然美作了突出表现,展示了自然人化和人天共济的独特视角和审美体验。一方面是艺术家和观众内心的开阔与广袤河山青山碧水形成的同构关系,是将自然的人格化解读;另一方面是人通过不断的实践把握了自然规律,从而有了利用自然甚至征服自然的豪情。对自然美的表现,主要的倾向是将个体的审美情绪投射到自然景观中。同时,视听类的文艺作品,又借助图像、文字和音乐全方位的表现力,借助交响乐与山河叠嶂的自然景观之间的通感表达,创造了情绪的激荡,更加全面立体地传递三峡之美,创造了更加深刻的审美体验。

2. 物我合一、天人和谐的美好画面

宁静的长江深邃而平和,她承载了经济社会建设发展的重量,是名副其实的黄金水道。长江武汉段是可以容纳万吨级货轮通行的重要交通渠道,同时也是放簰人、纤夫、船工以及码头工人讨生活的母亲河。他们劳动的场面在艺术家的笔触下和摄影师们的镜头里,成了坚毅而质朴的人性的生动载体。

民俗民风以及这里的这些作品还表现了祖祖辈辈生活在长江边的荆楚儿

女与长江共生的生活方式,在民谣山歌中,词曲作家和歌者将长江边的朴实日常且豪迈泼辣的劳动生活,用高亢悠扬的旋律挥洒得淋漓尽致,别有一番风土人情之美。民俗摄影中,展现了三峡沿岸劳动者艰苦的生活生产技艺和智慧,如《三峡飞线》《船夫》《三峡黄牛》《放簰》等,在三峡这样险恶的峡谷和曲折峡谷中求生对于常人是难以想象的,而三峡儿女祖祖辈辈练就了一身的本领,达到常人不可及的境地,从而辛劳智慧地谋生。在这样的作品中,因为人与环境已经融为一体,因而作品所体现出的平和、融洽,人们不是在反抗中寻求解脱,而是在奋进中迈向超越。

尽管山路十八弯,民歌手们高亢的歌喉也能把天喊亮,把心唱醉。在具有浓郁土家风情的歌曲《纤夫的爱》《三峡我的家乡》中,歌手以第一人称的视角发声,高亢而悠扬的歌声让全国听众感受到青山绿水中豪情淳朴的民风民情。

电视纪录片《船工》讲述了三峡一带出了名的驾长,91岁的巴东土家族老人谭邦武的故事。纪录片《端午节与屈原》《黄金水道》《长江抒情》《三峡奇观》,以散文诗的语言和纪实的手法,给观众直观的感受,为三峡长江沿线的风景和风情留下了宝贵的视听资料。

3. 人类改造自然、大胆抗争的勇气与豪情

"长江文化发展的脉络,或者是说长江文化发展的阶段,是以对水的认识,对水的治理,对水的利用,对水的驾驭为坐标的。"[①]抗洪是一个历史性的话题,荆楚儿女与长江依存的历程始终伴随着治水的英勇与艰辛。

有大量的纪实性文艺作品表现长江防洪这一主题,反映了群体的团结努力与个体的牺牲。如在汉口滨江公园江堤建造了抗洪纪念碑。碑体左右面为武汉人民抗洪救灾大型浮雕,碑体正面镌刻毛泽东为庆祝武汉人民战胜1954年长江大洪水的题词。这是新中国对抗洪精神的一次铭刻,同时激励后世英勇面对与洪水的抗争。在此后的1998年特大洪水中,抗洪精神得到又一次的发扬,如今荆州的观音矶公园和位于嘉鱼的簰州湾,也建成了相应的建筑物。

对天堑的超越也是中国湖北文艺对长江扩张的重中之重。作为第一座横跨长江的大桥,武汉长江大桥的建成成为新中国成立后的伟大工程和不朽业绩。不少的小说、纪实文学以及摄影绘画等美术作品都将大桥的建成作为创作

---

① 叶书宗:《长江文化的特征与定位》;《长江流域经济文化初探》,上海人民出版社1997年版,第312—323页。

题材,体现了这个过程中的艰辛,各行各业劳动者的成长与奉献,以及大桥建成通车带给全社会劳动者们的喜悦。

20世纪八九十年代,国家水利工程的实施让几代三峡人的命运随之改变。作家们通过文学作品从不同侧面反映这一举国瞩目的重大工程。围绕三峡建设问题和随之产生的移民现象,湖北文艺家从全程进行扫描,也从细处聚焦,记录下工程开展过程的每一个环节,以及在这个过程中建设者和当地居民们的奉献与牺牲,再一次展现了民族聚力共同创造的工程奇迹在国民经济发展进程中起到的重要作用。

三、以湖北文艺推动文化长江的精神建构

长江文化博大而精深,文学艺术不仅是吹响时代号角,直面群众的宣传文化途径,也是继承发扬文化传统,以艺术家之眼、之笔继承和提炼文化精髓的重要形式。习总书记在文艺座谈会上指出:"举精神之旗、立精神支柱、建精神家园,都离不开文艺。当高楼大厦在我国大地上遍地林立时,中华民族精神的大厦也应该巍然耸立。"并主张我国的艺术家们应该成为时代的开风气者,通过优秀的文艺作品去弘扬时代精神,鼓舞团结全国人民,凝聚中国精神与中国力量。

一方面,凝练、提升长江文化精神内核,加深文化认同。

文艺作品是社会的镜子。文艺作品来源于生活才会富有生命力,习总书记激励文艺家们"要虚心向人民学习、向生活学习,从人民的伟大实践和丰富多彩的生活中汲取营养,不断进行生活和艺术的积累,不断进行美的发现和美的创造"。从长江大桥的建设到三峡工程再到长江经济带的建设,长江文化事业的发展一次次集聚了全社会的力量,成为全国的焦点,在这个过程中,无数个体生活发生了变化。为伟大的时代抒怀,为伟大的事业抒怀,还要为无数默默奉献的个体抒怀,这是文艺家们的时代责任。

从不同侧面表现,加深全社会对长江发展的认识,除了肯定和歌颂全社会为长江发展所作出的奉献与牺牲外,还应对其进行考量和反思。文艺创作"引导人民树立和坚持正确的历史观、民族观、国家观、文化观,增强做中国人的骨气和底气"①。一方面,充分发掘长江母亲河发展史,树立起统一的精神文化,激励沿岸人民在不断治理开发长江的同时,积极面对未来发展中的问题与挑战。

---

①参见习近平:在文艺座谈会上的讲话。来源:新华网。

文艺创作要秉承文化传统,体现长江儿女在长江文化上的向心力。

具有代表性的长江文化,从上游,到中游,再到下游,虽各有特色,但都是相互贯通具有连续性的。湖北省社科院秦尊文研究员认为"没有文化认同的经济带是难以成为一个有机整体的"①通过文艺创作来营造更加深厚的文化认同,能够协调长江上中下游在发展中的步调,争取更多共识和从整体着手,均衡全局利益谋求发展。

另一方面,充分激发文艺创作活力,为长江生态文明建设助力。

"建设生态长江,须有生态文化。"②生态文明讲求人与自然的和谐关系。在经济建设的大潮下,人民在不断追求日益丰富的物质与精神文化产品的同时,也要兼顾生态环境的保护,不能以牺牲生态环境为代价来换取发展,同时也不能像某些西方的生态主义者那样完全退守到自然环境中。中国社科院徐碧辉研究员认为:"人对自然从精神上和生存层面上的这种依赖、回归,人与自然之间这种建立在人既能认识、利用和改造自然,同时又依赖于自然基础上的亲近、和谐、共生、共在关系,是人与自然关系中的另一面,即人的自然化。而人的自然化的审美表现就是生态美。"③

在七十年湖北文艺创作中,就体现了这样两个层次。一方面是反映农耕文明条件下,对长江沿岸土家族原生态生活的真实记录,艺术家主观上并非有明确的生态意识。第二个方面,是工业文明条件下,展现人类战胜征服自然的成就与勇气。这类作品在当代湖北文艺的长江题材中是比较多的。而生态文明"生态美是历史的产物,是在人类社会生产力发展到较高阶段、人具备了较高的认识和改造自然的能力、自然的人化达到一定程度的时候才产生的概念"④在国民经济建设的过程中,要充分考虑到生态问题,才能做到可持续发展。这是对既往工业文明下高速发展的反思和发展意识的提升。有学者认为老庄哲学与后现代具有同构异质性,在某些方面就表现在其生态审美观念与当代的生态文化反思不谋而合。

文艺家开世界风气之先,也更早以审美和艺术的形式关注到经济发展与生

①秦尊文:《推进生态长江、文化长江、经济长江建设》,《政策》,2016年第4期。

②秦尊文:《推进生态长江、文化长江、经济长江建设》,《政策》,2016年第4期。

③徐碧辉:《自然美·社会美·生态美——从实践美学看生态美学之二》,郑州大学学报（哲学社会科学版）》2012年第6期。

④徐碧辉:《自然美·社会美·生态美——从实践美学看生态美学之二》,《郑州大学学报（哲学社会科学版）》2012年第6期。

态，更加敏锐地感受到"天、地、人"之关系建构，对于塑造和弘扬生态长江有着天然的敏锐性。湖北文艺家们在七十年的艺术创作中，一直持有生态的眼光，怀有生态观念，秉承着传统文化中天人合一的观念，在艺术创作中注重返璞归真，构成了湖北主流艺术家与表现对象之间的融合关系。今后文艺家要借助自己的敏锐嗅觉，为宣传塑造生态长江，创造出更加具有艺术性和感染力的作品。

四、结语

习近平总书记曾在重庆召开推动长江经济带发展座谈会时指出，推动长江经济带发展必须从中华民族长远利益考虑，走生态优先、绿色发展之路。湖北文艺创作始终关注和聚焦长江题材，已然成为当代长江文化建构的积极因素和重要方面。这些文艺作品本身是文化的表现形式，展现了当代长江文化的丰富内涵。可以想象，在今后相当长的一段时间内，长江母亲河会是一片青山绿水，不仅让游子永远依恋，而且也会成为湖北文艺家艺术表达中的重要主题。

长江流域
社会变迁

民国时期湖北水上警察制度多维透视

——基于《水警季刊》视野下的考察

余静林①

摘　要:作为近代中国法治变革的产物,水上警察发端于晚清,并在民国得以完善。民国时期,湖北水上警察通过权责明晰的组织管理制度、灵活多样的奖励惩处制度、"长短期"结合的教育训练制度、严格规范的枪械服装制度及周密细致的巡查会哨制度,推动了警政近代化建设,创新了国家治理方式,体现了水警制度的优越性。但是,囿于政局动荡、财政支绌等诸多要素的交织,警员薪饷时常积空,在一定程度上影响了水警的教育训练及其职能履行,是水警管理失范的重要体现。

关键词:民国;湖北;水上警察;《水警季刊》

学界对于抗战胜利后重建的湖北水上警察进行了较为详细的研究,②但对于抗战前的湖北水上警察探析尚付阙如,所见成果寥若晨星。湖北境内水系发达,湖荡棋布。除长江、汉江干流外,在广袤的江汉平原上还分布着诸如洪湖、长湖等数百个大型湖泊。但是,特殊的水域地理环境为水上治安带来了巨大困难,导致水上治安事件频繁发生。因此,成立水上警察迫在眉睫。1933年6月,长江各省水警总局湖北分局在汉口创办《水警季刊》。就横向研究而言,《水警季刊》专司刊载近代湖北水上警察的政令、纪律及建设信息,为研究湖北水警提供了原始史料;从纵深衔接而论,《水警季刊》系统记载了湖北水警的相关制度,从而有益于整体把握湖北水警建设。有鉴于此,本文拟根据《水警季刊》的相关

---

①余静林:南京农业大学人文与社会发展学院博士研究生;本文是2021年度河南省教育厅高等学校重点科研项目《国家战略背景下黄河流域水上警察完善对策研究》(21B630009)阶段性研究成果。

②孙静:《论抗战后湖北水警建设之得失》,《襄樊学院学报》2010年第4期;郭超:《抗战胜利后湖北水上警察局研究(1945—1949)》,华中师范大学硕士学位论文,2020年;刘生元:《湖北警察史博物馆馆藏文物集萃》,武汉出版社2015年版。

记载,对民国湖北水上警察制度进行梳理,探究湖北水警在维护水上治安、促进警政近代化及创新国家治理方式等方面的重要作用。

一、组织管理制度

权责明晰的组织制度不仅是水上警察合法存在的前提,更是警员"明使其职"的重要保障。为规范处理水警队的各项事宜,湖北水警分局根据警务管理的实际需要,因时而宜地设置了不同机构掌理水警队的具体事务,从而形成了较为完整的组织管理体系。

1933 年 1 月,"最高当局为谋根本改善,统一指挥"[①],同时加强对南方红色革命区的围剿,决定在汉口成立长江各省水警总局,统一管理"川、鄂、赣、皖、湘、苏、浙"七省的水上警察事务。与此同时,水警总局要求各省将原有的水警机关按照新制进行改编。同年,湖北水警由水上公安局改称"长江各省水警总局湖北分局",并于该年 6 月正式创办《水警季刊》,专司刊载有关湖北水警的政令、纪律及建设信息。

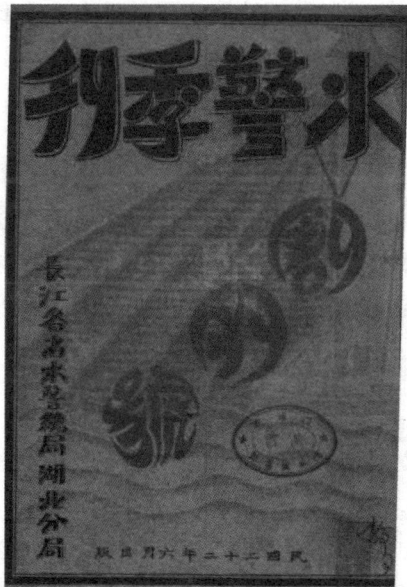

图一 《水警季刊》封面

---

①《湖北水警之回顾与前瞻》,《警声月刊》1947 年第 7 期,第 8—11 页。

《水警季刊》在创刊号中刊载了《长江各省水警总局分局组织条例》。根据该条例的规定，各分局须设局长一人，"综理该局事务并监督其所属"，由军事委员会荐任，受该省政府监督。局内另设督察长一人，"辅助局长处理局务"；设秘书一人，"承局长之命掌理会议及机要文书"；设督察员二至三人，负责内外勤务。[①] 此后，湖北水警分局又颁布了《长江各省水警总局湖北分局办事章程》，确定了改编后的湖北水警组织机构。为方便处理日常事务起见，湖北水警分局还专设由局长、秘书、督察长、督察员、特务员等人组成的"局长办公厅"，设主任一人，由督察长兼任。同时，在局内还置警务、总务两科，总务科下分设总务股、人事股、会计股、装备股、卫生股；在警务科下设置编配股、训练股及司法股。

该章程对各股的具体职责进行了详细规定。其中，总务股负责收发文件、典守印信；人事股负责警员任免、奖惩及升降考核；会计股掌理编具预算、决算及经费出纳等事项；装备股负责保管枪械、服装及舰船；卫生股负责清理和监督水上卫生。与总务科相比，警务科主要掌理水警局的外部事宜及处理刑事案件。其中，编配股负责调遣舰船、协助清乡剿匪、维护水上交通秩序等事宜；训练股负责水警队员的教育训练；司法股主要处理水上违警案件及审理罪犯。[②]

除了对分局下属部门进行了比较明晰的职能划分外，该章程还对职员的工作时间、请假问题等进行了严格要求。如规定水警职员每日上班时间"自上午八时至下午五时三十分止"，科长出勤或请假时，由该科一级科员代行职权；科员出勤时，由主管人员呈请局长指定人员代替。此外，各级职员在办公期间不得接见外客[③]。湖北水警分局的组织章程对水警各部门的职能定位颇为详尽，使水上警察组织机构更趋完备，有利于解决执法主体不明、职责划分不清的问题，从而为湖北水警维护水上治安提供了制度保障。

二、奖励惩处制度

建立奖惩激励机制，不仅是规范水警职员行为的重要制度约束，也是水警建设的核心内容，直接影响着水警工作的稳定性和警员履职的积极性。灵活适

---

① 《长江各省水警总局分局组织条例》，《水警季刊》创刊号，1933年，第73—74页。
② 《长江各省水警总局湖北分局办事章程》，《水警季刊》创刊号，1933年，第74—78页。
③ 《长江各省水警总局湖北分局办事章程》，《水警季刊》创刊号，1933年，第74—78页。

当的奖惩措施不仅可以激发职员敬业精神,亦能减少违法事件发生。基于此,湖北水警分局于 1933 年颁布《长江各省水警总局湖北分局长警奖惩规则》,对本省水警的奖励和惩处工作进行了规范。

该规则针对不同的事件,制定的奖惩措施也各异。就奖励而言,主要包括奖谕、奖银、记功(分常功、大功)、升职四种方式;从惩处而论,则有申斥、罚饷、记过(分常过、大过)、降级、禁闭(警长 3 日以内、警员 5 日以内)、斥革六种类型。该办法还对具体事件应采取何种奖惩方式进行了明确规定,从而使"赏罚取舍"有章可循。

《长江各省水警总局湖北分局长警奖惩规则》首先确定了应行奖励的各类情形。对于办事勤奋、精神振作;整理内外清洁、保管公物得法;服从命令、处置得当、捕获行窃犯人者,应酌予"奖谕"。对于查获假充公务人员、限期破获盗窃案、查获私售私购枪械子弹及私贩私运鸦片、搜获秘密结社、救护遗弃妇孺及一年内谨守规则者,应当予以记功或奖银。不仅如此,对于有重大表现者,湖北水警分局还会直接升职。如查获命案及盗窃案主犯、救护有生命危险的人民致其脱险、因公奋不顾身、查获身藏武器匪徒、查获伪造文书、搜获反革命及扰乱社会治安的首要人犯、搜捕敌人奸谍、查获私运私藏军火等情节重大者,由主管长官呈请水警分局予以升职。

在制定各类奖励措施的同时,该规则还规定了六种惩处类型,以整饬警风警纪。对于不遵规定持枪、不带请假证外出或服装不整洁、妨碍公共卫生、排解纠纷令人难堪、购置食物硬讨便宜者,由水警分局总务科予以申斥处罚。但是,对于违纪行为较为严重者,水警分局则须会加大处罚力度。如有误传命令、干涉公事、身玩忽职守、损坏枪械、身着制服沿街饮食、换班时任意喧笑、出巡时与人闲谈、接班未到擅自离岗等情形,湖北水警分局将会予以记过或罚饷,"以示惩戒"①。

除此之外,对于有重大违纪行为的职员,水警局还会予以关禁闭、降级、斥革惩处。如捏造事实请奖或颠倒是非蒙报、请假无故逾期、守望巡逻不遵守指定线路、职责内出现重大盗窃案情未查觉等事项,将予以"降等"。而对于在岗时打盹、同人互相争斗、服务期间发生事变、未经请假无故外出、值勤时身离武

①《长江各省水警总局湖北分局长警奖惩规则》,《水警季刊》创刊号,1933 年,第 108—113 页。

器等行为,则予以关禁闭处罚。与此同时,对于违抗命令、贻误要公、遇有匪情畏葸不前、藉端敛财、包庇烟毒嫖犯、强索强赊、因公受贿、假借枪械等行为,水警分局应严加斥革,予以严惩。此外,《长江各省水警总局湖北分局长警奖惩规则》还制定了从低到高的层级累加惩处措施。即"申斥二次,作常过一次;积长过三次,作大过一次;积大过三次则依照本规则酌量办理"①。该规则针对水警职员应行职责及违纪情形制定了详细的奖惩措施,有利于加强警风警纪建设,提高警员办事效率。

三、教育训练制度

教育训练是提高警察素质的重要保障。诚如时论所言,"社会如万花之筒,警察任指导社会之任务,至重且繁"②。水上警察唯有"德行坚定、品节详明、知识充沛、技术熟练",才能"应付裕如,愉快胜任"③。然而,"我国过去,不论水陆警察,以全国教育之未能普及,一般素质均形低落,警士中具有相当程度者,如初高中学生等,不过凤毛麟角"④。因此,1933年湖北水警分局以"(水警)警额过少,勤务繁多,教育之实施每有不能普及之弊,且各队长警学术程度均极幼稚"⑤,以提高水警素质、增进技能、振奋精神为由,决意实施教育训练计划,"以重长警教育,而利警政推行"⑥。

湖北水警分局首先确定了水警教育训练的时间。该计划规定,"本期教育(时间)为三个月,自8月上旬起至10月下旬止,共14周92天"⑦。就具体训练而言,每日"自上午七时至下午五时。其中,上午五时至六时三十分为术科教育

①《长江各省水警总局湖北分局长警奖惩规则》,《水警季刊》创刊号,1933年,第108—113页。

②许钦:《湖北水警一年来的训练工作》,《警声月刊》1947年第7期,第7—8页。

③刘怀璞:《水上警察概论》,中华警察学术研究社,1948年,第4页。

④许钦:《湖北水警一年来的训练工作》,《警声月刊》1947年第7期,第7—8页。

⑤《长江水警总局湖北分局二十二年度八九十月教育计划案》,《水警季刊》创刊号,1933年,第69—72页。

⑥《核准修正筹设水警训练所计划转呈营鉴核》,《江西省政府公报》,1934年第81期第62页。

⑦《长江各省水警总局湖北分局二十二年度八九十月教育计划案》,《水警季刊》创刊号,第69—72页。

时间,下午六点至七点为学科教育时间"。①

除此之外,水警的教育训练内容也极为全面。水警训练旨在"使长警明瞭本身之职责与社会之情形,并养成高尚人格与健全身体,以备遣回各队服务",因而训练科目也颇为丰富,不仅有理论训练,还包括各种实战演习。其中,学术科目以违警罚法、水警须知最为重要。此外,还包括步兵操典、军队内务、陆军礼节、三民主义、建国大纲等内容。鉴于水警职员普遍文化水平低、难以在短期内消化课程,水警分局还施行"复式教育",对已授的内容进行二次讲授。就"卫术科目"而论,主要包括野外演习、操舟游泳、持枪训练等水警必备之技能。学科、术科的具体教育时间及进度安排详见表1。

水警训练虽能在短期内提高警员素质,但却难以"根除旧式水师积习"。基于此,湖北水警实行了"长短期"相结合的教育训练模式,除对警员予以短期集中训练外,湖北水上警察还制定了6期的警士警长常年教育计划,以6个月为1期,分3年完成。除此之外,为"健全所属干部,刷新警政,树立良好风气",湖北水警局还对在职的警长进行分期调训,"施以精神训练",培养学术能力,使其能接受"本局廉洁从公、苦干苦守之一贯精神"②。"长短期"相结合的模式使短期训练与常年教育互为补充,有利于"剔除积弊",从而提升水警综合执法及维护水上治安的能力。

不仅如此,对水警职员进行政治训练也是湖北水警素质建设的重要内容。为使"长警明瞭纪律",增进水警政治知识,1933年,湖北水警分局颁布《长江各省水警总局湖北分局政治训练计划纲要》,采取个别和集体相结合的训练方式对所属职员进行思想、德性、纪律及政治常识训练。训练内容主要包括三民主义、建国大纲、建国方略概要、党义蕞书、新兵教育问答摘要、国耻史略、国内一般状况、国际状况等理论学说。训练时间共计4个月,自1933年6月上旬始至9月下旬止。由警务科选派教练员担任训练任务。为保障训练效果,该大纲要求每周星期一进行测验,以达到及时"改正思想、纠正行动"的目的。虽然政治训练能够在一定程度上提高水警职员的政治素养,但从教学内容来看,水警分局有借政治训练之手,灌输一党专政思想之嫌。

---

①《长江各省水警总局湖北分局二十二年度八九十月教育计划案》,《水警季刊》创刊号,1933年,第69—72页。

②许钦:《湖北水警一年来的训练工作》,《警声月刊》1947年第7期,第7—8页。

表 1　长江各省水警总局湖北分局二十二年度（1933 年）八九十学科回数进度预定表

课目区分	违警罚法	水警须知	步兵操典	野外勤务	军队内务	陆军礼节	合计	附记
回数	14	13	13	13	12	12	77	
进度	第一章总纲自第一条起至第二章妨害安宁之违警处罚第三十三条止	水警的性能、水警勤务规则、服务水警的心得、水警处置办法、水警侦探摘要	自第一章个人徒手教练起至第二章第二节班冲锋及敌阵内之攻击止	第三编第四章命令通报报告及之传达编第九章第四节第六节步哨勤务	自总纲起至全卷末止，除去上之本营以上各营务各节	自总则起至全卷末止		一 本表根据八九十月教育计划使用日数计共七十七日每日实施一回每小时共计七十七回 二 三民主义建国大纲归入政治训练其计划另定 三 精神讲话于课外行之

注：表据《长江水警总局湖北分局二十二年度八九十月教育计划案》，《水警季刊》创刊号，1933 年，第 69—72 页。

表 2

长江各省水警总局湖北分局二十二年度（1933 年）八九十月术科回数进度预定表

课目 区分	制式教练		战斗教练	野外教练		操舟游泳	技术		合计	附记
	各个教练	班教练		散兵教练	步哨勤务		刺枪徒手体操	基本各动作		
回数	27	14	11	2	8	20			77	
进度	徒手持枪立正稍息各种转法各种步法跪下及伏下托枪放下上下刺刀装退子弹各种姿势各放暂停停放	整齐操枪枪直斜行进停止及行进间队形及方向之变换上下刺刀装退子弹枪及取枪解散及集合	各种散开法运动射击及冲锋	前进停止射击及停止间与行进间利用地形地物	步哨长动作步哨位置姿势监视法一般特别守则交代守则联络法射击时机发现敌人动作瞭望哨巡察侦探各动作	一 操舟持槽之使用篙之使用钩诸法	二 游泳俯首伏游仰首蛙式游侧游	三 基本各动作		一 本表根据二十二年度八九十月教育计划使用日数七十七日每日实施一回每一回小时三十分钟共计七十七回 二 刺枪徒手体操及敬礼演习于课外行之

注：表据《长江各省水警总局湖北分局二十二年度八九十月教育计划案》，《水警季刊》《创刊号》，1933 年，第 69—72 页。

四、枪械服装制度

(一)枪械使用

枪械是警察履行法定职责的重要手段,依法使用枪械不仅是警察的一项权利,也是警察自身安全得以保障的有效办法。[1] 诚如时人崔参所言,"警察人员之责任,在维持社会秩序,保护社会安宁,使民众可安居乐业,国家得循序建设,共臻富强康乐之境"。但在科学昌明、犯罪技术日精的时代,"警察人员如无枪械武装之配备,将何以负上项之任务?"[2]同时,枪械也是一把双刃剑,如保管失当被匪劫去,则会成为戕害民众的不法工具。因而民国湖北水警对于枪械管理极为严格。1933年,湖北水警分局颁布《长江水警总局湖北分局警械使用规则》,要求只有出现下列情形时,水警才能使用枪械。

> 凶手持凶器加害于人民之生命财产,非放枪别无保障之时;
>
> 逮捕或追捕罪犯时,逃犯持凶器拒捕,非放枪无以自卫之时;
>
> 暴徒扰乱公安事起仓促,非放枪别无弹压之时。[3]

不仅如此,针对警员损坏或丢失枪械的情形,湖北水警分局也制定了具体的赔偿规则。规定凡发现因保管不良或使用不慎致枪械受损,须由当事人负责赔偿,情节严重者,还将依法惩处。如隐瞒不报,一经查出,除赔偿外,其主管人员也要连带处分。此外,湖北水警分局对枪械赔偿实行"保连切结式",如警员携带枪械潜逃或私自出售,则保人须在10日内连带赔偿。逾期无力赔偿或失踪无迹者,由该管主官分摊赔偿。《长江各省水警总局湖北分局警械使用规则》从枪械使用、赔偿等方面规定了水上警察装备的管理范式,从而有效减少了影响社会稳定的不安因素。

(二)服装管理

近代意义上的警察服饰始于1913年北洋政府时期。至1928年南京国民

---

①陶遵臣:《当前公务用枪管理使用存在的问题及对策》,《派出所工作》2017年第12期。
②崔参:《谈警察人员用枪问题》,《台湾警察》1947年第6—7期,第11页。
③《长江各省水警总局湖北分局警械使用规则》,《水警季刊》创刊号,1933年,第106页。

政府成立时,警察服饰历经多次修改,总体上"形成了两代警察服饰"。1913 年袁世凯先后颁布的 28 号、35 号《警察服制令》,是中国警察服饰制度确立的开端。袁世凯死后,总揽警政事务的内务部于 1918 年 9 月再次发布《警察服制执行细则》,从而形成了第二代警察服制,并一直沿用至北洋政府覆灭。①

服饰是警察身份和执法的标志,体现着执法人员的精神风貌。因此,湖北水警分局于 1933 年先后制定了《长江各省水警总局湖北分局服装保管规则》和《长江各省水警总局湖北分局服装赔偿细则》,对水警服装的保管及损坏赔偿进行了规范。

《长江各省水警总局湖北分局服装保管规则》规定,各队主管人员务必亲自监督服装的领发,确保领发数目与记载相符,同时还要随时查验损坏服装是否修理、保管人员的勤惰等情形。为防服装潮湿受损,该规则要求服装贮藏地点应择干燥空气流通之处,室内须保持整齐清洁。此外,后勤部门还要定期对储存的服装进行清拭、敲打、洗晒、防尘、防虫、防鼠、防毒、杀菌等工作,确保使用之时"保持良好状态"。②

不仅如此,针对损坏或丢失服装情形,湖北水警分局还制定了详细的赔偿细则。《服装损坏赔偿规则》规定,湖北水警分局所属各级水警组织损失服装应按当地新制服装市价及服用期限分三期赔偿。第一期赔偿全价;第二期赔偿半价;第三期及已过保存期限未经呈准作废者,赔偿十分之二。与此同时,湖北水警局还规定了各个主体责任者。如在服用时损坏,由服用人赔偿;在库中损坏,则由经理人赔偿。其中,专任管理者赔偿十分之六;分任管理者赔偿十分之四。若长警逃亡,则由直属副队长赔偿十分之四,值班官赔偿十分之三;主管官赔偿十分之三。当然,若"服装在使用或保管期内,遇有不可抗力之特殊情形而损失或破坏者,得由主管人员呈请核销,查明属实后,免于赔偿"③。

五、巡查会哨制度

湖北历来为华中重地,境内水系发达,湖荡棋布。"水道外而长江内而襄

---

①韩延龙:《中国近代警察史》(下),社会科学文献出版社 2000 年版,第 442 页。
②《长江各省水警总局湖北分局服装保管规则》,《水警季刊》创刊号,1933 年,第 99 页。
③《长江各省水警总局湖北分局服装赔偿规则》,《水警季刊》创刊号,1933 年,第 99—100 页。

河,迂回曲折达四千余里,港汊纷歧,帆樯如织,航民众多,户籍复杂。"①如此复杂的水域环境极易为奸宄分子所利用,行杀人越货之事。因此,湖北水警分局于1933年制定了《长江各省水警总局湖北分局巡查规则》,要求水警对境内的河湖进行分班巡查,确保水上安宁。

《长江各省水警总局湖北分局巡查规则》规定,每日须由各队或分驻所派班长率领三至四名警士在其防区内"乘划游弋"。巡查辖区内是否有以下情形。

1. 有无妨害治安交通者;2. 有无妨害护堤之处或在沙洲上掘沙土者;3. 有无坠水及投水者;4. 于接近人家之水边有无妨碍卫生之物品者;5. 有无漂流物品以及人畜之尸体;6. 渔船小划多人同乘是否按照规定数目及有无危险之虞;7. 沿岸乞丐有无强讨恶索者;8. 有无延长系船之绳练及篙桨等物于舷外与一切妨害他船之事者;9. 有无水湍陡滩急流及一切危险之处投锚者;10. 有无装载火药而不揭旗或装载石灰而无防水设备者;11. 有无脱卸或装载不正当之货物者;12. 有无于船舶止行之场所而进航者;13. 桥梁树木建筑物及本非系留港有无系绳者;14. 有无材木草屑之流滞妨害桥梁及展轮进航之事;15. 有无夜间携带物品于众人升降场所之外而升降认为有可疑之行为者;16. 火灾发现及江河流水陡涨大风暴发之时有无通航之船舶;17. 有无违反水警章程及船舶不循次序互相冲突之事;18. 水底有无沉埋古物及沙浅椿石等妨害船行之事;19. 障碍行船之标识有无拔取损坏者;20. 小船有无装载过量之货物及未经许可而连结二三艘以通航之事;21. 船舶不在码头停泊或停泊码头有紊乱位置方向者;22. 有无在船上秘密结社及一切不法之事;23. 船舶内有无卖淫及赌博等事;24. 船舶内有无伪造印信、国币及银钱、票纸与印刷淫书之事;25. 有无夜间行船不燃灯者;26. 有无其他违警行为者。②

除上述情形外,巡查还应特别注意形迹可疑及装载货品运至"匪区"贩卖的船只,如发现盗匪或遇有其他机关缉捕盗匪时,巡查队应立即追捕。

---

① 《长江各省水警总局湖北分局船舶登记计划案》,《水警季刊》创刊号,1933年,第56—68页。
② 《长江各省水警总局湖北分局巡查规则》,《水警季刊》创刊号,1933年,第102—103页。

不仅如此,为方便各防区水警"互相间切联络起见",湖北水警分局还制定了《长江各省水警总局湖北分局会哨规则》,规定除每日巡查各队须在襄河口南岸会哨外,各防区水警亦须定期会哨,"以期周密"①。会哨任务由巡查班长率领三至四名警士乘划至预定地点进行。会哨的时期、地点及路线应严格按照水警局部防务计划执行。会哨双方到达指定地点后,应先互相查验会哨证,由双方长官加盖私章后方能进行。

六、结语

民国时期湖北水警分局通过权责明晰的组织管理制度、灵活多样的奖惩制度、"长短期"结合的教育训练制度、严格规范的枪械服装制度及周密细致的巡查会哨制度,推动了警政近代化的建设。虽然中央警校教育长李士珍于1943年提出"五年建警"计划,决意"改革警察机构,健全警政体制"②,但是,囿于民国政局动荡、财政支绌及官员中饱私囊、贪污腐化的现实困境,警察制度完善举步维艰。由此观之,"水上警察作为警政建设的重要组成部分,惟有在强有力的中央政府领导下,通过建立完备的法律体系及监督机制,才能有效防止警权失序,从而实现职能专业化及制度现代化的建设目标"③。

---

①《长江各省水警总局湖北分局会哨规则》,《水警季刊》创刊号,1933年,第103—104页。
②孟奎:《李士珍和抗战后期的五年建警计划》,《民国档案》2004年第1期。
③余静林、刘啸虎:《论民国时期江西水警建设之得失》,《档案》2022年第8期。

晚清时期长江流域发展述略

路彩霞①

摘　要:从历史脉络看,晚清时期是长江流域经济、社会、文化、政治各领域都飞速跃升的关键时期,长江流域的发展与近代中国同频共振,并引领着近代中国走向近代化和走向世界。

关键词:晚清时期;长江流域;发展

长江流域之于中国的重要性,近代以降凸显。晚清时期,在经济、文化等领域,长江流域是中国无可争议的中心区域,这一时期,也成为四千多年长江流域长期发展的一个承上启下的关键时期。

一、千年未有之变局下的长江流域

宋代,中国经济文化重心实现了由黄河流域向长江流域的转移。经过明清时期的发展,19世纪上半叶的长江中下游地区作为中国最为富庶的区域,成为了工业革命后英法美列强垂涎的肥肉。

(一)滑向半殖民地深渊的重点区域

1840年,英国军舰由广东沿海进入后,溯长江而上,直逼下游的南京。1842年,战败的清政府被迫将长江门户上海、宁波辟为通商口岸。由此,列强纷至沓来,长江沿线的古老城门陆续洞开②,帝国主义的魔爪逐渐由长江下游,向中上

① 路彩霞,湖北省社会科学院文史研究所副研究员。

② 1842年,上海、宁波依约开埠。1858年,南京、镇江、汉口、九江因《中英天津条约》被迫开放。1876年,根据《烟台条约》芜湖、宜昌开放。1895年《马关条约》签订后,又开放了苏州、杭州、沙市、重庆。1898年,英国援引《内港航行章程》,强开岳阳,1902年,根据中英改订条约,安庆府的怀宁县开放,1903年,中英续订了通商行船条约,长沙、万县开放。

游延伸,并经由长江沿线城市向中国内陆渗透。总体来看,长江流域的约开商埠占到了通商口岸总数的一半以上。相应的,晚清时期列强建立租界最早的城市是上海,长江流域租界在全国占比突出。列强通过设在上海、汉口、九江、重庆、苏州、杭州等城市的租界,干涉中国地方事务,倾销商品,掠夺工业原料掠夺,其中率先打开中国国门的英国,凭借一系列不平等条约,将长江流域纳入其主要势力范围。

(二)孕育着反封建力量的关键地区

在国家独立权被逐步侵蚀的同时,清廷的对内统治权也受到了越来越多的冲击。19 世纪中叶,中国爆发了持续十余年的太平天国运动。太平军从广西出发,累年转战于长江下中游,并在南京定都。在应对统治危机过程中,中下游省份的督抚及湘军、楚军等地方武装兴起,地方与中央的离心力增强,1900 年,面对北方炽烈的义和团的威胁,长江中下游各省签订互保条约,地方势力崛起。而孕育了近代民族工业的自强运动,催生了新式教育及新知识分子群体的清末新政,其重点区域都在长江流域。以创立民国为目标的资产阶级,经历了珠江革命失败后,"长江革命"构想①最终在中游的武昌落地。

二、中国早期近代化在长江流域的启动

陈振江先生指出,近代长江流域的发展与近代中国的历史进程相伴随。②晚清时期,长江流域的近代转型既赓续了该区域的创新开放传统,也受到外来冲击的影响。

(一)经济、文化开放创新传统在长江流域的延续

长江流域近代发展具有历史延续性。宋代,中国经济完成了由黄河流域向长江流域的转移,承袭南宋和明清丰厚的经济基础,长江流域在 19 世纪中叶后

---

①宋教仁提出了"长江革命"方略,并在广东地区系列起义失败后,由中部同盟会具体推动实施,最终以武昌首义形式落地,肇造了民主共和。

②陈振江:《近代长江文化推动中国社会发展》,《中国社会科学报》2019 年 9 月 6 日。

获得了飞速发展。① 同时,以诸多第一为标志的长江流域数千年的开放创新传统,②在晚清时期也得到延续,上海、汉口、成都等在社会、文化的发展上,走在了其他区域城市的前头,引领着中国传统农业文化向近代资本主义工业文化过渡。

(二)晚清时期长江流域涌起近代化浪潮

长江流域是中国近代化的发祥地,是中国早期近代化的中心区域。根据不平等条约,列强在上海首辟租界。租界是帝国主义在中国扩张的基地,同时也是展示西方文明的窗口,新式器物吸引了追寻强国富国方略的长江流域开明督抚和先进知识分子,中国在物质层面的近现代化也始于长江流域。进而,经过以上海和武汉为中心的洋务运动,以及长江流域开明督抚力推下的清末新政,通过组建军工企业、训练新军、鼓励民族工商业、兴办新式教育、创办报纸社团等,将中国的近代化向制度层面推进,并最终在长江流域完成了划时代的巨变:上海为辛亥革命提供了经济支持,战略要地武昌首义肇造了民国,新生的政权在南京定都,长江流域成为新国家体制的孕育区域。③

沿江口岸的次第开放,使得作为中国内河文明的长江文化,成为海洋时代世界文明的重要组成部分,也成为中国近代文明出现最早、发展最充分、成长最迅速的区域。近代文明,经由长江黄金水道,由东南向西北,向中国内地渐次推进。晚清时期,就全国层面而言,长江流域在经济、文化、政治、社会发展等方面都占据突出地位,其重要性已大大超过了黄河流域。

三、长江流域发展的一体性与不均衡性

和其他流域不同,长江重庆以下由于在晚清时期实现的全程通航,区域发展具有一体性,不过,由于各地禀赋差异,流域内城乡发展也具有一定的差异性。

---

①何一民、胡中华:《清代长江水系沿江城市的数量、规模及空间分布》,《史林》2019 年第 3 期。

②刘玉堂:《长江文化的特质》,《文化发展论丛》2016 年第 2 期。

③冯天瑜:《长江与中国近代文化的推进路线》,《澎湃新闻》,2021 年 1 月 5 日。

(一)空间连贯性——长江城市带初现

晚清时期长江流域发展具有空间上的连贯性,表现在长江流域城镇的发展,由东至西,由下游至上游不断推移,在发展程度上,城镇间先后相连,不断崛起,一起闪耀。如上海为"中外贸易之中枢",汉口为"扬子江贸易之中枢"[①],九江商务"虽省城不及"[②],湘潭商业甲于全省[③]。在水运时代,长江沿岸星布的大大小小的新兴城镇,因航运、贸易之间的往来和互相依赖,长江流域被连缀成一体,形成了长江流域城市带雏形,也成为了中国近代以来发展最迅速、城市规模最大、影响最为重大的区域。[④]

相较于其他流域,长江流域的发展具有一体性特征,其原因有二,一是晚清时期,长江流域成为中国最重要的通航河流。熊月之先生较早肯定了长江黄金水道之于长江城市带形成的重要作用。[⑤] 这一时期长江流域商镇的发展,多是得水运之便,发挥着商品的区域集散功能。二是内外贸易带动下,长江流域城镇间形成了明显的中心与腹地关系。晚清时期,长江口岸城市辐射现象凸显,出现一大批以"小汉口""小上海"命名的新兴商镇。其中小汉口数量较多,绝大部分在长江流域,小上海兴起相对较晚,分布区域以长江下游和沿海地区为主。小汉口与小上海多为区域性商品集散地,成为晚清中国最大两港口经济腹地上的节点。

(二)两个世界——长江流域发展的差异性

长江流域城市有沿海、内陆(内地)之分。作为中国第一批开放门户和长江流域门户的上海,在时代的风云际会中率先崛起,成为中国近代化的先行城市,被学者看作是"另一个中国"[⑥]。汉口则被视为第一批开放的沿江口岸和内地口岸的代表:"1860年,盟军舰队打开了长江并把外国工艺引入腹地。"[⑦]汉口居华

---

①徐柯:《清稗类钞》,中华书局1984年版,第2351页。

②林传甲纂:《大中华江西省地理志》,1918年铅印本,第147页。

③(清)陈嘉榆等纂:《(光绪)湘潭县志》卷11,货殖,清光绪十四年刊本。

④胡中华:《多维度视阈下近代长江城市带的历史地位与作用》,《兰州学刊》2020年第10期。

⑤熊月之、沈祖炜:《长江沿岸城市与中国近代化》,《史林》2000年第4期。

⑥[美]罗兹·墨菲:《上海——现代中国的钥匙》,上海人民出版社1986年版。

⑦《领事文极司脱关于1867年度上海贸易的商务意见摘要》,李必樟编译:《上海近代贸易经济发展概况》,上海社会科学院出版社1993年版,第154页。

中腹地,兼具水陆优势,既可国内集散也可直接出口,成为"清国要港之第二"①。上海和汉口,依托雄厚的经济实力,在晚清呈现出明显的近代大城市姿态。

中部的安庆、芜湖、九江则因腹地有限,发展后劲不足。上游的宜昌,虽基础薄弱,但因地处蜀楚要冲,1876年开埠后发展成为中国西部的门户。重庆的发展,则要等到数十年后。

地处内陆的传统城市,如武昌、长沙、南昌、合肥等省会城市,人们安土重迁,商业并不是城市的主要功能,城市发展滞后于同期同省商镇,如汉口获得"东方芝加哥"声誉时,武昌和汉阳给人的印象是古老的城池。而在江西,九江的市政建设优于省城南昌。20世纪初新政期间,约开和自开商埠过程中,长沙、武昌、昆明等区域性政治、文化中心也逐渐进入近代化历程。② 据日本农商省委员太田外世雄描述,1913年时"长沙为本省商业中心,复为消费焦点,凡外国输入品,多先输卸于此,然后散销于他市镇"③。

作为近代化先行区域的长江流域,更大的差别体现在城乡之间。晚清时期,近代物质文明已深入沿岸城市普通市民的日常生活,在衣食住行用诸方面都有体现,但在广大的农村,传统生活印迹更为明显。所见所用所感的巨大差异,进而影响着城乡居民行为、观念的不同。近代文明伴随工业化产品,从沿海、沿江口岸,到沿江内地城市,再到内地农村逐渐拓展,连带无形的生活方式、生活习惯、思想观念也在悄然发生变化。

四、中外之间:晚清长江流域与世界

晚清时期,长江流域成为列强角逐之地,并在进入世界资本主义市场后,展现出了巨大的发展潜力和发展优势。

(一)列强在长江流域势力的消长

承载着中国经济半壁江山的长江流域,在晚清时期被卷入了世界资本主义市场。这一时期的长江流域,"天惠最丰,各国之竞争在此最烈"④。英国在长江

---

①(日)水野幸吉:《汉口——中央支那事情》,武汉出版社2014年版,第1页。
②1904年长沙依约开埠,1900年武昌、1906年昆明自开商埠。
③《湖南输入杂货现状》,《实业丛报》1913年第4期。
④转引自李少军:《近代长江流域与日本关系研究的思考》,《江汉论坛》2011年第9期。

流域扩张时间最长,经济势力最大,汉口、九江、南京、安庆、芜湖、镇江等口岸构成了英国在长江流域的经济链条。但英国并不能独占该区域,美、日、德、法等国,在甲午战争后,通过与地方督抚建立关系及投资交通、倾销商品、开办工厂等,在长江流域分得了一杯羹,且"进入 20 世纪之后,日本很快取代英国,成为在华影响力最大的国家"[1]。

(二)全球视野下的晚清长江流域

晚清时期中外交流尽管不对等,但双向流动的趋势仍然存在。工业产品逐渐进入长江流域普通人生活的同时,长江流域的丝、茶、瓷器、药材、蛋品等物产也在源源不断输往海外。上海、汉口等长江流域城市在海外贸易中崛起,"与上海相比,新加坡、槟榔屿、雅加达、马尼拉、横滨、神户和长崎这些东亚的欧洲城市就退到了后边,其中有一些尽管更大、更漂亮、更熟悉,却没有可与之相比的发达贸易和船运,没有如此觉醒了的自由、活力和享乐的居民"[2]。

---

①茅海建:《戊戌变法史事考初集》,三联书店 2021 年版,第 564 页。
②王维江、吕澍译:《另眼相看:晚清德语文献中的上海》,上海辞书出版社 2009 年版,第151 页。

清代天门地区自然环境与棉花种植的交互影响

王　烨[①]

摘　要: 清代是湖北植棉业和棉纺织业最兴盛的时期,天门县因其优越的地理条件和区位优势发展成为江汉平原植棉业发达的棉乡和汉江中游棉花、棉布集散的棉都。宋代以来江汉平原的垸田开发促进了天门县植棉业的发展,天门县棉业在适应区域自然环境的同时,又不断地改造、影响自然环境,形成粮棉兼作、水旱田相辅的水土利用模式。清代天门县植棉业的发展,同样面临着经济发展和环境安全的两难问题,在当地独特的自然条件和有限的技术条件下,摸索棉业经济的"可持续发展"之路。

关键词: 清代;湖北天门;自然环境;棉花种植

　　明清以来,湖北地区成为全国主要的棉花生产基地之一。民国时期,政府十分重视对湖北省棉业经济发展状况的调查。20 世纪 20—30 年代,农商部整理棉业筹备处、豫鄂皖赣四省农民银行、中国农业银行先后委托金陵大学农学院农业经济系对湖北棉花的种植、加工、运输、销售等环节进行经济调查,金陵大学出版了一系列调查报告。[②] 1937 年 12 月,金城银行总经理处汉口调查分部对湖北棉花生产、交换、运销环节进行调查。[③] 此外,为日本侵华提供调查和咨询服务的满铁经济调查会也曾对湖北省棉业开展调查,并于 1935 年刊印《湖

---

① 王烨,华中师范大学历史文化学院博士研究生。

② 整理棉业筹备处:《中国棉业调查录》,天津华新印刷局 1920 年版。胡邦宪:《汉口棉花贸易调查记》《鄂城棉业调查记》《黄冈县新洲县棉花贸易调查记》《沙市棉花事业调查记》,金陵大学农学院农业经济系:《豫鄂皖赣四省农村经济调查》,国家图书馆出版社 2010 年版,第 571—772 页。孙文郁等:《豫鄂皖赣四省之棉产运销》,郑成林:《民国时期经济调查资料汇编》第 7 册,国家图书馆出版社 2010 年版,第 339—562 页。

③ 金城银行总经理处汉口调查分部:《湖北之棉花》,郑成林:《民国时期经济调查资料汇编》第 8 册,国家图书馆出版社 2010 年版,第 135—278 页。

北省棉业》。20 世纪 40 年代,作为中国棉业史的开拓者,胡竞良、严中平对中国棉花种植和棉纺织业的发展历程进行了较为系统的梳理,对湖北棉业情况略有论涉,但缺少分区专题研究。[①]

自 20 世纪 80 年代末 90 年代初,王永年、张家炎、梅莉、徐凯希从区域经济史角度研究湖北棉花种植业和棉纺织业发展史。王永年运用资本主义萌芽理论出发,聚焦明清湖北棉花种植和棉纺织业的生产方式从自然经济向商品经济转型的问题。[②] 张家炎讨论了湖北自然条件与资源禀赋对清中期江汉平原粮棉种植结构方式的影响。[③] 梅莉分析了宋元明清以来有利于湖北棉业发展的自然条件和社会经济条件。[④] 徐凯希对近代湖北棉花种植推广、棉业改良、棉花贸易做了多方面探索,研究的成果较多。[⑤] 20 世纪 90 年代中期,于福生对汉口棉花市场、棉花行进行了考察,重点介绍了棉花行的经营与发展。[⑥] 21 世纪初,日本学者森时彦所撰《中国近代棉纺织业史研究》一书,研究了中国近代银钱比价波动对湖北沙市等棉纺织业和棉花贸易的影响。[⑦] 彭南生等运用比较的研究手法,分析了湖北棉纺织业发展滞后于华北与江南地区的各种原因。[⑧]

目前湖北棉业经济史研究虽然成果较多,但大多侧重于棉纺织生产、棉花贸易与市场等方面,对湖北棉花种植生产环节研究不足。本文试图以清代湖北省棉乡天门县为个案,从微观角度研究棉花种植与自然环境的互动关系。

一、"三乡宝地":从棉乡到棉都的涅槃

天门县植棉业的发展历程,分为宋至清前期湖北棉乡的形成期和清中后期

①胡竞良:《中国棉产改进史》,上海商务印书馆 1945 年版。严中平:《中国棉业之发展》,商务印书馆 1943 年版。严中平:《中国棉纺织史稿》,科学技术出版社 1955 年版。

②王永年:《明清湖北的植棉业与棉纺织业》,《中南民族学院学报(社会科学版)》1987 年第 3 期,第 31—35 页。

③张家炎:《粮棉兼重、各业发展——清代中期江汉平原作物结构研究》,《古今农业》1991 年第 3 期,第 28—34 页。

④梅莉:《历史时期湖北的植棉业》,《农业考古》1991 年第 1 期,第 338—342 页。

⑤徐凯希:《近代湖北植棉业初探》,《中国农史》1991 年第 2 期,第 100—107 页。

⑥于福生:《汉口的棉花集市》,《武汉文史资料》1996 年第 3 期,第 33—36 页。

⑦森时彦:《中国近代棉纺织业史研究》,社会科学文献出版社 2010 年版。胡竞良:《中国棉产改进史》,河南人民出版社 2018 年版。

⑧彭南生、严鹏:《清末民初湖北乡村棉织业发展缓慢的因素——兼与华北、江南地区的比较》,《江汉论坛》2008 年第 8 期,第 78—83 页。

棉都的形成期。

(一)天选之地:优越的资源禀赋是天门棉乡形成的基础

天门县位于湖北省中南部,江汉平原的北部,北枕大洪山,南邻汉江,是汉江中游重要城市。所辖范围之内河流众多,湖泊星罗棋布,非常适宜农作物的生长。

1. 天门宜棉的土地资源

棉花种植从出苗期到吐絮期都需要土壤中有一定的含水量,最高时需要达到80%左右。棉花又是极不耐涝的作物,"棉地以白沙土为上,两和土次之,喜高亢,恶下湿"①,因此,种植棉花的土地既要有充足的含水量,又要方便排水,通常情况需要选择种在地势较高的地方。清末民初的农学家过探先主张植棉地应选"地势以高爽、排水便利,无水患者为宜"②。棉花种植还需要深厚的土壤,棉花生长的整个过程都通过根部从土壤中攫取养分,通过深耕来提高土壤的肥力,保证棉花的产量与质量。因此元代农学家王桢主张棉地应"选择不下湿的,砂黏适中的两和肥地"③。

位于汉江下游的"天门一邑,附沔水者,地卑而坦。界京山者,地高以隆"④。天门地区棉花的种植区域都分布在地势较高的高地上或者旱地垸田中,即"畦作"。旱地分两等,有春熟之地,大多在种棉之前收获麦、豆等作物,这类土地有薄有肥,适宜程度不一。无春熟的耕地更适宜种棉,只是未经春熟的土地虫害较重,要深耕深犁。

2. 天门植棉的水资源保障

天门地区河流众多、湖泊星罗棋布。加上地势低洼容易积水,有着发展农业的便利水源。根据《天门县志》记载,天门境内的河流有黄土潭河、姜家河、三汊河、毛河、义河、红花港河、清风河、杨林口河、八子脑河、白湖口河、净潭河、留架河、马湾河、狮子河、襄河(汉江)、扬水、巾水、皂市河等;湖泊有西湖、菜子湖、青山湖、北湖、风波湖、东湖、白湖、汪家湖、沉湖、松石湖、南湖等。

---

①富育光口述,安紫波整理:《群芳谱》,学苑出版社2020年版。
②过探先:《种棉法》,商务印书馆1929年版,第37页。
③(元)王祯撰:《东鲁王氏农书校注》,上海古籍出版社1994年版,第190页。
④俞昌烈:《楚北水利堤防纪要》,湖北人民出版社1999年版,第152页。

明朝以来,天门人口大量增长,劳动力随之增多,人均耕地量却呈下降趋势。棉花种植业较之传统稻作农业需要更多的劳动力,其种植规模因此也有了不断扩大的可能性。黄宗智以人口论解释植棉业规模扩大的原因,他认为棉花种植"其所需要的劳动投入是水稻的 18 倍,其收益则远远不到那样的比例"①。天门地区是典型的堤垸农业,垸田分为水田和旱地,两种土地类型使得天门地区的农业形成稻棉两重的农业经济结构。水稻种植在水田中,山地土壤土层较薄、养分不足、土壤中缺少水分不适宜棉花生长,通过围垸筑堤形成的旱地垸田则是适宜棉花生长的最佳场所。旱地不仅种植棉花,还种植麦类,天门县棉花多在麦林撒播或点播,实行棉麦两熟制。② 不仅如此,清代、民国时期,农民在棉田里间作粮、油作物和瓜类。③

3. 天门宜棉的气候条件

天门地处于湖北省的中南部,纬度位置较低,大约在北纬 30°22′30″至 30°52′30″之间,是亚热带季风性气候。对于天门地区的农业发展来说,适宜的气候条件使当地稻棉两重的经济结构成为可能。历史上天门地区的气候特征,一月份气温最低,七月份气温最高,全年平均温度在 16 摄氏度左右。天门地区冬冷夏热四季分明,是典型的季风性气候。天门地区热量充足,无霜期较长,全年在240 天以上,得益于此,农作物可以采用麦棉两熟制。天门地区年降水量虽然充沛,但降水主要集中在春夏两季,且降水强度较大,尤其在梅雨季节很容易发生涝灾。尤其在棉花发育时期,雨水尤为重要。春雨若太过充沛可能会延迟棉花的播种时期;夏雨充足则棉田杂草丛生,抢夺养分;秋雨绵长则影响棉花的质量,导致腐烂。"不降昼夜之潦,阳光常照,飓风不起,棉之最适宜气候也。"④从日照条件来说,七、八月份是天门地区日照时间最长的两个月,年日照时长可达到 2200 小时以上。大气环流受太平洋副热带高压的控制和印度低压槽的影

①黄宗智:《中国的隐性农业革命》,法律出版社 2010 年版。

②湖北省天门市地方志编纂委员会:《天门县志》卷 5《农业志·棉花种植》,湖北人民出版社 1989 年版,第 193 页。

③湖北省天门市地方志编纂委员会:《天门县志》卷 5《农业志·棉花种植》,湖北人民出版社 1989 年版,第 192 页。

④过探先:《种棉法》,商务印书馆 1929 年版,第 36 页。

响，①此时云量薄日照强，最适宜棉花种植。

棉花种籽通常选取生命力、存活率较高的，"所种之子，初收者未实，近霜者又不可用，惟中间时月收者为上"②，可见选择中间时期的棉种，更加饱满，质量更高。获得棉花种子之后，即可选合适的时间播种，棉花通常在谷雨前播种，农谚有："立夏前，好种棉"；"飞杨花，种棉花"。③ 这是因为天门县4月中旬5厘米深的地温一般可达16.3摄氏度以上，适宜棉籽发芽出苗。每年4月以后至谷雨前为棉花适宜播种期，即"播种在谷雨立夏间"④。若棉花播种太早，则会受倒春寒的威胁，影响本季棉花产量；若播种太迟，秋霜也会伤害棉花生长，因此农书大多建议"谷雨前后播种，立秋后随时成熟随时收摘"⑤或有"至谷雨前后，拣好天气下种"⑥。

综上，天门地区地处冲积平原，土壤深厚且肥沃，平原广阔，河湖密布，水资源十分丰富，此外，气候适宜，雨热同期，有充足的光照条件，"该县气候温和，地质为砂质穰土"⑦，这些都是天门地区植棉业发展必不可少的自然条件。

(二)垸田开发与天门棉乡的形成

道光年间天门县"为农者，家必兼织，广种棉花，农隙率妇子昼夜纺织，十室而九"⑧。天门县境内形成数个棉花种植基地，"本邑植棉区域首推乾正邑彭市河，岳口次之，麻阳潭、皂市及县城附近又次之"，可见植棉业在天门地区的普遍性。至1920年，天门县棉田达8万余亩，亩产棉花达二百斤之多。⑨ 清末棉纺织业的飞速发展也推动着植棉业的发展。光绪朝前期，天门县主要种植"中

①陈光荣、成道、刘伟、黄忠：《天门市近60年主要气候特征及其变化趋势分析》，《现代农业科技》2019年第3期，第183—185页。

②(元)王祯：《农书》卷10《百谷谱九》，农业出版社1981年版，第217页。

③湖北省天门市地方志编纂委员会：《天门县志》卷5《农业志·棉花种植》，湖北人民出版社1989年版，第194页。

④整理棉业筹备处：《中国棉业调查录》，华新印刷局1922年版，第63页。

⑤(元)王祯撰：《东鲁王氏农书校注》，上海古籍出版社1994年版，第189页。

⑥(元)鲁明善：《农桑撮要》，农业出版社1962年版，第54页。

⑦整理棉业筹备处：《中国棉业调查录》，华新印刷局1922年版，第63页。

⑧(清)胡翼修，章镳纂：《(乾隆)天门县志》卷5《形势》，清乾隆乙酉初版，民国十一年十一月天门署重印版，第118页。

⑨整理棉业筹备处：《中国棉业调查录》，华新印刷局1922年版，第63页。

棉"，俗称"广花""铁子棉"①。

在江汉平原地区，"棉花通常要栽在地势相对较高的地方以避洪水或高地下水位……环境不稳定的地方，当地人首先必须适应环境，市场考虑在其次"②。因此，垸田成为天门地区种植棉花的首要用地，"棉……垸田多种之，山田种此者十仅二三"③，垸田的棉产量比鄂东的丘陵地区还要高。垸田虽然也有桑蚕业，但天门地区的桑蚕业并不发达。④

天门县是湖北地区垸田开发数量多、速度快的地区之一，"各垸之田，少者数百亩、千余亩，亦有多至万余亩者"⑤。垸田又称院田，是天门县最常见的水利设施，也是湖广地区对自然环境最主要的利用方式。"景邑旱涝常半，故事救旱有塘，防涝有垸，因循岁久。"⑥若做好防涝排洪的措施，也是最适宜棉花生长的场所。垸田既可以防洪又可以从事生产，江汉平原的开发和垸田的兴起不无关系。张国雄将垸田分为4种类型⑦，其中一种旱地垸田是垸田中处于高处、并且在垸田外围的土地类型，这种类型的土地若做好防涝排洪的措施，也是最适宜棉花生长的场所。

清代，天门县东少量种植棉花，县境南部、西部、中部种植棉花。民国九年(1920)，植棉 17.59 万亩，民国十五年(1926)，植棉 19 万亩，民国十六年(1927)，因旱灾减少到 1.6 万亩，民国十七年(1928)达 26 万亩，民国十八年(1929)达 28 万亩，民国二十年(1931)，棉田面积发展到 48 万亩。⑧ 民国二十一

---

①湖北省天门市地方志编纂委员会：《天门县志》卷5《农业志·棉花种植》，湖北人民出版社 1989 年版，第 192 页。

②张家炎：《环境、市场与农民选择——清代及民国时期江汉平原的生态关系》，《中国乡村研究》2005 年第 2 期，第 1—37 页。

③汉川市地方志编纂委员会办：《汉川图记证实》，武汉出版社 2016 年版，第 2 页。

④张家炎：《清代江汉平原垸田农业经济特性分析》，《中国史研究》2001 年第 1 期，第 134—143 页。

⑤(清)俞昌烈：《湖北安襄郧道水利集案》，《禀抚县晏各属水利岁修事例》，长江出版社 2017 年版，第 79 页。

⑥(清)胡翼修，章镛纂：《(乾隆)天门县志》卷 13《堤垸》，清乾隆乙酉初版，民国十一年十一月天门署重印版，第 279 页。

⑦张国雄：《江汉平原垸田的特征及其在明清时期的发展演变》，《农业考古》1989 年第 1 期，第 7 页。

⑧湖北省天门市地方志编纂委员会：《天门县志》卷 5《农业志·棉花种植》，湖北人民出版社 1989 年版，第 188 页

年(1932)降至 14.8 万亩,民国二十二年(1933)增加到 18.96 万亩,民国二十三年(1934)增 19.33 万亩,民国二十四年(1935)至 32 万亩,民国二十五年(1936)降至 19.46 万亩,民国三十一年(1942)降至 18.9 万亩,民国三十六年(1947)增至 52.86 万亩。① 天门县西南及中部的多宝、拖市、张港、蒋场、黄潭、杨林、渔薪、小庙、小板等公社,竟陵岳口镇白茅湖棉花原种场、蒋湖农场、陈场林场、卢市公社的龙坑、河岭、夏万、周家台、吴台、窑新场、张毕嘴、崔家埫、鄂家越、严家桥、合丰店、双沟桥等大队,石河公社的康台、洪山庙、青山湖、涂楼、五宝山、东虹等大队,九真公社的新河口、南堤等大队、横林公社的王港、白沙、石桥、颜桥、邹张、复兴镇等大队的植棉面积占全县耕地的 62% 左右,占全县棉田的 74% 左右。②

随着人口大量增长,天门县以外延式的土地开发方式,不断地挖沟筑堤、填水造田。乾隆和嘉庆两朝是天门县围垦垸田的高潮时期。清代初期,经历过战乱之后很多地区被抛荒,统治者为了鼓励各地垦荒,扩大税收面积,不仅有减免赋役的政策,还鼓励种植棉花等经济作物。适当的围垸筑田本可以提升土地的利用效率,扩大种植面积,从而提升粮食产量,但因为天门县开发垸田数量众多,大范围地侵占湖泊面积,使得泥沙淤积,湖泊调洪蓄水能力下降,反而灾害频发。据《天门县志》记载,"乾隆辛巳两垸堤溃,次年屡筑屡决,癸未复溃,民疲苦逃散"。天门县成了水灾频发的地区,又因地势较低,极易受到水灾侵害。乾隆年间,因为水灾肆虐,且大型水灾频率明显变多,清朝政府已经下诏禁止与水争地、围垸造田,尽管如此,乾隆至道光这一阶段,天门县垸田数量总体还是呈上升趋势。天门县在乾隆年间有 98 个垸,道光年间减少 1 个垸,新增了 24 个垸,其中 7 个私垸,使此时天门县共有 121 个垸。③ 其中还有很多规模较小的私垸并没有被记载,"自后之人建堤筑垸,沮洳自利,以致水道窄狭,水小之时尚可束之,令其循轨。而一经泛漾,则东冲西激,每多溃溢"。④

---

①湖北省档案馆资源,转引自:湖北省天门市地方志编纂委员会:《天门县志》卷5《农业志·棉花种植》,湖北人民出版社 1989 年版,第 189 页。

②湖北省天门市地方志编纂委员会:《天门县志》卷5《农业志·棉花种植》,湖北人民出版社 1989 年版,第 183 页。

③(清)胡翼修,章镰纂:《(乾隆)天门县志》卷13《堤垸》,乾隆乙酉初版,民国十一年十一月天门署重印版。

④(清)王概编,张志云点校:《湖北安襄郧道水利集案》卷下《禀制宪鄂移驻厅员分汛管工等事宜六条》,长江出版社 2017 年版,第 70 页。

张家炎认为,清代私建垸田不仅没有得到有效控制,反而发展为天门县土地开发的主要形式。[①] 垸田的大规模无节制地开发加剧了天门地区的泥沙淤积,《天门县志》记载了清代时期天门境内河流的变迁,"菜子湖,县西二十五里接龙潜湖及岳港湖,并老鹳湖今俱淤。上涨下涨二湖,现淤为田"。不仅这些湖泊,还有周河"今一望平田矣",红花港河"今出口入口皆淤",清风河同样的"春夏水涨,合罗家湖,今亦渐淤"。[②] 嘉庆朝时,据湖北巡抚奏报,天门县有 113 个垸田长期积涝。[③] 当时不论是民间还是官方都已经意识到了自然灾害频发与人们生产活动方式之间的关系。"景陵之害虽在七十二垸,然不过景陵南之一隅耳。"[④]

(三)贾贩鳞集:棉花贸易的兴盛与棉都的形成

宋元时期,棉花已经传入中国。湖广地区在元朝时设木棉提举司征收棉花为夏税,可见棉花在元朝时已经是湖广地区常见的经济作物。清代是天门县植棉业发展的重要时期。湖北省虽然多个府县都有棉花种植,但年产量超过 10 万担的只有天门、潜江、沔阳等少数几个县。

清代后期植棉业受到推广,棉花种植范围不断扩大,棉花市场也应运而生。天门县岳口镇就是著名的棉花交易市场。天门县本地的棉花、棉布都汇聚在岳口镇交易,经由岳口镇再送往汉口棉花市场或直接销往省外。道光年间具有"天南首富"之称的熊八老爷就是活跃在岳口镇棉花市场的贸易商。[⑤] 从乾隆朝开始,清代人口成倍增长,具体到湖北省来说,从康熙二十四年(1685)到嘉庆十七年(1812)这 127 年间,人均耕地缩减。基本生产资料不足,导致人们不能全部依赖传统农业生活,家庭手工业可以弥补传统农业的局限,反之植棉业的商品性发展也促进了家庭手工业的发展。

湖北作为清代重要的通商口岸之一,棉纺织业兴起较早,但传统鄂棉并不

---

①张家炎:《十年来两湖地区暨江汉平原明清经济史研究综述》,《中国史研究动态》1997年第 1 期,第 3 页。

②(清)胡翼修,章镳纂:《(乾隆)天门县志》卷 13《堤垸》,乾隆乙酉初版,民国十一年十一月天门署重印版,第 279 页。

③(清)俞昌烈:《楚北水利堤防纪要》,湖北人民出版社 1999 年版,第 113 页。

④(清)陈广文、胡子修:《襄堤成案》,长江出版社 2018 年版,第 54 页。

⑤张建民:《湖北天门熊氏契约文书》,湖北人民出版社 2014 年版,第 8 页。

适应机器化的生产,因此改良棉花品种成为紧要的事情。

二、天门县自然灾害对棉业的影响

(一)水旱灾害对天门县棉业的影响

棉花是喜欢光照,极怕雨涝的作物。天门县位于长江中游,县内的河湖容易受季风气候影响。雨季降水集中,雨水充沛泛滥,到了旱季水涸现象又容易发生,因此湖泊的形状并不十分固定,水陆的界线会随着季节性变化。这种变化使得某一部分的湖区会在水陆之间不断转换,也会使一部分垸田容易受到水灾的侵害。"窃唯天下之水之大,无过于三楚,而三楚之水之患,无过于潜江、沔阳、江陵、监利四州县,其天门、汉川次之。"①

上图表明,涝灾是湖北地区最常见的自然灾害。89年间涝与偏涝类型灾害发生的次数占所有自然灾害的59%。旱灾(包括旱与偏旱)与饥、疫、蝗等灾害发生的频率均为15%。

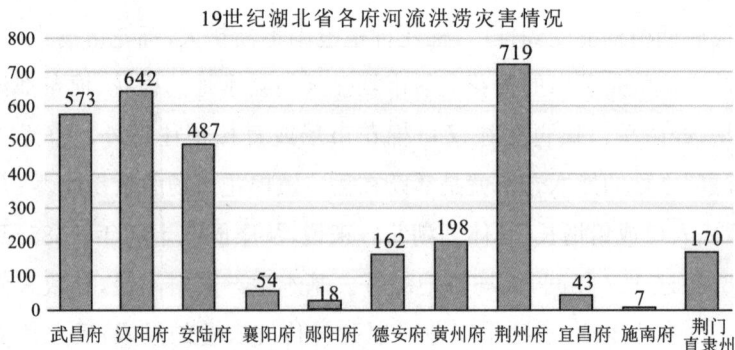

图1　道光至宣统年间湖北地区各府河流洪涝灾害分布图

根据上图可以看到,湖北地区河流洪涝灾害的分布有很明显的地域特征。荆州一府就有719次灾害记录,其次汉阳府、武昌府、安陆府也受灾颇深,分别是642次、573次和487次。

天门县植棉业的发展既依赖天门地区得天独厚的自然条件,同时又极其容

①(清)王概编,张志云点校:《湖北安襄郧道水利集案》卷下《禀制宪鄂移驻厅员分汛管工等事宜六条》,长江出版社2017年版,第70页。

易受到雨水导致决堤淹没农田的威胁。

据统计,在湖北省府县方志中有记载的,天门县在明代(1368—1644)曾发生水灾 27 次,清代(1644—1911)发生水灾多达 69 次。[①] 据湖北省督抚官员奏折统计,清代乾隆朝之后(1736—1911)天门县共有 102 年发生水灾,[②]位居全省第三。天门县在清代的水患平均每 1.7 年就发生一次,仅比江陵和沔阳州少 3 年,水灾可以说是天门县最常见的自然灾害。

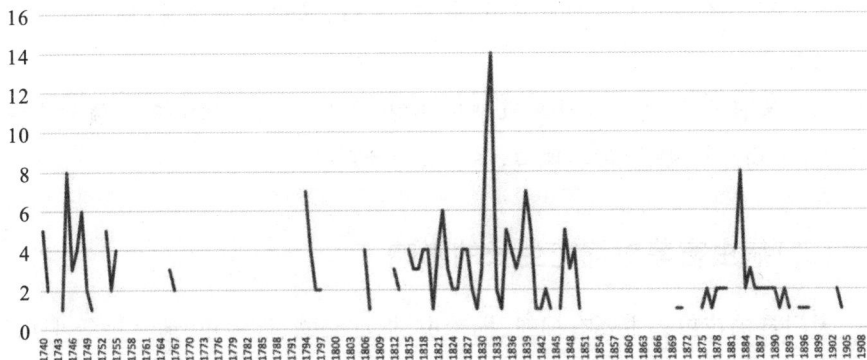

图 2　1740—1908 年天门县发生火灾的次数

虽然江汉平原的土地开发较早,但棉花因其生长特性,无法在山地种植,在围垸里的棉花田更需要防患涝灾的侵害。

> 天门之屡患陆沉也,襄水使然。大河以南,各垸被淹。因沔阳州所属之襄堤告溃,内河而冲塌无算,因牛蹄口分襄之支流为灾,顺通支河波及上古中古下古吴孔四垸……[③]
>
> 顺治十五年秋汉水溢堤决城坏,连月雨如注。康熙元年八月汉水溢城,上可行舟,居民溺死无数……六月初五日,水决堤入城。三年水入城……四年六月水决堤入城……十五年秋,大水决西堤入城。二十二年八月水决西堤入城……雍正二年大水入城。四年六月大霖,雨水

---

①鲁西奇、蔡述明:《汉江流域开发史上的环境问题》,《长江流域资源与环境》1997 年第 3 期,第 265—270 页。

②水利电力部水管司科技司、水利水电科学研究院编:《清代长江流域西南国际河流洪涝档案史料》,中华书局出版社 1991 年版,第 1211 页。

③(清)胡翼修,章镳纂:《(乾隆)天门县志》卷 13《堤垸》,乾隆乙酉初版,民国十一年十一月天门署重印版,第 335 页。

溢,遍地行舟……乾隆十八年江溢壅汉为灾……嘉庆七壬戌,连日大雨,襄水骤涨,各堤塍漫,淹无际。十年乙丑钟邑堤溃,襄水直冲县和,东西二堤漫决,水入城,深二丈许……六月水涨复入城。七月襄水复泛入城,秋末被淹……二十五年庚辰五月,连日雨,注襄河,堤决。东南各垸多被浸淹。①

乾隆六十年乙卯夏,五月大雨,汉水泛涨,田被浸淹。②

湖北省四月上旬雨水稍多,钟祥、天门、汉川等县堤垸,间有漫溢之处。③

又据天门、潜江二县禀报,四五两月因襄水涨发,上游钟祥溃口未筑,水由原口而进,该县垸田,亦有被淹处所。④

(二)病虫害等对棉花生长的影响

天门县棉花虫害主要有棉蚜、棉铃虫、棉红蜘蛛、红铃虫、地老虎等十几种。"害虫多卷叶虫,又间有赤实虫"。⑤ 此外,蚕是棉田最常见的虫害之一,"或遇地蚕,断根食叶"⑥因此,棉花栽种之后应当多次翻耕田地,冬天灌溉,春天播种,或者采用穴种法来防治蚕食。除了蚕害,棉蚜、棉铃等都是常见的危害棉花生长的害虫。在棉花种植初期,蚜虫将卵产至棉的花蕊或叶梢上,蚕食作物的根系与枝叶,尤为大害。当地农民除了勤捕虫、翻耕田地等方法,有时还会在棉田外围点起火,吸引蛾虫。防治虫害是保障棉花产量的重要农务之一。

---

①(清)胡翼修,章镰纂:《(乾隆)天门县志》卷13《堤垸》,乾隆乙酉初版,民国十一年十一月天门署重印版,第337页。

②湖北省地方志编纂委员会:《湖北通志》卷41《建置志十七·堤防》,湖北人民出版社2010年版,第813页。

③水利电力部水管司科技司、水利水电科学研究院编:《清代长江流域西南国际河流洪涝档案史料》,中华书局出版社1991年版,第211页。

④水利电力部水管司科技司、水利水电科学研究院编:《清代长江流域西南国际河流洪涝档案史料》,中华书局出版社1991年版,第907页。

⑤整理棉业筹备处:《中国棉业调查录》,华新印刷局1922年版,第63页。

⑥(明)徐光启:《农政全书》,《四库全书农家类三十五卷》,第731册,上海古籍出版社1987年版。

三、天门县植棉业对自然环境的适应与改造

(一)天门县植棉业对土地资源的适应与改造

彭雨新、张建民认为,堤垸发展造成河湖水面加速减少,打破了河流、湖泊、穴口等共同形成的蓄泄调节系统平衡,使河湖原有的蓄泄功能受到很大限制。[1]首先,受中国自古以来以农为本的传统观念的影响,农业狭义的包含以种植为主的传统农业,围湖造田所形成的滩地淤田使土壤更加肥沃,更适宜农作物的生长。其次,清代中后期人口激增,新垦植土地的面积无法与之同比增长,因此清代社会面临很大的人口问题和粮食危机。为了缓解这一矛盾,在湖泊较多的地区围湖造田,减少河湖水域面积,并将其转变为农耕用地,是提高传统种植农业产量的有效办法。从短期来看,新开发的垸田确实可以有效增加农作物的产量。第三点,从宏观角度来看,湖泊面积减少代表着所能征收的鱼课也随之减少。反之,种植棉稻等作物向布政使司所缴纳的赋税本身就要比鱼课更多,政府为了增加财政收入,更加鼓励种植农业而不是渔业的发展。

锄地时还要配合施肥,谚语有"棉花不施肥,长老柴禾堆",缺少肥料的棉花瘦小萎靡,棉农普遍认为壅肥是棉花产量的保障,将肥料撒在棉田上,再深耕至土里。美棉适宜堆肥而切勿使用追肥,[2]不同的棉中施肥方法也不同。

垸田的开发还造成天门地区的河流泥沙淤积,湖泊面积不断缩小,湖泊的调控功能因此减弱,水患频发,天门县决堤现象屡屡发生。同样地,每一次的决堤又加剧了泥沙在此处淤积。清代时,整个天门地区陷入与自然环境困斗的恶性循环中。

(二)天门县植棉业对水环境的适应与改造

1. 植棉业发展与水资源利用方式的演变

天门县地处泽国湖北,从先秦时期水域广阔的云梦泽到明清时期星罗棋布的大小湖泊,天门县的河湖经历了近两千年的演变。江汉平原垸田开发不断侵

---

[1]彭雨新、张建民:《明清长江流域农业水利研究》,武汉大学出版社1993年版,第254页。
[2]过探先:《种棉法》,商务印书馆1929年版,第40页。

蚀湖泊水域。湖泊作为天然的大水库,对于调蓄防洪起着重要作用。湖泊的容积越大,其吞吐量越大。天门县位于汉水下游,众多的湖泊可以削弱洪峰流量,降低灾害发生的频率。随着人类活动的影响,以及泥沙的淤积,天门县境内湖泊面积不断萎缩。

从天门县经济结构的演变来看,天门县棉花田数量增多,植棉业的发展带动棉纺织业的发展。植棉业带来的利润空间不断侵蚀原本的传统渔业。商业市镇也因棉花及棉纺织产品输出量增大而兴起,商品经济不断壮大,原先从事传统农业的农户向手工业和市镇流动,直接从事第一产业的农民外流,使得社会对商品粮、商品棉的需求也在上涨。另外江南其他省份对湖广地区棉花、粮食依赖性很大,"江浙百姓,全赖湖广米粟"①,这也是农民大量侵占湖泊转而发展种植业的一大动因。传统农业的商品化与渔业的衰退是人类对自然环境做出的经济理性选择,河泊所从盛到衰的过程就是人类社会对自然环境利用、改造的历史。

2. 植棉业发展与水灾治理

在 1821 年之前,天门县发生水灾的次数间隔较长,水灾发生的次数比清后期要少,"被水者或仅一二州县,或一州一县之中仅数十垸及十数垸,地方有限,淹没无多"②;道光朝之后,垸田的损毁成为引发水灾的重要原因之一,水灾几乎每年都有发生,1831 年和 1832 年发生水灾的次数都在 10 次以上,连年的水患给农业生产带来了极大的破坏。梅莉等学者也认为,清代后期,水灾发生的频率更加频繁,其间隔周期较之前也有缩短,水灾的的强度也在增加。③

水灾频发,人为修建水利设施来管理、利用水资源就成了发展农业的首要任务。"邑本泽国,三面距水。水高,地下多疏,徒劳蓄潴亦易力。因其势为利导,堤防其首,剙闸次之"。④ 清代天门县的水利工作主要由官府主持修建,县志中多见"知县××重筑""知县××捐资募捐"等字样。也有"按粮派土,听民自

---

①《清圣祖实录》,转引自:张建明:《"湖广熟,天下足"述论——兼及明清时期长江沿岸的米粮流通》,《中国农史》1987 年第 4 期,第 54—61 页。

②(清)王概:《湖北安襄陨道水利集案》,《卷一禀制军孙严饬各属实力赈恤》,长江出版社2017 年版,第 28 页。

③梅莉、张国雄、晏昌贵:《两湖平原开发探源》,江西教育出版社 1995 年版,第 90 页。

④(清)胡翼修,章镳纂:《(乾隆)天门县志》卷 6《水利》,乾隆乙酉初版,民国十一年十一月天门署重印版,第 453 页。

修者"。① 官员结合境内自然环境,组织修建水利工程也是政绩的考核标准之一。

天门县的农户在适应自然环境、利用水资源发展农业的同时,又因其生产活动的需要对自然环境产生影响,形成了湖广地区独特的土地利用方式。为了减少自然灾害带来的损失,人们与水争地也不再毫无节制。

(三)天门县棉种的改良与天门县环境适应

宋元时期,棉花已经传入中国。湖广地区在元朝时设木棉提举司征收棉花为夏税,可见棉花在元朝时已经是湖广地区常见的经济作物。到了明代,棉花在湖北地区得到了大范围的种植。我国产棉区虽然有几个,但位于中部的湖北实为产棉之中心。② 到了清代,湖北各府州县除了位于西南的施州等山区不适宜棉花种植外,其他地区都扩大了植棉范围。棉花也被称之为"江花"。

天门棉属于华中棉区,清代前期,棉花还只是自给自足的自然经济的一部分。天门县农户主要种植传统鄂棉,大多数农户采用麦棉两熟制。鄂棉质量较差,棉絮细且小,产量也很低。因此大多只能满足家庭自用,在市场上很难形成竞争力。

晚清汉口领事水野幸吉评价:"湖北产的棉花纤维短、且较硬,其品质并非上乘。……湖北棉农并不择类,在棉田里既有白花,又有黄花;既有青茎,又有红茎。"③

张之洞督鄂期间,针对鄂棉的种种弱点,结合了湖北省的气候条件,引进美棉,改良湖北的棉花品种,"札江夏县、兴国州、大冶县、武昌县、孝感县、黄陂县、汉阳县、汉川县、沔阳县、黄冈县、广济县、荆州县、麻城县、应城县、天门县"④。1893年,张之洞再次购入一百多担美棉,在鄂广泛宣传种植美棉的农业知识,这对包括天门在内湖北地区棉花的耕种、施肥、收获等都起了一定的助益作用。1904年,清政府商务部考察其他国家植棉业概况之后,在湖北地区继续试种美棉,此次的播种范围较之前更大,美国的陆地棉在天门地区也广泛种植后,从而

---

①杨宝珊:《最新川江图说集成》,重庆中西书局1923年石印本。
②过探先:《种棉法》,商务印书馆1929年版,第14页
③(日)水野幸吉:《中国中部事情:汉口》,武汉出版社2014年版,第203页。
④张之洞:《张之洞全集》,河北人民出版社1998年版。

以其优良的特性赢得市场。较之前的陆地棉,纤维更长、清洁度更纯,天门地区棉花的产量和质量因棉花品种的改良有了很大的提升,

天门地区的棉业市场也有了一些可喜的变化。首先,清代植棉采用合理的沟灌法,间歇地多次地灌水,使水分能充分渗透土地,避免畦面板结,这是一种节水型灌溉方式。其次,旧的植棉方式通常棉种混杂,得到的棉花色质差,不适于近代化的纺织机器。还有,部分地区农田水利条件差,导致棉花生产的产量低而不稳。针对这些缺陷,棉农对棉花生产技术进行优化,改撒播改为条播,改迟播为适时早播,改稀植为合理密植,改不施底肥为施足底肥,推广使用农药治虫,化肥提苗,更换良种。[①]

(四)天门县植棉业对时令的适应

《农桑衣食撮要》记载木棉适宜三月耕种。棉花播种之后,盖上一层薄土,"浅浅灯盏窝,每窝六七颗,盖土三五分,不厚又不薄;播后轻轻踩,种土紧结合;夏粮不损坏,沟土收上坡。"清末民初,天门县棉花播种期通常选择在立夏前后,故当地有"立夏前,好种棉";"飞扬花,种植花"等农谚。常见的播种方法有点播、撒播、插播等,美棉的棉株间距要大于传统鄂棉。[②]

耕地、除草、培土环节是棉花生长的必要保障,可避免杂草和棉花抢食土壤中的养分,防止病虫害。耕地还可以改良土质,有效增加土地养分,吸收雨水,减少病虫害。为了避免天寒地冻,棉田耕整宜早不宜迟。

棉花采摘也要讲求时令,"夏末开花结桃,入秋桃开。花瓣乃吐,随吐随摘,盛者亩收干花二石"[③],通常棉花在"白露至霜降先后收获"。[④] 夏季如遇连阴雨因为雨日多、雨量大、低温、高湿易造成棉花苗期疫病流行,可能造成烂桃,所以农民大多在雨前或雨后抢摘烂桃。[⑤]

---

①湖北省天门市地方志编纂委员会:《天门县志》卷5《农业志·棉花种植》,湖北人民出版社1989年版,第195页。

②湖北省天门市地方志编纂委员会:《天门县志》卷5《农业志·棉花种植》,湖北人民出版社1989年版,第194页。

③(清)包世臣:《齐民四述》,中华书局出版社2001年版。

④整理棉业筹备处:《中国棉业调查录》,华新印刷局1922年版,第63页。

⑤湖北省天门市地方志编纂委员会:《天门县志》卷5《农业志·棉花种植》,湖北人民出版社1989年版,第197页。

四、结论

首先,地处汉江下游江汉平原腹地的天门县,因土壤、水资源、气候条件适宜棉花种植,自宋至清已成为湖北重要的棉花种植业与棉纺织业的基地。其次,随着清代江汉平原植棉区不断扩大,水陆交通便利的天门县岳口镇也逐渐发展为汉江中游的棉花集散中心。自清末试种张之洞引进的美国陆地棉,天门地区的棉花产量有了显著提高,天门县的棉纺织业也随之发展。

清代江汉平原垸田开发与商品经济发展,促进了天门县发展成为汉水下游棉花种植基地、棉纺织业专业市镇与棉花贸易集散中心。天门县棉业在发展中,一方面通过合理利用土地、水资源,适应气候环境,改良棉种而获得区域经济的繁荣;另一方面,宋至清代江汉平原的垸田开发与植棉业发展,与水争地的土地利用模式不可避免地导致天门县水环境恶化,涝灾频发。植棉业发展与对自然环境的适应或改造,形成适应—对抗—利用的互动关系。

研究综述

唐宋时期四川地区民间信仰研究述评

周伶俐　曾　成[①]

摘　要：民间信仰是中国民众信仰体系中极为重要的一环。唐宋时期，四川地区的民间信仰呈现出既具共通性又各具特色的丰富图景。目前学界已从信仰对象、信仰人群、信仰冲突等方面对唐宋时期四川地区的民间信仰进行了细致考察，未来学界可从制度、文化、思想等层面进一步推动民间信仰研究走向深入。

关键词：唐宋时期　四川　民间信仰

民间信仰是中国民众信仰体系中极为重要的一环。赵世瑜指出，所谓民间信仰，是"普通百姓所具有的神灵信仰，包括围绕这些信仰而建立的各种仪式活动"[②]。若按芮德菲尔德"大传统"与"小传统"的理论，则民间信仰仅仅是中国民众信仰中代表民间意志的一小部分，不仅与官方文化体系有差别，与制度化的儒教、道教和佛教亦不能混为一谈。[③]

本文所论之四川地区，大约包括唐代之剑南东、西道、黔中道北部及山南西道西部。在宋代则包括成都府路、梓州路、利州路、夔州路部分地区。从全国范围来看，四川地区位于西南边陲，交通相对闭塞，本土文化影响深厚；就其内部

---

①周伶俐，湖北省社会科学院文史研究所 2021 级硕士研究生；曾成，湖北省社会科学院文史研究所助理研究员。

②赵世瑜：《狂欢与日常——明清以来的庙会与民间社会》，生活·读书·新知三联书店 2002 年版，第 13 页。

③[美]罗伯特·芮德菲尔德著、王莹译：《农村社会与文化：人类学对文明的一种诠释》，中国社会科学出版社 2013 年版，第 94—97 页。关于该理论的研究，参余英时：《士与中国文化》，上海人民出版社 2013 年版；葛兆光：《中国思想史》（第一卷），复旦大学出版社 1998 年版；王铭铭：《中国民间宗教：国外人类学研究综述》，《世界宗教研究》1996 年第 2 期。

而言,各地民间信仰呈现出既具共通性又各具特色的丰富图景。①

目前学术界对于民间信仰及其所涉及之风俗、思想、文学、文化等方面的研究十分重视,并已取得诸多重要成果。② 稍显遗憾的是,受制于史料,学界关于民间信仰的研究多集中于明清时期,对于唐宋时代的关注尚显不足。因此,笔者拟以四川地区为例,全面梳理唐宋时代该地域民间信仰研究的总体状况及重要成就,以供后续研究者参考借鉴。

一、关于信仰对象的研究

唐宋时期四川地区民间信仰的崇拜对象,按其性质,主要可以分为自然神和人物神两类。

自然神方面,四川地区山高水长,山神和水神是当地民众崇拜的重要对象。杨宗红以南宋洪迈所著《夷坚志》为基本史料,考察了四川民众崇奉的山岳江渎之神,即所谓"江渎尊神,蜀人素所严事"③。康文籍认为宋代四川地区的山神信仰极为丰富,除具有全国影响力的东岳、西岳等神祇外,还包括岷山等本土神祇。④ 王永平、赵锡成等人也对就当地山水信仰进行了研究。⑤

除了对山水的崇拜,四川地区的自然神还包括灵物和人格化的自然神,如壁山神、龙王、虎等。这通常与人类早期对于图腾的崇拜一脉相承。四川地区

①周帅:《巴蜀旧址所载信仰民俗词汇研究》,广西大学硕士学位论文,2019年,第1—3页。

②关于民间信仰的研究,西方学者关注较早。其中较重要者如葛兰言著《中国人的宗教信仰》(贵州:贵州人民出版社2010年版)、欧大年著《中国民间宗教教派研究》(上海古籍出版社1993年版)、王斯福著《帝国的隐喻:中国民间宗教》(江苏人民出版社2008年版)、韩森著《变迁之神——南宋时期的民间信仰》(浙江人民出版社1999年版)等。国内学者的研究主要有贾二强的《神界鬼域——唐代民间信仰透视》(陕西人民教育出版社2000年版)、《唐宋民间信仰》(福建人民出版社2002年版)和金泽的《中国民间信仰》(浙江教育出版社1989年版)等。

③杨宗红:《〈夷坚志〉所见南宋四川的民间信仰域民生》,《求索》2016年9月,第166页;《南宋时期四川的民间信仰与地域社会——以〈夷坚志〉为中心》,《宗教学研究》2017年第2期,第268页。

④康文籍:《宋代四川地区民间信仰研究——以祠庙为中心》,西南大学硕士学位论文,2009年,第9—10页。

⑤王永平:《论唐代的山神崇拜》,《首都师范大学学报(社会科学版)》2004年第6期;赵锡成:《宋代成都地区民间祠神信仰研究》,四川师范大学硕士学位论文,2016年,第8页。

又称巴蜀,按《说文解字》载:"巴,虫也",故该地常以蛇为崇拜对象,后受中原影响转变为对龙的信仰。龙一直被看作是掌管水域的神兽,四川民众更是对其进行人格化,认为凡地上水域皆有龙神。[①] 据刘黎明研究,宋代民间信仰具有明显的地域性文化特征,西南地区盛行的是蛇神信仰。[②] 王永平认为,龙王崇拜是水神崇拜的一种,从唐代开始龙王崇拜由官方推行逐渐普遍化,这深刻影响了中国民间信仰体系。[③] 屈小强认为四川民众将竹崇拜人格化,用竹神母解释该地区祖先来源,强调正是四川封闭的地理环境致使传统的古文化未被唐宋时期大肆盛行的佛道文化所同化,具有鲜明的地方特色。[④] 肖伊绯考察了鬼子母信仰在巴蜀地区的流行,认为鬼子母虽来源于佛教,但对于自然生育能力崇拜的特色十分鲜明,是生育信仰的一种。[⑤] 代大维对长江中上游的精怪信仰进行了详细分析,认为正是广泛流行于该地区的精怪信仰为唐小说提供了丰富的故事题材。[⑥]

目前,学界对傩戏的研究较为丰富。黎春林对傩坛三圣之"土主"进行考察,认为土主的原型是唐以来崇敬的重庆壁山神,具有明显的地域性。[⑦] 欧佩芝对巴蜀民间的巫傩传统进行梳理,指出唐以后的巫傩已经地方化,这既有中原傩向外辐射的原因,也是本土化的结果。[⑧] 李邵明认为,巴蜀傩戏中有着鲜明的民族特色,流行于不同区域、表演形式不同的傩戏都有其出身于少数民族的神祇,呈现出各民族文化相互交融的景象。[⑨]

人物神方面,唐宋时期四川地区的人物神信仰是民间信仰的重要分支,占据半壁江山。赵锡成曾将四川地区的人物神分为三类,即传说人神、先贤人神

①康文籍:《宋代四川地区民间信仰研究——以祠庙为中心》,西南大学硕士学位论文,2009年,第12页。

②刘黎明:《论宋代民间淫祀》,《四川大学学报(哲学社会科学版)》2004年第5期,第95页。

③王永平:《论唐代的水神崇拜》,《首都师范大学学报(社会科学版)》2006年第4期,第13页。

④屈小强:《巴蜀竹崇拜透视》,《社会科学研究》1992年5月。

⑤肖伊绯:《鬼子母信仰在巴蜀地区的流行》,《寻根》2013年3月。

⑥代大维:《长江中上游民间信仰与唐小说关系研究》,西南大学硕士学位论文,2016年,第41—49页。

⑦黎春林:《巴蜀傩坛三圣之"土主"考》,《湖北民族学院学报(哲学社会科学版)》2012年第4期。

⑧欧佩芝:《巴县民间信仰研究》,重庆大学硕士学位论文,2017年,第7—10页。

⑨李绍明:《巴蜀傩戏中的少数民族神祇》,《云南社会科学》1997年第6期。

和平民人神。①

　　传说人神，即与四川地区流行的神话传说故事相关的人物，如大禹、竹王、蚕丛等。干鸣丰认为四川的"川主"信仰形成于唐宋之际，以治水文化为核心内容，故将家喻户晓的神话人物大禹奉为"川主"。② 大禹治水的范围主要在中原地区，四川民众选取大禹作为信仰的模型显然还未充分发掘区域内可供神话的传说人物。朱丽对古蜀本土信仰展开研究，指出蜀地盛行蚕神信仰，且信仰对象并非是黄帝体系的嫘祖，而是更具蜀人身份的马头娘。③ 民间采用马头娘这种非中原系统的传说人物作为信仰对象，足以说明乡土观念影响之深远。袁珂等人认为巴蜀神话虽然较为零散，但整体上围绕着三个母题：蚕神、大石、治水，尤其是治水传说，更是影响了四川信仰体系的建立。④

　　先贤人神，主要包括出身于或曾有功于四川地区的名人。李文珠认为四川地区的先贤崇拜与其他地方不同，主要分为古蜀国的先贤、三国时期的历史人物、具有地方特色的保护神、与蜀地有关的历史人物四类，且较少受到外来文化的影响，带有本土神话的色彩。⑤ 如上所述，蜀地的先贤人物多半与治水有关，其中尤以对灌口二郎神的研究最多。目前对于二郎神的原型主要有四种说法：李冰二子李二郎，仇池氏杨氏杨难当，隋末道士赵昱，封神传说杨戬。李耀仙在其论文中对这四个不同原型之间的关系进行了论述，指出实有其人的赵二郎和杨二郎都未获得宋廷册封，而本无其人的李二郎却受到皇帝肯定，成为二郎神的正统。其原因主要在于宋廷与四川本地民众在文化上相互交融与妥协，即确立代表儒教的李冰二子为二郎神的官方形象，但又对其进行氐羌化处理，使民族间的交往更为和谐。⑥ 康保成分析了二郎神与生殖器的关系，指出二郎神信仰是以求子为宗旨的生殖崇拜的进一步发展。⑦ 李远国等考虑到傩戏中二

---

　　①赵锡成：《宋代成都地区民间祠神信仰研究》，四川师范大学硕士学位论文，2016年，第10页。

　　②干鸣丰：《简论"川主"信仰及其历史影响》，《西南民族学院学报（哲学社会科学版）》2003年第5期，第20页。

　　③朱丽：《论移民与蜀地民间偶像崇拜的历史变迁》，《成都理工大学学报（社会科学版）》2008年第3期，第35页。

　　④袁珂、岳珍：《简论巴蜀神话》，《中华文化论坛》1996年第3期，第36页。

　　⑤李文珠：《唐五代民间神祇的空间分布研究》，西南大学硕士学位论文，2008年，第58页。

　　⑥李耀仙：《二郎神考》，《四川师范学院学报（哲学社会科学版）》1998年第1期。

　　⑦康保成：《二郎神信仰及其周边考察》，《文艺研究》1999年1月。

郎神形象的演变,指出二郎神是傩坛的主神。①

四川地区民族分布复杂,西与氐羌相连,南接西南群蛮,信仰对象丰富多样。不少学者都从民族学和宗教学的角度进行了思考与研究。如针对二郎神的原型,前述李耀仙在文章中便将二郎神候选人的争锋看作是儒、道、氐羌传统在四川地区的争锋。朱丽也认为二郎神崇拜是中原文化、道教信仰和蜀地本土民间信仰的综合结果。② 干树德认为二郎神信仰肇端于毗沙门天王之二子独建二郎,这与四川比邻安西、佛教广泛传播有很大关系。③ 侯会考虑到川蜀地区具有祆教文化背景,认为二郎神的神性与祆教雨神得悉神相一致,推断二郎神信仰源头为祆教雨神崇拜。④ 除了二郎神之外,梓潼神也是研究重点之一。梓潼神本是众多民间神祇中的一个,到明清时则专职负责科举的相关事宜,被册封为"文昌梓潼帝君",而这种转变正发生于唐宋之际。祝尚书指出,正是由于唐代以来的"科名前定",梓潼神(即氐人张亚子)由普济型的武神转变为专为科举服务的文神。该神祇神性的创造与地方试图通过科举进入决策中心有关。⑤ 唐代剑通过对有宋一朝进行分析,指出南宋前期梓潼神还具有主兵革的作用,而理宗之后则专注禄籍,这与宋明理学的盛行不无关系。⑥ 除此之外,对先贤人物的研究还有针对诸如诸葛亮、姜维等人物的研究等。⑦

平民人神,即以无官爵、非传说的人物作为信仰对象。唐宋时期,随着生产力的稳步提高,民间信仰也出现世俗化和经济化的趋向,主要表现为行业神的发展壮大。唐宋时期,四川地区纺织业、盐铁业极为发达,故行业神的塑造多与这些行业有关。蚕神信仰虽起源较早,但具有浓厚的神话色彩,真正将行业神

---

①李远国、田苗苗:《论巴蜀地区的川主、二郎信仰》,《中华文化论坛》2012 年第 6 期,第 75 页。

②朱丽:《论移民与蜀地民间偶像崇拜的历史变迁》,《成都理工大学学报(社会科学版)》2008 年第 3 期,第 36 页。

③干树德:《也谈二郎神信仰的嬗变》,《宗教学研究》1996 年第 2 期,第 44 页。

④侯会:《二郎神源自祆教雨神考》,《宗教学研究》2011 年第 3 期。

⑤祝尚书:《科举守护神"文昌梓潼帝君"及其社会文化意义》,《厦门大学学报(哲学社会科学版)》2009 年第 5 期。

⑥唐代剑:《试论梓潼神在宋代的发展》,《中国道教》1995 年 12 月。

⑦李巧艺:《四川理县宗教建筑分布的历史调查》,《阿坝师范学院学报》2016 年第 1 期;马强:《诸葛亮崇拜与古代蜀汉地区的民间信仰》,《成都大学学报》2002 年第 2 期;罗成基:《镇江王爷姓氏初探》,《盐业史研究》1991 年第 4 期。

世俗化是在唐宋时期。① 裴一璞指出,四川民众曾将开采盐井的刑徒、发现盐泉的猎人供奉为盐神,试图塑造民间主导的盐神信仰体系。② 将平民构建为神祇虽然不是主流,却反映出意识形态领域已出现权力下移的趋势。

此外,诸如世俗化的佛教、道教、儒教之类研究,大体上可以视为是官方意识形态向下层延伸的结果,此不赘述。但须知,民间信仰与官方宗教之间并没有严格分界。民众并不在乎信仰体系的规范性或信仰的纯粹性,多只采用是否灵验的功用性作为标准。③ 因此,在研究时不应将二者完全割裂开来,而应看作是官方与民间、中央与地方互动的结果。

二、关于信仰人群的研究

对于民间信仰来说,普通民众无疑是信众中的主力军。他们既是民间信仰的宣传者,也是地方神祇的创造者。据杨宗红研究,民众积极虔诚地操办各类祭祀仪式,而盛大的庙会和繁盛的香火使民众更相信神祇的灵异性。许多民众利用乡间的宗族关系,为神祇私下立祠,创造出了很多新的神祇。这些新的神祇颇为灵验,得到了当地民众的认同,遂走出宗族向更大区域流通,有的甚至变为全国性的信仰。这无疑都是民众的功劳。宋代民众的信仰表现出明显的经济性特征,而民间信仰在经济活动中的作用表现为保持民众良好的道德素质和职业操守,用这种超经济手段来维持市场秩序。④

除普通民众外,官员和士人也是崇拜人群中的一份子。士人对神祇的信仰与科举的发展密切相关,这也推动了梓潼神和文昌神附会为一。⑤ 四川较为重视教育,甚至到了可"比于齐鲁"的程度,但士人却偏离了"子不语怪力乱神"的轨道,信奉谶学。而宋代四川士子之所以深信神祇,正是该区域教育水平上升、

①袁珂、岳珍:《简论巴蜀神话》,《中华文化论坛》1996 年第 3 期,第 36 页。

②裴一璞:《白鹿化龙:从宋代四川盐神信仰变化看官民盐权分配的博弈》,《四川师范大学学报(社会科学版)》2014 年 9 月。

③[美]韩森著、包伟民译:《变迁之神——南宋时期的民间信仰》,第 27—37 页。

④杨宗红:《〈夷坚志〉所见南宋四川的民间信仰与民生》,《求索》2016 年 9 月,第 169—170 页。

⑤唐代剑:《试论梓潼神在宋代的发展》,《中国道教》1995 年 12 月,第 26—27 页。

考生竞争压力大、极度内卷的结果。① 同样,士人在对地方信仰进行参拜的过程中,其对自身功名预言的准确程度又进一步推动该神祇影响力的扩大,且该影响力随着士人四处为官而走向全国。

官员与地方神祇之间的关系具有两面性。一方面,官员既是中央派到地方的管理者,有教化人民的使命;另一方面,官员在四川为官时的所作所为受到神祇的"审判"。大多数官员就任四川后都会被四川的淫祀之风震惊并下令整改,甚至捣毁神祠,但这种行为非但没有消除神灵的影响力,反而受到神灵的"惩罚"。② 这种似乎带有上天意志的"报应事件"进一步稳固了民间神祇在地方信仰体系中的地位,迫使地方官员不得不做出妥协,在中央和地方间寻求平衡。

四川地区由于其华夏边缘的特殊地理位置,使得四川地区的民间信仰呈现胡汉杂糅的特点。谭红著《巴蜀移民史》曾对巴蜀地区的移民情况做过专门论述。③ 朱丽考虑到移民对蜀地民间偶像崇拜变迁的影响,认为蜀地民间信仰呈现出信仰对象纷繁驳杂、信仰人群民族多样的特点。④ 曹刚华对《太平广记》进行了文本分析,指出隋唐以来胡人尤其是胡商大量入唐,既影响了经济生活,也使民间信仰"胡化"。⑤

三、关于官民之间信仰互动的研究

川峡之地,好巫风、行淫祀是一种独特的社会风尚。历代王朝均对淫祀持打击态度;但出于种种客观原因,"正祀"与"淫祀"之间的界限往往并不清晰,政府不得不采用妥协的态度重新审视民间信仰,以求达到某种平衡。

中央政府及其委任的地方官肩负着移风易俗的任务,往往致力于消灭淫祀,推行官方认定的信仰体系。王永平考察唐政府及各级官吏对民间淫祀的禁

①杨宗红:《〈夷坚志〉所见南宋四川的民间信仰与民生》,《求索》2016 年 9 月,第 169 页。

②杨宗红:《南宋时期四川的民间信仰与地域社会——以〈夷坚志〉为中心》,《宗教学研究》2017 年第 2 期,第 271 页。

③谭红:《巴蜀移民史》,巴蜀书社 2006 年版。

④朱丽:《论移民与蜀地民间偶像崇拜的历史变迁》,《成都理工大学学报(社会科学版)》2008 年第 3 期。

⑤曹刚华:《〈太平广记〉与唐五代民间信仰观念》,陕西师范大学硕士学位论文,2001 年。

绝态度,指出其通过多种手段移风易俗,取得了一定效果。① 杨建宏总结了宋代对淫祀的打击政策,既有严厉的打击政令,也对可能形成的淫祀进行事先预防,认为有宋一朝每位帝王几乎都与民间信仰争锋,试图把握祭祀权。② 赵章超认为宋代在治理巫术妖教犯罪方面取得的成就是空前绝后的,并借此探讨了针对妖教的法律惩禁。③ 然而,面对政府对淫祀的打击往往收效甚微,无法彻底断绝。因此,朝廷不得不进行适度妥协,通过将民间神祇收编入官方祭祀系统等手段促使其合法化,以此舒缓中央与地方、政府与民众间的紧张关系。政府一方面对民间淫祀进行打击,一方面又通过册封来予以认可,反映了中央政权与民间力量对通神权的争夺,或曰世俗控制权威的争夺。④ 雷闻认为,在信仰体系里最重要的就是由地方政府赋予合法地位的祠祀。国家并不将其简单作为"淫祠"加以禁毁,更多是通过将其纳入国家礼制系统而赋予官方地位,维护其正当性。⑤ 他在《郊庙之外》中说明了皇帝祭祀和国家祭祀的区别,指出地方政府的祭祀活动反映了国家对于基层社会的干预程度,认为国家制度与基层管理通过祭祀这一手段建立联系。⑥ 沈宗宪对淫祀久禁不绝的原因进行了细致分析,认为是官方、朝廷统治者的神道设教及其自身信仰使打压淫祠的效果受到影响。⑦ 皮庆生对宋人的正祀、淫祀观进行考察,认为存在中间地带,即如雷闻所说的被赐予合法性的民间信仰体系。这说明,正祀与淫祀并不是完全对立的概念,政府收编民间信仰具有相当的合理性。⑧

官方和民间针对主祀权进行积极互动,实际上是地方势力与地方争权的结果。裴一璞在研究四川盐神信仰时就已指出,民间之所以构建区别于官方认定的盐神,目的就在于破除官方对盐业的垄断,在意识形态领域进行信仰自救。

---

①王永平:《论唐代的民间淫祀与移风易俗》,《史学月刊》2000 年第 5 期。

②杨建宏:《略论宋代淫祀政策》,《贵州社会科学》2005 年第 3 期。

③赵章超:《宋代巫术妖教犯罪与法律惩禁考述》,《宗教学研究》2002 年第 4 期。

④刘黎明:《论宋代民间淫祠》,《四川大学学报(哲学社会科学版)》2004 年第 5 期,第 100 页。

⑤雷闻:《唐代地方祠祀的分层与运作——以生祠与城隍神为中心》,《历史研究》2004 年第 2 期。

⑥雷闻:《郊庙之外——隋唐国家祭祀与宗教》,生活·读书·新知三联书店 2009 年版。

⑦沈宗宪:《国家祀典与左道妖异——宋代信仰与政治关系之研究》,台湾师范大学博士学位论文,2000 年,第 67—127 页。

⑧皮庆生:《宋人的正祀、淫祀观》,《东岳论丛》2005 年第 4 期。

其实质是对采盐权的争夺。① 祭祀作为一种双面权力,在地方与封建政府对祭祀权力的争夺中,反映出地方自治与专制独裁之间的矛盾冲突。② 关注隐藏在民间信仰体系下中央和地方的权力博弈对于探究唐宋时期地方宗族社会的发展及其与中央的冲突与调和具有非常重要的意义。

四、小结

综上所述,目前学界已从信仰对象、信仰人群、信仰冲突等层面对唐宋时期四川地区的民间信仰进行了深入细致的考察与研究,取得了一系列有价值的成果。我们认为,未来唐宋时期四川地区民间信仰的研究可以从以下三方面加以深化。

在制度层面,要进一步丰富与民间信仰相关的官民互动的研究。现有研究成果在谈及此问题时,多从官方政策层面方面入手,偏重于研讨地方官员打击所谓"淫祀"的政策与实践。而民间对官方政策的反应与调适似可成为未来重点关注的领域之一。

在文化层面,要深入探究掩映在神祇性质演变背后的文化图景。以梓潼神为例,在其从普济性神祇转变为专为科举服务的神祇过程中,当时选官制度的影响当然不容忽视。但是,我们还应进一步思考,作为身处帝国边缘的知识人群,四川士人是如何通过敬神活动从文化层面融入到国家主流意识形态之中的。同时,我们也应关注在中原人看来"蛮风夷俗"的巴蜀士人又是如何在官方叙事之下,通过信仰活动重塑乡土认同。

在思想层面,要致力于深化对当地民众精神世界及其演进规律的系统性研究。现有研究多致力于澄清民间信仰中关于现实世界映射的部分,而未充分注意当地民众对于神仙世界的构想。通过考察当地民众对神祇体系的构建及神祇体系运行机制的设想,我们有望更加深入地观察唐宋时期四川民众的精神世界,更加细致地厘清其演进轨迹。

---

①裴一璞:《白鹿化龙:从宋代四川盐神信仰变化看官民盐权分配的博弈》,《四川师范大学学报(社会科学版)》2014 年 9 月。

②杨建宏:《略论宋代淫祀政策》,《贵州社会科学》2005 年第 3 期,第 152 页。

川军与全面抗战研究综述

何林锋[①]

摘 要：川军与全面抗战的相关评价历经变化，从早期的极少关注，到带有革命意识形态色彩的保守评价，转变成以正面评价为主，且评价有日益升高的趋势。川军将领身上的"军阀"标签也日益淡化乃至完全消失。目前相关研究取得很大成绩，厘清了许多问题。但研究也存在不少问题，值得进一步探讨。

关键词：川军；全面抗战；作战事迹

近些年，抗战史研究是中国近代史研究的显学，取得的研究成就很大。抗日战争中地方军队的表现，日益成为学术界关注的重点。四川作为抗日战争大后方，全面抗战期间，川军分三批直接出动6个集团军另2个军、1个独立旅，共40余万人开赴前线参加对日作战，为抗战胜利作出了巨大的贡献。关于川军在全面抗战时期参与会战的情况，也有部分研究成果。西南大学的"抗战大后方研究中心"，有大量的抗战大后方相关学术成果问世，其主编的"抗战大后方历史文化丛书"有相当一部分涉及川军抗战。但是，已有成果存在研究不系统，不深入的缺憾。本文试图对川军与全面抗战的相关研究作一综述，以推动相关研究。

一、学术界对川军抗战评价的变化

对于川军抗战的评价，早在抗战期间就已经开始。抗战时期对川军对外公布的评价普遍是非常积极正面的，主要强调川军作战的勇敢无畏。当时的战地记者看到的是前线川军"战士们杀敌的英勇，拼命牺牲的壮烈，后仆后继至死不

---

①何林锋，江汉大学人文学院研究生。本文系江汉大学研究生科研创新项目"全面抗战初期川军事功研究"（项目编号：210602002）的阶段性研究成果。

屈的坚强精神"①。国民政府也多次对抗战有功的川军部队进行褒奖,对殉国将领举行公葬。公开宣传中,极力渲染川军之英勇不屈。但在对内部的战斗报告中,则指出"各级指挥官无阵地战经验,牺牲精神有余,歼敌能力则不足"②。

建国后的一段时间里,受政治氛围的影响,学术界关注的重点都在中国共产党的革命史方面,很少专门研究国民党方面的军队。80年代以前,大陆史学界对国民党正面战场的研究是很缺乏的,基本没有关于川军抗战的学术研究。有的只是川军起义将领基于亲身经历写成的回忆文章,作为史料保存。但是台湾的川军相关研究还是不少,比如周开庆的相关研究就很有价值。③

改革开放以后,思想解放的春风吹进史学园地,关于川军的研究逐渐增多。但在80年代初期,思想解放的程度依然有限。杨森仍然是军阀的形象,马宣伟、肖波在其论著中指斥杨森"积极反共"④,而抗战的功绩基本上归功于士兵的英勇奋战。后来,这本书经过修订,补充了大量史料,增加了杨森的正面评价,认为杨森"在抗日战争中,他请缨出兵"是"正义之举"⑤。可见80年代末,思想解放的程度进一步加深。比如,乔诚、杨续云笔下的刘湘形象也主要是军阀,但对刘湘推动川军出川抗战,做出了高度评价。⑥ 这是因为1985年纪念抗战胜利40周年出现抗日主战场的争论以后,对正面战场的研究开始热起来。

80年代,川军的相关史料也有较大进步。台湾学者为刘湘编辑了年谱,⑦四川省政协文史委还把众多抗战亲历者战地亲见亲闻记述,集合编辑成书。⑧80年代中期,就有学者认为"川军官兵在作战中血洒疆场,付出了很大代价"⑨。

---

①张善:《忠勇川军》,中国社会科学院近代史研究所,中国人民抗日战争史学会编:《抗日战争史料丛编(第一辑)》第38册,国家图书馆出版社2014年版,第261页。

②四川省档案馆:《抗战时期的四川——档案史料汇编(中)》,重庆出版社2014年版,第596页。

③周开庆:《四川与对日抗战》,台湾商务印书馆1971年版。

④马宣伟、肖波:《四川军阀杨森》,四川人民出版社1983年版,第147页。

⑤马宣伟、肖波:《杨森》,四川人民出版社1989年版,第2页。

⑥乔诚、杨续云:《刘湘》,华夏出版社1987年版。

⑦周开庆:《民国刘甫澄先生湘年谱》,台北商务印书馆1981年版。

⑧四川省政协文史资料研究委员会、四川省人民政府参事室编:《川军抗战亲历记》,四川人民出版社1985年版。

⑨霍钦宏:《由内战到出川抗日》,《四川省纪念抗日战争胜利四十周年学术讨论会论文暨史料选》编辑组编:《四川省纪念抗日战争胜利四十周年学术讨论会论文暨史料选》,四川省社会科学院出版社1985年版,第158—159页。

还有学者认为，"纵观刘湘其人，当了一辈子军阀，打了十多年的军阀内战，对四川人民危害很大。但他在抗战日战争爆发时，积极率领川军出川抗战，为国效命，是应予肯定的"①。可见，80年代的评价虽然肯定了四川实力派对抗战的贡献，但还是略显保守。

到了90年代以后，匡珊吉和杨光彦尽管仍然将四川的地方实力派定位为"军阀"，并强调军阀混战的消极影响。但对四川军阀的转变和川军的出川抗战仍给予较多的赞扬。认为川军"为抵抗日军的野蛮侵略，保卫祖国神胜领土而献身"②。潘洵更是认为"七七事变后，川军健儿开赴抗日前线，参加国民党领导的正面战场作战，这是四川军阀第一次转变的主要标志"③。这之后，越来越多的评价倾向于强调川军将领的个性人格。正如曾业英对改革开放后人物研究的总结，"许多政治人物的研究越来越倾向于个性人格，甚至根本不再提及阶级分析和阶级立场"④。许多对川军将领纪念性的书籍出版，甚至得出"孙震将军在生活作风，个人操守，许多方面为人称道"⑤的结论。此后，大陆学界对川军将领的评价更加正面，温贤美高度评价了刘湘的爱国情怀，认为刘湘"功在国家，赢得了人民的尊敬和历史的肯定"⑥。许多学者对四川军人的称呼，也从"军阀"换成了"爱国将领"⑦。

随着研究的深入，探讨的学术问题更加细致，对川军抗战的评价越来越客观合理。易斌对参加武汉抗战的川军表达了敬意，因为"内地人民以极大毅力进行着不屈抗争，打破了日本灭亡中国的迷梦"⑧。"在国家、民族危亡的关键时刻，作为后方一隅实力派军人的刘湘能毅然顶住各方面的压力，不惜牺牲实力，

---

①任一民：《抗日战争时期的四川地方实力派》，《四川省纪念抗日战争胜利四十周年学术讨论会论文暨史料选》编辑组编：《四川省纪念抗日战争胜利四十周年学术讨论会论文暨史料选(二)》，四川省社会科学院出版社1985年版，第107页。

②匡珊吉，杨光彦：《四川军阀史》，四川人民出版社1991年版，第505页。

③杨光彦、潘洵：《爱国主义传统与四川军阀的两次转变》，《西南师范大学学报》1996年第1期，第71页。

④曾业英：《当代中国近代史研究(1949—2019)(下)》，中国社会科学出版社2020年版，第765页。

⑤钟朗华等编：《大将风标》，成都市农贸总公司印刷厂1992年版，第3页。

⑥温贤美：《刘湘率军出川抗战经过及其作用和影响》，《社会科学研究》1994年2月，第110页。

⑦唐维华：《川军爱国将领郭勋祺抗日事迹》，《东南文化》1995年第4期，第55页。

⑧易斌：《试论川军在武汉会战中的历史地位》，《军事历史研究》2001年第1期，第61页。

倾力抗战,而且拖着重病的身躯奔赴抗战的前线,其为中华民族做出的贡献是值得我们后人牢记和尊敬的。"①王晓春认为"广大官兵顽强作战,英勇杀敌,作出了重大牺牲,这是应予肯定的"②。有学者进一步评价川军抗战的伟大意义,"川军各部在其爱国将领的带领下,奋战在抗日的各个战场上,同仇敌忾,艰苦奋战,团结一致奋勇杀敌,与日军血拼苦战,在中国的抗战史上留下了无数悲壮的光辉战绩"③。上海的地方学者认为,"长期的内战,使川军声名不佳,而在民族危亡之际,川军将士却奔赴战场,英勇杀敌,尽显热血男子汉本色"④。此外,大陆出版的涉及川军将领的传记作品里面,对川军抗战的事迹普遍是正面的评价。⑤

近些年,学术界对川军抗战的评价愈加升高。在诸多评价中,四川学者何一民的评价引人注目,他认为川军"在八年抗战中越战越勇,成为一支'铁血之师'受到世人的高度赞誉"⑥。尹晓宇在细致研究后也得出结论,"川军在日寇侵华、民族危机严重之时勇于出川、敢于战斗、甘于牺牲的英勇行为,乃系中华民族自古绵延至今的爱国奉献精神的弘扬,值得我们永远铭记"⑦。孙震、饶国华等川军将领获得了高度评价。比如,徐玉英就认为,"1937 年 7 月 7 日,抗战全面爆发后,他(孙震)迅速投身这场事关民族危亡的爱国战争,并在台儿庄等大的战役中发挥了至关重要的作用"⑧。陈廷湘更是进一步认识到"八年抗战时期,川军各部在前线浴血奋战、英勇杀敌,功不可没,英雄事迹永垂史册"⑨。张彦也认为"(川军)前仆后继,同穷凶极恶的日寇展开殊死战斗,付出巨大牺牲,作出巨大

①高松:《刘湘率领川军出川作战的背景》,《成都大学学报(社科版)》2007 年第 1 期,第 57 页。

②王晓春:《8 年抗战中的川军第 20 军》,《四川档案》2005 年第 3 期,第 37 页。

③蒲自林、陈哲:《川军出川抗战述评》,《四川理工学院学报(社会科学版)》2006 年 6 月,第 37 页。

④上海淞沪抗战纪念馆编:《川军与淞沪会战》,上海人民出版社 2009 年版,第 4 页。

⑤沉度、应列:《国民党高级将领传略(第 2 版)》,华文出版社 2005 年版。

⑥何一民:《从"双枪兵"到铁血雄师:抗战时期川军战斗力提升和形象改变的原因》,《天府新论》2015 年第 6 期,第 17 页。

⑦尹晓宇:《论 1937 年川军出川抗日》,《军事历史研究》2020 年第 5 期,第 59 页。

⑧徐玉英:《革命、抗战与教育:谈国民党川籍将领孙震》,《忻州师范学院学报》2016 年第 4 期,第 35 页。

⑨陈廷湘、徐学初、张力开:《中国抗日战争全景录(四川卷)》,四川人民出版社 2015 年版,第 66 页。

贡献"①。

二、学术界主要关注的几个问题

在评价川军抗战时,有几个问题引起了史学界的争论,这些问题直接影响到对川军抗战的评价。

(一)川军将领的事迹和功过

学界研究的川军人物普遍集中在刘湘、杨森、孙震、王铭章、王缵绪、李家钰、饶国华等将领,探讨集中在蒋介石和川军将领的关系以及抗战爆发前后川军将领政治态度的转变,对抗战事迹的介绍以叙述为主。范绍增等知名度较低的将领被关注较少,关于范绍增的论文不多,还是宣传介绍的性质。② 至于刘雨卿等将领学界基本没有关注。除刘湘、杨森、孙震有部分严肃性研究以外,其他将领都是以事迹宣传为主。

川军将领的功绩受到的关注较多,大量的文章宣传川军将领。"(王缵绪)他身为国民党上将,坚持在前线对日作战,可算是最知名的川军名将,在抗日战争中曾是全国民众敬仰的英雄人物。"③而"(王铭章)不仅激励了前方将士保家卫国浴血奋战的抗日斗志,更振奋了民族抗战必胜之精神"④。再比如,"(1944年)参战的第36集团军总司令李家钰所辖集团军虽为杂牌部队,却在战区主角蒋鼎文、汤恩伯等国民党嫡系部队均已西逃的情势下独挑大梁,不仅以孤军之势最迟退出驻地,还拼死承担起掩护友军西撤的重任"⑤。宣传川军将领抗战事迹的文章数不胜数,但是缺乏深入研究,普遍停留在宣传性质。

有些学者较多着眼于川军将领在抗战期间也参加了反共活动,有学者就认为"(平江惨案)是杨森在抗战中期执行蒋介石假抗日真反共狰狞面目的大暴露"⑥。另外,川军与"皖南事变"的关系也受到关注,认为"川军参加皖南事变在很大程度上是被蒙蔽和胁迫的",但同时又强调"川军毕竟是旧军队,跟新四军

---

①张彦:《四川抗战史》,四川人民出版社2014年版,第143页。
②周恭文、周廷光:《抗战时期的川军将领范绍曾》,《文史春秋》2005年第7期。
③郑纪:《川军名将王缵绪》,《文史精华》2013年第8期,第59页。
④夏军:《王铭章与川军藤县抗战》,《中国档案》2016年5期,第81页。
⑤沈岚:《李家钰:豫中殉国》,《中国档案》2017年第2期,第79页。
⑥马宣伟、肖波:《四川军阀杨森》,四川人民出版社1983年版,第152页。

之间还是有一些利益冲突"①。

(二)川军兵役相关问题

关于川军兵役相关的研究成果是很多的,也是研究基础最好的一部分。四川省档案馆和重庆市档案馆保留有大量大后方兵役的资料,川渝地区高校的硕博士论文大量研究川军兵役,集中探讨兵员动员、兵员补充、征兵宣传等问题。知识青年从军问题,四川兵役动员问题都是近年来研究的热点。还有学者分析了蒋介石对兵役弊端的认识和应对。区县一级的兵员征补、动员,地方役政也日益受到学界关注。

对抗战时期国民政府在四川的兵役,学者们普遍采取一分为二的观点来认识,冉绵惠认为,一方面国民政府的兵役制度"为抗战胜利做出了巨大贡献"。但另一方面,"抗战时期四川兵役制度弊窦丛生,各级兵役人员借征兵之机勒索中饱、强拉壮丁等,甚至导致农民暴动"②。

有研究认为"兵员动员为战争提供了大量兵员,支援了抗战,但是大规模的征召壮丁也使得北碚乡村的社会生产与生活受到冲击,地方经济生产受到影响,民众生活负担加重"③。而在四川的"志愿兵运动推行困难重重,问题不断,受战时各方条件的制约,及国民政府制度的局限,抗战大后方的志愿兵运动最终未能逃脱昙花一现的命运"④。汤梓军也得出过类似的结论,"战时四川政权机构的动员力仍然有限,所动员的人力资源并没有最大化。但成绩与问题两相权衡,成绩仍是主要的"⑤。

(三)川军出川的动因和过程

川军出川的动因和川军将领的态度,川军与国民政府的关系都是密切相关

---

①吴云峰:《论皖南事变前后川军的政治倾向——以二十三集团军为中心的考察》,《文史杂志》2014 年第 5 期,第 23—24 页。

②冉绵惠:《抗战时期的兵役制度——以四川为例》,《四川师范大学学报(社会科学版)》2007 年第 5 期,第 112—113 页。

③刘小苑:《全面抗战时期北碚的兵役动员研究》,西南大学历史文化学院,硕士学位论文,2020 年,第 80 页。

④潘洵、刘小苑:《抗战大后方的志愿兵运动》,《中华文化论坛》2020 年第 6 期,第 70 页。

⑤汤梓军:《抗战时期四川兵员动员研究》,四川大学历史文化学院,博士学位论文,2006 年,第 130 页。

的。大量关于川军抗战或者四川抗战史的研究中都会提及。大量学者认为在民族危亡关头，以刘湘为代表的川军将领转变态度，毅然积极主张出川抗战。也有学者认为刘湘的态度转变是形势所迫。但刘长江对刘湘主张抗战的政治抉择的研究颇有新意，认为"刘湘一生的政治选择具有内在一致性"①。

黄天华对川军整编和出川有深入研究，把川军整编和"两广事变""西安事变"以及日本对川军的关注和挑拨都联系起来研究②。作者视野开阔，超越了以往的研究角度。有学者认为"虽然整军过程仓促，整军结果并没有达到理想效果，但整军却具有重大意义"③。

以往研究对川军出川过程往往一笔带过，只简略叙述出川路线和经过。川军整编受到的关注较多，但近年来有文章认真分析档案史料，分析了川军出川的过程中遇到的经费、军队集中缓慢、交通不便等问题，很具有新意。"在内部整编不完备、军饷发放不及时、交通条件不完善的情况下，川军克服重重困难，奔赴前线"。④

(四)川军作战事迹

关于川军作战事迹方面，一方面通俗性的宣传文章依然很多，大量介绍川军的英勇事迹。但是对川军在抗战中后期的表现依然关注不够。另一方面，也出现了一些选题新颖、史料扎实的学术论文。

川军的作战事迹是学界成果最多的部分，但是学术性普遍比较差，以会议文字和通俗的宣传居多，学术性不强。⑤ 当然早年间也有一部分扎实考证之作，比如对藤县之役敌我兵力数量的实证辨析。⑥

有学者注意到台儿庄战役中孙震部的功绩，不再单纯关注王铭章部。但绝大部分的研究成果是宣传文章，先叙述某个作战事件，再号召弘扬抗战精神，都

---

① 刘长江、陈显川：《抗战前后刘湘的政治抉择新论》，《重庆师范大学学报（哲学社会科学版）》，2016年第1期，第15页。

② 黄天华：《"整军即所以抗日"：蒋介石与1937年川康整军会议》，《社会科学研究》2016年第5期。

③ 裴世东：《1937年川康整军探究》，《成都理工大学学报（社会科学版）》2017年第5期，第80页。

④ 尹晓宇：《论1937年川军出川抗日》，《军事历史研究》2020年第5期，第56页。

⑤ 山东省政协文史委编：《悲壮之役——记1938年藤县抗日保卫战》，山东人民出版社1992年版。

⑥ 蓝祯伟：《关于王铭章部固守藤县的若干史实问题商榷》，《四川党史》1995年第5期。

是对川军作战的正面书写,内容千篇一律,缺乏深入扎实的史料梳理。并且,这些文章主要都是列举叙述单个将领或者单个军队的作战事迹。

在2005年抗战胜利60周年之际,郑光路所著的《川人大抗战》以翔实的史料,全面、系统地介绍了川人抗战的全过程。川军出川抗战的经历是其中的主要部分。全书在保证史实准确的情况下,尽量做到了文笔通俗。

许多学者认为川军在抗战中做出了卓越的贡献。"在出川抗战的艰难历程中,川军将士表现出感人至深的爱国情怀,以喋血疆场、义无反顾的牺牲精神与日本侵略者展开浴血奋战,战功卓著,屡受嘉奖。"①大量的学术成果都写到川军的抗战事迹,只是还存在研究不深入,叙述不完备的缺憾。

(五)川军和中国共产党的统战关系研究

川军在抗战中与中国共产党及其领导的军队结下了深厚的情谊。所有的研究者都注意到了川军在抗战中收到共产党的帮助和感召,结下了深厚的情谊。这是主要的方面。同时也有学者关注到川军和一些反共军事行动有关,但不是主要的方面。川军在山西抗战的时候,朱德和邓锡侯、李家钰都结下了深厚的情谊。②邓锡侯在山西抗战的时候多次得到共产党和八路军的帮助,"邓锡侯与中共党的领导人来往比较频繁,受其影响也较深③"。最后,"(李家钰)能和八路军搞好关系,更没有参加国民党的反共高潮④"。

此外,川军与新四军的合作也较多。"新四军支队长陈毅就经常派游击队帮助川军布雷,解决布雷队的食宿和掩护问题。⑤"最后得出了,"皖南事变之前,川军与新四军在皖南进行了亲密地合作。川军参加皖南事变,在很大程度上是被蒙蔽和胁迫的,受到顽固派的挟持,但与川军的阶级属性也有一定的关系"⑥的结论。

另外一些对川军将领的生平传记成果里面也大量涉及川军与共产党的关

①简奕:《百万川军挽艰危征万里》,《红岩春秋》2015年第7期,第12页。

②高勇:《朱德与抗日川军》,《四川档案》2006年第6期。

③山东省政协文史委编:《悲壮之役——记1938年滕县抗日保卫战》,山东人民出版社1992年版,第264页。

④周理昌:《川军在山西抗战》,《中外企业家》2009年第3期(下),第194页。

⑤马宣伟、温贤美:《川军出川抗战纪事》,四川省社会科学院出版社1986年版,第199页。

⑥吴云峰:《论皖南事变前后川军的政治倾向——以二十三集团军为中心的考察》,《文史杂志》2014年第5期,第22页。

系,邓沛看到了郭勋祺在抗战期间和新四军紧密团结,共御外辱。郭勋祺做了许多团结共产党人的事情。① 有学者还注意到了川军范绍增的军队和新四军保持良好关系以及对新四军军纪、军民关系甚至战术的学习。②

中国共产党对四川地方实力派的统战工作受到较多的关注。由于共产党的统战工作,"在南京国防会议及党政联席会议上,刘湘在中共领导人朱德、董必武等人帮助下,再次婉转地表达了反对内战、一致抗日的政治立场"③。此外,"中共方面也派张秀熟、杨伯恺、张雪岩等人对刘文辉、邓锡侯、潘文华等川军重要将领进行统战工作"④。

三、研究取得的成绩和问题

几十年来,史学界关于川军抗战的研究,取得了很大的进展。视角的扩大、史料的发掘、方法的更新,都为川军抗战的进一步研究提供了条件。但相关研究也存在缺陷和问题。

首先,经过研究和考证,川军出川前后的情况以及川军抗战的事迹基本清楚明了。原先不太清楚的历史细节已经弄清。比如川军出川的经费、川军行军的路线情况、川军与"皖南事变"的关系、川军的兵役问题,以及川军主要部队参加一部分大会战的基本情况等。厘清这些问题,为全面、公正、客观地评价川军抗战表现奠定了基础。其次,在研究的基础上,对川军抗战的评价也比较符合实际。由于对于抗日战争的研究逐渐超越国共党派斗争的视角,川军抗战的伟大意义受到越来越多的重视,学术界对川军抗战的评价也越来越高。川军抗战将领也受到越来越多的纪念。川军将领的口述资料也是多次再版,除了 80 年代出版的《川军抗战亲历记》,2017 年中国文史出版社出版了"热血山河丛书"《将领讲述·川军抗战》,并在 2020 年出了再版。四川省档案馆还编辑了《抗战时期的四川——档案史料汇编(上中下)》,其中有一章专门是川军抗战的相关档案汇编。2013 年,四川广播电视台历时三年完成的长篇文献纪录片《国仇一

---

① 邓沛:《郭勋祺将军的传奇人生》,《党史文汇》2009 年第 2 期。

② 周恭文、周廷光:《抗战时期的川军将领范绍曾》,《文史春秋》2005 年第 7 期。

③ 张哲:《抗战期间中国共产党对地方实力派的统战工作》,《新西部》2017 年第 14 期,第 88 页。

④ 陈廷湘、徐学初、张力开:《中国抗日战争全景录(四川卷)》,四川人民出版社 2014 年版,第 187 页。

川军抗战实录》播出。

另外,许多作品对川军贡献的评价不是基于扎实的史料分析,只有笼统评价,更缺乏川军战绩和其他地方部队、中央军部队的比较研究。就史料运用来说,既往研究忽视充分运用一手史料,对许多具体问题缺乏深入考辨,始终停留在人云亦云的层次。许多文章都是介绍性质的,所引用的史料基本上是二手史料,缺乏对一手史料特别是档案史料的解读和运用。某些扎实的研究之作,研究的着眼点又较小,反映的川军抗战事迹不全面。内容陈陈相因,材料大同小异。说到底,就是偏重记叙,而非分析论证。因此,这些研究的结论难以令人信服,甚至难以找到给人些许启发之处。

除了需要更加深入仔细地分析史料以外,有一些问题也需要引起学术界的重视。比如可以从战略战术层面对川军的作战做出评价、川军将领的指挥能力、川军的战术素养、抗战后期川军的表现,以及川军本身在抗战期间的变化等问题。这些问题直接关系到对抗战时期川军的评价,可目前的相关研究仍旧薄弱。

川军抗战的相关研究还有一个重大问题在于,研究思路和结论雷同。基本都是列举川军部队英勇抗战的事例然后夸赞一番川军的英勇无畏,贡献巨大,很少分析川军战功或失败的具体原因。周勇主编的《西南抗战史》,在第五章列举了"川军抗战事迹",然后在第十一章得出结论,"广大的出川军人,发扬了四川人民机智勇敢、不畏艰险、不畏强暴的精神,与日寇鏖战,为挽救国家危亡,作出了巨大牺牲"[1]。《中国抗日战争全景录(四川卷)》也是同样的模式,甚至许多语言表述都有雷同。《四川抗战史》里面也多是类似的描述,也是分别列举川军的重要作战事迹,最后抒发感慨。[2] 再比如,2005 年的论文《8 年抗战中的川军第 20 军》认为"3 次长沙会战,20 军表现神勇,建有奇勋"[3]。到了 2016 年的论文《湖南抗战时期的杨森》"(第 20 军)发起猛攻,日军遭受重创"[4]。基本都是相似的内容和相同的结论。许多研究既没有什么新史料,也没有什么新看法,研究结果少有不同。当然,历史研究是永无止境的,同一人物、同一事件的研究也会伴随时代进程延续下去。但如果不能对前人的研究有所深化、有所创新,那

---

①周勇:《西南抗战史》,重庆出版社 2014 年版,第 296 页。

②张彦:《四川抗战史》,四川人民出版社 2014 年版。

③王晓春:《8 年抗战中的川军第 20 军》,《四川档案》2005 年第 3 期,第 37 页。

④胡剑:《湖南抗战时期的杨森》,《档案时空》2016 年第 5 期,第 39 页。

就只能说是学术研究所不取的低水平重复了。

此外,川军抗战的研究中对川军的评价越来越高,也并非没有片面性。强调川军在抗战中的贡献和伟大的牺牲精神,视乎已经成为一个普遍的结论。但却对川军在作战中指挥不灵、部队协调不畅、战术呆板以及通讯和情报工作水平低劣等问题视而不见。英勇不屈的战斗意志固然是评价一支军队不可缺少的方面,但绝对不是唯一方面。王奇生对湖南会战的研究可以说给推进相关研究提供了样板①,但川军抗战的相关研究还是缺乏对战术、情报、部队协调等方面的研究。而许多研究者在没有研究这些方面的时候,就对川军抗战功绩作出了高度的评价,这就比较草率了。

---

① 王奇生:《湖南会战:中国军队对"一号作战"的回应》,《抗日战争研究》2004 年第 3 期。

2021 年长江文化研究综述

王文静[①]

摘　要:长江文化历史悠久,底蕴深厚,与此相关的研究成果颇多。史前长江文明研究多以中华文明探源工程、巴蜀文明、三星堆文明、良渚文化等为研究对象,古代长江文化研究梳理了自西汉至明清时期的各类研究成果,近代长江文化研究领域较为广泛,涉及经济、军事、社会、教育、医学等多个方面,部分研究内容对今日长江经济带建设仍有重要启示和借鉴意义。2021 年有关落实习近平总书记主持召开全面推动长江经济带发展座谈会会议精神,旨在保护、传承、弘扬长江文化,探索长江文化在当代建设发展中创造性转化、创新性发展路径,坚定中华民族文化自信的研究和学术会议硕果累累,但未来的研究依然存在可以拓展的空间。

关键词:长江流域;文化;弘扬

长江是中国第一大河,是中华文明的发源地之一,是中华民族的母亲河、生命河,面积广大的长江流域孕育了底蕴深厚的长江文明。2020 年末,习近平总书记主持召开全面推动长江经济带发展座谈会时做出"要把长江文化保护好、传承好、弘扬好"的重要指示,此后有关长江文化的研究如雨后春笋般涌现,长江文化成为学术领域的研究热点。回顾与梳理 2021 年的长江学文化研究成果,不仅有利于深化对长江文化与中华文明起源的认识,助力"长江学"构建,提升中华民族的文化自信,同时,也为今后的长江文化研究提供新思路,指明新方向。

---

① 王文静,湖北省社会科学院文史研究所 2020 级硕士研究生。

一、长江历史文化研究

(一)史前长江文明研究

习近平总书记在中共中央政治局就深化中华文明探源工程进行第三十九次集体学习时强调,中华文明源远流长、博大精深,是中华民族独特的精神标识,是当代中国文化的根基,是维系全世界华人的精神纽带,也是中国文化创新的宝藏,中华文明探源工程提出文明定义和认定进入文明社会的中国方案,为世界文明起源研究作出了原创性贡献。中国历史研究院考古研究所王巍研究员在《历史研究》的专访中对长江流域,尤其是长江中下游地区的考古遗址从文明进程角度进行系统梳理,试图由此探究中华文明起源。[1] 以苏秉琦、王震中为代表的诸多名家提出了自己的观点或理论,刘俊男认为,酋邦不可与国家概念并列来阐述文明演进序列,而是将长江中游地区文明的进程概括为原始社会末期的神邦,进入国家社会后的城邦、霸国、王国、帝国五个阶段。[2]

长江上游以巴蜀文明为代表,源远流长延续至今。程得中梳理了自新石器时期至新中国成立以来巴渝文明的起源、发展与长江的关系。历代对重庆地区的开发经历了从干流到支流纵深发展的历史进程,北宋中晚期,重庆的川江枢纽地位随着巴蜀地区商品经济和川江水运的发展逐渐形成。水运的发达,使得重庆成为"商贾云集,百物萃聚"的商业型城市,拥有综合性的城市功能。并且随着政治地位的上升和辖区的扩大,重庆开始成为巴蜀地区仅次于成都的重要城市。鸦片战争后,重庆因其川江航运枢纽的优越位置被强迫开埠,在纳入资本主义世界体系的同时,自身的经济发展和城市建设也进入了历史新阶段。[3]

三星堆是长江流域的重大考古发现,田剑波的《试论商时期长江中上游与秦岭南北的文化交流方式——从三星堆二号祭祀坑出土圆眼直喙歧冠鸟形饰说起》认为,三星堆出土的圆眼直喙歧冠鸟形饰可能是从长江中游输入或仿制于长江中游的同类器。长江中上游、汉中、关中地区都存在鸟形饰,一是与关

---

①窦兆锐:《百年考古与中华文明之源——访中国历史研究院考古研究所王巍研究员》,《历史研究》2021年第6期。

②刘俊男:《论长江中游地区早期文明演进的五个阶段》,《广西民族大学学报》(哲学社会科学版)2021年11月第43卷第6期。

③程得中:《长江与巴渝文明的起源、发展》,《文化软实力研究》2021年12月第6期第6卷。

中、汉中沟通南北的地理位置有关,二是受商文化对外扩张作用的影响。通过对关中、汉中和成都平原发现的这些具有鸟形饰的器物以及器物的埋葬环境、使用者或享有者身份的推测,分析出这些器物背后的人群交流是一种社会上层的较为官方的行为或对外活动。早期文明社会上层进行社会控制的主要方式之一就是对重要物质文化交流的控制。[1] 神话是一个民族从古至今的文化符号,日本神话与中国文化颇有渊源,《从日本神话看中国长江文明的影响——以"天之柱"为中心》将中国三星堆遗址中发现的青铜树与日本神话中的"天之柱"做对比,发现二者之间存在一定相似性,作者认为长江文明的持有者受北方民族南迁的影响,迁往云贵、日本、东南亚等地并带去长江地区的先进文明,奠定了被迁入地区文明发展的基础,最终成为长江文明的存续,因而在日本神话等文化中存在长江文明的印记,但此结论缺少直接证据。[2] 黄剑华的《古蜀稻作农业神话与龙蛇崇拜》利用传世文献和考古资料相互补充,印证巴蜀地区稻谷农业历史的悠久,进一步分析以龙、蛇崇拜为代表的稻作文化内涵,如出土于三星堆遗址的青铜神树上有龙的造型,三星堆大型青铜立人像身着龙纹左衽长襟衣,大型青铜纵目人面像鼻梁上方镶有夔龙状的装饰物,还有三星堆与金沙遗址出土的青铜蛇与石盘蛇,都表明巴蜀地区存在龙、蛇崇拜。古蜀的稻作农业,对秦汉统一中国起到了非常重要的作用。古代蜀人的龙、蛇崇拜观念,对后来的传统文化与民俗民风也产生了深远的影响。[3]

长江中游地区在新石器时期形成了独特的历史文化特色,对该地区的研究主要有以下成果。《一体化,还是多样性?——长江中游新石器文化进程反思》从总体上考察了长江中游新石器文化的文化进程,认为长江中游新石器文化不仅吸收周边文化,在同一文化共同体内部也存在互动交流,具有包容性和多元性。[4] 湖北地处长江上中游,长江干流的穿过造就此地源远流长的文明,近年来,湖北省走马岭、凤凰咀、石家河、盘龙城等城址类考古研究成果丰硕。湖北

---

①田剑波:《试论商时期长江中上游与秦岭南北的文化交流方式——从三星堆出土圆眼直喙歧冠鸟形饰说起》,《江汉考古》2021 年 5 月,总第 176 期。

②曹姗:《从日本神话看中国长江文明的影响——以"天之柱"为中心》,《文化集萃》2021 年第 13 期。

③黄剑华:《古蜀稻作农业神话与龙蛇崇拜》,《神话研究集刊》第四集,巴蜀书社 2021 年 7 月版。

④郭伟民:《一体化,还是多样性?——长江中游新石器文化进程反思》,《江汉考古》2021 年第 6 期。

日报记者就此采访了长江中游文明进程研究(夏商周课题)项目组组长、省文物考古研究所所长方勤,武汉大学长江文明考古研究院常务副院长余西云,中国考古学会新石器专委会副主任委员、湖北大学历史文化学院教授孟华平,盘龙城遗址考古发掘领队、武汉大学教授张昌平等专家,对各考古成果进行了简要介绍。① 石首走马岭遗址的发掘为史前长江中游两湖平原地区植物利用研究提供了契机。该遗址发现了长江中游新石器晚期至末期水稻、粟以及其他野生植物的碳化遗骸。研究显示,两湖平原地区主要为稻作农业,但是在平原边缘地区发现粟类遗存的环状分布带。认为两湖平原地区的史前粟类作物很可能来源于鄂西北豫西南地区,并通过秦巴山道、汉水谷地和随枣走廊传入两湖平原。②《长江中游地区六朝俑的研究》从类型、组合、分期以及俑群构成等方面研究六朝时长江中游地区的俑,并以荆州为例,分析荆州形势与六朝俑群的形成与衰落。此文将六朝时期长江中游地区的俑进行了详细分类,例如拱手立俑、生产劳作俑、家庭生活类俑、乐舞俑、庖厨类俑、文书俑、骑俑、武士俑、镇墓俑、坐俑、佛像俑及动作类俑等。并结合墓葬布局分析可知,俑在墓中有镇墓、仪仗、家庭日常生活、宗教及庄园经济生活等五类组合。在分类及组合基础上,将长江中游的俑分为孙吴中期、孙吴晚期至东晋早中期、东晋晚期至南朝早期、南朝中晚期等四期。梳理长江下游文明在长江中游地区的六朝俑类有助于完善东汉、曹魏、西晋、十六国时期陶俑群的传播链,了解东汉中原俑群流向,探索十六国、北朝俑群的来源等问题。③

　　长江下游因其优越的自然环境,稻作农业发达。胡建升在《稻作经济一体化与玉文化先统一长三角》一文中提出,早在距今 7000—5000 年之间,稻作农业开始成为长江中下游地区的主体经济。随着农业经济的发展和稻作经济一体化,繁荣的玉文化景观和符号体系在长江下游出现,直接催生了良渚玉文化的环太湖统一。文章利用河姆渡文化、马家浜文化、良渚文化等考古成果,从万年稻作一体化、玉文化在长江流域的统一和从经济一体到文化统一三个方面,梳理经济统一、文化统一、政治统一之间的促进关系,对于理解中华文明的起源、传承与历史发展都具有重大的文化意义。④ 有关良渚文化衰亡的原因,目前

　　①海冰:《城址考古揭示长江文明的进程》,《湖北日报》2021 年 3 月 12 日第 12 版。

　　②唐丽雅:《湖北石首走马岭遗址史前植物遗存鉴定与研究》,《江汉考古》2021 年第 3 期。

　　③索德浩、顾峰菊:《长江中游地区六朝俑的研究》,《中国美术研究》2021 年第 3 期。

　　④胡建升:《稻作经济一体化与玉文化先统一长三角》,《丝绸之路》2021 年第 3 期。

学术界还存在较大争议,贺可洋等人选择了良渚古城遗址内包含良渚文化层和黄色粉砂土沉积的两处典型剖面,通过碳14、光释光测年和孢粉、植硅体及硅藻等微体化石分析,结合不同沉积物地球化学证据,重建区域生态环境和人类活动演变过程,综合长江三角洲地区考古遗址和数值模拟结果,推测约4400年前,由于相对海平面短期快速上升造成环太湖地区海水入侵,形成大范围黄色粉砂土沉积,破坏了稻作农业生产,最终导致了良渚文化的衰亡。①

(二)古代长江文化研究

西汉海昏侯墓发掘出土器物众多,成为学界研究热点。吴方浪就海昏侯墓出土器物产地,汉代海昏侯国手工业生产状况、发展水平及刘贺作为第一代海昏侯对海昏侯国的经营与管理问题做了研究。通过对墓中出土器物分析,将海昏侯国手工业分为金器冶炼、青铜铸造、漆器制造、陶器制造、纺织与制药六个行类,发现海昏侯国的手工业发展水平不高,与同时期周边地区其他汉墓相比劣势明显,因此他认为刘贺作为第一代海昏侯,对海昏侯国经营与管理不善。②

唐宋时期,长江流域的节日文化发展已较为成熟,蕴含着极为丰富的民俗文化价值。刘礼堂、万美辰对唐宋时期长江流域节日文化的源流、类型与主要特质做了综合研究,发现这些节日文化在产生、发展和传播的过程中受到多方影响,如岁时节令、南方风俗传统以及佛道宗教信仰等。并按照功能将唐宋时期长江流域的节日文化活动划分为驱祟辟邪、卜吉乞愿、祛病养生、祭拜纪念、赏景出游、游戏娱乐、社会交往七种类型。这些节日文化活动既表现出世俗性,又饱含仪式感,体现出敬天法祖这一根源性的中华民族精神传统与南方巫文化、唐宋佛道文化的紧密结合。③

北宋建立后,先后进行了三次较大规模的兴学活动,极大地推动了地方官学的发展。邢益明、赵龙认为两湖地方官学的发展离不开州县主官、教职人员、地方士绅等兴学力量的积极参与。他们秉持"教学为先"的理念,尽职尽责,主动兴学,推动了州县学的发展。但是也存在忽视州县学发展的情况,再加上因

---

①贺可洋等:《长江三角洲良渚文化衰亡的多指标环境证据》,《中国科学:地球科学》2021年第51卷第7期。

②吴方浪:《从海昏侯墓出土器物产地看汉代侯国的手工业生产》,《秦汉研究》2021年第2期。

③刘礼堂、万美辰:《唐宋时期长江流域节日文化的源流、类型与主要特质》,《江汉论坛》2021年第5期。

政务繁忙无暇兼顾地方官学、经费不足只能听之任之等客观原因,对地方官学的发展带来了不利影响。①

自 2000 年以来,明清两湖地区经济史研究发展引人注目,杨鹏、王思明梳理了 2000 年至 2020 年在移民与经济开发、农业和农村经济研究、手工业研究、城市和市镇经济研究、商人与商品经济研究、经济开发与环境变迁诸方面的研究成果,并提出未来的研究重点应是创新思路,打破学术藩篱,提升理论深度。②

明清时期,受社会经济和风气的影响,女性与教育的联系紧密起来,王岩、徐兆洋以江南地区的秦氏家族为例,分析明清时期家族教育中的女性角色。大家族中的女性不仅受到家族教育的影响,而且在家族教育的传播和延续中扮演着各类重要角色,反映出女性早期所受的家庭教育、女性婚姻与出嫁后的家庭教育、女性社交与家族间的文化教育交流以及女性在家族教育中的重要作用。③明清时期湘鄂赣米粮业区域化的内在联系反映在诸多方面,钱恒生通过分析区域内部各要素之间的关系,发现他们经历地缘、血缘再到业缘的发展,正是这样的发展过程,使得湘鄂赣区域间行业、经济结构相似,地区间存在合作、承接的经济关系,缺少差异与互补的可能。以至于今日,三省区域内仍在优势互补方面存在一定的局限性,只有以区域整体向外发展可能才是湘鄂赣的发展出路。④

我国第一部流域法律《长江保护法》的制定实施,揭开了新时期流域法治的新篇章,流域立法将成为法学热点研究问题。李培培以中国传统流域整体观为视角,梳理清代长江中下游流域治理法律制度的历史智慧和法制经验,旨在回应新时期流域整体性治理法律理论及制度实践的问题。⑤ 另外,易正阳对 20 世纪 80 年代以来清代长江中游水运史研究做了综述,同时提出了研究中有待完善的问题,如研究平衡性缺失、时段欠完整、资料缺少以及水运史缺少人本视角

---

①邢益明、赵龙:《宋代两湖兴学力量与地方官学的兴衰》,《湖南人文科技学院学报》2021 年 11 月第 38 卷第 6 期。

②杨鹏、王思明:《二十年来明清两湖地区经济史研究综述》,《湖南社会科学》2021 年第 4 期。

③王岩、徐兆洋:《明清时期家族教育中的女性角色——以江南地区秦氏家族为例》,《汉字文化》2021 年 12 月,总第 297 期。

④钱恒生:《移民、垦荒与米谷:明清时期湘鄂赣米粮业区域化形成与发展》,南昌大学人文学院历史系硕士学位论文,2021 年。

⑤李培培:《清代长江中下游流域治理法律制度研究——以中国传统流域整体观为视角》,中南财经政法大学博士学位论文,2021 年。

和环境视角等。①

(三)近代长江文化研究

近代长江文化研究领域较为广泛,涉及经济、军事、社会、教育、医学等多个方面,部分研究内容对今日长江经济带建设仍有重要启示和借鉴意义。

长江流域经济史依然是研究热点。19世纪末20世纪初,商品博览会在中国勃兴,惠科以重庆为例,考察长江上游城市的博览会活动。重庆在政府和民间团体的相互配合下,经历了从参展到自主办展的历程。这种新式商业活动的出现不仅影响到人们对商品的理解,实际也改变了地方的社会风气,灌输了一种新的城市文化。作者认为这种"商业行为"的背后,体现了政治、经济与现代城市转型议题的密切性,折射出20世纪初现代话语对中国城市和文明观念的塑造及其对传统政治力量的影响。② 交通、物资、金融、人口、信息等因素影响着城市经济关系,其变动状况直接影响着城市经济结构的构成以及城市命运的兴衰。《近代中国转口商贸城市经济转型之困境》以长江下游镇江与上海城市经济关系要素为视角,探究近代镇江开埠以来,与长江沿岸枢纽城市、长江下游区域中心城市上海经济互动和镇沪城市之间交通状况对城市经济发展的影响。指出不同层级转口商贸城市间经济关系要素的变动乃是影响近代中国转口商贸城市经济转型的重要因素,自身缺乏工业聚集功能的转口城市难以向区域中心型城市演进,这也成为诸多转口商贸型城市共同面临的困境。③ 长江流域自两宋以后都是中国经济中心,近代以来更在中国现代化的过程中占据重要的位置。但研究发现,即使长江中下游地区经济发达,但这一地区的人口数量总体上也并未增长。可长江沿岸城市因交通地理位置优越,几百年间却吸引了外来人口向此转移,从而形成了像上海、南京、武汉之类的人口超过百万的大城市。移民为城市带来了必要的劳动力,城镇人口的增加也大大加快了长江中下游城

---

① 易正阳:《20世纪80年代以来清代长江中游水运史研究综述》,《社会科学动态》2021年第5期。

② 惠科:《近代长江上游城市的博览会活动考察——以重庆为例》,《乐山师范学院学报》2021年2月第36卷第2期。

③ 郑忠:《近代中国转口商贸城市经济转型之困境——以长江下游镇江与上海城市经济关系要素为视角的考察》,《南京师大学报》(社会科学版)2021年第5期。

市的近代化进程。① 抗日战争全面爆发后,华中抗日根据地在中国共产党领导下创建起来,孙培宽列举了从 1940 年 11 月至 1945 年 6 月,先后创建的江淮银行、盐阜银行、淮海地方银行、惠农银行、淮北地方银号、淮南银行、大江银行、江南银行、豫鄂边区建设银行、浙东银行的基本情况和发行的纸币种类,指出这些银行为抗战胜利提供了物质保障。②

社会方面也颇受研究者青睐。重庆凭借其优越的水文条件,成为长江上游最大的商贸流通中心。清末民初,为保障行旅安全,推动经济持续发展,水上救生事业得以迅速发展。惠科对重庆官府持续增设救生红船和士绅初创拯溺善堂两种救生载体的运作及救生效果等做了详细考察,窥探在近代中国大变局的时代,重庆地方政府为强化政治生活,加强对基层的管理,借政治介入慈善救生活动,防止以士绅为核心的地域社会发展。③ 南京国民政府成立后,面对国内外的舆论压力,在 1927 年至 1934 年期间先后颁布了一系列的禁烟法令,旨在迅速扫清烟毒,然而各地执行情况不一。贾恒从南京国民政府前期的禁烟政策入手,以四川、湖北和上海租界作为鸦片产销及消费的典型区域展开分析,结合中英文史料,从国际和国内两方面总结南京国民政府前期禁烟的困境,对当代的禁毒事业提供借鉴。④

长江中下游地区地理位置特殊,水路交通发达,是晚清以来兵家必争之地,近代以后国家更加重视对这一地区的政治军事建设。濮院镇地界嘉兴府属嘉兴、秀水、桐乡三县之间,是江南地区著名的丝绸专业市镇。太平天国占领该地时期,一批地方精英活跃于团练、安民与善后事务中,成为清政府与太平天国政权轮番动员与倚靠的地方力量。罗晓翔通过对沈梓《避寇日记》的解读,分析地方军事化与精英权力扩张对地方自治与地域认同的作用,发现其促进作用有限,战争并未引发精英阶层社会结构与行为模式的根本转型。⑤

---

① 吴振阳:《民国时期长江中下游城市人口变迁与近代化》,《西部学刊》2021 年 5 月下半月刊,总第 139 期。

② 孙培宽:《华中抗日根据地银行及其发行的纸币》,《收藏》2021 年第 11 期。

③ 惠科:《近代长江上游城市重庆的水上救生事业探赜——以巴县档案为中心》,《西华师范大学学报(哲学社会科学版)》2021 年第 4 期。

④ 贾恒:《南京国民政府前期的禁烟政策与困境——以川鄂沪地区为研究中心》,河北师范大学硕士学位论文,2021 年。

⑤ 罗晓翔:《太平天国时期江南市镇的精英阶层与地方社会——以濮院为中心》,《城市史研究》2021 年第 2 期。

张之洞是清末学制、教育转型关键人物,有学者考察其督鄂期间湖北"中学"教育状况,认为前后经历了传统书院期、书院改章期和新学堂时期三个阶段,确认张之洞倡行的"保存国粹"思想及文学观,对近代中国人文学科课程设置、"中国文学"历史形态的早期建构有重要影响。[①]

2021年有关长江流域医学研究的成果较少,刘希洋以重点辑录民间验方知识的《验方新编》为例,探究近代江南民间验方知识的传播及其影响。认为是名人效应、商业出版和营销、日常应用和传抄这三个推动力将《验方新编》在江南的传播过程分为三个阶段,它的广泛传播不仅对中西医学知识的普及和应用有促进作用,而且加速了社会生活的医学化进程。以《验方新编》为代表的民间验方知识在江南趋新求变的社会环境中得以留存并广泛传播,反映出近代江南地区医疗文化的复杂和多元。[②]

近年来,从女性观察的角度入手进行空间研究日渐成为学术界研究热点。《近代女性社会角色转型下的江南园林空间研究》就是顺应这一趋势的研究成果。徐飞飞以江南近代园林历史与文化研究成果为基础,从女性社会角色转型的角度,详细阐述江南园林当中的女性空间特征、空间转型趋势其成因,深入探讨近代社会中女性角色与空间变化对园林空间的影响,旨在推进园林的历史文化与社会学研究。[③]

二、当代传承弘扬长江文化研究

2020年11月14日,习近平总书记在主持召开全面推动长江经济带发展座谈会时提出"长江造就了从巴山蜀水到江南水乡的千年文脉,是中华民族的代表性符号和中华文明的标志性象征,是涵养社会主义核心价值观的重要源泉。要把长江文化保护好、传承好、弘扬好,延续历史文脉,坚定文化自信"。2021年有关方面学习贯彻此次会议精神,保护、传承、弘扬长江文化,探索长江文化在当代建设发展中创造性转化、创新性发展路径,在坚定中华民族文化自信方面的研究硕果累累。

---

①余来明、黄姣雪:《张之洞督鄂与湖北"中学"及"中国文学"》,《江汉论坛》2021年第3期。

②刘希洋:《近代江南民间验方知识的传播及其影响——以《验方新编》为例》,《中医药文化》2021年2月第16卷第1期。

③徐飞飞:《近代女性社会角色转型下的江南园林空间研究》,江南大学硕士学位论文,2021年。

(一)深入挖掘长江文化内涵

大江大河几乎是世界上所有文明的起源地,中华文明也是如此,它在本质上就是江河文明。中华文明绵延不绝五千年,与稳定的文化基因有关。李后强、李海龙《从长江黄河"双联体"看中华民族文化基因》通过与其他文明古国的发展情况相比,认为中华民族的江河文明具有双条性、同体性、贯穿性、同向性、同形性、阴阳性这六个显著特征,是江河组成文化基因的基本条件。通过类比研究和文化参照发现,长江和黄河是"双联体",构成了蕴含整体定律、遗传定律、重组定律、突变定律、互补定律、屏障定律、修复定律、耦合定律的中华文化基因的双股结构,由此进一步解答中华民族为何生生不息不可战胜、为何中国一直有"大一统"思想等"学术之问",从而为中华文化自信提供理论支撑和学理解释。①

弘扬长江文化对推动长江经济带发展具有重要价值。《弘扬长江文化:价值认同与文化自信》一文对新时代长江文化的内涵作了界定,回答了弘扬长江文化如何体现价值认同与文化自信以及该站在什么样的立场去保护传承弘扬长江文化等问题。② 黄国勤从研究、保护和传承长江文化的角度,分析了长江文化的内涵、特征和价值,提出了科学规划、增加投入等六个保护长江文化的具体措施。③ 张海榕从追溯长江文化渊源、挖掘长江文化意蕴和绘制长江文化发展蓝图三个方面论述了长江文化的内涵和推动长江文化创造性转化、创新性发展的四种方式。④ 毕浩浩梳理了长江文化的形成过程,发现长江文化具有"水文化"的原真性、文化融通性、文化多元性、文化开放性和作为大河文明的展示四个特征,并提出弘扬长江文化的时代价值、实现长江文化创造性转化的五个路径。⑤ 郑晓云认为,推动长江水文化建设,要从研究奠基、政策引导、全民参与三

---

① 李后强、李海龙:《从长江黄河"双联体"看中华民族文化基因》,《社会科学研究》2021年第1期。

② 瞿锦秀、许琳梓:《弘扬长江文化:价值认同与文化自信》,《文化软实力研究》2021年12月第6期第6卷。

③ 黄国勤:《长江文化的内涵、特征、价值与保护》,《中国井冈山干部学院学报》2021年9月第14卷第5期。

④ 张海榕:《挖掘长江文化意蕴 讲好长江文化故事》,《群众》2021年第1期。

⑤ 毕浩浩:《论长江文化的时代价值及其创造性转化》,《学习与实践》2021年第5期。

个方面推进。①

(二)大力弘扬长江流域非遗

长江流域非物质文化遗产中蕴含丰富的文化基因。程金城对文化遗产、文明成果与文化基因之间的关系进行深入探讨,认为文化基因就是文化和文明的最高原因,而非物质文化遗产就是文化基因的重要载体,蕴含着"文化和文明的最高原因",也是探讨文化基因最重要的源头之一。黄河——长江流域文明走廊非遗中,蕴藏着重要的中国文化基因信息。利用非遗与考古成果互证,可分析人类文明发展和文化基因的形成和特性。②《长江经济带非物质文化遗产旅游资源空间分异研究》以长江经济带五批国家级和六批省级非遗名录作为基础数据,采用平均最邻近指数、核密度等科学方法,分析经济带内非遗旅游资源的空间分布特征。③《长江文化所见"陈派"花鼓灯考论》以具体的非遗事例——"陈派"花鼓灯作为研究对象,认为花鼓灯作为艺术审美行为,其表演过程及动作创造都是对长江文化的思想再现。④

(三)积极探索长江文化区域发展

区域性研究主要以长江流域重要的城市或河段的特色文化为研究对象,如《长江文化带武汉段区位特征分析及城市主题文化建设论要》一文详细分析了长江文化武汉段的文化区位、文化特征、长江主题城市文化建设措施。在人文历史、资源禀赋、地理环境、区位交通等因素的共同作用下,武汉孕育出自强不息、敢为人先、开放包容、热情奔放的文化特征。发展长江文化是武汉发挥长江经济带核心引领作用、履行国家中心城市职能、带动中部地区高质量发展的必由之路。⑤

---

①郑晓云:《构建"长江水文化",助力长江大保护》,《新华每日电讯》2021 年 11 月 19 日第 7 版。

②程金城:《中国非遗与中国文化基因蠡测——以"黄河—长江文明走廊"非遗为中心》,《兰州文理学院学报》(社会科学版)2021 年 7 月第 37 卷第 4 期。

③肖刚、肖鸿芸:《长江经济带非物质文化遗产旅游资源空间分异研究》,《江西科学》2021 年 8 月第 39 卷第 4 期。

④柴秀妍:《长江文化所见"陈派"花鼓灯考论》,《中国文艺家》2021 年第 1 期。

⑤张健、胡沫:《长江文化带武汉段区位特征分析及城市主题文化建设论要》,《江汉大学学报》(社会科学版)2021 年 2 月,第 6 卷第 1 期。

南京是中国历史上唯一跨越长江的古都,卢海鸣通过分析发现在不同的历史时期,长江孕育、护佑、拓展、创新了南京文化,南京文化是长江文化的杰出代表之一,并从物质、制度、精神三个方面提出了长江文化保护传承与弘扬的建议。①

泰州作为长江流域重要的一份子,孕育出独特的长江文化。沈丽琴《泰州长江文化资源挖掘与传承思考》通过对泰州长江文化内涵的分析,现今指出泰州长江文化资源挖掘中存在种种问题,,并提出挖掘、传承文化资源的可行方案,以期能有效提升泰州城市文化竞争力,促进泰州文化产业的发展。②

镇江、扬州衔长江和京杭大运河交汇口,航运条件优越,航船在此出入江河,在江北形成扬州长江运口,在江南形成镇江长江运口。江南长江运口有着丰富的文化内涵,《大运河江南长江运口文化内涵初析》一文从江南长江运口的交替过程以及航运、重大历史事件事件、功能、慈善行为五个方面系统地阐述了京杭大运河江南长江运口文化内涵。③

另外,《长江学研究(2020卷)》是2021年的总结性集刊,该刊专门刊布长江学研究最新成果,收录了2020年有关长江流域历史与文明、长江文化与当代实践、资料汇编、综述以及书评五个专题二十余篇优秀论文,为长江文化研究和长江学构建与发展搭建学术交流平台。④

三、2021年长江文化学术会议汇总

2021年多地召开有关长江文化的学术会议论坛,时间主要集中于下半年,主题既有传统的长江文明研究,也包括长江文化创新性发展道路探索,成果丰硕。

2021年8月25日,湖北省政协为贯彻落实省委十一届九次全会精神,召开月度专题协商会,围绕"长江文物和文化遗产的保护与利用"协商建言,旨在解读长江文化密码,打响荆楚文化品牌。⑤

①卢海鸣:《长江与南京文化的关系》,《南京学研究》2021年第三辑。
②沈丽琴:《泰州长江文化资源挖掘与传承思考》,《中国民族博览》2021年10月第20期。
③霍义平:《大运河江南长江运口文化内涵初析》,《江苏文脉》2021年3月。
④张忠家主编:《长江学研究(2020卷)》,湖北人民出版社2021年版。
⑤郑轩:《挖掘荆楚文化基因 讲好长江文明故事——省政协月度专题协商会建言录》,《湖北日报》2021年8月26日第6版。

11月7日,武汉市社会科学院在武汉长江文明馆主办了以"新时代长江文化传承与创新"为主题的首届长江文化学术研讨会,与会的30多位专家学者在保护好、传承好、弘扬好长江文化等方面凝聚了共识。①

11月10日,由江苏省社科联和扬州大学共同主办的江苏青年智库学者系列沙龙暨"长江文化与大运河文化建设高层论坛"在江苏扬州召开,省内外专家代表共同商讨长江经济带和大运河文化带建设之道。②

11月13日,第六届长江经济带发展论坛在江苏南通举行,该会议由上海社会科学院与南通大学主办,江苏长江经济带研究院承办。论坛发布了《长江经济带协调性均衡发展指数报告》等多项研究成果,国家部委、高校及科研院所的专家学者就"迈向现代化的长江经济带高质量发展"与会研讨,建言献策。③

11月18日,第三届"长江学"学术研讨会在湖北省社会科学院举行,此次会议的主题是"弘扬长江人文精神,凝聚发展强大动力"。长江研究,是湖北省社会科学院重要的学术品牌。数十年来,湖北省社科院一直坚持开展长江系列专题研究,创造了良好的学术声誉,取得了丰硕的学术成果,有力推动了长江经济带发展战略的形成、发展与实践。此次会议,与会专家既对长江人文精神的各个侧面进行了广泛研讨,也为进一步保护传承弘扬长江文化,凝聚促进长江经济带高质量发展的强大精神动力提出了自己的独到见解。④

11月27日,首届中国(武汉)文化旅游博览会配套设置的"长江文明与世界大河文明对话论坛"于武汉召开,傅才武对论坛做了综述,他将国内外学者针对今后长江文明研究达成的共识总结为以下三点,一是长江对中华文明的成长与发展,厥功至伟,是当代中华民族振兴崛起的重要支撑;二是世界范围内大河文明都是各民族国家发展的根脉,基于大河文明对话的渠道,有利于促进不同文明的交流互鉴;三是武汉是长江流域的核心枢纽城市,武汉与长江相伴而生,长

---

①武汉市社会科学院科研处、哲学所:《武汉市社会科学院等成功主办首届长江文化学术研讨会》,武汉市社会科学院官网,2021年11月10日。

②张晓蕊:《开启长江文化与大运河文化高质量建设新篇章》,《新华日报》2021年11月12日第14版。

③杨凤华:《学者共话长江经济带高质量发展——建设品质城市,弘扬长江文化》,《光明日报》2021年12月30日第7版。

④张骏杰:《第三届"长江学"学术研讨会在湖北省社会科学院召开》,荆楚网,湖北日报网2021年11月19日。

江文化建构了武汉城市发展的内生力量。[1]

12 月 22 日下午,南京市社科联(院)、南京出版社传媒集团(南京出版社)和南京城市文化研究会于联合举办了"南京学"论坛。徐智从南京在长江文化中的地位与作用、长江对南京的塑造与影响、生态保护、长江资料共享和未来研究方向五个方面总结了会议成果。[2]

中国国家博物馆同样处于保护、传承、弘扬长江文化的目的,于 2021 年 12 月 23 日举办了"江天万里——长江文化展",展出 300 余套各类材质的长江文化代表性物证,全面展示了长江的历史之久、人文之盛、生态之美、工程之巨。[3]

四、长江文化研究回顾与展望

2021 年的长江文化研究,深入贯彻落实习近平总书记 2020 年在长江经济带发展座谈会上的讲话精神,不断发表研究成果与相继召开的多个相关学术论坛使长江文化研究呈现一片百家争鸣、欣欣向荣的繁盛景象。研究领域主要集中于挖掘长江文化的内涵,传承、弘扬优秀长江文化,旨在保护长江文化提升中华民族文化自信;研究方法更为多样化,不仅采用了传统文献学和考古学,还综合了环境学、社会学、经济学等理论方法;研究体系逐渐完善,长江学进一步构建发展,对古代、近现代的长江文化研究趋于系统化,研究重点转移到当代现实中,灵活运用长江文化资源,推动长江经济带建设。

回顾过去一年的长江文化研究,虽卓有成效,但未来的研究在以下三个方面依然存在可以拓展的空间。第一,2021 年 3 月以来,在"考古中国"重大项目框架下,三星堆遗址考古取得重大发现,这对探究古蜀文明、丰富长江文明、理解中华文明的起源非常重要,研究潜力巨大;第二,2021 年有关长江文化研究的各类会议、论坛层出不穷,无论是层次还是覆盖面都较过去有了很大提高,但也不可否认的是,各类会议、论坛召开时间及主办单位较为零散,且会议内容交叉多,互相之间交流不够密切,缺少全国性的、统一的组织协调者或单位。第三,

---

①傅才武:《学界关于今后长江文明研究的三点共识——"长江文明与世界大河文明对话论坛"综述》,《文化软实力研究》2021 年 12 月第 6 期第 6 卷.

②徐智:《聚焦长江文化,推动保护传承——"南京学"论坛综述》,《南京学研究》2021 年第三辑。

③张盖伦:《国博讲述长江文化:把它保护好、传承好、弘扬好》,《科技日报》2021 年 12 月 24 日第 1 版。

在长江经济带发展上升为国家战略和习总书记主持召开 2020 年长江经济带发展座谈会的大背景下,长江文化研究侧重点应转移到现实建设中来,区域性保护长江、弘扬长江文化的具体措施建议需继续提高可实施性,长江学综合类整体性的发展规划仍需各位专家学者建言献策。

新书推介

《湖北历史文化名镇名村资料汇编》评介

王　萌[①]

历史文化名镇名村作为了解中国传统社会的"活化石",蕴含着灿烂的乡村文明。保护好历史文化名镇名村的特色,不仅能为中华儿女的家园情怀留下栖息的场所,同时也为实现新时代乡村振兴留住了密钥。中国历史文化名镇名村自2003年由原建设部和国家文物局共同组织评选以来,已公布了7批。为贯彻党中央精神,落实《乡村振兴战略规划(2018—2022)》,湖北于2018年公布了首批省级历史文化名镇名村。但直到今天,湖北古村镇的历史文化资源和价值仍远远没有得到充分的认识和挖掘。再加之随着工业化和城镇化进程的加快,湖北乡村更是亟待重视和保护。在此背景下,以张忠家教授为首席专家的科研团队怀着为荆楚美丽乡村存文留史的初心,编著了此书。

《湖北历史文化名镇名村资料汇编》(以下简称《汇编》)一书由武汉理工大学出版社于2020年12月正式出版。该书涵盖了湖北目前所有的历史文化名镇名村,共对19个镇,25个村庄的历史文化资源进行了全面搜集与系统整理,为传承湖北村镇特色文化打下坚实基础。总体来看,该书在以下几个方面比较有特色。

第一,从史料挖掘方面来看,作者及课题组成员并不把支撑本书的资料全然寄托于现有的书面材料,而是花费大量时间与精力进行实地调研,力求资料完备与准确。这是本书的内在特点。课题组深入湖北44个国家级、省级历史文化名镇名村及相关单位开展大量调研并取得巨大收获,值得肯定。同时,《汇编》兼顾资料性与研究性。与前此出版的《楚城春秋:荆楚古城文化》(袁红、王英哲编,天津大学出版社,2015年)相比,该书对湖北历史文化名镇名村的介绍更为全面和细致;并且因为该书的史料直接来源于大量的实地调研,做到了史料新、数据新,因而其研究性更为突出,学术意义更加重大。若与全面梳理湖北

①王萌,湖北省社科院文史研究所2021级硕士研究生。

特色乡村历史的《湖北名村》(文坤斗主编,中国和平出版社,2016 年)对读,该书资料性的优势更为明显,并能与之互为补充。此外,课题组调查相关历史文化资源的目的,并非简单挖掘,而是对这些濒临消失的历史文化遗存加强认识与保护。该书出版,不仅使珍贵的资料得以面世,让广大的研究者能够利用,而且对承载历史与文明的古村镇来说,亦不啻为一种有效保护措施。总之,《汇编》不仅为学术界提供了大量湖北历史文化资源的第一手资料,如民间文书、墓志碑刻、民歌民谣等等;还通过大量遗存图片向读者生动展现了饱含沧桑又充满故事的遗存面貌,具有重要的学术价值和收藏价值。

第二,从分类方法来看,《汇编》构思巧妙,体系严密。要想把湖北历史文化名镇名村所呈现的特色资源由零散整合归纳成一体系,属实不易。除长时间实地调研外,课题组还借鉴前人工作的丰富经验,形成了一系列严密可行的梳理、整合手段,从而保证了此次工作的可靠与可行。首先,本书的分类方法力求务实,而非华丽。《汇编》按照各村镇的地理位置,将其分别划入"鄂东地区","鄂南地区""江汉平原""鄂西地区""鄂北地区"5 篇章中。这种分类方法既使当地民众易于接受,深化他们对于本地遗存历史文化价值的认识;又方便研究者建立关于湖北历史文化名镇名村的时空架构,好处不言却明。(其次,本书结构编排十分巧妙)在看似简单的地理位置分类方法的背后,其实是对湖北历史文化名镇名村由宏阔到细致的历史描写。研究湖北历史文化名镇名村而不仅限于保护建筑遗存的保护,还需将其置身于具体的存在环境中,从而考察更多的与之相关的问题,是湖北历史文化名镇名村研究的需要,也是本书的关注点。该书通过勾勒湖北古村镇历史发展的基本形态,深入发掘该地历史文化名镇名村特色资源,以期来完整呈现其文化内涵。简而言之,本书的谋篇布局,既能体现作者在较长时段、较广区域的广阔视野,又能在某些较具体区域内进行深耕细作,展示出作者治史的卓越洞察力。

第三,《汇编》一书立意高远,既有现实导向又有人文关怀。湖北历史文化名镇名村,既有荆楚文明共性,又各具不同特色。在这个跨越时空的舞台中,一代又一代人扮演着重要角色,塑造了湖北各历史文化名镇名村独特的性格。此外,与其他地区相比,湖北历史文化名镇名村还具有地域特色,即它们不仅仅是"土遗址",也是当下人民生活的地方。如今,随着城市化进程的加快,湖北地区一条又一条老街、一处又一处遗存,逐渐消失。湖北古村镇的未来到底该往何处走? 为追寻这一问题的答案,该书一改过去"重物质轻人文"的倾向,除详陈作为物质文化遗产的村镇历史建筑外,还专辟"历史人物"、"民俗故事""民俗传说"等模块,对其人文价值有所着墨,以期盘活人们的历史记忆,打破历史与现实的隔阂,以可持续的发展姿态促进古村镇文化的保护和传承。总之,《汇编》立足当下,回望过去,增加了湖北历史文化名镇名村研究的烟火气,让人们能够更加深刻体会当地的文化精髓和空间记忆,为将来湖北古村镇的发展预留空间。

当然,该书也存在一些欠缺与不足,如部分图片较小或比较模糊、遗存示意图较多地依赖现有成果。但瑕不掩瑜,《湖北历史文化名镇名村资料汇编》学术与文献并重,宏观与微观结合,文字信息与遗存图片互补,对治荆楚史者和特定区域历史文化资源的调查和研究大有助益。作为著者及其研究团队2年多调查、研究历程的结晶,该书不仅对前人关注较多的历史文化遗存进行了调查研究,而且注重"人"这一因素,为冰冷冷的建筑遗存注入满满人情味,将单一的古村镇保护和研究从物质遗存延伸到了社会。

依主编张忠家教授所言,该书是"湖北历史文化名镇名村研究书系"的首部作品。课题组还将继续深入挖掘湖北历史文化名镇名村的特色资源,为湖北乡村振兴工作及美丽乡村建设作出应有贡献。为此我们翘首以盼,期待其他成果早日与读者见面。

资料汇编

《海关医报》

刘小棠^①译

《海关医报》创刊于1871年，至1910年停止出版时，共出版80卷。该医报以口岸城市为观察点，记载了在华海关医生眼中的中国区域性疾病、医疗和环境卫生等方面的情况，是了解晚清社会的重要史料。其英文影印本由国家图书馆于2016年正式出版，其中第60卷集录了截至1900年9月30日为止的各大口岸城市半年度医疗卫生报告，本文选译了约翰·D·汤姆逊医生关于汉口的相关报告（第60卷正文第4—26页）。

第60卷^②

约翰·D·汤姆逊医生（Dr. John D. Thomson）关于汉口的半年度医疗卫生报告（报告期限截至1900年9月30日^③）

编写此报告时，我所关注的乃是我在此地行医时所碰到的各类疾病的普遍特征，并非单个病例细节的详细记录。对诸如疟疾、伤寒等任何以标题类目形式报告的病例，我的报告旨在阐述自己对此类疾病的概述或由此引出一些值得特别注意的点。

附录(a)所示为中国女人的"小脚"的X射线照片复制件，附录(b)则是一位中国病人的照片和X射线照片复制件，这是一个比较有意思的病例——病人的股骨上端因获得性弯曲而变得粗大。

---

① 译者为湖北省社会科学院文史研究所2021级研究生。

② 原书下页码452—488页。

③ 此类报告虽名为"半年度报告"，而实际涵盖期限可能包括此前的若干年。通常会涵盖上次报告截止期到本次报告截止期之间的年份，但并非此间的每年均会涉及。当然，视具体情况，也有部分例外。

疟疾（Malaria）

近年,特别是 1898 年之前,汉口地区疟疾病患的临床表现为良性间日疟。偶尔可见的非常严重的临床症状出现在别的地区,特别是华南和台湾地区。我记得,在我抵汉后不久,曾经受邀诊治一位寒冷型恶性疟病患。患者当时的外在表现与霍乱病患完全病倒时的症状极为相似,但因为我不久前曾碰到过一个霍乱病例,因此很容易就能将其与霍乱病例区分开来。患者紧紧裹在毯子里,周围摆满了热水瓶（据说是开始发病时病人自己要求的）;此时,患者的严重症状开始逐渐缓解,并且还能够说出话来,为自己的病情作出判断。患者曾在台湾生活过多年,两次患过此病,均死里逃生。因此,对于我和患者而言,这都算是一件幸事,因为患者清楚地知道开始发病时应采取哪些措施,相比较而言,这个病例比较好"处理"。

1898 年年初,此地开始大规模的扰土作业,1898 年和 1899 年的春夏秋三季,尽管我未曾碰到寒冷型恶性疟病例,但其仍为此地发热症状的主要原因。扰土作业中发现的疟原虫有小型贫血活性阿米巴型疟原虫、圆头杆状疟原虫,以及小型贫血环状疟原虫———一般说来均为无色（尽管极少见的情况下也会出现含有黑色素的疟原虫）。一条小体中通常会发现 2 条,甚至 3 条疟原虫。所见疟原虫最大个体尺寸很少超过所在小体直径的一半。某些情况下,经过 1～2 天的治疗,红血球中仍能见到明显经过若干阶段蜕变的干瘪虫蛙型杆状疟原虫。我已将未见过的杆状疟原虫的图样绘出,但各种阿米巴虫和贫血环状疟原虫与各种材料中绘出的夏秋季疟原虫极为相似。然而,此类感染中未发现有常见的弓形虫,仅出现过 2 例———其中 1 例患者为外籍人士（其可能在别处感染此病）,另 1 例患者为中国人,来自距离较远的外地。由于我们（我本人和我弟弟）观察的对象几乎都是外籍病人,而这些患者在发病最初阶段均服用了奎宁,因此,这或许可以从某种程度上解释为何看不到弓形虫,但却很难解释为何一例都观测不到。当然,我不得不承认,我们在观测时并未有意识地寻找弓形虫,我们曾进行过大量血检,应该无意中碰到过不少（弓形虫）;未能观测到弓形虫的这一事实让我们怀疑所观测到的疟原虫是否与以往资料中所述的夏秋季疟原虫类型完全一致。至于按蚊,在此地疟疾最为流行的时节,我们还不知道要锁定这种昆虫。本年度疟疾病例相对较少。汉口在这个季节气候相对干燥,各种蚊子也比平时要少很多。我们只抓到了 2 只按蚊当标本，并用自己的血来喂这两只蚊子。尽管将它们放在显微镜底座（加拿大香脂）上时有些许破坏，但随之拍摄出来的缩微照片所显示的信息要比我用文字表达出的多得多。图 A 清楚地显示了其中一只标本的头部、口器、触须和触角，及部分胸部和翅膀（其中 2 条腿已折断）。图 B 所示为第二只标本的一只完整的翅膀（尾肢）和另一只翅膀的一部分。尾肢的最顶部未能对焦，并且翅膀上的鳞状物剥落较多。

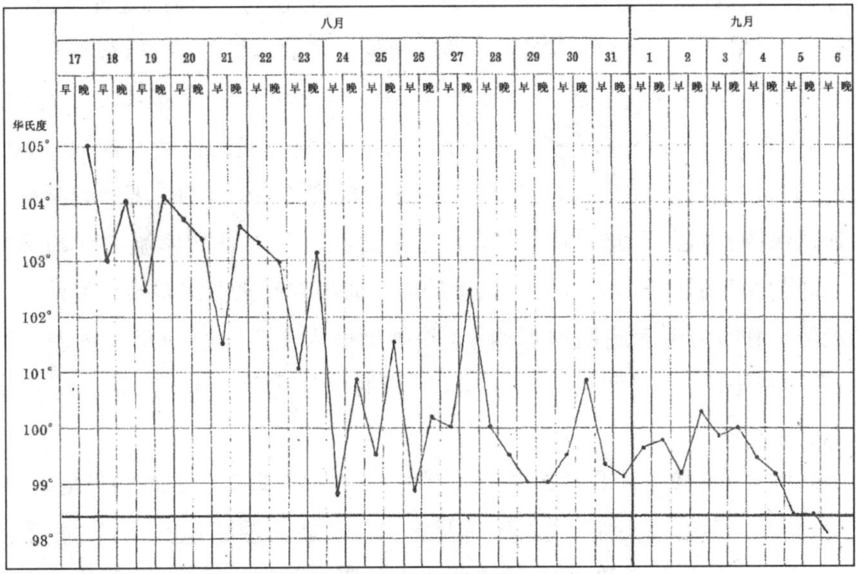

图 1 "疟疾"病例 1 体温图

图A　　　　图B

图 2　按蚊

1898 年和 1899 年期间，发热病例中最严重且持续时间最长的症状有两种：其一是据说一开始出现"轻微中暑"的症状，其二是出现了一些明显的并发症——通常是之前就已出现过的各种虚弱或病变的加重。关于前一种情况，患

197

者曾经历过曝晒,其初始症状包括高热、皮肤干灼、严重的头疼,通常出现大面积的背部和骨骼疼痛,有时出现喟叹式呼吸,且多多少少伴随着昏迷。

病例1——关于此病例,患者的体温记录很有些意思。尽管一开始是我们的一位医生为其诊治的,但直到8月23日其才真正转由我们负责。患者是8月17日突然起病的,当天曾经历过曝晒,傍晚出现举止怪异,皮肤滚烫、有烧灼感,测量体温为105华氏度(40.6摄氏度)。此患者当时曾被作为中暑病倒积极治疗,并且直到患者离开,这样的处理似乎是没问题的。患者19日早、21日早以及21日早至23日早的体温记录形成两条对称的曲线。23日,观测到有疟原虫,因此让其服用奎宁。患者24日的早晚体温分别为98.8华氏度(37.1摄氏度)和100.8华氏度(38.2摄氏度),而非根据体温曲线的连续性预估的103华氏度(39.4摄氏度)和102.8华氏度(39.3摄氏度)。25日的体温曲线某种程度上还是保持着向上延伸的趋势,27日也是如此,但26日的体温曲线却又断掉了,如同24日那样。8月27日,患者的体温曲线看起来似乎是要重复前面7天的趋势,因此,为患者施用非那西丁,并再次推入奎宁;此后,患者体温持续下降;毫不夸张地说,直到第8天结束,患者的体温才降至正常,并保持在正常状态。

病例2——接下来我要提及的病例中,患者也曾曝露于8月的炎夏暑热中。此后,其就自诉出现头痛、骨骼疼痛及乏力。患者体温迅速升高,发病后第14天,出现明显的高热趋势,需要采取强力措施阻止体温继续升高;观测到有疟原虫,同时出现游离疟色素。因此,一开始,让患者口服奎宁,后进行皮下注射。稍后,发现"甘汞排毒"具有良好的疗效。为应对患者出现的高热症状,不得不采取诸如频繁揩拭、愈创木酚涂擦,以及间或施用非那西丁、安替坎尼亚或混有咖啡因、洋地黄和白兰地的退热冰等手段。患者在经过涂擦或使用退热冰之后,大量出汗,湿透睡衣、床单和床铺;然而短时间内患者体温仍旧上升,因此在推入奎宁的同时不得不将上述处置手段再重复一遍。在万巴德(Manson)医生所著的《热带病》一书第118页中,他建议患者"长时间浸冷水浴、直肠注射冰水、头部冰敷"等,"同时全剂量皮下或静脉注射奎宁,并且每三小时重复一次,直至奎宁施用量达30~40格令(约1.9~2.6克)";他认为"冷水浴是绝对必要的",而"在此情况下,安替比林及类似退热剂是有害无益的"。这些陈述似乎并未考虑到病患个体的差异。而当前病例中,患者是无法承受冷水浴的,因为患者出现了明显的畏寒症状,并且可以想象,如果用了冷水浴,即便采取了所有可能的预防措施,患者也可能出现内部器官充血。至于退热剂,其效用很大可能取决于施用的时间和方式,以及适当剂量施用后所采取的护理措施。这确实是让人进退两难。患者须日夜有人看护,其体格较壮实,但体内循环较弱并存在出现静脉瘀血的可能。在此情况下,施用甘汞可能会起作用。患者一片肺叶的外围隐隐有一个斑块,此斑块已存在多年——我认为是肺部感染造成的。尽管我倾向于认为患者体内的疟原虫可能会在这些"弱点"区找到栖身之所,但我无法断定,患者自身的这些状况会对病情的严重性和持续性造成多大程度的影响。患者最终完全康复。第 16 天,患者体温开始下降,约 8 天后体温恢复正常(尽管此后几周稍有回升);但直至离开长江流域数月后,他才完全恢复健康,强壮如初。

病例 3——患者的发病源于其在防护不足的情况下,于烈日下徒步穿越沼泽湿地,最终疲惫不堪。此病例中患者出现了明显的虚脱,呼吸既弱又缓,且喟叹式呼吸反复出现。由于担心如果患者在当年的这个季节长期待在汉口,会承受暑热之苦,因此我们将其移送至九江后方群山中的一个消暑圣地——牯岭(即庐山)。在牯岭,患者在体温降至正常若干天后,停止服用奎宁,8 天后旧病复发,病情严重且复杂,同时伴有急性痢疾。我在患者情况最严重时,去往牯岭,为其诊治:先暂时为其单独皮下注射奎宁,间或在皮肤上涂擦愈创木酚,同时进一步治疗其痢疾症状;并曾在患者肩部组织内进行过多次注射,未出现不良反应,但不幸的是,在大腿部进行相同的实验,却未达到同样的效果。患者当时十分虚弱,皮下脂肪组织极少或根本没有。正如本森(Benson)所采用的处置方式——用盐酸按万巴德(Manson)医生在《热带病》第 114 页中所述方式将 15格令(约 0.97 克)硫酸盐溶解,由此得到的奎宁溶液分别注射到患者的 2 条大腿内。在其中一条大腿上注射时,注射针穿透了深筋膜,结果溶液被注射到了下方;而在另一条大腿上,溶液被注射到了皮下组织内。3 天后,深筋膜被穿透的一侧大腿开始肿胀,疼痛难忍,且一触即痛。第 2 天早上,患者的肿胀部位出现了细微的捻发感,这让我稍感惊恐;与此同时,患者的体温也升到了近 105 华氏度(约 40.6 摄氏度)。尽管我知道自己在使用所有消毒预防措施时已经非常仔细了,但此时我还是非常担心已出现了急性感染性蜂窝织炎;我准备在肿胀部位随便开一些切口,但到晚上,发热和其他令人担忧的症状大大消退;此时,细微的捻发感渐渐变成了一种很大的鼓泡声,后来变成断断续续的咕噜声。到此时,患者的发热症状已消退,全身所有症状都有改善。而气体的形成(最初是出现细微捻发感,随后形成鼓泡声,最后变成咕噜声)最有可能是因一种纯粹的化学反应过程导致的——因为注射到大腿内的溶液中未吸收的游离酸(游离盐酸)与肌体组织内的碱性体液接触,并且,随着体内碱性体液的不断产生,这个反应过程会持续较长时间,直至这些游离酸被完全消耗完为止。下文我还将会提到皮下注射奎宁后的不良反应。

病例 4——此病例的患者在开始发热前已劳累过度且焦虑了较长时间,从一开始,患者就出现了明显的精神消沉和虚脱。第一次就诊时,患者体温为 104 华氏度(约 40 摄氏度),但如此高的体温并未造成其体内各器官的明显异常:患者的肺、心脏、肝脏和肾脏(通过尿液检测)均较为健康;大便排泄有些异常,肋骨下方触诊无法摸到脾脏;但血液显微镜检测结果发现细胞内存在处于不同发育阶段的疟原虫,有些出现了大量的游离疟色素;患者的通便困难问题通过泻药得以缓解,并每间隔 4～6 小时为其施用 15 格令(约 0.97 克)奎宁溶液。第一周,患者体温变化范围为 102～105 华氏度(约 38.9～40.6 摄氏度),此后情况好转,患者自诉施用奎宁之后的反应痛苦不堪,因此停药一整天。其后,患者出现了 2 次严重的寒战,每隔 12 小时一次。出现寒战症状时,患者体温迅速升至 105 华氏度(约 40.6 摄氏度)以上,寒战之后体温迅速下降,并大量出汗,然后降至正常体温值范围。第二次寒战前后,利用 30 格令(约 1.94 克)氢溴酸盐溶液进行奎宁皮下注射,然后继续此处置方案,直至 48 小时用完 2 德拉克马(约 8.74 克)。此处置方式阻断了发热,但 4 天后,患者右肺底出现了肺炎迹象;肺炎症状从肺底迅速扩散至整个肺下叶,由于涉及到胸膜,因此不得不为患者皮下注射吗啡来缓解痛苦;患者随后开始咳血痰,并持续咳了 14 天。在右侧肺炎开始后一周,左侧出现了胸膜炎,因此不得不再次施用吗啡。尽管患者一度情况极其危急,但肺炎和胸膜炎病程发展均较为乐观,患者恢复良好。

病例 5——此病例的患者持续发热数周——99～100 华氏度(约 37.2～37.8 摄氏度)、偶尔达到 101 华氏度(约 38.3 摄氏度)——并间或施用小剂量奎宁。某天,在血检时,我除了观测到某些细胞内出现了疟原虫外,还发现了数量异常的小团块游离疟色素;这标志着此情况下,患者可能重新面临的风险。第 2 天,患者体温升至 103.5 华氏度(约 39.7 摄氏度),其精神状态也令人担忧;数天后,情况变得极为危急。采用的治疗方法如下:利用愈创木酚涂擦,间或配合皮下注射奎宁,并开始采用"甘汞排毒"。数天后,患者开始好转,并很快康复。

病例 6——此病例的患者在来东方之前,据说曾饱受盲肠炎困扰;此病例提醒了人们:在确定自己是否适于旅居热带地区时必须要特别注意自己的身体健康状况是否适应当地的条件,同时还要考虑疟疾会导致内脏器质性疾病变得更加严重。患者于春天抵汉,一开始,排便出现问题:排便时间不规律,总是腹泻,大便时常恶臭并为黏性状态,偶尔夹杂黏液血便。患者食欲极好,但即便是在其状态最好时也是面色萎黄。患者在抵汉后的第一年夏天感染疟疾,最开始,体温是隔天升高,其后是每天升高,最后变成了持续低烧;到了冬季,情况好转,但大便问题仍然时时困扰着患者,并且触诊能够感知盲肠正上方的结肠增厚。到第二年春季,患者又开始持续低烧,且隔天情况就会恶化一点儿,经过一段时间的治疗,有好转,但其后又复发。患者曾换到山区生活,健康状况好转;但不久之后,他于初夏回到汉口,便又开始发热;于是情况恶化,比之前更甚,且排便的问题更严重。曾有人建议患者放弃在中国的工作,返回家乡,但其并未采纳。他又一次换到山区生活,情况稍有好转;但到9月份,排便问题又成了困扰。10月9日,患者经历了一次严重的持续发热,对其进行指尖采血,血检发现其体内有疟原虫和游离疟色素。患者的体温记录表显示了其从10月10日至11月1日(患者死亡日期)的体温变化进程。如同之前一样,能够感知肠壁增厚,但在开始发热阶段,并非明显的一触即痛;患者的排便依旧是大多时候腹泻,排泄物呈黑色,有恶臭,有时还会出现蛋白状黏便或血便;随后,盲肠附近区域(升结肠上方)触诊痛感更加明显,其后出现局部肠麻痹和肠道鼓胀。10月31日早,患者突然出现严重腹痛,接着因肠穿孔出现了急性腹膜炎的所有症状,继而在24小时内死亡。当10月20日,患者体温突然从99华氏度(约37.2摄氏度)升至105华氏度(约40.6摄氏度)时,对从患者指尖采集的几份血样进行检测,仅发现2条疟原虫;而在其死亡后,从其肿大的脾脏中采血进行检测,发现大量疟原虫。患者盲肠上方3～4英寸(约7.62～10.16厘米)处的升结肠壁出现了较大的病变,肠内腔又细又弯,黏膜溃疡较严重,肠壁上有的部位特别厚,有的部位又薄得贴到腹膜上;有些地方与腹壁腹膜黏连,其中一处溃疡严重且较薄的部位甚至出现了穿孔;阑尾和盲肠毗连部位状况良好;小肠的派尔集合淋巴结未出现任何溃疡的迹象;肝脏未出现肿大,但右肺叶的中凸上,出现酒刺形腐肉,从表面稍稍刺出,整个直径3英寸(约7.62厘米),约2.5英寸(约6.35厘米)深。患者生前未曾自诉肝脏部位出现疼痛。

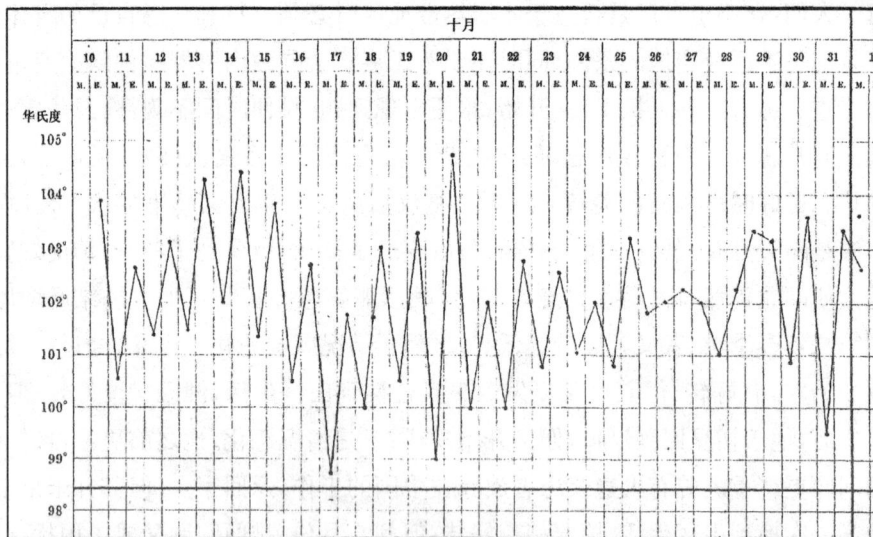

图 3 "疟疾"病例 6 体温图

病例 7——病例 7 从某些方面来看,与前述病例 6 极为相似。如同前一位患者一样,此病例的患者也是面色萎黄、灰败,但结肠的痛处在横结肠前端上方,而非前一病例中的升结肠上方。两个病例中,患者均出现了肠道鼓胀。但此病例中,一开始患者的大便为水状,呈深褐色,极为恶臭;此后,变为黏状和未经消化的状态。患者的舌苔较厚且较为湿润,食欲旺盛,嗜食流食。在最初的发热阶段,发现患者体内存在大量的疟原虫——有阿米巴型疟原虫、杆状疟原虫和环状疟原虫。患者离院回家康复时,肋部外缘下方触诊仍能明显感知脾脏异常肿大。

皮下注射奎宁后的不良反应——在万巴德(Manson)医生的《热带病》一书的"皮下注射奎宁"段落中,有如下叙述(第 114 页):"此种施药方式有时会让患者感觉比较痛苦,并可能会存在某些形成脓肿的风险;一般情况下,此类可能性可忽略不计。"而在另一段落(第 115 页),作者提及在皮下注射奎宁时,破伤风菌可能会通过针头进入人体内。我在这里提及这些并非是因为消毒预防措施不足,因为迄今为止我还未曾碰到此类情况。"脓肿"这个词(意味着脓液聚集)并未很好地体现我所见到的情况。在病例 3 中,我已描述了奎宁溶液被注射到大腿深筋膜下方时会发生的情况(这对我来说也是一种独特的体验);而剩下的药量被注射到另一条大腿的皮下组织内,这些皮下组织受到损害的范围较大,注射针眼周围的部分皮肤(约 1×1/2 英寸)变得没有血色,原位坏死,并且直到患者恢复得很好时,这些坏死的皮肤仍未剥落,而康复后的患者被派至他处,因而我也无法再继续观察他的情况了。但是,我注意到了与前面病例中的皮下组织层或表皮变性类似的另外 4 个病例。如果这种变性或坏死只涉及皮下组织,会或多或少地形成弥漫性肿大,切开这些肿大的部位,会流出一种类似生蛋清的透明黏液;而如果这种变性或坏死涉及表皮,局部皮肤会原位坏死,变白,数周后才会剥落,原部位会留下一种类似皮下变性的溃疡,不痛也不化脓,其会流出一种透明黏性液,需要数月才能愈合。然而,即便是已开始愈合,新长出的组织也容易反复受到损害,但除了需要在相关部位包上适当的敷料外,这些伤痛并不会对病人造成任何不便。在我亲自处理的这些病例中,针头刺入时以及药液开始注射阶段,患者会自诉有剧烈的灼痛感,而注射部位的皮肤(若后续坏死的话)会变白,针孔周围的皮肤会形成浅浅的类似鞭痕的突起。若后续这种情况真的发生,要立即抽出针头,重新选择一个部位注射。在这些病例中,还可能出现某一部位上吸收营养的神经小支被注射针刺穿或被药液毁坏的情况。如果说在其他病例中,不良反应出现的部分原因在于所用的制剂和注射量,那么我个人倾向于认为所选择的注射部位和患者自身抵抗力不足其实有更大的关系。我通常选择在患者的肩部注射 15 格令(约 0.97 克)奎宁氢溴酸盐溶液或 10 格令(约 0.65 克)奎宁盐酸盐溶液,并在毗连区域(即肩部)重复此注射操作,未出现不良反应;相反,一位因"斑疹伤寒"送院治疗的患者的腿部某处皮肤出现了坏死,而这种坏死仅仅是因为他在确诊斑疹伤寒前由医务人员在此部位注射了 4 格令(约 0.26 克)奎宁盐酸盐溶液。如果患者比较虚弱,或者既虚弱又憔悴,那么我认为,在其四肢的任何部位皮下注射奎宁都很有可能引发我在此提及的各种不良反应。无论何时,我都宁愿选择在患者肩部深层组织处进行注射,并且会立刻抹去涂擦和按摩时注入的药量;或者如果只能在患者四肢上进行注射,那么我宁愿尝试利用万巴德(Manson)《热带病》一书中第 115 页所述的特制溶液进行静脉注射。

我本人未曾碰到过因大剂量施用奎宁而导致的血红尿蛋白状况。

关于大剂量施用奎宁导致的视觉障碍,我曾遇到过 3 例。其中一例,出现了彻底的黑矇症状,但过程很短暂,持续时间不到半小时。另一例,黑矇的症状并不彻底,但持续了数小时。最后一例,患者的视野变得非常窄小,但视觉中心区始终保持清晰;这种状况持续了 2 天多;患者每次仅能看到自己面部的一小部分,但看得很清晰;阅读时,每次只能看到一个单词中的几个字母,但看得都特别清楚明白——这或许是因为与周围的黑暗形成对比而造成的。所有 3 例患者当时都曾施用过奎宁。前两例患者施用的剂量远大于第三例,但考虑到黑朦的这种暂时性,这 3 例中的视觉障碍应该是由疟疾而非奎宁导致的。此后,其中一位患者某段时间曾不得不大剂量皮下注射奎宁,但并无任何不良反应。第三例看起来更像是因施用奎宁导致的后果,但其用药仅为 10 格令(约 0.65 克)硫酸盐奎宁溶液,每日 4 次,用药 3 天后就起效了;发热症状消退,患者停药一段时间,后恢复用药,但用药量仅为 5 格令(约 0.32 克),每日 3 次。未对患者进行眼底镜检查,其后也未尝试进行具体的视锐度测定;但实际上,无论如何,所有病例患者均未自诉出现任何永久性的不良反应。

伤寒肠热病[Typhoid(Enteric)Fever]

每年,租界内都会出现肠热病病例。患者通常都是暂居于租界、青壮年、或新近从欧抵汉。这些人均为疟疾的易感人群;同时,由于疟疾更为流行且病程较为持续反复,因此从临床角度而言,伤寒的确诊较为困难。尽管对于疟疾,我们通常采用显微镜检测来加以确诊,但显微镜检测并不能帮我们排除伤寒的可能性,而且伤寒型疟疾(即:疟疾病程中出现的伤寒)病例正日渐常见。虽然我们不时还能看到临床上确诊无误且症状明显的典型伤寒病例出现,但通常碰到的更多却是无法完全确诊的混合型病例。我在此所述均基于自身的经验——当然并非早期在租界内得出的经验,因为其时疟疾和伤寒病例的混杂似乎比如今更甚。现实中,环境条件的改变或许会导致某一疾病的某些方面发生变化,因此,人们有时会对疾病观测者的结论表示怀疑。即便不考虑医学方面可能出现的进步,我仍然认为,在若干年内,一旦我们当前进行的工作完成并且周围的环境发生改变,我在此所提及的困难将不复存在。对于部分无法确诊的病例,经相关卫生官员同意,我保留了用于在上海病理实验室进行肥达反应试验的血样。但肥达试验结果并非绝对指标。根据归纳推理可知,既然相比于"非伤寒"类病例,"伤寒"类病例数量要少很多,那么很显然,对于任一特定病例,首先引起重视的结论肯定是阴性("非伤寒")——当然前提是所有条件(患病周期、血清稀释度、患者年龄和培养物纯度等)均得到满足。对于阳性结论而言,即便是通过部分类比获得了证据支持（即免疫动物血清对杆菌起作用，由此实现了免疫），这种结论最多也只能是"推断有极大的可能"。有些病例的确诊不得不需要很多其他的辅助。以肥达反应试验为例，单看试验结果可能会产生误导，但若将其结合临床症状和征兆来看，那么这个试验就变得至关重要了。大约三年前，当曾在汉口出现过的严重疟疾症状在别处再现时，我向上海的病理实验室送去了2份血样，以进行肥达反应试验。其中一份血样采自一位来自港口的远洋轮船上的高烧患者，刚入院；另一份血样采自一位已住院一段时间的患者，仅从其临床症状和征兆上就可以判断明显属于伤寒重度发作。同一天，我还送去了一位新确诊为疟疾的患者的检测血样，血样中发现有大量游离疟色素和疟原虫，我在积极对此患者施用奎宁进行治疗的同时，按照未经证实病例的常规处置做法，严格遵照伤寒常用预防措施行事。在送出样本的6天后，我收到了自上海返回的轮船带来的肥达反应试验结果，但至此时，那位新确诊患者已不发烧了且感觉良好。然而，试验结果表明，第一份血样和第二份血样都出现了明显的肥达反应。第一份血样的患者是一位首次从英国来汉的年轻人，他在发烧2天后就被送入院，此前并未有过伤寒患病记录，其乘坐的远洋轮船是从香港阿伯丁港口直接抵汉，该船曾在阿伯丁港口靠泊10多日，这期间患者一直待在船上。

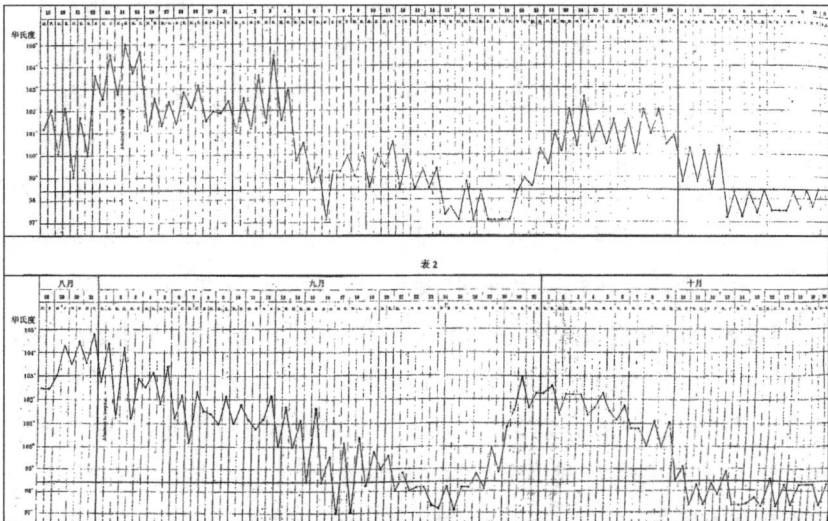

图4　出现"肥达反应"的血样1号和2号患者体温图

下文所提及的主要是与肥达反应相关的病例，同时，此处还给出患者的体温记录表,这些体温记录始于患者自身报告发病之日,记录以当月日期为基准,两位患者当时均在住院。

血样采集于 9 月 4 日(即 2 号患者发热的第 8 天、1 号患者发热的第 17 天)并送至上海的病理实验室,以测试其肥达反应。血样于 9 月 7 日送达上海,然后进行了检测,当晚报告就发出,到 9 月 11 日,我接收到报告。2 份报告结论均为"非伤寒反应"。但从临床角度看,当时 1 号患者具备伤寒病人的所有表征:其在发病第一周出现头疼,第二周瞳孔放大,还曾出现过舌震颤、舌头发干并呈棕褐色,而此时(收到报告时)从舌边开始变得湿润清洁;患者脉搏一开始时非常微弱且相对缓慢,但此时变得极易亢奋,并出现了重脉;其腹部稍有些气鼓肿胀,且髂窝触诊有痛感;患者出现了明显的肌肉萎缩,抓握内收肌群时有痛感等。2 号患者的临床表现虽然不如 1 号这么明显,但仍然可以看得出是伤寒。由于我对 2 个病例此前的肥达反应试验报告不太满意,因此于 9 月 13 日重新采集了血样,血样于 9 月 16 日送抵上海,9 月 20 日我收到了新的报告。这次,2 号患者的报告显示"伤寒反应",但 1 号仍"无反应"。然而,由于 1 号患者的临床表现实在太过明显,这种"阴性"报告实在不足以说服我这不是伤寒;而且,当患者体温记录显示旧病复发时,我就怀疑这种阴性反应是否可解释为假定那些复发病例中没有形成抗毒素,而这种抗毒素也可能会导致凝集。关于我问到的这点,斯坦利医生(Dr. Stanley)回信给我说:"在那些复发病例中,我并未观察到没有出现肥达反应。我清楚地记得,有一个复发病例,其反应出现的时间非常早。您认为这可能是由于未能形成某种凝集物质(其也可能是抗毒的)——这种想法非常有意思,我会留心确认此事的。"此后(正如体温记录表所示),第二次试验中确认出现肥达反应的 2 号患者出现了与 1 号患者相似的复发症状。因此,如果我们假定这些复发病例中没有形成抗毒素,那么我们必须将这种抗毒素与假定的肥达反应赖以出现的"凝集物质"分开来;并且如果按此假设继续延伸,通过研究此处提及的病例,我们可以进一步认为,尽管前述 2 种物质通常也许会按一定的比例同时形成,但情况可能并非总是这样。这后一种假设也许正指出了某些极端病例中未能出现肥达反应的可能性;因此,即便是那些满足所有条件、足以首先引起我们重视的阴性结论,偶尔也可能出现误导,更何况还可能存在技术错误。

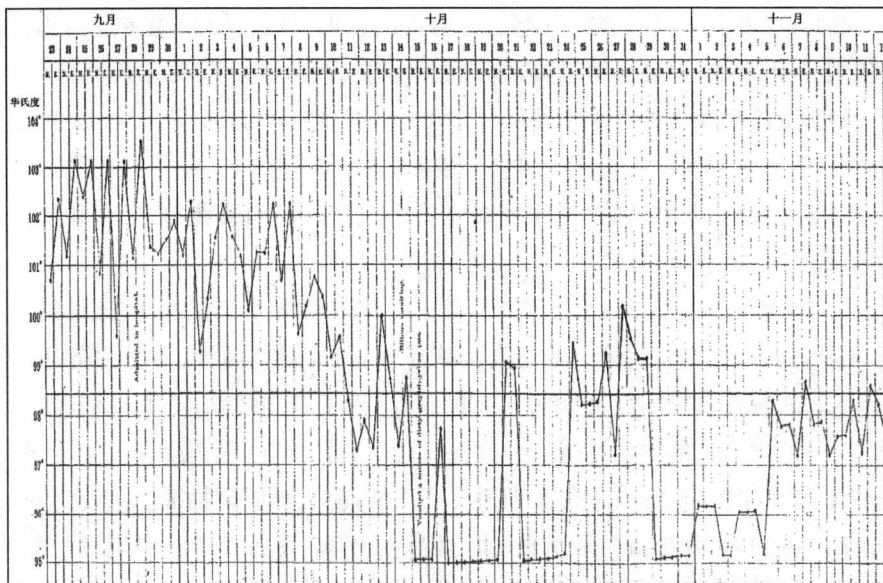

图 5　1900 年(仍处于治疗阶段的)伤寒"特殊病例体温图"

提到最近的伤寒病例,自今年 8 月初以来,我们共诊治了 10 位欧洲患者和 1 位日本患者。这些患者中,8 位来自于港口停泊的兵舰,1 位来自于汉口临近区域,剩下 2 位则是社区居民。来自于兵舰的患者中,有 3 位在抵汉前曾罹患疾病,剩下 5 位是抵汉后才患病的。总共 11 位患者中,有 8 位已康复,1 位(日本患者)死亡,剩下 2 位仍处在治疗阶段。关于 8 位已康复的患者,没有什么特别的好说,唯一的例外是其中一例病程拖延较长:这例患者第二周时体温达 105 华氏度(约 40.6 摄氏度),直到第五周结束时体温才恢复到正常;患者神志不清,大部分时间的动作都是无意识的;直到开始康复后一周或 10 天,患者的智力仍然比较迟钝且表现低能,但比较容易掌控且很容易就能满足;其后,患者的康复速度很快,并最终完全康复。那位死亡的日本病例的情况值得在此说一下:该患者直到第四周结束时,体温才恢复正常,情况似乎在朝着令人满意的方向发展;在其发热症状出现期间,未出现任何较特殊的情况;但在其体温恢复正常后,准确地说,是在第四周结束时,之前表现一直很安静且顺从的患者,变得非常亢奋,他扔掉了所有床上用品,并拒绝进食,只想吃糖,而且坚持要抽香烟;有几天晚上,患者大部分时间都在尖叫,根本没办法待在病床上;白天,他通常兴致高昂,喋喋不休,又唱又笑,表现得非常友善,但会礼貌地拒绝除糖和香烟之外的所有东西;过了一段时间,他的精神变得低迷,郁郁寡欢,有时会昏迷不醒；此时，患者偶尔会在诱哄下吃点有营养的东西；在此阶段，患者前两周体温实际上是正常的，但到了第三周，体温发生了变化，从早上的98华氏度（约36.7摄氏度）上升到晚上的101华氏度（约38.3摄氏度）或101.5华氏度（约38.6摄氏度）；然后直到其死亡前2天，体温维持在97华氏度（约36.1摄氏度）；患者死于此阶段的第五周开始时，即开始发病后的第八周和第九周之间；死前已极度憔悴；死后未进行尸检。

还处于治疗阶段的2位患者中，其中1例的有些复杂且特殊，此处给出了其无删节版的体温记录表。此患者为成年人，身体强壮，有点习惯性充血；其9月28日入院并由我们负责诊治；当时患者出现了发绀症状，心音微弱，脉搏虽规律但较虚弱，脑部活动迟缓，连理解和回答最简短的问题都要花上半分钟；患者结膜有点出黄疸，两眼瞳孔大小相等且正常，但腕部肌腱抽搐。入院当周（发病的第二周），患者排便为经常性的液体状胆汁粪，舌头发干且出现脱水症状，脑部活动迟缓情况更甚，腕部肌腱抽搐持续，发绀症状仍较为明显且结膜仍稍有黄疸；皮肤上未见疱疹，右髂区也未有任何明显的触痛感。第四周时，患者体温大多数情况下低于正常值；此时，其瞳孔明显放大，低声呢喃谵妄，舌头发干，脉搏微弱且时断时续。10月14日（入院后16天）患者首次出现胆汁性呕吐；15日呕吐出4盎司（约113.4克）脏污的灰黄色脓液——无臭且无血迹；其后，干呕和呕吐症状停止。从10月15日至20日，多次为患者测量腋温，体温读数为95华氏度（约35摄氏度）；患者体感发冷，状态完全崩溃，指甲发蓝，面部青紫，腕部有时几乎摸不到脉搏；当患者体温再次升高时，其又变得亢奋且聒噪；随后患者状态再次崩溃，此时，其体温堪堪在正常限值内。从第四周结束时开始，患者虽然通常仍是无意识排便，但其大便状况回归正常；此时，患者瞳孔仍然放大，神志依旧不清，脉搏状态相比之前有好转，但仍十分微弱；其精神状态可以说未有好转。

天花（Small-Pox）

自1898年春季起，此地仅诊治过3例感染天花的外籍患者。其中1例的症状为散发，另2例虽成片出现，但症状较缓和；3例均未出现大出血，且最终均康复良好。

斑疹伤寒(Typhus Fever)

1898 年春末夏初,有 3 名罹患斑疹伤寒的外籍患者被收入传染病房诊治。此 3 例均为严重病例,其中 2 例患者身体极为虚弱,最终死亡。第 3 例患者,虽然最终康复,但也曾一度出现几乎绝望的情况。自 1898 年以来,此地外籍人士中未出现任何斑疹伤寒病例。

水痘和麻疹(Chicken-Pox and Measles)

此处提及这两类传染病仅因为此报告时间段内在汉口的外籍儿童中曾出现过此两类病例。

中暑(Heatstroke)

每年,在夏季最难熬的那一周——并非一定是最热的那一周——除了有热衰竭和日晒创伤病例外,都会有 2～3 个病例被确定为日射病(中暑),这样定名的初衷是为了将其视为一种特殊的疾病而加以区分。本年度(1900 年)8 月 5—10 日,出现了 3 个此类病例。

病例 1——8 月 5 日凌晨 3 点半左右,我首次应召为此患者看诊。患者当时已全无知觉,面目青紫,出现打鼾式呼吸,同时可听到气管内黏液的呼噜声;结膜反射状况待定,结膜弥漫性充血,瞳孔放大;患者在病床上出现无意识的大幅度攻击性动作;其皮肤摸上去滚烫,腕部脉搏几乎感受不到,腋温达 110 华氏度(约 43.3 摄氏度);在我当日见到患者后约半小时,患者死亡。此病例死者为男性,约 35 岁,脖子较短,身体壮实,皮肤白皙但稍有充血;其在东方生活近 12 年,但大部分时间都待在北方;去年 12 月份,来到汉口,此前从未生过病。事后,我了解到:8 月 3 日晚,死者曾表现得非常暴躁且焦虑,整晚未睡;8 月 4 日晚,死者回到家中,感觉非常疲惫,心绪不佳,没有胃口,早早就上床睡觉了,他认为自己这样是因为头一晚的失眠;然后当晚 3 点半左右,死者隔壁房间的一位朋友注意到死者所在方向出现了一些不太正常的声音,在看到死者当时的状况后,立即派人去请我。

病例 2——此病例患者是一名传教士,面色黝黑,不胖也不瘦,皮肤无充血状况。8 月 8 日晚 8 点,在与同一传教所的同伴吃饭时,他突然变得很亢奋,从桌边起身,在房间内跺脚,然后冲上楼;进入卧室后,无意识地倒在床上。我看到他时,已是 20 分钟之后;此时,他已无知觉,面目青紫,出现打鼾式呼吸,同时可听到气管内黏液的呼噜声(跟前一病例表现相同),腋温达 109 华氏度(约 42.8 摄氏度);10 分钟后,尽管已采取各种降温措施,但其腋温仍高达 110 华氏度(约 43.3 摄氏度);此时,其呼吸变慢,黏液分泌增多,皮肤呈暗灰色,死亡时从其口鼻中流出泡沫状液体。

病例 3 出现于 8 月 10 日晚。此病例患者是港口一艘轮船上的司炉工。此病例的症状与前面所述极为相同,只不过从发病到死亡大概持续了 3～4 个小时。患者被送至医院时,已经无意识了,出现打鼾式呼吸,腋温达 110 华氏度(约 43.3 摄氏度);通过洗澡和冰块降温,将患者体温降至 105 华氏度(约 40.6 摄氏度),但其整体状况并无好转;然后如前面 2 例所述,其状态逐渐恶化,最后死亡。

此处关于这 3 个病例的详细描述,旨在向读者展示在汉口出现的日射病(中暑)的症状表现。[此地处扬子江(南京至入海口段)上游约 600 英里(约 960 公里)]。因此,可将整个长江流域归入此疾病的地方流行区内。我在医院的中国籍助手告诉我,同一周内,许多中国籍苦力的死亡方式跟这 3 个病例一样。然而,这些中国病例并未送入医院,因此我未能亲见。

除前述病例外,8 月份期间,汉口还有另外 3 名外籍患者死亡,其死亡原因均与室外气温过高相关,均可归于"中暑"大类下。

以下增补内容摘自海关气象记录表,给出了 1900 年 8 月份每日的表测温度数据:

表1　　　　　　　　　　　1900 年 8 月表测温度数据

日期	温度计				日期	温度计				日期	温度计			
	干球	湿球	最高	最低		干球	湿球	最高	最低		干球	湿球	最高	最低
1	82	81	95	71	12	94	92	102	85	22	84	81	93	73
2	89	89	95	76	13	95	90	100	84	23	87	80	95	74
3	92	90	96	79	14	96	92	101	85	24	83	76	95	74
4	93	92	98	82	15	95	90	102	85	25	85	76	96	72
5	88	87	99	84	16	96	92	101	84	26	86	74	96	71
6	88	85	93	80	17	92	86	100	85	27	87	74	96	71

日期	温度计				日期	温度计				日期	温度计			
	干球	湿球	最高	最低		干球	湿球	最高	最低		干球	湿球	最高	最低
7	93	89	98	80	18	97	86	102	84	28	84	74	95	70
8	90	86	101	81	19	88	81	100	78	29	81	77	90	73
9	95	90	100	79	20	84	72	97	74	30	92	85	93	75
10	98	91	102	93	21	85	77	92	74	31	95	83	96	79
11	99	90	102	85										

腹部脏器病(Diseases of Abdominal Organs)

关于轻微的肠道疾病,此处无需详述。经常出现的病例包括内寄生虫导致的疾病和轻度的食物中毒。关于内寄生虫,迄今为止,最常见的就是蛔虫(其几乎是我在中国籍病人身上中碰到的唯一一种内寄生虫)。关于这种寄生虫,相关叙述和说明已非常多——比如蛔虫导致的各种症状、蛔虫偶尔的迁移以及利用山道年治疗蛔虫等。我们常在医院的中国籍病人的腹股沟或斯卡帕三角区的脓肿中看到有蛔虫的身影;其中1例,蛔虫穿过患者背部的窦道,向下至右侧肾脏的下端;还有1例,是一位女性患者,其身上出现了惊人的症状:蛔虫进入她的膀胱后,又立即以蠕虫的形态消失,最后从尿道排出。夏秋季节,蛔虫导致的症状中常见的就是急性和亚急性痢疾;因此,在医院专为中国籍病人开设的药房中,对于在这个季节就诊的痢疾病人,药房差不多总会给他们开一些基本剂量的蓖麻油和山道年;驱虫后,患者的痢疾症状就会消退,因此,对于这些病例中的大多数患者而言,无需再开其他什么药了。关于此方面,我曾三次在外国籍患者身上看到了施用山道年驱虫药后出现的轻度痢疾症状——其中有两次,没有打下蛔虫,有一次仅打下了一条虫。这些病例中的痢疾症状可能是由于药物本身的刺激作用造成的,也可能仅仅是巧合,或者还可能是施用驱虫药后,蛔虫在人体内的挣扎造成的——因为即便是在那些一条虫也没有打下来的病例中,我们也根本没办法确定病人的肠道内是没有寄生虫的。只有对患者排便中的寄生虫卵进行显微镜检测才行。

在汉口的外籍儿童患者中,我碰到的是常见的(尖尾科)蛲虫,虽然这样的病例也不是很多。来自东北亚的成年患者体内经常可以看到有牛肉绦虫,日本患者身上还会出现猪肉绦虫;而且在对粪便进行蛔虫虫卵检测时,我也曾见到过毛首线虫。关于绦虫,戴维森(Davidson)在其热带疾病教科书中推荐的治疗方案为:为患者施用 3 剂 0.5 德拉克马(约 2.185 克)绵马流浸膏,每间隔半小时 1 剂,其中第 3 剂施用时配合服用泻药[5 格令(约 0.32 克)甘汞];使用过这种方法的病例,每个都能成功打下虫来。治疗前一天稍稍断食,晚上服用 1 剂蓖麻油,并在用药前早上施用大量肥皂水灌肠剂,这样可以很方便轻松地找到绦虫。

在中国人中,假霍乱病例比较常见;夏季,外国人由于饮食上不注意(主要是吃了生水果或生蔬菜)也会染上这种病。在中国,西瓜会切成片直接暴露在空气中临街售卖,通常有苍蝇扑上来——那些中国苦力们买西瓜吃,就把瓜上苍蝇携带的病菌一同吃下去了,这肯定是此群体中发病的一个常见原因。

在汉口,已有数年未见真霍乱病例了。正如之前一份报告所述,中日战争后,汉口这个港口城市遭到这种疾病和斑疹伤寒的双重打击,其或许是由从北方遣散回来的士兵带入的。幸运的是,这种病现在似乎已经绝迹了。

痢疾——夏末秋初时,租界内的痢疾病例就会如约而至。一般说来,这些病例都不太严重,且通常都比较好医治。所有病例均被严格要求卧床休息,同时在患者整个腹部并在腰部整圈采用高温发酵或松节油热敷治疗。一般会要求患者吃牛排——吃牛身上多汁且易煮烂的部位,较难消化的粗纤维部位不要吃。如果早期阶段,通过触诊和叩诊发现患者肠道出现多多少少的鼓胀,通常会选择药物治疗——硫酸钠混合少许颠茄和氯仿酒精。对于某些严重的病例,吐根(根粉末)疗法疗效如神。对于内寄生虫,如前所述,在专为中国籍病人开设的药房中,通过蓖麻油和山道年治疗痢疾症状。

对于几例慢性痢疾病例,在经过 14 天的治疗后,患者恢复良好;治疗使用的是以德拉克马作为剂量标准的硫酸纳或卡尔斯泉盐热溶液,早上每隔半小时施用一次,直至用量达 5～6 剂;其后,中午、傍晚和夜间,施用 10 格令(约 0.65 克)剂量的水杨酸苯酯。治疗期间,患者遵循严格的作息和饮食标准。患者均来自遥远的外地,因此不应忽视其生活环境变化所产生的影响。其中 2 例患者的痢疾症状已持续了 8 个月,每例患者开始发病都比较急,随后发展成慢性症状;每天排便 2～3 次,且均伴随有黏液和便血,排泄物呈黑色,气味恶臭,并混有未消化的食物残渣。此 2 例患者的身体都极为消瘦且虚弱,其中 1 人的治疗采用硫酸钠,另1人则采用卡尔斯泉盐;最后的效果都差不多,约3周后出院,出院时感觉良好且明显治愈;其中1人一年后我又碰见,其再无复发且感觉非常好;另1人自出院后,再无消息。

还有2个出现痢疾症状的病例,鉴于其大便中出现了特殊形状的寄生虫,因此值得注意一下。

病例1——1名成年男性,在出现亚急性痢疾症状前,已腹泻了数天。患者新近的排便除伴有黏液和便血外,还可以看到大量比普通尖尾线虫更短更粗的白色寄生虫在蠕动。对这些寄生虫进行显微镜检测发现,它们是某些昆虫的幼虫形态。在施用蓖麻油和若干剂量的水杨酸苯酯后,患者迅速康复。

病例2——患者是一名3、4岁的小男孩。开始时,其症状以排便时出现急性卡他性痢疾居多。尽管进行治疗后,后续症状稍有好转,但仍出现急性发作,且持续了2个月。但我在此处提及此病例的目的在于指出,显微镜检查发现其排泄物的黏液中出现了大量的小寄生虫团。图1、2和3所示为通过7倍物镜＋2倍目镜组合(莱兹显微镜)看到的不同焦平面上的寄生虫形态。这些寄生虫直径约35～40微米(约为普通红血球直径的5倍,或比猪肉绦虫卵稍大一点儿),其形状并非完美的球形;有一种类半球形的寄生虫是角锥体形状,从角锥体的顶点辐射延伸出三条线或三条狭缝,如图1a和b所示;该寄生虫的荚膜或外壳,相当厚,表面呈蜂窝状,淡黄色;选一条这种寄生虫,让其顶点向上朝向显微镜的盖玻片,从上而下在不同平面上对焦,最开始看到的外形如图1.b所示(其径向辐射线或缝显示得非常清晰),接着看到的如图2所示(其核或卵黄稍显浅粉色,最后如图3所示,能看到外面壳壁的蜂窝图案。所有这些寄生虫看起来均呈卵状,其径向缝跟其他某些虫卵的卵盖很相似。关于这些寄生虫的来源,我在医院总部的文献中没有找到任何线索;因此,上面给出相关细节,希望能够确认这些寄生虫的身份。除了施用其他各种药物外,还施用了百里香酚,但仍未看到对成虫有任何作用。除了反复看到大量的此类寄生虫外,我还注意到另一种不同类型的寄生虫,但由于后者的样本被破坏得很厉害,因此我只能记得它们都是球形,外表均匀且光滑,但从表面伸出3～4根长长的椎尖;我仅从1～2份患者排泄物内透明黏液的样本中看到这种寄生虫。由于普通抗痢疾药物和驱肠虫药未能对此病例产生任何长期的改善疗效,我尝试使用了"Peter Sys特效药",此后患者状况迅速好转,最终完全康复。

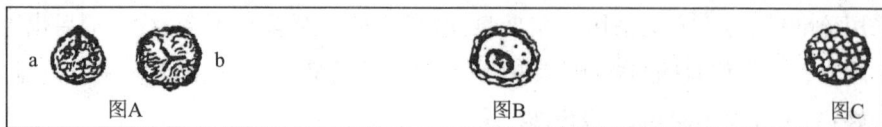

图6 寄生虫形态

并发肝脓肿和致死性肠道出血的急性痢疾病例——患者在出现严重急性痢疾、肝肿大和压痛、以及发热症状后,由其医务护理人员送至本地医院;虽然发病仅6～7天,但患者入院时已极度虚弱且完全病倒。考虑到患者发病时间较短、痢疾症状较为严重且患者状态虚弱,不建议进行手术干预;在经过两天的治疗后,患者的整体状况明显好转;正当我们满怀希望地觉得他能康复时,患者突发肠道大出血,大出血出现了5～6次,尽管我们采取措施尽力止血——每次出血均为带血块的浓稠血液,出血量约为1品脱(约568毫升)——最终患者死亡。患者的门静脉系统已完全清空,肠道无血,盲肠和升结肠内发现大量溃疡,肝脏上仍有一个完整的大脓肿。患者三个月前才从欧洲抵汉,整个夏季的工作都非常辛苦。这是他首次生病。除了急性痢疾和门脉大出血之外,值得注意的一点是肝脓肿形成的速度肯定是非常快的。

后期出现肝坏疽的明显轻型痢疾病例——我是在医院首次见到此病例的。患者此前在斯里兰卡曾有3年的黄疸病史,且病好后,正准备因病退役回家。负责为患者的当前病症进行诊治的外科医生说,在患者被送入院前约两周,曾出现轻微的痢疾症状,几天后明显完全康复,发病2天后排便正常;此后过了几天,患者在打网球时,身体右侧突感剧痛,这使得他不得不停止运动,在长椅上躺下;当晚,患者值班时碰上了暴风雨天气,引发寒战,然后体温升至104华氏度(约40摄氏度),随附的体温记录表给出的便是从此时开始的体温数据;患者面色潮红,焦躁不安,厌食,自诉头疼、身体右侧和右肩疼痛;触诊和叩诊时肝脏一触即痛;此时,还未发现肝肿大;其排便为液体状胆汁粪,呈深褐色,但无便血或黏液;患者腹部出现轻微鼓胀,但触诊无痛感。第4天,患者出现了1～2小时神志失常,也正是当天,患者入院。第5天,从1～2个方向为患者插入吸脓套管,但未发现有脓液。套管中仅抽吸出了一小块恶臭的腐肉;而我们决定再等等,希望这种腐肉能够分解成脓液。2天后,患者身体机能丧失活力的状况向上大幅延伸;再次为其用上抽吸器,清除走腐臭浆液。此时,向下开切口至肝脏,大量散发出恶臭、稍稍带血的不透明浆液立即从伤口流出;用食指戳入伤口时,不怎么费劲就可以碰到肝上柔软脆弱的腐烂物;这些腐烂物有些已随脓液被清理掉;向伤口内插入一根软管,用热羟基喹啉洗剂冲洗这些腐烂物清走后形成的空腔,直至软管内回抽的液体不再散发腐臭为止。患者手术后,身体一侧仍未感觉到疼痛,即便每日用羟基喹啉溶液冲洗两次肝上的伤口空腔,仍有腐臭气味散出;低烧 5 天后,患者大量出汗,全身湿透,并出现恶心,随后出现无法抑制的打嗝,其后呕吐出大量草绿色奶油状流体;最终患者死亡。尸检发现,患者的肝右叶已肿大得非常厉害,其体积的二分之一到三分之二都是坏疽物质,且坏疽范围在扩展,在肝脏的坏疽部分和健康部分之间的表面上形成了一道不规则的泛红带;但是,在坏疽部分的下表面附近,有一个被一条前向发展的窄坏疽带隔开的已腐烂脓肿。患者的门静脉右支塞满了腐败的血栓;在肝的左右叶连接处、胆囊的上方和后方,有一个包囊脓肿,约一个核桃大小,其内是灰黄色无臭脓液;在肝脏和横膈膜之间,有一个很大的滑壁空腔,已完全闭合;横膈膜内有三个像扁平醋栗一样的腐肉脓肿。患者的胃肿大得也非常厉害,其内充斥着患者死前呕吐的那种草绿色物质;其盲肠和升结肠内出现大量的水洗皮革样白喉基溃疡,其直径从 1/8 英寸(约 0.32 厘米)到 1.5 英寸(约 3.81 厘米)和 2 英寸(约 5.08 厘米)不等,其中最大的三个位于升结肠内,在升结肠与盲肠交汇处附近。

总结回顾此病例的情况如下:

(1)似乎(a)其包囊脓肿出现的时间可追溯到 1896 年其将要从斯里兰卡因病退役回家之时,鉴于此脓肿的位置,这应该是患者当时出现黄疸的原因;而且,这说明了一个事实:当时肝上的小脓肿已不活跃且已形成包囊,这种情况下此脓肿已与患者忙碌的生活相适应;(b)患者此次生病开始时,痢疾的治愈也仅是表面上的,其肠道内的大面积溃疡可能已经出现,只是没有或很少出现局部症状或迹象。

(2)由于肝组织所需的营养物质由肝动脉供应,遗憾的是,尸检时并未找到并检测到此病例中连接肝右叶的肝动脉分支。很少有肝门处的压力大到足以压迫动脉,从而完全让其内腔消失的情况;并且,如果发现了凝块,十有八九会在肝门附近发现由门静脉大面积发炎形成的血栓,其会传递原来已经携带的毒素。而且还可以想象到,从门静脉瘤栓中射出了如此大量的有毒栓塞,以至于从其远侧向后形成了瘀滞,而患者在打网球时突发疼痛的可能原因应该是此类栓塞的射出以及射出的栓塞后续对该部位内循环造成的干扰。

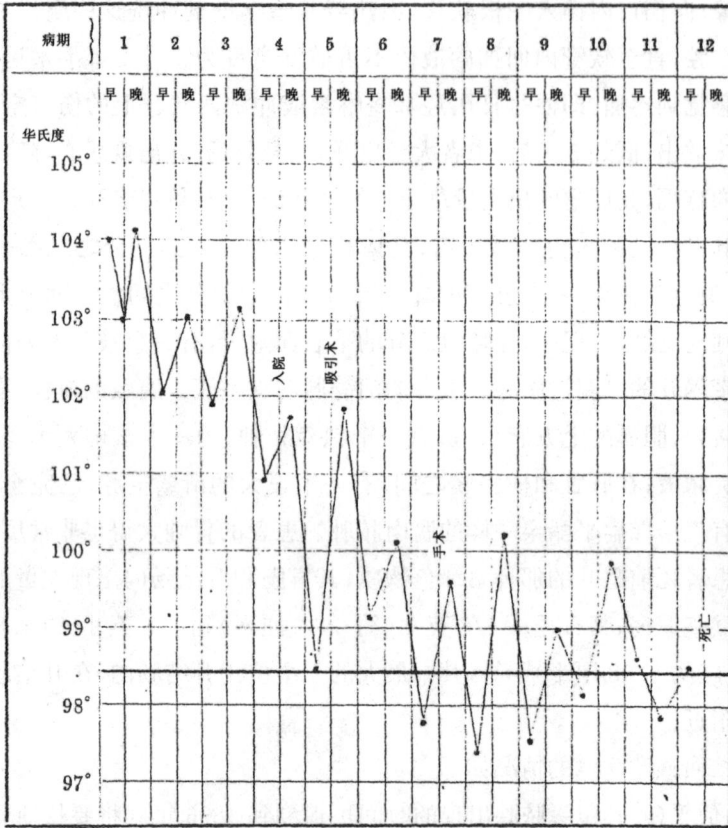

图7 "后期出现肝坏疽的明显轻型痢疾"病例体温图

肝脓肿（Abscess of Liver）

过去两年,我们共诊治过8例肝脓肿病例,其中5例康复,3例死亡。在这8个病例中,仅有2位患者是汉口居民,其他患者均是居住在汉口上游,来此寻诊的;其中3人来自宜昌的天主教会,1人是来自宜昌的水手,1人是沙市的海关官员,还有另1人是岳州的海关官员。这8名患者中,5人有痢疾病史,另有3人自诉经常出现"腹泻",但从未得过痢疾。根据饮酒习惯来划分的话,其中4人酗酒,另外4人很肯定地说不喝酒。所以,到目前为止,这8人中饮酒与不饮酒各占一半,但必须注意的是,所有死亡病例患者都来自于前一类。

这8个病例中,仅有1例我们很难确定出脓肿的位置。我们尝试使用了几次抽吸器,但未能抽到脓液。此脓肿在患者肝脏的凸面上部,在我们找到这个脓肿,切开并抽干其中的脓液前,患者已经出现了腹膜炎的症状;手术只能作为最后的希望。从发病时起,患者就已经出现了严重的肠道鼓胀、盲肠触诊有痛感并且出现了胃痛;患者打嗝非常严重;已切开的脓肿内脓液已完全抽干。患者死后,未进行尸检,因此无法确定其肠道情况,多脓肿问题未能得到解决。

另2例死亡病例中,其中1例出现了多脓肿,另1例的患者除存在脓肿外还出现了震颤性谵妄。最后这个病例值得注意的一点是患者在手术前皮肤变成了明显的古铜色;其死后的尸检表明,这种肤色变化源于脓液浸润右肾上腺夹膜。死者体内的肝脓肿也非常大,但并未伴有肝脏的明显肿大症状。

仅有1例(最后一例手术病例)患者在肋缘外出现明显的肝肿大。此病例中,患者抵汉时,其肝脏外缘下垂到距离肚脐约2英寸(约5.08厘米)处,整个肝脏肿胀得非常厉害。患者入院后就立即动了手术,手术时肝脏流出的物质为浓稠的黑巧克力色,在某种程度上几乎是半固体状;当时虽未对这些物质进行计量,但根据盛装容器判断,比2品脱(约1136毫升)差不了多少;其后,有时会有2~3盎司(约56.8~85.2毫升)物质,要么漏出,要么每天两次利用Allen泵通过软管抽吸出(有时会因软管太粗而无物质流出)。尽管此病例中,肝脏手术后的空腔过了9周才完全长好,并且在术后很长一段时间患者的体温从早上的正常上升至晚上的102华氏度(约38.9摄氏度),但目前患者的状况极好。

接下来对剩下的几例总体概述一下;这些患者中,有些人来汉口时从未想过自己的问题会在肝上。说起诊断,通常都是首先确定为疑似病例,然后隐藏症状被诱发出来。如果某一病例无法确诊,那么在检查的过程中,轮流排除每个器官和系统的嫌疑,这对患者来说是有益无害的。若是肝脏病例,除了可通过触诊和叩诊等常规方法确定出来之外,对该部位进行按压也可以找到相关症状;并且若是用一种系统性的按压手法来仔细检查与胸壁接触的整个表面(即:用一只手按压另一只手食指的末端指骨,使其沿手指长度方向压入手指间的每个小空隙),通常就会发现,如果肝脏有脓肿,在某一点按压到某一特定深度时,就会诱发典型的肝区疼痛(有时还会伴发右肩疼痛)。如果这种疼痛在多点诱发,那么就要注意最疼痛的那个点和引发疼痛的按压深度,这是一种可以确定脓肿位置的好办法;并且如果在此点从合理方向将吸脓套管插入适当深度,通常就会插进脓液中。关于抽吸器,我通常使用"Allen泵",并选择使用长套管针和此仪器配套的套管进行探查。一旦发现脓肿,在进行探查前,就要将刺开脓肿并将其抽吸干净所需的东西都准备好。如果患者身体虚弱或者容易紧张,可让其卧床；可在其一侧安排良好的照明，然后做手术的人跪在病床的另一侧；手术时除了需要敷料、绑扎带、针、常用盆、消毒洗剂，以及对手术台和可能直接或间接接触伤口的东西进行清洁和消毒的必要材料，我所需要的最合适的器械（除抽吸器外）就是一把外科手术刀、一把腱刀、一把长窦道钳、一根无侧孔的粗橡胶引流管（食指粗细）、以及一把普通息肉钳（以夹住引流管端，将其拉长，并将其引导到位）。（事先将引流管拉过息肉钳，然后固定不动，这样便很容易将其插入。）对患者进行麻醉，然后采取必要的措施确保消毒，接着按事先确定的点和方向推入套管针和套管，直至其刚好穿过肋骨的上缘。推入过程中顺行无碍通常意味着已经进入了脓肿腔；抽出套管针时，套管中带出脓液，这时，紧绷患者皮肤并往下拉，穿透皮肤和筋膜向下往肋骨处一下子开出一条 2 英寸（约5.08 厘米）长的切口，切口中心正位于套管针孔处。然后，让患者的皮肤恢复弹性状态，在整个切口长度上，沿肋骨上缘将肋间肌分开。如果开切口时，套管已抽出，则此时须重新将套管从伤口中间插入脓肿腔内，当套管中重新带出一点儿脓液从而确保套管好好地插在脓肿腔后，用腱刀沿套管的一侧划过，在肝包膜和其上的结构（横膈膜等）上切出切口。这样，便可在切口内的一点插入长窦道钳，并沿着套管的一侧将其完全推入脓肿内；当长窦道钳的钳口张开后，将此钳稍稍抽出，这样就会使脓肿腔的出口扩大，以避免将肝脏推出胸壁（此类风险是可能存在的），同时让脓液从二者间流出。在钳口保持这样的张开状态时，脓液就会从伤口大量流出；当脓液流得差不多后，插入食指，大致确定出引流管行进的方向，但同时要注意确定脓肿腔大致的大小、腔内壁的特点及其他值得注意的东西。例如，有一个病例，我用手指摸到有相当厚的组织带在整个腔内延伸；这些组织带内可能包含完好的血管，因此，如果将其撕成两半，可能会导致大出血；我在当时作处理时，动作非常轻柔，在插入引流管时非常小心地避开它们；当我抽出食指时，息肉钳上拉伸的引流管沿一个已知方向被轻轻地引导至脓肿腔的远侧，然后在钳口张开、引流管内端释放前让其从外端缩回；等到不流脓液后，敷上敷料，将引流管用一根大安全别针固定。大多数此类病例的术后处理措施包括皮肤的简单清洁，以及根据伤口流出液体的量，每天更换敷料 1 到 2次。若引流管堵塞，可在 Allen 泵上接上一根玻璃管，推着其沿引流管内腔前进，这样很容易便可将引流管疏通。若因一开始时流出的液体量太大或者液体太浓稠而不太容易引流出来，则必要时，可在每次敷设敷料时，按前述方式清空脓肿腔。当然，很少会有这种必要，后续无妨用弱羟基喹啉热溶液小心冲洗腔内。在我所诊治的所有病例中,我都曾利用手术打开(脓肿所在部位的)肋间,然而我并未发现有必要采用金属引流管或有必要拆掉患者身上的部分肋骨。

黄疸病(Jaundice)

今年 10 月和 11 月期间,此地欧洲人和中国人中出现了不少黄疸病例。此类病例的流行,让人不得不怀疑出现了局部传染的状况。这其中的大多数病例(所有的外籍病例),要么胃部出现剧痛或出现压迫感和酸痛(且其中有 1 例肝部也曾出现此类症状),要么感觉身体的此类部位出现束缚感。在发病后的头几天,常见的症状是恶心以及长时间完全无食欲。仅有 1~2 例患者出现了发热症状。随附的体温记录表显示了其中 1 例患者的体温变化状况。而其他病例患者的体温大多是自始至终都低于正常值。对有些患者而言,最麻烦、最恼人的症状莫过于皮肤瘙痒。一位患者就是因为皮肤瘙痒和麻疹请我上门诊治。

尽管当时此患者的结膜已呈淡黄色且小便的颜色也较深,但他却认为他实际上只不过是患了麻疹;此后,此患者出现了细密的上皮组织剥落症状。总而言之,此类病例最早期的症状之一是小便颜色变深,然后会出现结膜和皮肤变黄以及白泥状大便。患者的结膜和皮肤颜色深度变化非常大——从淡柠檬黄变成金色或黄绿色。此病的持续时间通常为 2~3 周,大约在发病第 10 天时大便颜色恢复,此后,患者感觉会逐渐变好。大多数情况下,此病的治疗措施包括为患者保温、指定特殊饮食、早上为患者施用卡尔斯泉盐溶液,同时全天施用若干剂量的磷酸钠。对于出现明显的皮肤瘙痒症状的病例,在施用若干剂磷酸钠后,这些症状很快消失。

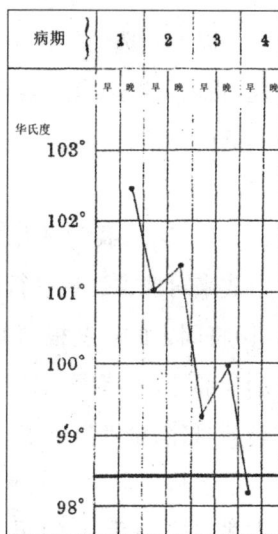

图 8 "黄疸病"病例体温图

尽管我未发现有直接提及毒血症黄疸的资料,但毒血症黄疸患者在严重医疗事故或手术后的预后似乎的确是相当严重。在上述疾病流行期间,有一位患有黄疸的苦力,腿被从身上碾过的轨道运货车车轮压断了;在被送入院时,他已经因为休克和失血过多,状况岌岌可危,盖在身上的被子也已被血浸透;此情况下,不得不从膝盖以下对其进行截肢。进行截肢手术时,发现其皮下组织和肌间隔多多少少出现水肿,并伴有胆汁或胆汁质浆液;尽管患者已大量失血,但皮瓣渗液却很难抑止;第2天,患者没有出现因失血导致的情绪焦躁,而是变得昏昏欲睡、神思恍惚;其伤口的敷料被黄色带血的脏污浆液浸透;截肢处出现皮瓣肿胀,可以看到一个又大又硬的黑色凝块;这个凝块及患者的整个身体都散发出一种病态的尸臭味;其后,将这个凝块清除,并用绷带将减压垫均匀牢固的压敷在皮瓣上;但截肢后第3天早上,那种绿色带血的脏污浆液又把敷料全部浸透,前文提到的那种病态的尸臭味弥漫至患者身体的其他部位;患者出现了昏迷,到傍晚,患者死亡;尽管患者截肢处的皮瓣被病变血液中的色素几乎染成了黑色并且其上还附着有黑色凝块,看起来凹凸不平,但皮瓣本身并没有散发出腐臭味,仅出现过上面曾提过2次的那种病态的尸臭味。

中国籍住院患者中的阴茎癌病例(Cancer of Penis)

以下所选的外科手术病例来自于我自己负责的专对中国籍病人开放的医院,我之所以选取此类病例,其原因在于:与英国医院相比,中国的医院中这类病例更加常见,而且有关此类病例的外科手术治疗建议应在此报告中有一席之地。

11年前,我尝试着按以下步骤轮流使用外科手术教科书上所述的常规手术方式来对此类病例进行治疗:(a)在条件允许的情况下采用皮瓣法从根部切断;(b)将固定的阴茎根部上的毛发刮除干净,并通过事先切开的会阴中线切口使剩余部分(阴茎海绵体与尿道分开)剥离出来;(c)如果(b)步骤后情况没有好转,则将阴囊剥离出来。

但从很早的时候起,我就已经放弃了上述方法,转而采用下文所述的手术方式。这种手术的灵感源于我最近的合作伙伴——查尔斯·贝格医生(Dr. Charles Begg)。贝格医生认为,在阴茎切除后,面对此类患者时,阴囊就成了医生们唯一需要考虑的问题来源。夏季,特别是,患者比较粗心且易于擦伤时,排小便时最后不小心滴上的尿液非常容易使伤口部位皮肤擦破并引起发炎;如果患者是辛苦劳作的苦力,这种情况可能使其丧失劳动能力,每天的生计都成了问题。因此,贝格医生(Dr. Begg)建议来个"一网打尽",将阴囊、睾丸和阴茎一起切掉。自1894年3月起(即我回国度假后返回中国的日期),我用此种方式总共为30个病例实施了手术。我所实施的手术,从其本身而言,是比较简单的，从未引起任何哪怕是最轻度的休克或任何不良反应；这给了患者极大的自由，并且我还认为：如果说，对于那些罹患乳腺癌的女性患者而言，确定不动手术会带来好处且切除卵巢有助于抑制癌症发育的话，那么在治疗阴茎癌病例时，我们希望在抑制细菌滋长的前提下，切除睾丸能够带来某些积极效果（减少复发几率或延迟腹内腺体发育），这一想法应该是合理的。非常遗憾的是，我无法给出术后无复发的统计数据，因为那些经过手术治疗的病例，出院后就很少向我报告自身的情况了。我只能说我从未曾见到过重新入院的复发病例，据此情况以及鉴于我在实施手术时已完全切除了邻近组织和癌细胞扩散的直接路径（腹股沟腺等），我可以断定，无论如何，本地这种病例的复发是非常罕见的。

手术说明——相关部位事先剃干净毛发并进行了消毒，实际的手术操作第一步是用一个牢牢拉紧的临时结扎圈将阴茎固定在病灶部位后，并清除掉结扎圈前那些恶心的菜花状物质；考虑到海绵体可能会缩进到包皮内，所以要在剥离前用交叉针或其他方式将其好好固定；在清除掉癌性物质后，就更方便操作，并减少后续手术步骤中伤口被污染或感染的风险。对手术部位进行再次消毒，此时两侧的腹股沟腺和淋巴组织均已被切除，而精索已被固定且与其他部位分隔开来；在已清除掉癌性物质的阴茎根部上方，完成前述步骤所必须的腹股沟切口汇合，且切口的走向会穿过悬韧带，正是这根悬韧带使阴茎根部保持拉紧状态；与此同时，要避开背动脉，或者，如果要切切口，则必须用动脉钳对其加以固定和绑扎；而在此之前剥开的血管也很容易缠住和绑扎好。在手术中，精索通常都很好处理；尽管我习惯于用一把普通的骨面夹痔钳来夹住精索并采用烧灼器，但其实当然可以径直穿过精索并采用常见方式绑扎血管；而精索的剩余部分则紧紧贴在腹股沟管的外孔处或外孔内。接下来的步骤包括：此时将阴囊提起，在其与会阴的交汇点附近，在包裹尿道的尿道海绵体处于均匀自然的状态下取中线上的一点，然后标出；用剪刀从横切口到此点，均匀剪开皮肤和表皮下层组织，剪开的时候先剪一边，再剪另一边（如有可能，每侧都剪干净），留下与上（阴部）皮瓣相连的皮瓣将会以 Y 或 T 字形状自然汇合，或根据具体情况（因为疾病可能会使得阴部皮瓣或侧皮瓣变大），两片皮瓣将自然汇合；出血点很容易被压住；此时，将无支撑的阴囊保留或剪掉，同时将尿道海绵体在一开始所述的临时结扎圈后横向切开，并小心地将其从阴茎海绵体内分割出来；采用以下方法可使此分割过程更加容易：用一根金属探条或医用金属探子穿过尿道,并利用其使尿道海绵体和阴茎海绵体之间的组织伸展开来,同时将手术刀的刀口偏向阴茎海绵体,往后移动一定距离,这样很容易就完成分割。完成此步骤后,用一种钝器——未打开的剪刀就行——从阴茎脚之间由下往上推,以便将其分开并使其间能够插进去一根手指;此时背血管已系牢,而且如果进入阴茎脚的动脉也已扎紧的话,则可将阴茎脚从与耻骨弓连接的部位撕扯下来;但更方便的做法是,将阴茎脚尽可能近的扎到耻骨弓上,并在结扎圈后将其分开。至此,除了包裹尿道的尿道海绵体外,所有该切除的都已切除,且尿道海绵体预留的长度也已足够其从伤口下方角度伸出。若尿道海绵体的切割端有渗液,则可将尿道的黏膜缝到荚膜上,但并非总是有这样做的必要;将汇合的皮瓣以 T 或 Y 字形的方式缝到一起。此手术中无需使用引流管。所有部位一期愈合状况都非常好。整个手术区域光滑洁净,尿道从伤口垂直突出部的下方角度伸出,这样,在站立位采用常见方式就可以做到自由排尿。

附录 A

此附录内容为中国女人的"小脚"的 X 射线照片复制件,其显示的是一位年轻女性的脚,脚上穿着鞋,还紧缠着绷带,从而使得外(腓)侧紧挨着脚板。

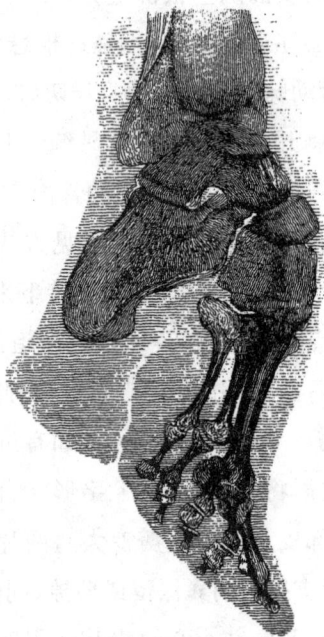

"小脚"X 射线照片

附录 B

这是一个非常有意思的病例，患者的股骨上段因获得性弯曲而变得粗大，此照片由伦敦会的吉利森医生（Dr. Gillison）进行 X 射线检测时拍摄。以下说明摘自吉利森医生的病例记录。

患者是一位 21 岁的农民，自诉两年半前在稻田里劳作时，突感左髋和大腿疼痛。患者觉得正是自此时起，他的身体开始出毛病了；并且他还说，当时他的左侧大腿非常笔直，跟右侧大腿无任何不同；然后这样的疼痛持续了数月，左侧大腿感觉非常虚弱，直到后来患者注意到在现在出现弯曲的地方长出了一个硬肿块；此肿块逐渐长大，越来越疼，让患者逐渐丧失在田间劳作的能力。此时，患者已不能挑（担）任何重东西；当其尝试挑（担）东西，或走路太多时，就会感觉疼痛，但晚上卧床时，无任何痛感。附录的照片和 X 射线照片复制件主要显示了接下来要说的内容：尽管明显短了约 3 英寸（7.62 厘米），但沿股骨轴线的曲线往上的股骨转子顶点到膝盖的测量距离与未出现病变一侧大腿上股骨转子顶点到膝盖的距离相同；髋骨的弯曲部分缩减到平常范围的大约一半，而其延伸部分（正如照片复制件所示）并未与其相抵触；肿块部分皮肤并未发红，也无灼热感。肿块本身是硬的，仅在大力按压时稍感疼痛；患者的大腿肌肉并未消瘦，除了两侧扁桃体出现慢性肿大之外，并无其他值得注意的地方。患者其他方面明显非常健康。

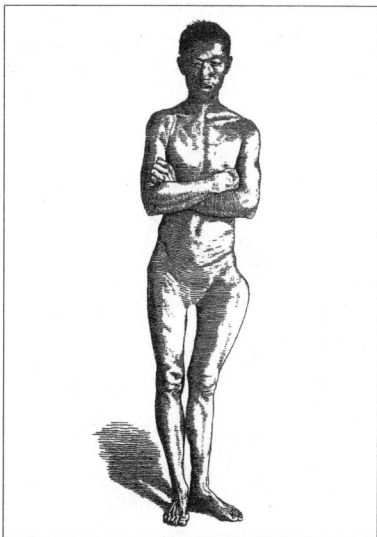

"股骨粗大"病例照片

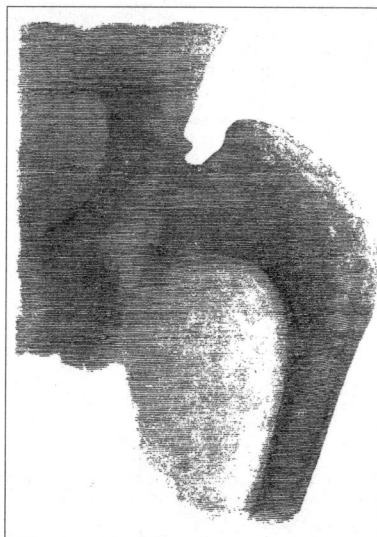

"股骨粗大"病例 X 射线照片

X射线照片复制件显示股骨部分变粗、变弯，表面出现结节，其由内（凹）部分中的密质骨构成，这使得外（凸）部分内形成了几个短骨小梁，此外（凸）部分看起来是透明的，或许其主要构成物质是软骨。

　　此病例的变化进程表明了繁重的田间劳作对肢体的拉拽所造成的损伤，且患者大腿出现疼痛时的年纪也说明问题开始可能出在骺软骨上——患者约到"18岁"前股骨大转子一直都未能长好。

朱峙三日记选编

胡香生点校[①]

    朱峙三(1886—1967),原名鼎元,又名继昌,湖北鄂城城关(今鄂州市鄂城区)人,两湖总师范学堂肄业。民国时期,先后任《中华民国公报》编辑、湖北军政府内务部书记官、湖北省黄安县知事公署书记官、第一科科长、湖北省党义训练所国文教习、武昌中央军事政治学校校级秘书、蒲圻县(今赤壁市)长、黄冈县长等职,兼或在寒溪中学、大冶中学、武汉晴川中学、湖北省立第一师范等多所学校担任教习,并曾于福建闽海道尹公署任职教育科长。抗日战争时期,在宜昌、恩施任湖北省政府办公处(三游洞)代理主任秘书、省府视察员,后改任湖北省参议员,并受聘于湖北教育学院、国立湖北师范学院等多所高校,担任国文系等学科教授。中华人民共和国成立后,朱峙三历任湖北省文物整理保管委员会委员、省政府参事等职。

    朱峙三先生一生笔耕不辍,1955年手订个人日记104册,2011年由国家图书馆出版社影印。同年,朱峙三先生之子胡香生,将其中1893—1919年部分的日记加以点校,由华中师范大学以辛亥革命百年纪念文库形式出版。2021年辛亥革命110周年之际,本刊邀约胡先生辑录了1912—1913年间朱峙三先生任职黄安知事公署书记官、第一科科长时所写家书以飨读者。2022年,又辑录了朱峙三先生蒲圻(今赤壁市)县长任上日记,以反映民国时期湖北地方政治生态和朱峙三先生的基层治理思想。为保持事情的完整性,所辑录时间为1928年6月至1929年6月,较实际任期前后各做了一个月延展。

---

    ①点校者胡香生为朱峙三先生之子。

戊辰日记(《朱峙三日记》 第三十六册)

民国十七年(1928 年)

六月　初一日　（7 月 17 日）

　　　　初二日　（7 月 18 日）　　　晴　　　热

　　　　初三日　（7 月 19 日）　　　晴　　　酷热　　　　今日初伏

　　　　初四日　（7 月 20 日）　　　晴　　　酷热

　　　　初五日　（7 月 21 日）　　　晴　　　酷热　　　　今日寒暑表九十八度

　　　　初六日　（7 月 22 日）　　　晴　　　酷热　　　　寒暑表今日达百度
　　　　　　　　　　　　　　　　　　　　　　　　　　　以上

　　　　初七日　（7 月 23 日）　　　晴　　　酷热　　　　寒暑表九十六度
　　　　　　　　　　　　　　　　　　　　　　　　　　　今日大暑

　　　　初八日　（7 月 24 日）　　　晴　　　酷热　　　　寒暑表九十八度

　　八时起，今日不适，未到所。午后更热，三时剃头一次，晚拟外出未果。汉卿来与说数语去，胡升来述长青已病危不能语，来借洋治，付洋十元去。

　　　　初九日　（7 月 25 日）　　　晴　　　热　　　　　寒暑表九十八度

　　　　初十日　（7 月 26 日）　　　晴　　　酷热如蒸　　寒暑表九十九度至
　　　　　　　　　　　　　　　　　　　　　　　　　　　百度以上
　　　　　　　　　　　　　　　　　　午后五时大风天气变凉

　　　　十一日　（7 月 27 日）　　　雨　　　热气已成　　午后阴

　　　　十二日　（7 月 28 日）　　　晴　　　热

　　七时起，八时到所清理各事。九时到试场，监试咸丰等县补试学生，正午方毕。午后办理例行事件，晚八时方归。与端屏(1912 年时段的黄安县知事)谈各事甚久，十二时寝。

　　　　十三日　（7 月 29 日）　　　晴　　　热

　　　　十四日　（7 月 30 日）　　　晴　　　热

　　　　十五日　（7 月 31 日）　　　晴　　　热

　　七时起，八时到校，九时料理发榜诸事，今日报名入夜班听讲者甚众，午后写信四件，复连日积压者也。晚八时回寓，十二时寝。

　　　　十六日　（8 月 1 日）　　　晴　　　热

十七日	（8月2日）	晴	热	寒暑表九十七度以上	
十八日	（8月3日）	晴	热	雨后略改凉	
十九日	（8月4日）	晴			
二十日	（8月5日）	晴	热	寒暑表九十八度以上	
二十一日	（8月6日）	晴	热	寒暑表九十八度	
二十二日	（8月7日）	晴	热甚		
二十三日	（8月8日）	晴	今日立秋		

七时起，七时半至民政厅，余宜泉招待，先有袁鼎荣之子在座。新调大冶县长赵新宇、黄安县长谢口先在座。八时半，严与予等至省政府略坐后，由关科长招待，与张怀九、张难先谈话，所问均不相干之事，约一刻钟出。到所办事，午后事甚简，晚八时回寓，便至次诚寓一谈，十时归十一时寝。

二十四日	（8月9日）	晴	热	
二十五日	（8月10日）	晴		
二十六日	（8月11日）	晴	热	
二十七日	（8月12日）	晴	热	
二十八日	（8月13日）	晴	热	
二十九日	（8月14日）	晴	热	
七月 初一日	（8月15日）	晴	热	
初二日	（8月16日）	晴	热	
初三日	（8月17日）	晴	热	
初四日	（8月18日）	晴	热	东风时作
初五日	（8月19日）	晴	热甚	
初六日	（8月20日）	晴	热甚	寒暑表九十四度
初七日	（8月21日）	晴	热甚	
初八日	（8月22日）	晴	热	

七时起，七时四十分至民（政）厅，将各稿面交严立三带陈省政府。匆匆与谈数语出，彼忙予亦忙也。八时半出，到所办事，今日清理积件尤麻烦，晚八时回寓。十二时寝。

初九日	（8月23日）	晴	热	今日处暑节

初十日	（8月24日）	晴	热甚	寒暑表九十六度
十一日	（8月25日）	阴	大风雨	晚间天气变寒
十二日	（8月26日）	阴	大风	
十三日	（8月27日）	晴		

七时半起，天气仍凉。八时到所，扶病去也，依人之苦如此哉。上午纪念周勉强去，午后补写联款二，一赠汪三辅一赠刘渥仁，皆前星期已面允者，不可失信也。写大联一副，送李佛波开木器店新张者。今日将各事整理，向汪辞职调病，彼挽留甚诚，谓辞职本可，不是此时事。予乃请病假三日，藉资调养，晚八时归。十二时寝。

十四日	（8月28日）	晴		
十五日	（8月29日）	晴		
十六日	（8月30日）	晴	热	
十七日	（8月31日）	晴	热甚	寒暑表九十度以上
十八日	（9月1日）	晴	热甚	
十九日	（9月2日）	晴	热甚	晚间尤闷
二十日	（9月3日）	风	雨	天气改凉

八时起，九时到所，上午纪念占时间甚多。午后开科务会议，晚九时归，十二时寝。

| 二十一日 | （9月4日） | 晴 | 热 | |
| 二十二日 | （9月5日） | 晴 | 热甚 | |

七时起，八时到所清理各事。九时到民厅见严立三后谈各闲话，予已知其意矣，最后表示欲予署蒲圻县，且谓此缺系广济县杨某。如居觉生果能接广济，杨即调蒲圻，再为君就近调一缺也。且此地较近必能相安云云。予见其意诚恳遂许之，出仍回所办各事，今日又值夜班事。七时接汉卿电话，谓民厅又来条请谈话。予乘车去见严后得知，蒲圻事已为省政府通过，嘱予准备接事，至迟一星期即要到任云云。出厅后至汪三辅寓与谈近事，并嘱其派人接予事，谈一时许出，廖云汉、李肖班俱在座。予细检今日所带之铜证章已遗失矣，十时回寓，十二时寝，转钟一时端屏回寓，又与谈数事，二时方寝。

| 二十三日 | （9月6日） | 晴 | 极热 | |
| 二十四日 | （9月7日） | 晴 | 热 | |

二十五日（9月8日）	大风	寒	今日白露
二十六日（9月9日）	晴	燥	
二十七日（9月10日）	晴	燥	
二十八日（9月11日）	晴	燥	
二十九日（9月12日）	晴		

七时起,来客数次。午后到民厅耽延一小时,各科长、股长均见面述各事。午后回寓,晚至姚渔青寓便见邓鹏九谈甚久,回寓后清理各事至十二时寝。

	三十日 （9月13日）	晴	
八月	初一日 （8月14日）	大风	
	初二日 （9月15日）	大风变紧 天气乍寒	
	初三日 （9月16日）	阴 大风颇寒	
	初四日 （9月17日）	晴阴不定	
	初五日 （9月18日）	晴	

七时起,至督署辞行,仅留片致达袁菊村参谋长出,午后二时至仲苏寓,三时开席。同席者李师长等,今日仲苏所办席较昨夕佳,予已十三年未尝黄安味矣。昨今两次不胜感也。回寓清理各事毕,十一时寝。

初六日 （9月19日） 晴 热

八时起,嘱汉卿等准备起行以前各事,予至李师长寓拜会,闻其渡江留刺出,回寓吃饭,午后与包括勤务兵在内一行十六人,出通湘门,候至三时一刻快车方到,停六分钟即开行,车行甚缓,三等车与京汉同人甚少,行路时时倾斜,此路不佳可见也。晚八时二刻到蒲圻站,欢迎者何养吾等,张用楷为寒溪学生,黄浩卿为沙市旧属,其余则公安局全体及警队数人,到城时上灯已久。至电报局略憩吃饭毕,拜会前任县长张静修(号善卿,京山人),与谈半时许,约以明日正午接印。至电局与振旅夫妇谈甚久,忆前年今日,在沙市予为军队包围索饷之时,此时正求脱不得者也,不胜慨然,转钟一时寝,不甚安。

初七日 （9月20日） 晴 燥

八时起,养吾等来拟仪节,正午至署接印,略参新仪式,见员司兵役于一堂,礼毕见员司略述数语,小憩后出署拜客,至各机关循例接驾见面,仅县教育局长黄秀珊、财产保管理处长余建安、硝磺局长杨铎(字斌臣,皖人)三人而已。四时回署来客甚众,略与谈话,城中各机关来见者不能详记,旋与立群等分别支配应

229

办各事。总务股请养吾担任、财政由吴端伟担任、会计暂派钱舜卿代理、监印文牍由立群一人监任。四时来客甚众，发一电至鄂城，报告家母云已接印视事。又呈报及分行就职日期。八时坐堂审理邓兴蔚一案，约一时许毕，十时与立群、养吾等磋商各事，十二时半寝。

初八日　（9月21日）　　晴

初九日　（9月22日）　　晴

初十日　（9月23日）　　晴

七时起，自行出署未带人阅各处，回署后阅文件一小时，函教育局、函硝磺局冷白驹团制火药防匪。咨前任为交册接表任内碍难接收，又咨买典契纸已接收。函商会为印花事，牌示各行户领帖。函羊楼洞商会转雷鸣盛请帖事。指令财产处余新柯主任为清乡挪用款项事，函印花专员现时无差可派，谕催征吏催税契事。阅禀四件，内有龙吟海在押，予拟释之。前任冤押之人甚多，缓当逐一讯明开释也。发覆函十件，连日各处来函不外谋事，安得广厦千万间，古诗已先我言之矣。曹复汉持仲和函来谋事，嘱其在外暂住。晚十时与养吾谈各事，十二时寝。

十一日　（9月24日）　　晴

八时起，寻胡心口委员来，约其午后往羊楼洞查案，并约朱巡宣员同去。据朱巡宣员频频道之，在贯彻省、厅令的同时，以地方规章周全之。予先后饬包括有《各区镇保卫团禁赌》等布告。与相关方人士谈各事甚久，十二时半未能休，予已劳顿不堪，转钟三时寝。

十二日　（9月25日）　　晴

十三日　（9月26日）　　晴

十四日　（9月27日）　　晴

十六日　（9月29日）　　晴

七时半起，昨夕寝甚迟，寝后梦与先公同床，频频言寒溪学尹仲韩事，又言牛皮可以为币。又见两湖学堂老役陈姓恍久之，此不知主何事也。民股叙稿函熊营长一件。呈民厅报告训练员役事，代王仕光请四集团发还手枪文，函教育局已改公文式事俱判行。复石际平信，唁尉迟初樵兄弟信。寄刘菊坡信，寄张肖鹄信，李季芳信。晚十时与养吾等聚谈，十二时寝。

十七日　（9月30日）　　晴

十八日 （10月1日）　　晴

十九日 （10月2日）　　晴

七时起，自行出城至各处询问，乡人不知予为县令也，按署中已有收发六人，再有托情来求此职者，只好送川资十元婉言拒之。

二十日 （10月3日）　　晴

二十一日（10月4日）

二十二日（10月5日）　　晴阴不定　晚小雨

七时起，清理各事。复汉阳曹仲和和武昌汪三辅、肖仲祁秘书长、徐澹盦、易泮香计四函。阅民妇控张柱伯禀，为切实整顿税收而会商牙帖捐主任。布告招请练技击人士来署登记。何股长叙稿判行发出。午后二时，黄教育局长请客，省督学张德亭同座，张亦蒲圻人。与同至第一小学视察，学生甚少，有荒凉不堪之象。近来各县小学皆如此，可慨也。五时游西门外之马鞍山，五时归途遇雨。七时坐堂问案二次，又开释三人。张前任在浦随便捕人，押而不讯。

二十三日（10月6日）　　阴　　　　小雨数次

二十四日（10月7日）　　阴　　　　微云不雨

二十五日（10月8日）　　阴　　　　今日寒露

二十六日（10月9日）　　晴　　　　午后北风甚烈

七时起，供给叶雅各等早点出。阅文件、函武昌县署协助布告《禁止蒸燉道会》，布告《勒令各术士改业》。饭后召集清乡各委员开例会，讨论催办户口册事以便结束，筹备双十节事已完毕，饬传达贴联。寄省寓朱汉卿信一件。晚八时半叶雅各等回署，备晚餐，十二时彼等别去。十二时半寝。

二十七日（10月10日）　　晴　　　　今日为阳历十月十日

七时起，阅文件，布告《严禁偷窃铁轨旁钉》，令《各区民众保护森林》。八时复民政厅崔介藩、傅端屏、许云圃信，皆答拒绝荐人也。十时举行国庆礼，饭后正午与各机关大游行，先至城隍庙集合，演说一时许，分头出发，三时半方毕。行路甚多，回署已疲惫不堪矣。下午七时，又举行提灯会，忙甚。请各职员茶点，九时鲍局长来说城隍庙在演戏，十一时往观之。与皮参谋长等略坐谈，十二时回署。转钟一时寝。

二十八日（10月11日）　　晴　　　　风

二十九日（10月12日）　　晴　　　　风

令各局保护过境游历之瑞典人。又英、德、法各国教士游历。

九月　初一日　（10月13日）　晴　　　午后大风　　燥甚

初二日　（10月14日）　阴晴　　仍燥

初三日　（10月15日）　晴　　　午后密云不雨夜小雨

七时起，八时阅文件。复鄂城周淬成、武昌程军长、沙市孙伯琴信各一件。令羊楼洞商会取消布票，咨前任张，饬知杨任交代事。硝磺局长杨铎来见，谈此厦缠商刁狡事。晚六时召集全署开第一次例会，报告以后举行纪念周日、又速办公役训练班，并举行首先是城镇的清洁运动，定起居时间表，规范各职员办事细则。讨论至三小时之久散会，八点三刻完毕。嘱何田林等整理记录事项。令各区、团奉复民建两厅修濬塘堰规程，并饬限期照办。十二时寝。

初四日　（10月16日）　小雨　　天气乍寒

七时起，订定各职员办事细则，令五区但栋宇抽收鱼捐事等等文书俱判行。前任张静修自去腊接事后诸事未理，所用员司尽系初次出外办事者。除民政股长裴明（字晦公）予已留用外，余如财政股、会计、总务完全不懂公事，张于每日午后二时方能起床，其财政股长与之闻同一嗜好。蒲圻人得此官吏兮得不叫屈耶。晚间与养吾、立群等谈改良与建设数事，十二时寝。

初五日　（10月17日）　晴

七时起，阅文件。召集县城各机关到署开会，讨论清洁运动、修筑塘堰、建设长途电话杆等事。决议于阳历十九日成立清洁运动委员会。余各题俟续解决。讨论至三小时之久散会，八点三刻完毕。晚间与养吾讨论各事，十二时寝。

初六日　（10月18日）　晴　　　风

初七日　（10月19日）　晴

今日请冯小初便留与宴，九时毕。十时与养吾谈各事，十二时寝。今夕曾在公安局演说清洁运动。

初八日　（10月20日）　晴　　　燥

七时起，属人贴标语，举行首先是城镇的清洁运动也。刘忠汉，天门人，来见，持有刘立志荐函来谋事，嘱其暂候。

初九日　（10月21日）　阴　　　晚晴

七时起，阅文件。午饭后章振旅来约登高，记去岁此日与其并志云、叔和在本籍西门外，登高遇雨不减游兴，今年在此，可见人生无定耳。三时与吴、何、方、冯各股长及鲍公安局长、潘司法委员、张立群等步出西门，缓步至宝塔山，即马鞍山也。有酒有肴随谈随饮，甚为快畅，饮毕下山，相约雇民舟五只分坐，过宝塔下见风景甚美。舟抵北门时月已高悬，游人皆有倦意，足软不能行，回署已九时矣。略与养吾等谈各事，布告茶庵岭宝兴煤矿公司保护，文建股叙稿已判行。十二时寝。今夕廖纯古、柳模同来。

初十日 （10 月 22 日） 晴

六时半起，上午八时率同员司赴县党部做纪念周。十时，与各机关人员举行清洁运动，亲率县署人员首行，携带笤帚、箩筐赴南门一带，亲手持笤帚为之倡，经三小时始毕，各街为之一新。回署后已精神疲倦矣，批魏联芳、罗华堂、邓佐廷禀拘吴二顺，查放火烧山事，郎委员所禀也。传城厢牙户谈时顺等到署讯问。此类案头文件俱判行。晚七时，邻近之县鄢习之县长来，署内留便饭。陈让如来，已交印花局委用。八时开例会一次，今日作事之多，为历来所无也，十二时寝。

十一日 （10 月 23 日） 晴 燥

七时起，八时召集各员，催办昨夕开会所议公役训练班各事须实行，九时送鄢县长出。督署抽查。清乡委员彭泽字陶然来见，彭天门人，与谈片刻出，随即约汪在联、熊掀青来署，嘱其准备各事。晚间请汪、熊等酌各事。十二时寝。

十二日 （10 月 24 日） 晴 今日霜降

七时起，八时阅文件，有须布告全县预防传染病法，宣布徐海成等赌博罚金案，又牌示不准陈稳山贩卖牛肉。晚间开临时会一次，本署公役训练班已成立，请何田林股长、聂湘公安局长分别上课，又何、聂均系省民政厅严厅长交下之人，予以新知识甚富，嘱望尽力教诲。又本署图书阅览室已成立，已备有各报及杂志，有益于员役不少。晚八时，只身外出，访民间疾苦，听路人言论，微服行僻静街巷，十时方归也，十二时乃寝。

十三日 （10 月 25 日） 晴

十四日 （10 月 26 日） 晴 风甚燥

七时起，连日天燥不雨荒象已成，不胜焦灼，乡间又时有谣风，天灾如此恐有人祸也。八时独自外出，九时归。将整顿征收及税契办法，严禁各种陋规，通饬署员及各局痛除不良习惯。严禁米粮出口以维民食等，各股叙稿俱判行，明日开全县行政会议，须先准备一切。晚七时到商会说明各事，至九时回署，与养吾及各股股长谈各事,财股出席。请冯小初明日代表也。

　　十五日　（10月27日）　　晴　　　　风

　　十六日　（10月28日）　　晴　　　　风

　　十七日　（10月29日）　　阴　　　　风未息天气觉寒

　　十八日　（10月30日）　　午前阴午后晴　　有风

七时起,阅文件,党义研究会已成立,公役训练班已整就。令各区赶办义仓。

　　十九日　（10月31日）　　阴　　　　晴

七时起,八时阅文件,筹设水利委员会及林业保护会。

　　二十日　（11月19日）　　晴　　　　风

七时起,出门至南门外略一游览,顺询郊乡各事。宣布国民政府组织法,论催征吏须洁己奉公。

　　二十一日(11月2日)　　晴　　　　风

七时起,八时阅文件。令五区但团董派队往嘉鱼捕抢案,并咨嘉鱼县署。

　　二十二日(11月3日)　　晴

　　二十三日(11月4日)　　阴　　　　于微雨

七时起,饭后阅文件。午后汪在联以清乡结束,约司法委员及各区团董至宝塔山照像,以留纪念。

　　二十四日(11月5日)　　上午晴　　午后阴　　晚间雷雨大作甚奇

七时起,八时至大堂举行纪念周,由养吾报告政治、何田林报告党义,约一时毕。傍晚将汉卿昨自省带回之琴安弦,调音尚可。

　　二十五日(11月6日)　　午前小雨　　午后晴气候甚燥

八时起,阅文件。冯小初拟稿已判行。令教育局,奉令以孔子诞日为纪念日并布告人民。

　　二十六日(11月7日)　　半晴阴　　晚大风雨

七时起,八时阅文件。晚十时与养吾等谈及田子才,不关共产不共产,但彼等一次杀六人为谋财害命。

　　二十七日(11月8日)　　阴　　　　大风寒甚　　晚晴　　今日立冬

七时起,呼杂役俱起,天气骤寒,予着厚棉袍犹寒也。是时卫兵、警队站堂毕,绑田犯至校场处死刑。并布告系奉督署电,照准前任判决,前年绑杀县署收税人员六名之犯,不仅另一案牵及者也。命队长押之出,田亦无一语。噫,此因果报应欤。然予心难过。将何股长叙稿,令各区查明灾区具报判发。

二十八日(11月9日)　　晴　　　　寒

二十九日(11月10日)　　晴

八时起,阅文件。晚八时拟开党义研究会,无人主持遂止。

三十日　(11月11日)　　阴　　　　小雨　　　夜大雨

七时起,清理文件。九时嘱庶务处准备各事,筹备总理诞辰纪念,本署头二门俱扎彩。明日纪念,党部约至该部集合,再分途游行,倘或下雨,只能在该部集合演说,此决议也。嘱庶务处办各事。

十月　初一日　(11月12日)　　雨

初二日　(11月13日)　　阴　　　　夜雨甚大

七时起,问安毕阅文件。午后来客数次,俱系来问候家母,厚训今晚欲回省城,已派人送之上车。复颍上县县长张肖鹄函。

初三日　(11月15日)　　雨　　　　晚十时晴

初四日　(11月15日)　　晴　　　　风甚寒

八时起,阅文件。又令各商会寄麻茶于两湖展览会。

初五日　(11月16日)　　晴阴不定

八时起,阅文件。拟今日赴羊楼洞筹款,已呈厅委何股长代行。

初六日　(11月17日)　　阴

七时起,八时由赵李桥至羊楼洞乘舆去。饭后寻公安局长骆逸群,字亚寰,蕲春人,知其又私自回武昌矣。

初七日　(11月18日)　　阴

初八日　(11月19日)　　晴

八时半起,饭后由商会召集各团体、各商号,开会讨论筹借各款事宜。到会者三十九人,由予报告非借八千元不可。讨论结果金称明日午后答复确数。晚至茶厘局商各事,至街市游览一周归。

初九日　(11月20日)　　晴

八时起,饭后探知各商无具体之答复,拟取强手段对付之。所谓知法不知恩也。此次长途电话线杆,设非予设法呈准财厅指拨茶厘捐,其实将来一万六千元仍是蒲民担任,借款法行,民众已减轻一万二千元之痛苦矣。民厅令查崇阳鄂县长,拟明日派魏子元去将扼要之点开予阅之。十二时寝。

初十日 （11月21日） 晴

十时召集各绅商继续开会,今仍无结果,予气甚,由陈子嘉从中斡旋,酌议速提借各款五千六百元,予未许也。晚外出一次,十时归,十一时寝。

十一日 （11月22日） 晴 今日小雪

七时起,为汽车路事提之条件,呼饶声修来答复;饭后嘱子嘉与饶等商酌借款事,结果借四千元,由予自提可三千元。晚赴茶厘局及公安局并会宫排长一次,十一时寝。

十二日 （11月23日） 晴

十三日 （11月24日） 晴

七时起,饶、陈回信谓提借各款可缴齐。饭后带团丁二,卫士二步行至佛岭,山路崎岖难行,然树木、山色、泉声殊可爱也。到佛岭,崇阳界也,居民约百余家,俨然一小市,崇阳清乡已毕,各家有门牌。细询鄂县长政绩,该处人民不知,盖距县城九十里。在饭店小憩二时许,命胡升与卫士至乡间调查案件。四时起行五时回镇,此处距羊镇称六里,其实山路不易行,以鄂城道里计之当在九里内外。十二时寝,刚欲睡时,赵李桥贺团董派丁送信,语涉含糊,又似军队有甚大事来临者,末尾书谒予早回县,因献廷已睡熟不便惊醒,予嘱胡升呼人送信与游团董,请其派班长来,命其往赵李桥侦探情形回报,并询来人云亦无甚事。嘱其先回,有事再报而已。自是寝不安,天欲曙时,游派之丁已回,谓无甚事。

十四日 （11月25日） 晴

九时起,予与献廷饭后即乘舆到赵李桥换车,贺团董来说明昨日事。十时车到,下午一时车抵县站,遇黄秀珊,匆匆数语即别去。未知予署中用轿来接,步行回县署,足已疲矣。与养吾等谈各事,问家母安毕。

十五日 （11月26日） 晴

八时起,阅文件,饭后外出一次。转令各团,督署批示雇用伕役规则,转令各区遵用阳历。晚间得龚体仁来署,面称共党汪远清到蒲圻境,十二时寝。

十六日 （11月27日） 晴

七时半起,饭后阅文件,函各区速认缴长途电话费。呈民财建三厅,报告赴羊楼洞后筹款经过。函羊洞商会速派人至汉,于东征捐系洋一千元。

十七日 （11月28日） 晴

八时起,阅文件,批解契税契纸费、屠税各款。令各局、团严密防崇阳匪陈宗培等。

十八日　（11月29日）　晴

十九日　（11月30日）　阴

八时起,阅文件。呈复密查崇阳县鄢县长被控各节,令发《平民识字办法》。

二十日　（12月1日）　阴

昨日各项试题已写毕,包封具文发出。

二十一日(12月2日)　阴　　午后雨

八时起,清理各事。九时阅文件,饭后与养吾谈各事,并嘱于署内外好好照料。十二时出署,同行者方献廷、卫士四名、杂役胡升,舆夫、挑夫共六名,行未十里小雨如丝,至茶庵岭雨加大。小驻半时借得雨伞数件,道中见豆苗可爱,茶苗得雨甚润,山色亦佳。舆至新店附近十里地,见有宰牛户,当即带往保卫团。

二十二日(12月3日)　雨兼雪子　寒甚

八时起,九时访驻军王连长谈片刻。饭后视察小学校,学生甚少,教员有腐气。晚间开会报告借电杆款情形,由葛海如等提议候明日大会再决。今晚说话甚多,精神已竭,十二时寝。

二十三日(12月4日)　晨微雪　于大片刻止　寒甚

八时起,十时至保卫团看操并演说。

二十四日(12月5日)　阴

八时起,将昨晚取得兑条交陈子春先回县缴会计存。见乡人亲迎者多,今日吉日也。

二十五日(12月6日)　阴

八时起,饭后各保保董、甲长等齐集开会,报告费三小时。各举殷富三十三家捐洋一千四百元。

二十六日(12月7日)　晴阴不定　今日大雪节

八时半起,决定即日回县,午后四时半已抵署,问家母安好,与养吾等商酌各事并清理积稿。十二时寝。

二十七日(12月8日)　雨

九时起,阅文件。令各公安局查明应兴应废祠、庙。晚间召集各团董为清乡错误事开会,以人数未齐改明日再议。十二时寝。

二十八日（12月9日）　　晴

八时起，召集各区团董开会，议定十三件急于进行。致鄂城胡菊圃，报告其子在署不安分事。致厚训信一件。晚十一时寝。

二十九日（12月10日）　　晴

八时起，委陈子嘉充推收主任，叶佩丞副之，推收生六名，委状俱发出。

三十日　（12月11日）　　雨　　　　颇有寒气

八时起，呈财厅，推收所业已成立。

十一月初一日　（12月12日）　阴

八时起，阅文件，令各区团遵照督署，办理迁移各户连保事。

初二日　（12月13日）　　阴

七时起，九时阅文件。呈建厅，报告赴各乡川资旅费。令教育局实行民众补习教育。布告劳资争议法处理意义。

初三日　（12月14日）　　雨

八时起，阅文件，布告禁止坊间私历书。

初四日　（12月15日）　阴　　　寒

九时起，准备今晚往武昌面陈要公。晚转钟二时车到，写二等票，甚适，车仆送棉被一床，予遂睡去。

初五日　（12月16日）　晴　　　大霜

初六日　（12月17日）　　晴

八时半起，倦甚。至督署访程仲苏师长，并晤詹渐逵。

初七日　（12月18日）　　晴

八时起，贺伯亚来未谈甚久去。饭后至民厅、至党训所晤三辅及前次同事人。

初八日　（12月19日）　阴　　　大风寒甚

九时起，来客数次。饭后先至民厅候代厅长孙华佛，缘彼传语约今午去见也。

初九日　（12月20日）　晴

初十日　（12月21日）　晴

十一日　（12月22日）　晴　　　今日冬至

八时半起，至电报局晤章晓霞，请替一电蒲圻答复养吾来电，为清乡开会事也。

十二日 （12月23日） 阴 风

十时回寓，请王次文代买燕边，家母在署亦需此调理也。

十三日 （12月24日） 晴

八时余建周敲门予起，午正吃饭，下午一时动身至通湘门站，予购得二等票，车仆持被来。醒后阅《申报》，抵站，署中卫队及轿夫等人俱在相候。

十四日 （12月25日） 阴 午后五时大雨一阵

八时起，阅公事。晚清理各事，与立群并纯古斟酌元旦春联。

十五日 （12月26日） 雨 寒

八时起，阅文件。判例行公事八件，午后五时至硝磺局，回拜局长向志鹏，号连城，汉川人。便托刘忠汉事，向已应允，亦小机会也。

十六日 （12月27日） 阴 雨寒甚

八时起，阅文件。派廖纯古及彭少芳往羊楼洞购树。

十七日 （12月28日） 晴 寒

七时起，呼署中员役俱起准备一切。坐堂，提黄犯出，验明正身，派队押赴西门外执行枪决。

十八日 （12月29日） 阴 寒甚

八时起员，阅文件。发江苏泰兴金式鈫太史信一件。晚九时写阳历新年春联三副，十时毕。

十九日 （12月30日） 晴

八时起，九时阅文件。呈财厅，缴清前任所收废帖。

二十日 （12月31日） 晴

今为阳历除日，十时阅文件，拟今日午后五时停止办公。省会放假三日，外县不能改也。

函羊洞商会饬平物价。"有水有山，勿徒风景流连，当为人民安集计。为儒为吏，要在性情淡泊，莫存名利竞争心。"系已订之迎新年之联文。

民国十八年（1929年）

二十一日（1月1日） 晴 风

本署员司来贺，又分片致各机关。十一时至党部，召集各机关齐集，举行放足运动大会，奉民厅通令，各县均于是日举行也。游各街市并至河北街，约三小时毕,回署后足已软矣,休息半日。本署员司开席,六时方散,晚十二时寝。

二十二日(1月2日)　　晴

八时起,九时阅文件。令汀泗商会、公安局《取缔旅栈照费办法》呈督署办理。

二十三日(1月3日)　　晴

八时起,清理各事。批徐宅安《缴纳电杆费办法》。饬羊镇商会送茶砖标本陈列。

二十四日(1月4日)　　晴　　晨结冰　　寒甚

八时起,九时阅文件。派钱舜卿往车埠提款,填政治月报。晚间与署中员司谈作事不可始勤终息之意。

二十五日(1月5日)　　雨

八时起,阅文件,批张辉卿拒绝摊款禀。令查羊楼洞茶捐情形。

二十六日(1月6日)　　今日小寒

二十七日(1月7日)　　晴

九时起,阅文件。批张辉卿禀一件,不得减少摊款。令羊镇公安局将私运硝磺犯谈钰泰等解署。

二十八日(1月8日)　　晴　大风

九时起,阅文件。令龚幼龙赴汉整枪支。今羊洞保卫团按照定期会哨,派舒友于为临时交际员。致羊镇廖彭函一件

二十九日(1月9日)　　晴

呈财厅,报已划交财局日期。令各区慎重务防,委第五区各保董。

三十日　　(1月10日)　　晴

十二月初一日　　(1月11日)　　晴

附车行一小时至中伙铺(因清乡司令部全体职员开拔)摊借电杆款。晚间谈话久,十二时半寝,失眠一夜不安。

初二日　　(1月12日)　　晴　　热

带同队士二人往封山之碧云寺,阗之无僧尼,仅照相者两人在兮。名虽雅,有负斯庙矣。略游一周回局,午后写联一副、中堂一张,熊团董所求者也。午后二时纯古自署中来,为贸树事。但团董自县来,与谈数语去。头痛异常,小睡亦不能安。午后四时各保董俱到,计决议摊款八百元。借款再向汀泗桥、泉口两

处设法,因汀泗李华如局长已来,嘱其先行报告汀泗商会,晚转钟二时寝。

初三日 （1月13日） 晴

初四日 （1月14日） 早微雨于晴

初五日 （1月15日） 阴　　　微雨

初六日 （1月16日） 雨　　　雪颇寒

七时起,党部约予检定党义教师,八时去十时归。午后又至党部看试卷约二小时毕。布告禁止妇女缠足,呈民厅报十二月、一月行政罚款。布告神山牙行禁收外用。今日骤寒,饬庶务发炭与各股各处应用。晚十一时寝。

初七日 （1月17日） 雪　　　寒

九时起,指令第四区团及商会速缴借摊电杆款,今日寒甚,作事少。晚与各股长围炉谈各事,十二时寝。

初八日 （1月18日） 雪　　　雨

九时起,阅文件。派纯古至车埠、派舜卿至神山催提电杆款,委第五区修塘堰分会会员。令各区董不得私自处理诉讼案,令各区速拟防止猪瘟办法,晚与各股长谈各事。十二时寝。

初九日 （1月19日） 雪

八时半起,阅文件。财局来稿请令催丁漕,督饬各区团更正门牌,寄汉口邱益三等信、沙市余宜泉、武昌刘萃三信各一件。晚十二时寝。

初十日 （1月20日） 雪　　　雨　　　　天气更寒
　　　　　　　　　　　　　　　　　　　　　今日大雪节

昨夜转钟二时,龚陈诸团董得报告数次,谓已派定团丁,请君派警队分途往铁山、莲花塘铁路边捉拿男女七人,予起后请何裴两股长详讯。十时予传刘迪生密讯,据称湘省一师范未毕业,为生活所迫。嘱郑书记录供,予许为不久解省,任其自首。此案扰扰一日方罢,龚、陈时时来署,党部时时来署探问,均主张严办处死刑且谓可以压风气。予主张详讯后再定夺,良心未泯,谁肯以此案迎合地方心理耶。晚与裴股长谈话,表示此案不能严办之理由数点,嘱其注意。呈行政罚款至民厅,清理各积件准备往省开行政会议。十二时寝。

十一日 （1月21日） 雪雨

九时起,阅文件。令各区团禁赌,近查获赌窖一处。复朱次诚函。晚何、裴两君商酌,刘迪生案予主张从轻办,盖细讯所得供词均非共党重要人犯,不过为生活计,供共党传达奔之。至共党重要职务人住址,彼亦不能详述,龚、陈意欲邀功。裴与陈、龚相契,且与此间各地人相处久,土、劣对于此事主严办者,欲以遂其报复之念耳。予与养吾所主张同,决不草菅人命以阿土劣之好,更不欲顺从县党部诸年少之意以取快一时。晚间召裴到县署反复说明,且举上月办理雷昌甲之案为证谓当日若就你所叙稿处雷犯以死刑,试问我等今日于心安乎否?君欲顺龚、陈两团董及地方之欲,予则不能昧良心也。言词甚厉,裴无语出。九时侦缉队任洪宾来报,南门外裕顺公司发生抢案。予细讯情形,急不暇择径至团部,未晤彭旅长,再至旅部晤刘副官长、英参谋长说明此事。细谈良久,当面要求派兵分驻南门外及车站。又述及予不久往省之意,此间冬防紧急,望军队协助之意。而出署后传裕顺公司被害人来详谈各事,约一时去,嘱警队好好防范。与养吾等谈各事,转钟二时方寝。寝后竟不成寐,今日南门外裕顺公司抢案似与刘、郑案有关,惟迄时抢匪已逃尚未获。郑东生、陈聋子竟不说明与刘系同时拿获者,昨日裴何分讯刘迪生,后予当夜与何曾两次审讯,不用蒲圻队士站堂,虑告知龚陈二团董也。将郑陈个别细问许以不死,郑东生始言其家向称富有,祖父系光绪某科举人,曾任某县教谕,因其家迭被共党烧抢,祖父及父母被害后,尚有亲属数人被害。彼只身一人无食遂入党,去岁初次也。令人搜其身,有黑色册子一个中列二十余人。予在灯下阅之,在蒲圻者约十余,未详视即置卷中,谓住省立第一师范未毕业,系江陵人,住监利车湾附近某村,则游移不定。予恐其伪,当问你住学堂时校长系何人、校监何人,教算术、教体育者何人,郑凝思后答校长刘凤章、校监姚恩浩,教算术姓蔡、教体育先生姓刘。与此次所同被捕之刘姓不认识,又称以生活无着入共党,初次与陈聋子到咸蒲一带运动工人,但既被捕求一死至泣下。予细阅其人确是学生,谓汝能自悔予可成全尔也。再问小册子何以在汝身上,郑东生此时神志已清,谓此系陈聋子的。予未呼陈对质已知大概,以郑还押,再问陈聋子始称姓张名致和,又称陈森,情词闪烁。问以何时与郑相识,称去年,又称是朋友。问以小名册你何以,乃答二三不可信。察言观色确系共党中重要者。予亦不再问,着还押,与郑分号子坐,然总想成全郑东生,徐徐想法至不能寐,起坐挑灯记之,明晨再与养吾细商。

十二日 (1月22日) 雪

十三日 (1月23日) 大雪冷甚

十四日 (1月24日) 雪

十一时起,漱毕吃饭。换制服至督署报到,知在民厅开会,又雇车往民厅报到,知在后院诣益轩开会。午后三时会员始到齐,黄冈县长陈列侯、汉川县长张浩、新委崇阳县长王连翘、大冶县长赵新宇皆旧相认者也,与谈甚久。嘉鱼县长吴琴堂谈汉阳尚有曹隆茂木行,树价甚廉,可速去买,当嘱其开一条藏之。于胡、张、孙各长官到齐,开会演说计二小时毕,至民厅大堂摄影毕又入后楼开会,决定议期及会址,傍晚方散。因刘厅长约必至厅谈话,便往谒之,谈片刻出。至万发祥略坐,雇车回寓,受寒不浅。吃饭后与同寓陈常号远清者谈半时许,所述多刘菊坡事。张志恒来谈近事。嘱胡升送茶叶、酒数事与程师长,并向彭梓师说明各事。十一时寝。

十五日　(1月25日)　　雪　　　　雨　寒甚
十六日　(1月26日)　　小雨　　　寒甚

八时曾诚斋来,予未起,约至房中坐谈一时许去。十时起,饭后至民厅,知开会期已改至下星期一矣。晤李愈友、陈列侯、贺有年、赵新宇谈各事约一时出。至程寓晤彭梓师、李兰亭及仲苏之弟,坚留便饭。未几仲苏归谈各事,饭后至教厅晤鸿洲、善陔等谈蒲城事,并见刘厅长谈各事。傍晚回寓,饭后傅端屏来谈甚久,陈远清介绍朱贤?来见,谈一时许去。胡丹阳自署中来,称家母咳嗽加剧并购药膏回去调治。予已写一信嘱养吾各事,付之令其明日回署。十二时寝。

十七日　(1月27日)　　小雨　　　寒甚
十八日　(1月28日)　　大雪

八时半起,饭毕雇车往民厅开会,候至十一时人到齐,由谢祖莘主席报告、讨论,正午饭后又继续再会讨论,至五时仅解决三条。真所谓议论多而成功少也。五时半出厅回寓,知诚斋来坐半时去。六时吃晚饭甚适,十时寝。

十九日　(1月29日)　　小雪数次　寒甚
二十日　(1月30日)　　小雪数次　寒甚
二十一日(1月31日)　　小雪数次

七时起,罗敬畏来谈片刻去,王小斋自汀泗桥来谈半时去,予吃饭出门至厅开会。至午后五时讨论各案毕,詹渐逵约吃饭,六时至武昌县署,八时席散。闻蕲水县长云罗田紧急,樊钟秀匪军已到他家堡矣,蕲水县长即晚趁轮回县。八时半至徐凌卿处,谈数语即归,十一时寝。

二十二日(2月1日)　　　小雪数次　寒甚

萧液陔于七时来寓呼予起,予起于程子棠来,谓其已派蒲圻政治指导员,拟明日到差。潘宁舫来,请予转乞程仲苏介绍张主席谋一推事。九时至厅,即开会讨论蔡小南与予等所提之案,午后一时毕。吃饭胡升来,云汉卿已到,予即出厅,至凌卿处约汉卿来谈各事,未几树客来,凌卿与汉卿向之问各价,周姓树客极可恶。饭毕与汉卿同至张熙明寓问各事,定明晨命汉卿至厅探信。十时归,潘宁舫来,十一时寝。

二十三日(2月2日)　　　晴　　　寒

七时起,九时至督署开会,主席谢祖莘十时到。十九县长讨论各事,午后二时方毕。腹饥甚,与愈友、谐音、剑峰至谢吉三处略坐谈,知仲苏已开差往蕲剿匪已行矣。回寓后,剑峰、渐逵、谐音同来,留便饭。彭子佩来看病,李树青自咸宁来,约予至其家,已面辞之。三时出外至周树棠家略谈,至次诚寓拍门约半小时不得入,且无应者。今日本拟送洋济之,明日只好再着人送也。晚与同屋邻居张、陈谈甚久,十二时寝。

二十四日(2月3日)　　　阴　　　小雪子数次　寒甚

二十五日(2月4日)　　　晴　　　今日未正立春

九时起,饭毕至教厅晤邓叶诸人谈各事。郭星翘来,坐谈约一时许出。至民厅访各科长俱未到值,然已午后一时矣。官厅视长官为转移,从前严立三长民政时,员司俱早七时签到,孙华佛每日午后二时方渡江来,故员司一时不到厅也。与二科司书包悄平、余权等谈各事,未几邓炳到值,邓昔在闽海道署见过数次者,彼是时署寿宁县,予充道署科长,人尚精干,现充民厅股长,亦严立三赏识之人也。久候孙不到,予出渡江访次松未遇,购留声机一架,价甚廉,老历年关以消署中寂寞耳。傍晚渡江至徐凌卿寓吃饭,托电杆树并允于明正初四送洋到省。前交之五百元。其妻担保暂存彼寓,以二十二日起算。回寓后填红联上下款,一副送陈远清一付送张痴僧也。十二时寝。

二十六日(2月5日)　　　阴

十一时起,倦甚,十二时饭毕。嘱胡升、汉卿押行李,先行至通湘门相候。予雇车至孙宅,与二嫂谈片刻即出,仍回寓说数语。再行至大朝街,遇皮嗣襄立谈数语,再行皇殿附近足已软矣。再折而至王府口,遇一车夫白发苍苍,怜其老恐不能急行赶车,然舍此又难雇车矣。遂乘之与语,云系鄂城南门外人,有子有孙,年六十六已六年未归,亦知城内事甚晰。车行甚缓,彼又足痛不良于行,亦可怜矣。予嘱其明春仍回籍耕种为好,到站后另加铜元二百计共八百文,欢欣而去,以平时价只四百文也。到站后候甚久,四时半车到,入二等车,到房后遇监利人周振亚,号烈勋,年二十六岁。述其过去事甚详,先学界、警界后入军界,现充北平教导团队长,与门炳岳同事,且深知驻蒲彭诚一旅长者也。与谈约二小时,予以倦甚且胃痛不可耐,睡与谈之。九时半到蒲站,卫士来接,乘舆回署,知今日蒲圻下大雪,气候不同如此。到署后知何养吾为催军事招待捐事怄气,并详述予往省以后署中所办各事,谈至转钟二时方寝。

二十七日(2月6日)　　　晴

八时起,清理各事,见客数起。午后至司令部,未晤彭副旅长,仅晤英参谋长,谈各事。回署后又见客数次,筹备各事。傍晚约见新到佐治员熊腾骏,号穆清,京山人,自治指导员吴鸿志,号龙村,天门人,周家祜,号绥青,临湘人,石堂康,号星程,咸宁人。谈一时许。彭诚一旅长来谈一时许去。与养吾等谈各事至夜分寝。

二十八日(2月7日)　　　晴

七时起,清理各事,来客数起。正午黄秀珊来谈各事甚久。午后剃头一次,与养吾计画各事。傍晚借司法署法庭审理张传琛、郑东生等,一案分问甚久,其实无甚重要。保卫团龚振先、陈百举等催促甚急,欲入人罪。予决不为也。十时半与养吾等谈各事,十二时寝。郑为省委,若遇奸吏审批此案,则大有立功机会,可畏哉。

二十九日(2月8日)　　　晴

八时起,阅文件。饭后黄秀珊来坐甚久,予以教厅厅意告之,且谓如再抗恐于公有不利也。刻各县须修志,予可以聘公为编辑之类,彼已首肯。午后来客数次,傍晚整理日记,尚有半月未写,入手已痛矣。连日胸中不适,忐忑时作,不知何以如此。写信数件,夜十一时复整理日记,至转钟一时寝。今日写蜡笺联三副。

三十日　(2月9日)　　　晴

七时半起,清理积件,命吕涂胡三书记到签押房,写诗文稿数页。欲寄与江苏泰兴金鉽金太史请正者也。金为苏省名宿,予于前清壬寅癸卯年间,读其会试闱墨,心甚爱慕,以为此中国第一才人也。丙午肄业两湖,带其试卷在省,虽科举废而犹时诵其文。辛亥起义，仓卒离湖堂，此件遂失。壬子作吏郏城，屡思通一音问，乞其补寄一份，屡说屡止，上月十八日遂作函径寄泰兴探投说明此事，本月初十得其回信，彼于辛亥后曾为本籍知事，甲寅以回避本籍故，改江西彭泽县知事，就像其名也。金为翰林，未久即告终养，何以入民国为知事，奇矣。原函附五十自述诗四首，格高韵古，可称名下无虚，惟其原卷须候寻检再寄为憾耳。来客数起。正午黄秀珊来谈各事甚久。午后剃头一次，四时开席二桌，以宴署中外籍未请假之员司。晚间并办团年酒一席约与养吾等暨省厅新派来之熊石两人，尚称欢聚，此予第三次在外过年也。十时与养吾等谈各事。十二时略具酒肴，与养吾、立群、献廷、尧卿，并约新来的佐治员、指导员等团年，转钟一时毕。带胡升至正街略览，家家挂灯一盏点缀新年，亦有太平气象，惟不及壬子在黄安知闹热气象耳。约半时归，二时就寝。

己巳日记（《朱峙三日记》第三十七册）

民国十八年（1929 年）

正月 初一日 （2 月 10 日） 晴

六时起，天未曙。自用水漱洗毕，仆尚未取也。点红蜡二，询及仆人去岁除日未购香，好在遵新例亦不用香。放炮竹、开中门具旧式例，约半时毕，天欲曙。与家母拜年，七时半天大明，阳光甚好。八时署内员司贺年，略与谈心。九时半陈举百来，吕保董来，述及伊家被人打毁，始报为抢案，予面驳之，已嘱其向司法署呈诉。陈子嘉来谈片刻去，饭后欲睡，来客数次均略与敷衍去。三时解衣小睡，五时半起，与养吾等谈心。八时，彭旅长来请予为竹战戏，已面辞之，只云随来谈之可耳。去后系予消夜，同席者俱彭属官长，略谈即开席，十时半散。回署与养吾等竹战消遣，十二时忽闻县署前对门失慎，出视时则大火正汹汹，惟一时无水龙相救，迟时呼公安局警士，既无水龙，又无救火器具，予令警备队守监狱，并派人从速拆屋，幸今日无风，约烧一时许始熄。转钟二时予方就寝，今晨五时予得梦……。

初二日 （2 月 11 日） 晴

九时起，饭后至彭旅长、英参谋长处，感谢昨晚救火之意。午后三时来客数次，四时至电局，晤振旅为竹战之戏，八时毕即归。清理各事准备明日正式办公，与养吾、立群谈甚久。今日开笔写诗一首，写祝语一页，补去岁除夕日记数行,十二时寝。

初三日 （2月12日） 阴晴不定

七时起,九时饭毕,来客数次。十一时至叶子原、陈鸿洲、叶用阶、但和卿、陈君振、黄秀珊处略坐谈,傍晚命传达请叶、陈等明日到署吃便饭。晚至童莼荪、陈举百家略坐谈,九时归,写信二件,十一时寝。

初四日 （2月13日） 阴

七时起,倦甚。九时阅文件,今日署中应办事多,嘱传达传知各书记到署写文件。复各处贺年片约三十余片。午后四时请陈鸿洲、叶用阶等酒一席,缘彼等不久即出门也。催集各款,准备明日派汉卿、舜钦下省送购电话之款。晚间宋济贤来,为羊楼岗局事,已办一文,拟明日付之去也。晚十时整理各事,十一时方毕,转钟一时寝。

初五日 （2月14日） 晴

八时半起,九时阅文件。嘱文称准备下省之款,计筹得三千元,予益以"杏花楼"兑条一千元,共四千元,命钱、朱同下省交徐凌卿验收。另写数信付之带去,并付省寓六十元。今日陈子嘉请客,同席者鸿洲、用阶、王伯琴等八人,四时半去,五时半散席。至振旅局中略坐,八时归,嘱钱、朱各语,并派胡升同往省且带各物也。九时彼等去后,再派石堂康往羊楼洞提款,并查公安局黄成元来报告赌案,予表示不满其所为、命斐股长堂讯如何再说。十时清理积件,十二时寝。

初六日 （2月15日） 晴

八时起,清理各事,原定今日四会,因各区团董尚未到。写信四件,晚闻黄成元来、略与谈数语去。将金鈇全函办就,付邮去,十二时寝。

初七日 （2月16日） 晴

八时起,阅文件,饭后开会,已到黄、贺、陈、熊四团董,议各事,参加者斐、何及谢局长、陈子嘉,讨论四小时方毕,晚间各团董散去。陈仁庵来,与同至叶登峰家谈半时许出。回署后与养吾等谈甚久,十二时寝。

初八日 （2月17日） 晴

八时起,清理各事。九时刘局长镜如来署,述及为监盘事来,且曾至财政局晤谢月峰矣,并述谢无礼状,予命胡升将其行李取来。署中早饭毕,与刘并署中何、张、方及佐治员能石等带同仆从数人往宝塔游览,更生欲同去,予亦带之出,今年第一次出城也。行步甚缓，到后约句留二小时，甚适。午后三时回署，晚间分配各佐治员往四区催办户册，兼提电话款，纷扰三小时乃止。但团董来，略与谈数语，率石堂康与见面，约之明晨同往也。十时与刘局长谈各事，十二时寝。

　　　初九日　（2月18日）　　阴　　　　有风

　　八时起，清理各事。饭后与刘谈各事，闻财局请客似有向刘谢罪意，予劝其同往。十二时到财局，午后二时开席，来客不多，四时毕。与刘同回县，刘欲今晚搭车往咸宁，强留不可，派三人送往搭车，晚间与养吾等商办法。十二时寝。

　　　初十日　（2月19日）　　雨　　　　今日雨水节

　　八时起，九时阅文件。正午教育局来催客，约今日算账交关防，与黄司法委员同去，候甚久始有人来。宴后开会讨论各事，余抚周索还旧欠一千元，予已许之。会毕，黄秀珊索加薪，谓厅已许之，予谓将何所根据？黄仍剌剌不休，予与建周略言之，托词出。回署后办理各事，拟今日发一函与金太史蘅意，以事冗未能也。八时，彭旅长、英参谋长来谈甚久，予出各著作与观。彭、英欲予弹琴，略调弦弹，慨大引手僵难成调，盖已放置二月矣，坐二时许去。写宣纸联八副，佳者半数，皆各处及泉江某所乞书者。十二时寝。

　　　十一日　（2月20日）　　雨

　　八时起，清理各事。造报去年十月份行政征收计算书，葛海如同吴副团董来，便托数事请其极力为贺尔齐帮忙，第三区地面大，贺又不负责任故也。午后，署中送有报告，谓今日往岳州车已开七次，俱系运兵，且有铁甲车、大炮等等，似有大事对湘者，走访电报局长问之果然。嘱彭局长至司令部探问，知系夏威军队全部运湘。傍晚，团部来一副官持函来见，略坐谈似索伕子二百名，予已面许五十名。八时城内谣风甚甚，十时更形不安状，予拟明日再访彭旅长述明一切也。发江苏泰兴金太史函，交附诗文请其改正。邮局谓连日无上下车，知军事紧急之说为确。建周、举佰、体仁俱来署探问，予以安心、镇静，劝各商对于军队好好招呼，免至惹不好消息。嘱队长戒严，予则转钟二时尤未寝也。

　　　十二日　（2月21日）　　晴

　　八时起，探知昨晚无事。嘱公安局好好办伕役，城中流氓尚玩灯甚甚，予嘱保卫团捕之。午后往晤彭旅长，知已奉命待发，可留驻军二连于蒲城，此间治安可无虑矣，不便再探多语出。令各商会、各个团处筹设仓储。传韩松记玩灯之户，嘱裴晦公坐堂即讯办。晚清理各事，向电局探讯无多事。十二时寝。今日往教育局算各项账,黄未到,移交仍未办也。

十三日 (2月22日) 晴 热甚

八时起,王伯琴来问开学事,通告各小学于十六日正式上课。今日天气骤变,热度大增,街石出水点,知有大风雨也,午后尤甚。至教育局一次约耽延二小时,账仍未算。傍晚往访彭旅长,知仍候车待发,谈数语并见王副官。彭谓以后有事商酌,可直接与王交涉也。至陈仁庵家宴,系署中各股长。外客予、建周、抚周、子嘉数人,八时席散回署。武昌来文件甚多,《汉报》亦到。凌卿来信,谓款已交足,期条不能用,已向杏花楼拨一千元,计已共交木行五千元,正月半后可交样木一半云云。晚间来客二次,系请何股长代会。十一时与立群等谈各事,今夕汪安舫来奉看,便约其明日到署吃饭,体仁作陪客,命王雪卿送片去嘱夏炳丞备菜,十二时寝。

十四日 (2月23日) 雨 风大

晨六时,大风、雷雨声震屋瓦,八时始止。九时起阅文件,黄成元来,谓前案已了结,请放被押之人,予未许也。建周、体仁、举百、子佳先后来说各事去。晚七时,请余建周来商讨修县志,应请开会各绅予先后开列九人。陈仁安亦来,略举八九人,候发通知时再定去取。陈、余谈甚久去。八时半,彭旅长来谈各事,云刻留三连人驻蒲城,一切事与王参谋接洽,坐甚久,并请立群为之批一命单去。钱、朱由省城搭车来述各事,十二时寝。

十五日 (2月24日) 雨

八时起,清理各事:牌示卢祯祥来署领取自新证,呈督署警备带练收入概算书,禁止溺女布告,令各公安按月造报预算表,又令严防盗贼放火。午后二时闻彭旅长已开拔,出关门送之,至则闻车已早开矣。傍晚至电局,托振旅在汉买棉袍料并复染夹袍料,坐一时许出。回署知朱营长开校来此接防正,嘱彭公安局长办兵差。王韵梧参谋来署探问省中来军,予一一告之此事,督署先无电知令县署,又无电知令留守军队,幸朱营到时尚早,否则发生误会矣。八时请朱营长、童副营长、王军需到署吃饭,九时半毕。十时,复与朱同至旅部拜会王参谋长,谈半时许归。写请客帖。十二时寝。

十六日 (2月25日) 雨

八时起,清理各事,来客数次。午后三时请朱营长、童营副、王副官、王参谋长,计陈仁庵、四连长共九人,七时席散。复周鹏程、姚渔青、邱益三等信,晚十二时半寝。

十七日 （2月26日） 雨

七时起，八时为教育局事有来客，谈数事予略与敷衍数语，近世"气节"二字全天，无怪社会上渐趋于无耻也。晚间教育局送来一片，今晚开会一次无甚结果。修县志事恐不能成，尽予心而已。与养吾谈各事，转钟二时寝，辗转不寐。

十八日 （2月27日） 阴 雨

七时起，饭后阅文件，令吴、石两佐治员分次催讨附近电杆借款。纯古、蕙芳、万家佛、潘琥丞信各一件，武昌徐凌卿信一件，托各事。晚间卢云卿之子来署，欲求减借电杆费，年少可恶，被予骂一顿出。此人为富不仁，以刀笔吏起家，宜其有此子也。八时朱营长来，持电报示予，盖又奉令调通城填防也。尚约商会陈举百来署，同电督署请兵接防，并与朱营长、陈举百同至王参谋长处接洽，王颇表示省军未到时竭力负此间治安之责。谈半时许出，回署后与养吾等谈甚久，转钟一时寝。

十九日 （2月28日） 阴

九时半起，连夜寝不安适，缘操心怄气之事甚多也。早嘱各书记来办事，今日拟令汉卿下省为电话款事。正午请陈、刘、胡三委到署磋商，借垫兵差款事无结果去，蒲圻人无责任心，无爱护地方心，其性与凡民异也。晚王伯勤、汪心源来领款，批归教育局以发。九时宋济贤来约彭启予与谈话，并告以往岗镇如何办法，且勿效骆逸群之毫无振作也。致夏斌初、严立三、孙亚佛、周鹏程、汪载联函各一件。羊楼洞来电二次：一商会请兵，一游茂希问事，俱答之。十二时寝，今夕宋济贤自省来。

二十日 （3月1日） 阴

九时起，清理各事。午后来客数次皆为教育事也，阅文件。傍晚寻陈子嘉来问各事，命汉卿下省缴树价，发严立三、孙亚佛、汪载联等信各一件。九时接督署电，责成认真防务，大约省中无军可派也。十时至王参谋处略坐谈，十一时归，转钟二时寝。

二十一日（3月2日） 阴 大风欲雪

昨接督署电，已催促各团董认真防务。因思以后蒲事困难愈多，决难有好结果，与养吾等谈各事，只有决计辞职，另谋他事为上策。辗转一夜不寐，鸡鸣时合眼，昏昏约二小时。九时起催促会计办表、册，去岁仅办九月份十天表，催促月余,今日始办毕,且尚有错误,其不努力可知,焦灼无已。午后请龚体仁、彭启予等到署催长途电杆借款,此间城内商富不明大义、眼光如豆为各县所无,此时机只好胜其自然耳。晚至党部略谈数语即出,十一时欲睡,羊楼洞前公安局长骆逸群来,彼自去腊回家者,尚不知已被撤也,坐谈无聊之语约二时许去。转钟一时寝。

二十二日(3月3日)　　雪

八时半起,清理各事:填送民厅警备保卫调查表;令各区团赶速将清查户口、编计门牌及连保连坐如要项完竣,以待复查。午后见客数次,晚与养吾商各事,准备此月内辞职,逆知以后诸事不能办也。十二时半寝。

二十三日(3月4日)　　晴

九时半起,阅文件:呈送去年十二月份行政计算书,连日催促会计始办出者也。呈送张正黄判决书,系改判十年徒刑,不审能邀允准否,就绑匪"条例"处此人判决无生理也。复石云衢、朱右庚、朱次诚、徐凌卿、郑鹏九位信各一件。午后来客三次,晚间计议明日往白石团视察一切,并抽查门牌,演说"放足"等事。至电局探信,至财局催发政务费,十时归,十二时半寝。(张正黄案无例可引,只有处死刑一条,又无判徒刑者。今日判决理由系乱扯者,得看彼运气。)

二十四日(3月5日)　　晴　　　风

七时起,公安局来约,车马备好。予与养吾早餐毕,乘轿出城,公安局长乘马,先命常练队十名往白石团先行游击兼查乡间匪类。正午起行,沿铁路走至草鞋铺略息,再行三里许至所谓温泉者。其地不甚大,四周皆田,水有硫磺气,浴身者甚多,污浊皆流溢于地,因四周甚平也。以手探之,水热如汤,若能完全计划经营似可建筑浴池,或大旅馆以憩游人,但非二万元不可。倘能假予以时日,得本地开通人士协助之力,将来地方获利无数矣。约览一时许,再向各村抽查。此地村落零散,家数甚少,今日所查者每三四家为一村。蒲圻人民稀少如此,无怪二等县中人数仅十八万以内也。午后四时回署,途遇玩灯者,手谕捕之得二人,又遇私杀耕牛之人,当即拘获带署收押。晚间与养吾等谈甚久,转钟二时方寝。

二十五日(3月6日)　　晴　　　今日惊蛰

十时起,布告捐款兴学给奖条例,令发国货奖惩规则,令各公安局协助盐务事。午后来客数次,晚与养吾等谈甚久,十二时半寝。

二十六日（3月7日）　　晴

十时起，连夜睡甚晚，极不安适且时时咳嗽也。九时阅文件，令各局遵办十八年度预算呈报维持各佐治员津贴，派陈仁庵赴羊楼司查案，派彭启予、周天佑等分赴各一处提电杆捐。晚至商会开会，为禁烟局事。十二时与养吾等谈各事，转钟后二时方寝。

二十七日（3月8日）　　晴

九时起，十时阅文件。寄羊镇宋局长信，请其派照相人来县照相，因本月十二日为植树节也。午后来客数次，开会一次。晚与养吾谈各事，决定明晨往车埠催长途电话各款。今晚彭启予等往中伙铺催款，十二时派人转来署索印借、印收等件，临行时会计未付此件。王文称就会计，去年八月二十天尚尽职，以后渐渐废驰。去冬至今则在署时少，且时之需人去请，各账目屡催亦不能办出矣。焦灼无已，转钟时请之来，始清出印借数件，其时已二点钟矣。

二十八日（3月9日）　　晴　　热

七进起，进早点。八时清理各事毕，十时乘舆出署，十一时半抵茅山铺。略息便往附近之宋公祠参观，所谓宋公亦不知何神也。有籤语罗列皆新印者，乡愚深信之，闻春初香火盛甚。出祠后再行，午后一时抵车埠，石艳秋带队来迎，与问民间近况，且述此次来严厉催款之意。饭后传孙华封等各抗户，宿易德卿会长家。今夕说话甚多，劳神甚，十一时寝。

二十九日（3月10日）　　风　　雨

四时闻大风起，天明后略减，天气变寒。八时起，漱毕至新成立之小学参观，生徒尚多，年龄亦整齐。至文昌阁已毁败不堪，至鸡冠山沿山高处行，望各处小有风景。归后吃饭，再至街头至靖江王庙亦凋落不堪，有石碑十余件，阅其年多乾嘉间，知亦古刹也，约游一时许。便参观一市立初小学，腐败不堪。归后传各抗户细述理由，不听者面斥之，继之以看管，始出款，裁印收立，真所谓知法不知恩也。转钟一时始寝，睡不安枕。

二月　初一日　（3月11日）　　晴

八时起，准备回县，易、石在此接洽数事，颇麻烦。饭后嘱舆夫至街头相候，易、石相送，街头动身已十一时矣。下午二时到茅山铺略息。三时到宝塔山略坐，四时抵署。与家母问安，与养吾等谈各事，阅各处来信，得沈伯名自苏洲寄扇二件，得金薳意太史发信一件，均快慰。晚与养吾谈各事，转钟二时寝。

初二日 （3月12日） 晴

九时起，十时至党部集合，各法团先后到齐，举行植树典礼。先游行到北门外河畔高山植树，写木签毕，予植一柏树。午后二时回署，连日知羊楼洞紧急，因电督署请电饬通城朱营长分拨一连驻之，不能邀准否？连日风声甚紧，请家母暂时离署到武汉再定回县计划。晚与养吾商各事，十二时寝。

初三日 （3月13日） 晴

九时起，倦甚。令委龚益林为保卫团密探。前得督署电，催送壮丁往省，令各区团劝募之。时局渐紧，令各局团实行检查，造送本年一月份行政经费计算书。令各局查禁蒋庙刍议等印刷品，令发教职员联合会钤记式样，致通城朱营长、鄂城许叔文、省寓及程师长信各一件。汇许叔文洋叁拾元，其子近时结婚左借者也。午后来客数次，外出数次。晚与养吾商各事，十二时半寝。

初四日 （3月14日） 晴

八时起，十时阅文件。函财政局请发佐治指导各员二月份津贴，令各公安局填送各种调查表，函财局准备招募费，发熊小堂信，令其自决是否能来。寄朱营长中堂二件，嘱仆役清理各件，准备送家母明日回省。晚至财局索政费仅得五十元，谢谟圣既无财政知识，所用纯系无常识之私人，更不知办公为何事也。时局渐趋严重，奈何！熊团董、但团董、黄团董、石艳秋、易德卿俱来县，为明日之财政会议也。与谈各事先后去，十二时寝。

初五日 （3月15日） 晴

九时起，石艳秋、但团董来说各事。十一时到财政局开会，讨论加党费，及下午团款争执甚甚久，发言多且劳神。财政局余建周为谢辩护，教谢以不负责，对于知己感恩之状态表现于外，可鄙也。到会诸人频以目视且辩论甚烈亦不相让，晚七时方止。回署后饭毕来客数次。嘱各兵役准备各件，雇定舆夫六名，十一时到车站安顿行李等位置，站中予与家母、内子及儿辈住沈姓客栈。候一小时，店主云今日已有电报无特别快车，亦无普通车，派人至站长处问之果然。焦灼殊甚。与家母等又雇舆夫及挑夫，回署已转钟二时矣。今午曾令胡队副派人至站探问，乃得如此结果，真办事不力者也。今晨督署来电，张正黄案竟照准，宁非奇事！

初六日 （3月16日） 晴

八时起，十时至财政局续开会，争执甚甚久。午后回署吃饭，二时又继续开会,四时方毕。晚间有下班火车,仍饬仆从准备十一时半送家母及内子、儿辈出城至火车站。转钟一时四十分车到站,不卖票,予亲问站长吴曾珪,则云得长沙电、头、二、三等车厢无位置,且此次行李甚多,昨日贻误矣。予甚焦灼。旋电报生云,头等车尚有余座位云云,当即与吴说明购得头等位三张,更生半票、胡升亦头等票,票价已为二十元。惟车要在徐家棚下,殊为麻烦。闹腾二十分钟始毕,仅带行李四件。又令王尊荣、李明喜、王兴发暂在旅店候,行李等件寄存于此,明日再搭普通车。嘱数语,予与卫队数人乘舆回署已鸡鸣矣,今晚幸予仍往车站可直接与吴交涉,否则又须候一日也。回署后逢立群犹未睡,与谈数语遂寝。

初七日 (3月17日) 晴 大风

九时半起,饭后阅文件、复省城中各信;傍晚命罗国贞送文下省城,并函赵秘书、崔科长,请其向厅长言明提前照准辞职。嘱文称将各账簿办好,免至移交时忙乱也。连日接省电催募壮丁,实难对付,将来不办则违命,欲抓夫必至扰民,且索数至四百名之多。数派各县,被派者至三十县,本省督署抓夫至于外县,亦奇事也。晚十二时寝。今早督署来文,对张正黄案大骂予不知法律,可笑也。

初八日 (3月18日) 晴 热 太阳作深黄色

八时起,清理各事。连日乡间谣风甚大,团防欠饷,财政局又不发给,殊深焦灼。予虽上辞呈,不审何时能准,但在职一日仍须负一日之责耳。晚间二次与养吾等谈甚久,至转钟方寝。

初九日 (3月19日) 晴 热 大风

九时起,阅文件。饭后令报烟酒局吴、李二人交代情形呈民政厅,规定自治员下乡旅费,考选电信生,布告保护纪念植树,派员赴各区提解招募壮丁。晚清理各事,十二时半寝。

初十日 (3月20日) 阴 大风

八时起,令县公安局查明印花员与涂祖乾一案。呈送二、三、四、五等佐治员日津贴支付预算文,考取电信生今日揭晓,函催方献廷速来署,复朱祐亭信一件并寄委任状许其所求也。晚与养吾商各事,转钟二时寝。

十一日 (3月21日) 晴 今日春分

八时起,阅文件。饭后令财政局文件提取各区党费,又提自治指导津贴。

续考电信生。连日省中急电催速送伕役往省,名为拆城修路实际嘱各县拉夫,此真难应付者也。时局如此将奈之何? 晚与养吾商各事,转钟一时寝。

十二日 (3月22日)　　晴　　　　大风

八时起,连夜失眠精神欠缺。令第三区新店、羊楼洞各保卫团协同自卫;令第二区保董徐饶堂等共七保缴电杆费;牌示邓翔云被冲田亩事;代电省府转行财政厅饬县财政局拨发佐治员津贴;呈报财政厅,本县监察委员会成立请发团记,并造报支出预算案;令龚队长将羊楼洞镇队士调回,今日督署来电嘱县境自卫,又催伕送省,晚十二时解三十七名送省,命太辅带队押运,麻烦至极。转钟方寝。

十三日 (3月23日)　　晴　　　热　　　太阳连日俱作金黄色使人着单衣

八时起,连日翻密电仍为催夫事。饭后呈报妇女缠足第二期办理情形;令各公安局查造卜筮星相表;函财政局对于财政事项须负责不能推诿,并有切责语,冀谢谟圣之觉悟也;寄孙亚佛,函催其向民政厅赵、崔二人速将予辞呈批准。今日热甚类夏季。晚转种一时寝。

十四日 (3月24日)　　阴　　　热甚

八时起,令第二区团董将协助常练队士六名调回县。派员赴车埠、新店石坑方乔查办义仓。令各公安局遵报预算计算及罚款取缔,警队恐有借端诈索事,委葛海如为新店保卫团补黄缺也。第二、第四小学校长来见,询及黄秀珊事予略答之,黄之人格已卑卑不足道也。因防务招队长、公安局长来商变更办法,转钟一时与养吾至署前侦查一次,二时寝。

十五日 (3月25日)　　风雨寒甚　　旧花朝节

凌晨二时,雷雨大作,睡未安也。八时半起,着重棉寒甚,寒暖之变天人间一瞬耳。九时党部诸人来述各语,予心烦意乱未暇听也。陈鸿洲来谈各事,蒲城人挑拨能力甚大而眼孔又极小,此不可与有为之地也。正午往第一小学开会,教职员成立第一会,略有演说,午后三时归。寄洋五十元与朱次诚,彼前日来函告急。次诚脾气傲,人情世故均未悉,宜其穷也。予去岁频频助之计八十元,连丙寅冬所付,计百五十元矣。晚间与养吾等谈各事,转钟一时查门卫毕。出室门小溲,电光大闪,雷声震屋瓦,自是风雨大,至二时寝。

十六日 （3月26日）　雨

八时起,饭后催理各处送伕来县,因省中连日催此电文甚多,殊为焦灼,派赵放山、李子逵等来县提伕役。午后得电知羊楼洞伕子已雇就,令彭金阶带队解提。晚十二时来电二次,时局愈紧,转钟二时尤未寝也。

十七日 （3月27日）　雨

九时起,昨晚所提伕子今日到署四十五名,嘱人供给伙食。李赵二人挑扬殊甚,意在索款,予嘱队长许之。盖少拉一人即予少作恶一次也。时局如此将奈之何? 李、赵所持理由谓来文要四百名,昨商、绅在署面许可减少,半数亦需二百名以上,兹不过百三十余名,实难销差,云云。予仍委婉应之,谓欲于城中拉夫则市面乱矣。仍许以通融设法乃得意而出。呈财政厅,佐治员津贴县财政局不肯发给情形。布告去岁赌犯卢宏春等罚款用途。得民政厅来文辞职未准,准在署调病,可委科、股长代办各事。晚转钟二时来电二次,督署来电催李赵等速解伕役往省。三时寝。

十八日 （3月28日）　雨

八时起,清理积件。李赵等催雇伕上车,十一时,派魏队长带同胡升等押送出署。时雨未止,民伕无笠盖,衣衫尽湿,此真活受罪也。以之证曩昔行仁政、施仁政等语愧心多矣。令赵李桥、羊楼洞等处筹亩捐及商铺捐,令第三区羊、新两镇联防文俱发出。晚间派人探站中伕子已上车否,据称已觅得席子盖敞车中。九时开车,雨仍未止,押运之魏队长、胡升等与民伕一同吃苦,殊为可悯也。与养吾等谈各事,转钟二时寝。

十九日 （3月29日）　雨

十时起,连日心忧如焚。饭后开单请客,催来署中商量开维持治安会说明各事。计四小时之久,口干力竭,疲倦异常,傍晚八时方散。十二时半出外侦查警队勤务一次,转钟二时寝。

二十日 （3月30日）　晴

八时起,连日为维持治安事心意烦扰不堪。午后与振旅至车站晤吴站长谈近事,并至工程师住宅晤周某,贵州人,代工程职务也。工程师房屋清静,坐一时许心甚开朗,四时归。晚间仍为维持治安事转钟一时方寝。

二十一日（3月31日）　雨数次　风

八时起,清理各事。令县商会查明国货、外货用品销售量。呈教育厅,辞去兼任县局长职,并将黄兆兰原函叙入。晚间开会一次仍为维持地方治安事。十二时半出门一次,一时寝。(黄兆兰原函仍欲回教育局任。何其无耻!)

二十二日(4月1日)　　　晴

八时起,收到羊楼洞镇茶厘局会衔布告稿,偿还电杆借款办法俱载极详。呈民政厅转报自治员三月份工作报告;代电民政厅呈复召集行政会议情形。午后外出二次。晚间为防务事十二时外出一次,转钟二时寝,寝后思郑东生安全须早判决,早判决送出,不能再使陈、龚时时来探问。

二十三日(4月2日)　　　晴

九时起,阅文件。饭后函财政局不得欠团款,又催该局送账查阅,又催付监委会开办费。指令余新珂缴销钤记。午后外出二次至车站查询近事,续送伕子十余名往省。晚与养吾商各事,转钟二时寝。

二十四日(4月3日)　　　晴

九时起,清理各事。委张金城升充县常练队教练。令新店团董查商会滥发市票情形。函法署,送拐犯魏巨镛。晚间开会一次,防务加紧,十一时外出一次,转钟一时寝。

二十五日(4月4日)　　　晴

八时起,阅文件。得信闻省中尚平靖。午后开会一次,仍系催财政局出席并催所欠政务费,约二小时毕。呈报城区公安局、羊楼洞公安局改组情形,又报三月份政治工作表。晚间外出一次,闻报今晚有兵车五次,运兵往岳州,嘱彭金阶往车站探听,彭取款二十四元往站宿。转钟二时寝。

二十六日(4月5日)　　　雨　　　　今日清明

八时起,连日省中无电来,大约政局已起变化。彭巡官来报告,谓昨夜至今晨已过兵车四次,皆五十二师,番号叶琪所部也,饭后续探则又过二次。叶师总退却必有原因。午后陈子嘉等来谈维持会各事。傍晚又闻有兵车到,谓夏威尚有兵在纸坊候车云云。九时闻前次兵车集羊楼洞司,予函询振旅则云汉口已平电矣。十时振旅来谈各事去。十二时,裴、彭、何、张坐谈至转钟二时寝。

二十七日(4月6日)　　　晴

八时起,饭后探无上下行火车,谣风又起,闻羊楼司五里牌间已碰车一次。午后招集临时治安会诸事,研究对付时局方法,五时半毕。与陈子嘉、刘镜卿、蔡谦、彭启予等出东门渡河至鲍家湾,略领乡景心目甚爽然,亦增无限感慨也,佳节不在故乡，忆"寒食、清明都过了"之语句怅怅久之。六时至鲍琴轩家略憩，七时回署。晚八时得汉口发来一电，以武汉治安维持委员会名义（主持人孔庚）通告各县县长、公安局长维持现状。又一电：蒋介石业已到汉。接此二电，当即以前电出一布告，人心大定。十一时查街市一次，十二时归即寝。

二十八日（4月7日）　　　晴

八时起，今日谣风渐息，时有逃兵过境，唯人数不多无武器，嘱队长略与检查，敷衍数语嘱其勿逗留而已。布告各区谓大局已定，勿相惊扰。午后二时与振旅、启予同至火车站详询各事，知蒲圻往武昌电报不通，车站亦然，不知何故。晚间因防务紧外出二次，转钟二时寝。

二十九日（4月8日）　　　晴

八时起，饭后闻羊楼洞前派驻防之团丁十一人已回县，羊镇甚安全，予心为快。午后至车站一次，探知电报仍未通，无上下行火车，市民疑惑不定。至电局探信亦无消息（此时武蒲间电信系由长沙转），武汉局面如何不得而知。晚开临时治安会一次，十一时闻崇阳有匪警近蒲界，细询则知为崇阳邮差带来之语，顷刻又满城风雨矣。杯弓蛇影，时局如牵延不解决，外县匪徒蠢蠢欲动，益感为政之难也。与养吾等商酌各事，转钟二时寝。

三十日　（4月9日）　　　晴

八时来一秘探，系陈举百引来者，曹师长曹万顺自咸宁所派者也。予起与问各情形，当发一电报，该探赵姓，不识字，北方口音，嘱举百周旋去。饭后至电局探问武昌仍未通报，今午有车自武昌来，系搜集空车回武者，亦无消息。晚至电局为竹战戏，十一时半罢，十二时归寝。

三月　初一日　（4月10日）　　　晴

八时起，连日武昌直接来蒲圻之电线不通，殊滋疑虑。午后外出一次，傍晚查街，至各处察看情形。回署在门首遇陈举百，谓今晚谣风大起，金称有崇阳股匪来扑城。予未之信，于召龚体仁来，据称此种谣风系黄广发之次子自石坑渡归所带来消息。黄子甚痴，说话似不可靠，予即嘱队长派人侦察各处，并饬警团好好布置，小心而已。与养吾等谈各事至转钟二时寝。

初二日　（4月11日）　　　晴　　　大风

九时起，闻昨上下火车俱通行，今日取到文件多起，皆阳历三月底文件也。

省中财、民两厅厅长已更换正式接事矣。外出至火车站一次，傍晚查溃兵十余人，尚无违禁物品，当即请站长于不论何项车到时附载之去，以免扰乱秩序。归署后召集临时财政会议，因各处向财政索款不得，且闻谢谟圣已搬各物出局。八时着人请则云不在局，九时连寻数次竟不知宿何处。各方疑虑大起，后乃在汪心治家寻得，彼到会已十二时矣；各方质问收支并检查账目，转钟三时半方停，许以明午续开会查谢之账目。三月二十号至四月十一号两旬无收账，以各方所推测约有三四千元，既无支出益令各方怀疑。总之，年少气浮之人心性不定，益以劣绅在局把持或教以不当行为，致谢诸事不能自主，以致酿成今日之事耳。谢等去后，予略坐遂寝鸡已鸣矣。

初三日　（4月12日）　晴

八时起，九时阅文件。连日交通恢复，省中信息已通，民、财、教三厅亦已易长官。午后开会一次。晚溃兵过境，当嘱警队队士检查后不准逗留。八时半外出一次，十二时寝。

初四日　（4月13日）　晴　　热

八时起，清理各事，九时阅文件。会函羊楼洞商会筹借团款，呈建厅请领涂抹电杆臭油，令知各商会请领印信办法。派王文称会计往武汉探各机关更动后情况。晚十二时半寝。

初五日　（4月14日）　晴　　　热如五月

八时起，阅文件。连日得梓堂自省城来信述各事。饭后又开会一次，令佐治员石堂康查廖唐卿等纵火烧山案。得羊楼洞电，要求变更茶捐新章，往复数次遂决定约刘、宋两局长来署。午后六时张少白自崇阳来，留与夜餐，谈近事并付致鹏程一函去，十一时派人与同行。转钟一时寝，三时刘、宋二人自赵李桥来署，予起与谈茶捐大意，约一时许寝。

初六日　（4月15日）　晴　　　热如五月

七时起，先与养吾谈各事。十时刘、宋起，与酌定变更事，十一时定案。午饭后与刘、宋至南关外周工程师寓谈甚久，再到铁桥旁阅建筑，约耽延三小时之久。回署与刘谈各事，旋请立群来坐谈，盖刘亦精于命理者也。晚八时半刘、宋别去。九时半命汉卿往武汉将电杆事料理毕，此间劣绅煽惑颠倒是非，逆知将来事益不可为，盖人心已死矣。如在此有留恋意，必陷于不可收拾之地，盖屡思中伤予者，尚有不自爱之黄、余二劣绅在省以俟之。此时即去，尚不致惹许多麻烦耳。十二时半寝。（黄秀珊、余建周二人求谋未遂乃与予反对，可笑也。）

初七日 （4月16日） 晴 晚雨

八时起，时局渐呈平定气象。午后召集治安维持会，表示紧急状态结束意。日来为禁烟捐事颇有物议，其实系反对者藉此捣乱，予决意取消之，免惹许多麻烦也。午正开会毕，午后三时开监察委员会约一时许罢。闻探子报神山有收买溃兵枪支事，当即饬县常练队长龚幼龙、彭巡官，同往调查相机行事而去。晚因劳倦过甚思休不能，焦甚，至十二时寝。

初八日 （4月17日） 雨

八时起，呈报三4月份行政预算。连日政局稍定，予去志已定，决心再上辞呈。复彭平轩函，谢其和予四十自寿诗也。兼致和轩一函，致函王小斋嘱其来县。午后外出一次。晚间嘱魏队长查勤务，十二时寝。

初九日 （4月18日） 晴

八时起，清理各件，拟到省看情形，继思决不干亦无须到省城也。布告各乡如有藉维持会名义在外收捐者即以招摇撞骗论罪。呈民、建两厅，谓已遵令布告取缔羊楼洞茶农办法，由茶厘局会衔布告，检请备案，代电财政厅迟定变更茶捐办法。此事殊为恹气，奸商勾结土劣压制茶农，当日如受羊楼洞镇商会雷钧五、饶韵皋等贿，以顺其欺压小民之念，在小民十余年之痛苦，至今日亦未始不安之，其求脱亦无多益处。盖六县之民向无团结性，真正弱小民族难扶植者也，使贪污之吏处此际，既可发财，又不开罪于羊镇商会，官商勾结，将来去蒲时尚可博得一种好名誉，天下何曾有真是非哉！是直逼作官者为贪污矣。然予勇往直进，决不为此欺心之事，虽劣绅忌我惮我，予决不受其挟制，但求予心所安而已。利害何足计，然因果报应实可畏。午后三时来客数次，傍晚外出一次，十二时寝。（闻此次为茶行后盾恃以无恐者，在省城土劣，为黄秀珊乞贺国光向新财政厅威胁。羊楼洞岗之雷、饶与余建周等人后十余年果受到报应。 峙记）

初十日 （4月19日） 大风 阴

八时起，饭后呈省府报告羊镇经过取缔茶商情形，附会衔布告仍根据财政厅指示办法。又代电财、建两厅，请速定抽收电杆办法。民政厅来电索以电达履历，此创闻公事也，但文亦欠通顺，可知方子樵之糊涂矣，但蒲圻等县并未收到方就职通告，奇哉！午后外出一次。晚得伯英发来一电催予到汉。十时半开会，因保卫团催财政局款甚急也。予为解危计，遂约谢谟圣到署面为解决此事，予代垫百元为保卫团伙食。十二时乘轿出城,在车站与谢遇,彼系下省辞职,予亦久抱退志,盖蒲邑事以后决不能干也。转钟二时车到,予乘二等车厢,幸有被卧,甚为闲适,遂就寝。

十一日 (4月20日) 晴 大风 今日谷雨

七时半到站,换人力车到寓,与蕙芳略谈各事;饭后渡江晤文称,云伯英已在汉,嘱彼于予到汉时往见之。晚六时彼方来,谈各事不得要领,东拉西扯于予无关,不知彼之脑筋何在也。晚十时渡江回寓,十二时寝。

十二日 (4月21日) 晴

九时起,倦甚。饭后渡江往各处略坐,予以文称开荟华旅馆遂就此食宿。午后嘱胡升请鹏程来汉,四时半伯英同到。五时到酒店吃饭,伯英带同其侄女一路,殊不雅观,六时半饭毕,七时与鹏程、伯英同至熊晋槐寓中,予与熊初见面则二十年前,彼此均知之者。予述决不干之意,晋槐谓可调县,予初尚信之,盖尚未见子樵面也。晋槐约予明日到民政厅见面,座中晤见范前县长鸿勋,予嘱彼进行继任蒲圻事。便晤范心禅谈半时许出,与鹏程、伯英回旅馆宿,转钟三时方寝。

十三日 (4月22日) 晴

十时起,饭后渡江回寓早餐。午后一时到民政厅访方子樵,门房系严立三所用之人,仅此人未换。杂役中留者亦无多,职员未换者仅六人,盖已换去百分之九十五矣,亦倡闻也。门房云厅长刻为黄埔学生索差者正包围中,请稍候熊科长来谈。遇傅端屏谈数语。未几熊出云为予转述,方子樵此时被围情况可悯。予遂出回寓,思此事无甚意味,即调一缺亦何能再干?此次蒲圻空防两月,予亦精力不济,拟见方后决计面辞,觉有身份耳。十二时寝。

十四日 (4月23日) 晴

九时起,倦甚。饭后访伯英,嘱其至民政厅访子樵,探其口气。彼去后予在伯英寓候信,而伯英回信樵刻正被黄埔生包围,有面骂其父母者,子樵不能答也。闻此次子樵回鄂系利用黄埔生为之推戴,所谓赵孟之所贵,赵孟能贱之矣。子樵读书不多,人亦庸懦无能,以之办党,信口开河尚能敷衍一切,以之作厅长,一步登天毫无经验,焉得不忽事耶?与伯英谈数语出。予遂至次诚等处略坐闲谈,傍晚归寓。饭后得养吾信,无甚事。十二时寝。

十五日　（4 月 24 日）　阴　　　小雨

九时起，十一时至财政厅访熊筱蟠，门房云已回寓；予遂至中营台街访之，述羊镇茶商事，熊云此案已根据予来电维持原案，已派李国骧往查矣，无甚变更，亦决不受该镇奸商运动云云。予出回寓饭后再至民政厅访熊晋槐，彼云蒲圻方子樵云暂不换人，嘱予即日回任。谓方实可怜，黄埔生索事者有面骂之者，有欲殴之者，如此为厅长何品格之卑也。予以不得要领，当即渡江，嘱文称即晚回署办移交各事，文称回蒲圻，予即渡江回寓清理各事，具坚决辞职之心矣。晚至各处闲谈，得养吾信亦催速回署，谓前日曾发匪警事。十二时方寝。

十六日　（4 月 25 日）　阴雨

八时起，倦甚。饭后访伯英、熊晋槐等均未晤，午后一时回寓。二时半启行，三时到通湘门站，在茶肆小憩；四时一刻车开，予到二等车厢，室中有陈某先在座。湘人，现充行政院秘书，与我邑陈玉笙相熟，其先人在鄂服官多年。携有《王壬秋日记》一部，予借阅之，简略无多记事，较之曾文正日记相左甚远。晚七时一刻抵蒲圻站，卫士、肩舆俱来，闻李国骧已搭上车，然与予未遇也。到署后与养吾、晦公等谈决计辞职事，嘱立群叙续辞职稿，词意极坚决，以代电发出，继思不能速达，派罗国贞下省城递民政厅，即晚行矣。予与养吾等谈至转钟三时方寝。

十七日　（4 月 26 日）　晴

九时起，清理各事，嘱各股整理卷宗准备移交手续；文称速将各账目整理就绪，并命汉卿、舜卿等帮忙。文称说话少信实，又嗜好鸦片愈深，极难靠也。饭后令第二区并函咸宁第七区会同办理汀池桥防务，体仁、举百等来署，予以辞意坚决事告之，并嘱其善事新任而已。晚与养吾等谈至十一时半寝。辗转难寐，十一时半接省电，嘱养吾译之则厚训嘱即来省之电，不知何意。匆匆起床，命传达备轿出城，到站候车，狐疑难定，心意不适。（后问厚训，电系刘伯英嘱他即发者。刘为无脑筋之人，予当时何以糊涂信之耶？）

十八日　（4 月 27 日）　晴

二时车到，予入二等车，同房者不知名，未与谈也。七时半到通湘门，雇车到寓，闻蕙芳云此事厚训知之。雇车至孙宅则彼未在，彼所谓调县改委诸事，彼亦茫然，而电报则确为彼发也。焦灼甚。寻伯英未遇，访晋槐闻已请假多日。此次之来，又徒损金钱而已，归寓亦无从知各处事，心愤无已。十二时半寝。

十九日 （4月28日）　晴

八时起,倦甚。饭后出门向各处探情形不可得,盖方觉慧被黄埔生辱骂后不敢在寓及民政厅食宿也。熊晋槐亦请假暂伏,予事无从查考。午后得养吾来电称新任已换人,嘱予归。予则遍查新任不可得,复养吾电谓明晚准归。此次到省又用去洋五十元,毫无益处,予前已决心辞职,此次无须来此。厚训贸然一电,而伯英又毫无知识,昨日未说清楚竟约予来冒失极矣,此等人焉能共大事哉! 十二时半寝。

二十日 （4月29日）　雨

九时半起,倦甚。饭后剃头一次。三时雇车至通湘门站略憩,四时一刻车到即开。闷极无聊小睡去,晚七时半抵蒲圻站,警队卫士及轿夫俱在站候。八时到署,与养吾等说各事,嘱各股速办交代,十二时半寝。

二十一日（4月30日）　晴

八时起,嘱赶办交代。公布电杆收支各款贴头门示之,造各项册。饭后陈举百、商会诸人来谈,予极言新任甚精明,将来设施较予才力加倍,盖此时只求去不求做也。民政厅委马仁生公事今日已来,文中多不通语,方觉慧为厅长,其僚属则物以类聚耳,殊为可笑。晚间外出一次,十二时寝。

二十二日（5月1日）　晴

八时起,看例行公事。饭后命各处整理应交代各事件。车埠商会来文请设立车埠分驻所。令准之。蒲人与予感情厚者连日来署谈各事。晚间外出一次,过境溃兵防务仍吃紧,在职一日决不减轻责任也。连日四乡有匪警,予十一时查夜一次,并谕各警队尽天良保治安。民国报应速人,无论上中下等人得凭良心者也。十二时半寝。

二十三日（5月2日）　晴

八时起,阅文件毕,催各股速将移交之件办齐。例行文及移交各手续养吾负全责,予未归时已布置就绪,深为可感。递解李信统等犯回籍;呈民政厅取消邓云龙、王培元通缉案。晚间,新店发生溃兵过境,该镇刘钧之校长、吴团董俱到县署述及可危之状。细推测之恐成巨变,予即召集各商会及各法团到会定办法,并派贺团董往省请兵镇摄,城商会刘会长同往发电报毕,贺、刘去已十二时矣。旋贺、刘转署,谓咸宁发生匪警,车不能通,胆怯仍转回。予频催之并派队送之上车,盖贺不去,不能与贺国光直接谈判,兵不能来也。贺、刘为予所逼,转钟二时仍出城去。予以辞职急于求脱之故，今夕仍处此危险，焦灼无已，竟不成眠。

二十四日（5月3日）　　　晴

九时起，阅文件。呈报省政府、民建二厅蒲圻筹备长途电话线杆情形。代电临湘县长，请迅令滩头挨户团余队长，不得在汀泗桥、新店冲突，免生奇变。午后新店探子回署，谓仍无解决办法，汀泗桥之匪似已退走。午后新店刘、余、吴等人时来署，予心焦灼，勉为应付而已。晚外出二次，新任来无消息，奇哉！十二时半寝。

二十五日（5月4日）　　　晴

八时起，闻汀泗、新店两处兵匪仍未解决。午后召集治安维持会，并财政、监察委员会约三小时毕。晚外出巡查警队，恐有疏忽。十一时半归，十二时寝。

二十六日（5月5日）　　　雨　　　午后至夜大雨如注

八时起，递解王汉等回籍，函请财政局招募民伕用款印。收得贺国光电谓已派兵来，又得汉口电，贺、刘所发者，谓兵即到。人心因之稍定。晚知新店葛天民匪兵已为临湘挨户团击死，葛有枪八十余杆，俱为临湘方面取去矣。晚外出一次，十二时半寝。

二十七日（5月6日）　　　大雨　　　今日立夏

七时起，但团董来，谓乡间雨足可喜，年岁转佳。予闻甚慰，蒲圻得以丰收，予虽不官于此，亦快慰也。午后召集各法团开会算账，宗旨以予来清去亦明也。今日刘会长、龚副团总、胡清波、陈举百、陈璜轩代表教育局也，熊飞、吴次垓、刘均之、王伯琴、陈子嘉，各法团等已到齐，公推陈子嘉主席。清理、报告约三小时，结果由主席盖章"公人清算无讹"字样于开会记录上，移交后任。四时半散去。晚间立群离署，因彼已就汉口一小事也，迟恐彼事变，未便挽留。今夕心略安适，十二时寝。

二十八日（5月7日）　　　晴

八时起，候新任仍无信。今外出二次，清理积案已了。嘱装股长将郑东生等判决书办就急送省。嘱龚体仁赶快请各团董于五月十日齐集县中，因新任前向养吾云十日以前必到也。黄兆兰近日回县，益复无聊，局长名义早已撤销，对外仍仍不知耻；口口声声与余新珂辈商议，闻其子黄昌谷有长湖北省教育厅消息，大播大吹，益复自雄。其实彼子早已不认彼为父矣。天伦之乖蒲人早已称黄氏为最,盖真所谓父不父子不子者。昌谷于蒲人感情尤恶,日以"追随总理十余年"口头禅以欺人。吾鄂人对于黄亦久不耻,去年予在党务训练所昌谷亦充教授,貌寝词短,学生始而信之,继而疑之,终则唾之矣。可见窃名欺世者终有揭穿之一日,余新珂之所以近日趋承兆兰不离左右者,欲谋教育厅差事耳,小人状态真行毕露,蒲城人非笑之彼不知也。小人哉!午后嘱胡升清理予回省各零件,请程梓堂代帮文称算账。晚外出巡查,近日又谣传崇阳有匪警,嘱魏队长、胡队副及龚队长小心防范。十二时归,转钟一时寝。

二十九日(5月8日)　　　晴

七时起,阅文件。将裴股长起判决书(小册子毁之,免害其他二十余人)等俱判行。嘱韩少荃速写各件,专人送省,使新任一到县予即交篆。午后新任五僚属先到,云已接电五月十号可到县。予嘱各役清理各房,明日拟迁入阅报室中,将来省麻烦也。外出二次,拟至黄龙未果,蒲圻各大小镇市予均到过一次或二次,未到者仅此埠耳,卒以有愿未去为憾。晚嘱团、警队仍加意防范。得咸宁电,谓予请队伍已到,暂住咸宁候命,明日当着一营来蒲。予分告各法团以安人心。十时外出巡查,十二时归。

四月　初一日　(5月9日)　　　晴

八时起,清理积件。昨晚与养吾会商,今午须请各法团到署算兵差账及去岁行政罚款,因余新珂与黄兆兰造谣谓此事有疑点也。此账虽与四日给与各团董阅过一次,阳历六日开大会仅了结购电杆手续各账,今日决要黄到会。余新珂无发言权,不理可也。陈子嘉、龚体仁先来坐谈去。午后一时开会,各法团俱到。黄兆兰决意不来,谓陈子嘉可代表。探知余新珂知,已先一日回乡矣。放野火使别人捣乱其心术可知,此种人如能昌达无天理矣。开会公推王伯琴校长主席,审查招募民伕账,并去岁今春各项罚款用途。各粮据、簿均无讹,由各法团到场者签名、记录,盖印毕散会。余黄二小人所造谣风告以结束。晚与财政局会衔呈报兵差单据于财政厅,并收三、四月份并五月十天政费印借,转钟二时寝。今夕搬房至,阅报室睡不安神。

初二日　(5月10日)　　　晴　　　热甚　　　晚大雨如注

七时起,仍催王会计赶快结束各账。昨新任有电谓十日准到,嘱魏队长、队士十人于午后五时往车站迎新任。寄彭梓师及省寓信各一件。分寄刷印购电杆经手各账于中伙铺、泉口、汀泗等区之关系人。商会为予饯席,四时去,六时归。至财政局开会解决团款兑条事，又教育局垫款事。归后大雨，闻队士自站归者云汀泗桥发生土匪，现站长用电话探听特别事，上行车停在咸宁，下行车停蒲站候信，新任在上车中也。予准备甚久，设今晚不到又惹许多麻烦矣。焦灼无已，复蒲站段长易函，答复工人与第一区保卫团事。省中来文数件，无甚关系，移后任办理。十二时寝。

初三日 （5月11日） 阴雨

七时起，至大堂，闻魏队长云特别快车仍未到，新任来否不能定，予系肩不得息也。各事已准备，只候新任来接，闻黄兆兰、余新珂两小人勾结一气尚思捣乱。人之无良以至于此，此两人无报应无天理矣。午后闻有车到，二时闻新任已来县，驻陈宅。旋来署拜会知为宿迁人，便问黄伯雨老师尚在也，马与罗献之、刘伯英俱为熟人。与谈半时尚未恶习，彼曾为旅长者，予一再申明即送篆到寓，彼坚辞谓休息一日何妨？马去予往答拜，谈半时并荐裴股长留后任，马已允许，予谓即送篆来较为两方甚利，马允之。予回署即嘱王雪卿、胡升等送篆去。晚间与养吾谈各事，立群、献廷均已就事先离蒲矣。署中颇感寂寞，上台终有下台时，为之一慨。晚十时即寝。

初四日 （5月12日） 阴晴不定

七时起，昨夜寝甚恬，为今年最安适之一夕。盖一身责任今日暂了，以后发生如何变故，予决然无虑也。新任昨无表示，午后二时始贴接篆红布告于照壁，并无人来布置各事，奇矣。据蒲各法团人员来看予者云，新任亦未拜客。今日财政局请酒，黄兆兰去陪客，新任未拜彼，彼昨有怨言。今日去陪新任，无耻之尤者。闻席间曾挑剔予任内事，马一笑置之，或亦鄙其人也。午后三时外出一次，晚十二时寝。

初五日 （5月13日） 晴阴不定

七时起，闻黄、余二小人仍思捣乱，约体仁、子嘉进署询之，则云任其狂吠，横竖城乡人士无附和之者且鄙之，此无须计较也。谈一小时出，饭后体仁、尔齐等约至宝塔山照相，出署时右行出城，照相馆无八时片遂罢议。出西城则水淹大路不能至塔山，遂折而登城，行至某尼庵小憩，甚精雅，坐半时出。予遂回署，催新任接收卷册，且声明明日须行，新任今日请予钱行酒，午后五时毕。七时与新任谈蒲圻各事，蒲人来署看予者数起。新任不拜客，故黄、余诸宵小不能向新任进谗言，天意如此，亦奇矣。十时与养吾谈各事，十二时寝。

初六日 （5月14日） 晴

七时起，至体仁处略坐。见葛海如及汀泗会长王秉钧俱来县，予与海如等频频谈蒲圻善后事，嘱渠等佐新任进行不必存意。见新任似有官派，贺尔齐等甚恨之，昨夕为兑条事，贺曾面骂之者也。黄成元亦在座。予告以新任不良，尚未见其政绩，诸君何苦与之作对，果如此非蒲圻之福，望各位细思之。体仁亦言新任非能做事者也，对于保卫团将来必无办法，前日嘱队长见新任说明各事，新任甚茫然，将来成绩必无良好。予频频慰之而出。八时再至体仁处，说明今日必行，且恐各处再为饯筵也，谈一时许出。九时各件已整理齐全，十时见新任，催关于紧要文件速为咨答以了手续。新任约予疏通各团董进署，彼未拜客，故各团董不愿与见面。予以欲各法团证明兑条，故慨然允之，即嘱传达请各人入署，正午齐集。马县长再为予饯行，作陪者系各团董、各会长，午后一时兑各兑条，新店、汀泗商会，城区各团俱在，"兑明无讹"手续了矣。二时开席，三时半毕，主宾尽欢。各机关送行者已毕集东花厅，席散予匆匆往检行李，闻仆从已押运出署，略憩半时起行。县司法委员黄为纶及蒲圻各法团代表约五六十人，马县长送至头门外即止。余为警队、团丁、署中书记员、杂役等合计约有近四百人。城门、街市贴有"欢送"字样，鞭炮声则自县署中出时起，至火车站时犹未歇也。黄委员及各法团代表送至城外，予拒之不返，乃送至裁料厂铁路旁，此距县署已一里多路矣。珍重数语而别。警队及裴股长、龚体仁团董等则送至火车站，谈片刻去。夕阳西下，予与养吾小憩于旅店中。周锐峰必欲予过其分卡，情不可却，遂就卡中晚餐，司事查验黄浩卿亦旧属也。烟酒局长李大雄来送行，马县长又与裴股长同来送予上车，谈二小时，仍请其回署，益时尚早也。仅留队长、队副及予之旧人送予上车，时汀泗桥商会王秉钧会长亦到站，遂与同候车。转钟后二点一刻下行车到，予与养吾等同上二等车厢，王秉钧与予同房，养吾则在隔壁。胡升云、余新珂已同黄兆兰上三等车，亦今夕下省者。语未毕，予见余新珂行至二等车中，王小斋来送行，正在与余新珂立谈。魏队长上车至房门首，新珂即尾其后，养吾立门首欲与予谈，予已望见新珂逼近矣。噫！彼似欲向予言者，予大声嘱魏队长、小斋、养吾入内，示不理也，新珂惭而退出前车。此盖今晨十时胡清波请各团董，新珂与贺团董等言语龃龉，被贺唾骂且以食器击之，新珂由但团董扯出后市人环观，目为奇事且嘲笑之。继而贺又递禀署中暴其劣迹，新珂势孤忧不可耐。今夕遂约同黄到省谋事，小人之谋已露，反令本县人所不耻,且取最近之奇辱。冥冥之中似使贺为予泄忿者,奇矣!小人之不可为如此,因附记之。二时三十五分车开行,小斋及送行人别去。予与养吾谈数语,养吾先睡,予与王秉钧谈一时许方睡。车行至汀泗桥附近忽停而不进,予未睡熟,闻车中人语前途有匪警,谓红灯未落云云。未几,养吾过房来说细问路上人及车中茶房云前方有匪。王秉钧起询各事,予心亦焦灼万分,谓昨日不行偏值今夕遇匪警,遭劫车不堪设想矣。停半时车忽倒退,予更怀疑。退至中伙铺站,用电话询之,则前站电话生睡熟未接中伙铺电,以至发生此误会,茶房向予言心始安之,车遂速行,再过汀泗桥略停即开,予遂再睡。

初七日 （5月15日） 晴　　热

八时起,十一时车到通湘门站,下车后嘱石道安、胡升等招呼物件,予雇车到寓与蕙芳说各事。饭后欲睡,蕙芳云彭师已送信来,说仲苏到汉住巴黎饭店,宜速访之。予竟渡江去,正午见仲苏人客甚多,立谈数语出。仲苏谓往宁三数日即归,诸事容细谈可也。予遂渡江回寓,晚未出,十二时寝。

初八日 （5月16日） 晴　　热

十一时起,倦甚。饭后清理各事,今日未出门,晚十时寝。

初九日 （5月17日） 晴

九时半起,倦甚。饭后渡江至各处看客,嘱汉卿寻文称来结账至今未来。此人不可靠如此。傍晚归,十二时寝。

初十日 （5月18日） 晴

十时起,饭后外出一次。连日过劳,极思休息,午后小睡一时许。清理各账二小时方毕。晚十二时寝。

十一日 （5月19日） 晴

九时起,倦甚。饭后渡江,午后四时归寓,写信四件,清理文件及账目,算清汉卿应找各账。十二时寝。

十二日 （5月20日） 晴

十时起,饭后清理文件,函催前任咨复。午后来客二次,四时半出门一次。连日曹仲和谈办外县禁烟事,彼说甚切,予终疑其不可靠也。晚六时归,十二时寝。

十三日 （5月21日） 晴　　今日小满节

十时起,倦甚。饭后渡江傍晚方归,连日所谋无头绪,进取志已大减。惟后知灵谓五六七等月大佳，是以未即回县，且交代事尚未了结，只得静以俟之耳。晚十二时寝。

十四日 （5月22日） 晴

九时起，饭后拟渡江未果，阅书报半日。午后小睡，来客二次，皆无关紧要之谈论。今日在寓休息一日。晚十一寝。

十五日 （5月23日） 晴

八时起，倦甚。午后渡江访曹仲和，知事未可靠，至印花局看叶用阶谈各事，至周知安处略坐，至李佛波处谈一时许。傍晚渡江回寓，饭后阅报、写信，十一时毕，十二时寝。

十六日 （5月24日） 晴

十时起，饭后至各至好处闲谈十二时半归。饭后清理各事，来客一次。晚间外出购物数事，归后写信四件，十二时寝。

十七日 （5月25日） 晴阴不定

十时起，身体倦甚。饭后渡江，傍晚方归，所谋无头绪，至佛波处问谈，购衣料数件。晚归写信二件、阅报一时许，饮酒一杯。整理琴弦，欲试弹之手，生荆棘矣。十一时寝。

十八日 （5月26日） 晴

十时起，饭后清理文卷。饭后渡江，晚六时回寓，十一时寝。

十九日 （5月27日） 晴

九时起，饭后至幼虚、凌卿各处闲谈。午后回寓清理衣物等事，致函陈子嘉购印花补贴单据簿也。韩少荃事闻已就妥，周知安之力也；知安与郑雨平原欲予入局与佘子祥帮忙，然佘非深交，且闻脾气乖张颇自大，何能与之同事，惟周意未便却之，听之而已。晚间写信二件，十二时寝。

二十日 （5月28日）

九时起，倦甚。饭后来客一次，正午出门渡江，访知安、刘蓝田，至稚松寓均略谈。傍晚渡江至次诚寓谈片刻，又与李亮澄谈因果报应事约一时许，九时回寓。十二时寝。

二十一日（5月29日）

十时起，倦甚。饭后清理杂事，今日未出门。晚间无事，听留声机戏二小时，饮酒一杯。阅报。十二时寝。

二十二日(5月30日)

八时起,写信三件。饭后阅书报,午后外出一次。晚至次诚寓中谈甚久,十时归。十二时寝。

二十三日(5月31日)

九时起,身体倦甚。饭后渡江至各处探信,所说均难靠,佛波则云气色尚好,五月或有事可谋。便至稚松、知安、仲和等处略坐。晚七时渡江人多如鲫,到寓吃饭后阅书报。十二时寝。

二十四日(6月1日)

十一时起,饭后至渔青、鹏九、养吾等处略谈,六时归寓饮酒一杯。写信四件,阅报一小时,十二时半寝。

二十五日(6月2日)

十时起,昨夕建设厅退还公文及单据簿又须重理,焦灼甚。饭后自为改正,文称已到宜昌,此为彼应尽之责,为人不忠,此等人殊不可靠。午后四时已改定就绪,嘱韩少荃明日带章子来补印。晚至次诚寓略坐谈,十时归。十二时寝。

二十六日(6月3日)

十时起,倦甚。饭后渡江至各处略坐,至谦祥益购布匹数事,傍晚归。饭后阅书报,十二时寝。

二十七日(6月4日)

十时起,清理各事、写信二封。拟初一日回县,嘱家中准备搬家。予生平最恶人挟制手段,欲予买其屋且索价至七千二百串之多,未免骇人听闻。此等人真见利忘义也,丁卯八月彼面约予云此屋将来照原价写与,原价为千六百串,当时有程稚松在座,何今日如此之价耶?决意迁居不顺其利心也。晚间外出一次,十二时寝。

二十八日(6月5日)

九时起,倦甚。饭后阅书报,整理衣物等件,准备回县各事。午后小睡。晚至次诚寓略谈,八时归。写信二件,转钟一时寝。

二十九日(6月6日)　　　　今日芒种节

十一时起,饭后渡江至知安、仲和等处略坐,谈买衣料、夏布等事。至曹汉丞栈中略坐,便访陈同如,由王家巷渡江至汉阳门,便至凌卿家坐谈。六时半回寓,饭后阅文件、报章。十二时寝。

五月 初一日 （6月7日）

十时起,清理各事。饭后渡江傍晚方回寓,十一时寝。

初二日 （6月8日）

十一时起,倦甚。十二时早饭,午后至幼虚、彭师、渔青等处略坐谈。后知灵谓予五月大佳。连日思归,又恐回县难逐处奉看,端节酬应尤难对付也,因决意不归。晚十二时寝。

初三日 （6月9日）　　晴　　　　热甚

十时起,前日胡升听予骂黄福等无义,今竟不来帮忙,小人难养于兹益见矣。晚嘱老妪至孙宅寻之亦不来,予本拟明日赏洋六元与之。此人最不可靠,因骂黄而见怨,大约以后彼决不随我矣。嘱汉卿买各物送徐何寿处,余事明日续办,十二时寝。

初四日 （6月10日）　　晴　　　　热甚　　　　寒暑表显示华氏
　　　　　　　　　　　　　　　　　　　　　　　九十一度

八时起,料理端节诸事仅具形式而已。午后未出门,晚十二时寝。

初五日 （6月11日）　　晴　　　　热甚　　　　华氏九十二度

七时起,今日端节生无限感慨。正午凌卿来贺节,午后一时往答之,徐待予厚不能不去也。二时半归。晚开留声机自娱,十一时寝。

初六日 （6月12日）　　晴　　　　热甚　　　　华氏九十三度

十一时起,倦甚。竟日未出,午后来客数次,晚十二时寝。

初七日 （6月13日）　　晴　　　　热　　　　华氏九十五度

九时起,午后渡江。天热甚,船上人多,挥汗如雨。至曹仲和处探问禁烟局事,至周幼书处取所购扇子,至施子英处略坐。五时半渡江,船中遇张春元、傅初民谈各事。大风忽起,到汉阳门时雨骤至于止,雇车回寓热度未减。明日为予四十四初度,忆近五年中甲子在三一堂未回里,乙丑四十初度,今夕在本籍寓中开筵,挥汗如雨,恰似今夕状态也。丙寅在省寓荷花湾,丁卯在籍,正党部当权时予蛰伏寓中,仅黄志云等小叙而已。戊辰就军校事,仍在省寓杨泗堂旧宅,今日在保安门,寓萍踪无寄,至今守株。思之赧然,九时拟写信于菊坡,以热中止。十二时半寝。

初八日 （6月14日）　　晴　　　　热　　　　华氏九十八度以上
　　　　　　　　　　　　　　　　　　　　　　　傍晚大雨数阵

九时起,倦甚。刘蜀疆来谈一时许去,陈伯铭控彼于财政厅致刘被撤,人心之坏至此极矣。石道安来谈片刻去。命罗姬具面一盂,食之颇可口。亦具香烛谢天地之恩。午后写信与菊坡，请其设法来电致省当局，命黄福送公文与建设厅。傍晚黑云四边合天作雨势，梁逢甲来，予正洗澡未会面，嘱内子与谈数语去。天竟无大雨，干作此虚势而已。十二时半写各处信毕寝。

初九日 （6月15日） 晴 热 华氏九十八度以上

十时起，神志甚清。昨夕写各处函计十三件，连补写日记已写字四五千矣，平生以最短期写字之多以此日为最矣。晚饭后再复各处函。天欲雨屡不成，室中闷极，手不停扇。十一时略改凉，转钟一时小雨数阵，终夜难寐。

初十日 （6月16日） 晴 热甚 华氏九十七八度
晚雨

八时起，清理各事。韩少荃来，谓周知安约予过江，开旅馆房间谈话，予许以明日渡江。韩去热度更甚，写信数件。晚间大雨数次天气改凉，十二时画折扇八件毕，转钟一时寝。

十一日 （6月17日） 雨

九时起，清理应带汉口画件毕，饭后渡江。小雨未停，到芝安船上已二时半矣，谈各事。饭毕与知安、少荃同乘哨划至一马路起坡。先至京汉旅馆开房间，予至泰宁里约伯英未遇，仅留字约其至旅馆来谈。七时半与黄海涛、知安同至立大舞台观京剧，时尚早。未忘记携墨镜，出剧院取镜遇陈王震，立谈数语。至京汉旅馆取镜出，再至院观剧唱做均不佳，予等悔甚。末曲《九华山》陶某饰家人、关丽卿饰小姐唱做甚好。戏演毕出院，大雨无车，海涛约入外人所开之波罗馆中，正开跳舞。舞女为俄国人约白党也，男子为英、法人，跳舞十余次。馆中所雇女子跳二次，裸体跳，腹以上略饰青纱或绿毛，每次约跳五六分钟。此与禽兽何异？人世间真不知有羞耻事矣。知安、海涛欲久看，予已不可耐矣。转钟二时回京汉馆思睡，刘伯英与孟慈溪来谈，至三时半方去。予与知安欲谈各事已倦，不欲言遂寝。

十二日 （6月18日） 雨 天气变寒

九时起，命茶房持条约伯英来谈。缘昨晚予等观剧出馆，伯英曾来馆访予未晤也，茶房回信伯英未在该处。知安遂先别处，予雇车至次诚未晤，访李农君亦未来，至海寿里程宅知稚松已归。至黄伯香处闻其已往李农君寓，遂携伯香之子到李处晤次诚与伯香谈一时许；并观各书画佳者，惟洪鲁轩上款之高丽纸册一部约十余开，莫子偲、李鸿裔、张廉卿等书法均好。由李处出后与次诚再至伯香处谈片刻出，与次诚至金煦生处奉看。谈半时，金说话豪爽通世情，前清为知府，民国三长督署秘书，至今日执笔依人，为大腹贾所组织之银行公会文牍，月得薪百元,亦冤矣。四时出,予雇车渡江回寓;风雨之寒,衣履尽湿,洗澡毕饭后清理各事。亟思休,十一时寝。

　　十三日　（6月19日）　　阴雨　　　　天气改凉

　　八时半,何养吾来予遂起,身体倦甚,与养吾谈各事。饭后约与至长春观听苏恢元讲《道德经》。至则恢元未到,问侯道人静恬则知前约之讲经处已为伤兵占据,拟改地点。予雇车至鹏程寓访之,至则是日往长春观听经者,多在鹏程处甚矣,得名之不易也。与恢元谈各事约二小时,出周寓已三时矣。至鸿磐楼托贾仲明定四菜,明日拟约傅幼虚、宾宜、斌如、渔青、步瀛、恢先、鹏程到寓吃饭也,回寓后命人送各处信。晚间无事又画扇八件。皆兰花也,夜间作画今年已行之二次;予四十四岁以前无此例也,事属倡举故记之。见于书记者载文节夜间能作画,沈雪庐师庚申通讯云夜间亦作画,予以为审墨、辨色均难且伤目力,此终非正则耳。十二时寝。

　　十四日　（6月20日）　　晴

　　九时起,倦甚。饭后写信二件,石道安来云,今晚回县,嘱带函一件并带衣料与更生等做夏衣。清理房内什物分别部居,此屋湿气重,今日来客不便在堂屋中坐也。午后三时幼虚来略坐谈,鹏程、恢先来坐片刻,步瀛、宾宜、渔青相继来,五时开席七时毕,八时散去。九时写挽联二副,一送叶叠峰,一送孔勉堂之尊人字乾三者。叶为歧凤之父,今春予至其家拜访,有请其修蒲志之意,元宵后叶到署回看,谓不久须下省教书。予甚异之,以为彼有子有孙均成立,且有兼职者,何用七十老人自谋生为,叶谓年高而精神健无碍也。谈半时出署,今竟死于省馆,真谚所谓死有方也。叶为人忠厚正直,在蒲中学充教习十年,词章亦有根底,故附记之。写二挽毕,看报二小时。转钟一时寝。

　　十五日　（6月21日）　　晴　　　　热

　　八时起,今日拟过汉阳访黄志云兼探各事。九时嘱妪具早餐,十时食毕,雇车至平湖门,已有轮船渡江,到黄志云家谈一时许,头晕不可耐,买仁丹一包服之;黄志云同至汉阳县署访冯小初,坐谈半时。至公安局访黄毓林,谈蒲圻交卸前各事,坐一时许出,渡江回寓已午后四时矣。饭后洗澡小睡,身倦已极,韩少荃送雨衣来,予不能起与谈,仅约后天周知安再晤,嘱其转致意耳。十二时寝,转钟二时天大雷电,以风屋瓦皆震,约一时止,自是不能寝。

　　十六日　（6月22日）　　晴　　　　热　　　　　　今日夏至节

　　七时半起,八时进早点,九时出门,至李益三寓回看,问黄次珊未在寓,欲看其尊人藏琴,则其妻不在室中,益三不便开门取之也。谈片刻出,至彭子芳师寓未晤。至潘宁舫寓回看亦未晤,晤其妻询其近况,称宁舫非县长不干,且与方本仁晤见有缺即委云云。近来县长之不能做尽人皆知,予已如鱼之由网跃出者也,潘乃欲跃入网,奇哉甚矣,小名之误人如此。访朱右庚谈一时许,彼已与予三年未见面,并引视予十年前所作字、画表示爱护意。快谈甚久出。至幼虚寓谈片刻出,访余宜泉未晤,留片于其子。访王连璧谈片刻,见其近作画已进步矣,惟未能免俗耳。出访柳少丞,遇朱文橥在座,纵谈半时许出。再访王连璧谈一时许,就其室中写联一付尚可观,文为王梦楼旧语。三时半,女学生七八人跳舞,约一时许出。至伯英寓未晤,与其姊说彼屡次失信事,约明晨来予寓相见。伯英说话向不可靠,明日能来与否恐不能定,今日文橥已表明彼屡次失信者也。五时半回寓,饭后小睡。胡升来欲与予谈话,予未起,仅听其与蕙芳说何养吾荐彼往沙市就事。似此毫无良心之仆,予决计其不能有好结果也。晚间写信二件,寄刘伯威与张肖鹄,十二时寝。

十七日 (6月23日) 晴 热

八时起,清理各事。午后渡江往各处,所谋仍无头绪。晚归寓甚闷闷也,写信数件。为谢稀园写扇一柄,画各友存扇三件。十二时半寝。

十八日 (6月24日) 晴 热

九时起,倦甚。饭后渡江仍无所遇,照例往各处略谈,傍晚渡江回寓写信四件,十二时临寝细思,在蒲操劳过甚,现何用再谋他事。

十九日 (6月25日) 晴阴不定

九时起,清理各事。饭后渡江往知安处谈甚久,雷绍丞劝知安出名上书,予谓署伯英名在前为妙。午后四时往各处谈片刻,傍晚渡江回寓写信三件,十一时寝。就寝后半时闻敲门声甚急,起询知刘伯威来,开门则同来者有蒋某某、罗文轩、谢稀园、熊镜寰来奉看,且谓系约于明晨往长春观听经,但时已宴矣,嘱罗妪烧茶水,与坐谈半时许。谢、蒋等三人先去,伯威、文轩宿予寓,谈至转钟四时方寝,自是不安枕。

二十日 (6月26日) 小雨时作 午后晴 热

九时起,黄福昨因病回去,晨夏柄丞来嘱办早饭。十一时与罗、刘正食时朱右庚来,留与同席谈各事,十二时毕。雇车出门至长春观听苏恢元讲道德经,正出门时廖白泉来,遂约与同至长春观,到时客已满矣,熟人甚多。少丞、文钦、澄之、鹏程等早到,讲二时许毕。观中开素席数桌颇可口,食毕闻后楼道藏阁扶乩,登阁观之,见各居士服另制道装,冠履颇壮观。以扶乩时尚早,予恐大雨至,遂雇车归寓。十时寝，因昨未睡好且倦甚矣。

二十一日（6月27日）　　阴雨与晴　晚大雨

八时起，清理各事。九时渡江送文稿，与知安、绍丞谈各事斟酌办法，坐三小时出。至谦祥益买夏布数事，至仲和处略坐，至汪福坪处略坐。今日曾晤佘子祥、陈同儒各谈半小时，傍晚渡江回寓，写信三件，催肖鹄来省。十二时寝。

二十二日（6月28日）　　晴　　　热

八时起，倦甚。九时嘱办早餐，十时半渡江，王家巷船已拉差，遂坐一码头船。乘包车至知安处，与雷绍丞谈各事，再乘包车至伯威处谈甚久出，至黄伯香处缴会费五元，此无益事以屡约情不可却也。傍晚渡江至鹏程、恢元寓略坐。十时归，十一时寝。

二十三日（6月29日）　　晴　　　热

八时起，清理各事，饭后渡江人多如鲫。往访伯威及程少松为蕙芳事，拟有所托于止。访周知安略谈片刻。傍晚渡江回寓写信，十二时寝。

二十四日（6月3日）　　晴　　　热

八时起，拟外出未果，整理粘存簿送财厅以了二月份手续。午后一时伯英来谈各事，留饭毕先去。一时半予雇车往长春观听经，至则贺立青在座，予以蒲圻事向彼忿慨言之，且致责备语，因蒲圻劣绅余新珂、陈鸿洲等架词为电杆事，称贺为清理账目发起人也。继由立青解释误会、为人蒙蔽诸语，予始信之。二时半恢元讲经，三时观中素餐颇可口，五时与伯英同出至其寓盖私章。此本无益之事，天下事每有略不经意之事变为有益者，去春予谋事难就，后军校约予充处长已为例外，继则汪三辅约予，奇哉，蒲圻署缺即基于此矣。六时回寓，周知安在寓相候，与谈一时许去。今日王寿寰、童味樵来访予未在寓，十二时寝。

二十五日（7月1日）　　晴　　　热

八时起，饭后渡江，连日所谋未就，焦灼甚。予下台近两月窘状万分，孔子三月无君则惶惶也，洵千古同慨，迩来感触于心者颇多，然思读书未能养气益滋愧矣。十二时寝。

二十六日（7月2日）　　晴　　　热

九时起，倦甚。十时后渡江晤伯威等仍无头绪，往贺伯亚处亦未晤，仅与叶、刘等闲谈而已。傍晚渡江，饭后仍外出一次，访王寿寰知朱营长九江通讯地址，归后写信二件，十二时寝。

二十七日（7月3日）　　　晴　　　热

八时起，饭后渡江晤伯威，并便带夏炳丞往谦祥益买夏布、白云纱数事，去洋三十五元，蕙芳借款也。予夏衣向不整齐，值此重衣不重人之世界又不能不略为添备，前日向知安左款五十已用罄，长此以往将来奈之何？午后四时半渡江回寓，头痛数次。晚十二时半写信三件，寝。

二十八日（7月4日）　　　雨

八时起，清理许平甫等信稿，九时雇车至鹏程寓，昨所约也。庆云、继寿俱在鹏程处，略与谈各事，据继寿所述，陈南山在彼寓中所演各事已近乎仙，然恐未入正道。大约三国时干吉、左慈之类耶？言之颇长，又言迷信等事。今日雨中无事，谈此亦是消遣而已，就其寓中吃中饭、晚饭二次，六时半方回寓。七时，端屏来，意诚恳，因为之求神一次决休咎，表示端屏民厅事可保留，九时半毕，十时端屏去，十一时寝。

二十九日（7月5日）　　　阴晴不定　雨数次

八时起，清理各事。命夏炳丞送信与鹏程盖印，饭后渡江。起坡时雨大，幸傅宅仆金荫生同船有伞，借之上岸，雇车往伯威处谈各事，约一时许出。至叶用阶处谈片刻，便访贺伯亚，托厚训设法以为予之接济，彼已首肯矣。五时出。至一码头购衣料及戏曲唱片数事，渡江回寓已七时半矣。饭后休息，九时伯威来，与谈近事毕调琴弦，抚平沙头段，手不纯熟，久未弹几不成调。天下事大抵如此，谚所谓熟能生巧也。转钟一时方寝。

三十日　（7月6日）　　　雨

七时起，写信四件，饭后腹痛，今日饭已大减。午后雨未止，愁闷不堪；二时雇车至鹏程寓，谈二时许归，腹内极不适，今日已大泄三次矣。晚饭未进，九时食粥二小盂，十时寝。

六月　初一日　（7月7日）　　　晴　　　热　　　　　今日小暑节

八时起，清理各事。饭后渡江访各处均未遇，以今日系星期也。天气酷热，傍晚渡江略事休息，十二时寝。

初二日　（7月8日）　　　晴热　　　　寒暑表华氏九十四度

七时起，八时汉卿来，先命之渡江，开示各处应办之事。予十一时渡江，到汉口已十二时矣。酷暑蒸人不可耐，先往叶用阶略坐，继至五常里索还垫款，继至李佛波等处不能久坐，命夏炳丞送棕绷子与曹汉丞栈，嘱其带回县。傍晚渡江,热闷甚苦,车行汉阳门口见电杆走火,街上人纷奔可骇,呈一种不安状。物质文明殊无可取也。到寓洗澡,后吃饭略事休息,十二时寝。

初三日 （7月9日） 晴 热甚

八时起,早至树棠处未晤,因李佛波托为其子求学事也,访姚渔青谈各事,访邓宗贤以李良煊求学事便托之。正午回寓吃饭毕,渡江至五常里索垫款,事务所开会,结果请武昌商会代表将来领款时再定各项手续,并派款请作代表赴宁川旅费,予亦写洋二十元甚为赧然。下午四时渡江,向徐凌卿借款,彼以近状告知无款可借,予亦原谅之也。回寓后小憩,清理各事,十二时寝。

初四日 （7月10日） 晴 大北风

七时起,清检各事。十时饭毕渡江访周知安、曹汉丞,至征收局访陈同如,持肖鹄原函托交子祥请为帮忙讲话,同如去后于来回信谓可办到,予遂渡江回寓清理各事,知鹏程处仅借得十元,刘伯英则未寻着,此事真焦灼万分也。晚至杜韵秋寓占课,云予事甚利,附占为厚训诀印税事亦云有五成可靠,再拈二字占之亦均吉利,然听之而已。十时回寓,十二时寝。

初五日 （7月11日） 雨 热稍减

八时起,倦甚。予拟今晚渡江,明晨搭小轮回县,昨与曹汉丞面约矣。十时清理各项积件,极烦琐不堪,检网篮、箱子杂件汗出如沈,十二时犹未毕也。天再雨归期恐今日不能定,四时剃头一次。傍晚访彭愚侬未晤,交彭诚一中堂一纸,访文钦、觉园均晤见,九时归,十一时寝。

予以甲辰六月五日午后六时蒙李柳溪学政取入县学,报捷时系表兄刘金魁下车到邓新泰成衣店门首即大呼"进了",盖吾乡俗称入学为进了。店东欢喜,问明后持炮竹放之,自是道喜者接踵而至矣。弹指二十六年,此二十六年中虽一任黄安审判,充闽道署科长、军署秘书长、沙市征收局,摄蒲圻县长,余均为学校教授。十八年来赋闲时仅丙寅冬月至丁卯腊月一年余耳。历年所得入不敷出,今夏交卸仍是清风两袖,殊为赧然,然予亦相安也。追索二十六年前事,此日因记之。

初六日 （7月12日） 雨

八时起,清理各事。饭后渡江,访陈同如并晤余子祥说农矿厅未必有效,不过尽人事而已。至叶用阶处问印花税事,并晤贺伯亚谈征收借款已有头绪,兼谈小甥承办印花事,彼云稍候几天可与鄂城事也。嘱予暂在武汉候几天或可与汉分局事,且一再云非欺骗予者,亦听之而已。四时至生成里金石书画会参观,遇骨董小汪、小吴,颇尽情招待,询知王文心寄来拍卖之物多贱价出售矣。廉者已为小丁国臣买去,小丁前日在轮渡相遇,谓已买得杨守敬屏一堂,系先君上款,谓已购回省,坚欲予买回。但此屏系程干丞伪作,程松师取之赠先君者也,壬戌春予取以赠瞎骨董王文心。使此屏果真,且有先君上款,予决不赠彼仅识之无知之人也。昨晨往小丁处阅看果系此件,彼似勒予赎此件者;且频频以先人上款为词索价十六元,小人哉,可畏也! 予并未理,以此等好利辈不可与之言耳。今日问小吴则云画货时金称伪者,丁以六元取去,盖其别有在也。阅半小时,得沈绛堂芩白凌单条,此则予家旧物,壬戌春亦为王文心取去者,此件真确,予以难以复裱故赠之,今阅裱工精美且价仅画二元,欣喜购之。又何子贞红联、杨惺吾单条俱予家物,杨真何伪,因杨无下款仅有图章,购者略之,初拟续回,继见裱工已坏仍退去。得曾沅甫冷金红联一副、黄志洗隶联一副,略苦以其真均购之,价亦不大,皆王文心藏件也。出门后甚为快意,渡江回寓。饭后廖白泉来寓略坐谈,与之同出向保安门去,斜对门有一妪直立泼水,溃泥于白泉长衫上,兼及予衣数点,极难看。予骂之,妪径返室,继而随行随悔,盖彼无心,衣已污矣,又不能即时涤去,骂恨何益? 徒增口过而已,以后当切戒。至刘鼎三寓未晤,与其子说明来意。至彭梓师处略坐,至朱文琹处未晤。九时半归,十二时寝。今日在轮渡中与蔡养甫谈十五年乱后各事,不胜感慨。

初七日 (7月13日)　　晴　　　　热甚　　　　华氏九十三度以上

八时起,倦甚。饭后清理各事毕,欲外出以天太热不果。午后思小睡辗转难寐,五时饭毕,先嘱汉卿同夏炳丞押运衣箱往曹汉丞家暂候。予六时乘车至汉阳门,则汉卿等尚在轮船上也。抵汉后洗澡,访周知安,闻许俊甫在同仁旅馆,与知安同去谈片刻,谈思诚请食西瓜。杜振卿来,予以住宅事深鄙之未与谈,略叙数语与知安同出。至老圃人山人海,游移一时不能得一座,圃中清风徐来,尚不觉苦。九时半看电影,系蔡襄造洛阳桥事,附会之神话甚多,殊无足取,十二时毕。一时与知安出知安别去,予再至同仁馆与许叙谈三小时,雇车至汇源栈已鸡鸣矣,呼门颇以为苦,开后呼许亚生取存件,五时上汉大庆轮,天欲明矣。

初八日 (7月14日)　　晴　　　　大风　　　　晚大雷雨

昨夜未眠,精神不快,坐小官舱中,汉丞预留者也。但有一眷随小孩已占铺位,予乃取一帆布床睡之,略养神而已。七时船开,午后风浪甚大。轮中人多,下层热甚,予在上本无所苦。二时到家拜见母亲。傍晚仅至淬成、叔和、子恒三处奉看,他处均未往也。晚餐后十一时寝。

初九日 （7月15日）　　晴　　　热甚

前夕未睡,昨夜寝甚恬,今日起视天井中,积泥甚多,方知昨大风雷雨予未闻也。饭后外出至杨厚安、苏朋臣、张叔和、姚福坪处均略坐。成衣匠来做夏衣。傍晚叔和等来回看,坐谈甚久去。予清理各事,十一时寝。

初十日 （7月16日）　　晴　　　热甚　　　九十四度

八时起,饭后往乐峰家谈数语,欲至东门未果即归。指挥成衣匠做各衣服。午后至程少松家谈片刻,欲看师母疾,少松称已睡熟未便强求也。晚间来客数次,十二时寝极不安。

十一日 （7月17日）　　晴　　　热甚　　　九十五度

八时起,饭后黄舜卿来,云程师母疾渐重,已拍电报命少松归里矣。黄去后涂成斋来,云程师母昏迷不醒,神气大衰,恐难愈,惟脉息尚未绝望。涂去予拟往程宅探视。饭后出门,萧敦五、赵茂来,未便出,与坐谈甚久同出门。至汪星垣家略坐即出,赵萧往邮局去,予行至巡抚街,途遇程贤德云程师母病故矣。速行至其家,厥状甚惨,予以前日未见面谈叙为恨。盖予幼时曾为师母所钟爱,去秋予得蒲圻县长,师母曾勉励有加,今则归里竟未见一生面,痛哉! 入室予亦大哭,于闻石伯陶亦卒,遂往石宅略坐。今晨仲章来告贷,予本无钱已允许代借三十元矣。石宅不幸,此子颇顾家,余则庸庸而已。回家后心烦意乱,极不适,且欲呕,饮橘饼水略止,十二时寝。天热甚,辗转不安。

十二日 （7月18日）　　晴　　　热甚　　　九十六度

午后五时暴风雨

七时起,八时至程宅,稚松已归。稚松昆季对于其父母尽孝可佩,稚松前三日往汉,前未送其父死,今未送其母死,皆定数也,凡事不可强求如此。予本拟今午移居,以厚训在石宅予又在程宅未果,十时归。饭毕甥妇无事咒骂,颇可恶,继而悍泼不已,予卧帆布床上,以连日劳苦欲起骂之,彼已伤及予矣,既骂内子又牵及家母,然皆平昔养成之也。着衣仍往程宅避之而已,至艾幼卿宅略与说此事。午后三时回同幼卿来,内子与幼卿说明甥媳状,知予外出后彼咒骂更甚。予不理,遂再外出看客,四时至淬成寓,约其至程宅送入殓,大风雨傍晚归,予以连日怄气,故睡未安。

十三日　（7月19日）　　晴　　　热甚　　　傍晚大风

八时起，料理搬家各事。夏乃卿来，坐谈不离财政利禄事，约一小时去。今日搬出物件约五分之一，催裱工速将房屋裱齐。连日忧气极不可耐，予近十余年，在年暑假期内必忧气，多为甥儿女事。自丁巳至今除在外未归外无不如此，真家居无缘也。今晨未食，午后王子恒、龚小山等四人来坐，谈厚训事，厚训则犯上之言冲口而出，势颇凶则曲躍咒骂，天伦灭矣。迩时王龚等亦不能制止，予心大痛，人之无良心于此，世风至此尚忍言哉。三时半命周福请子恒、少山、石云衢、道安、杨厚安、赵茂林、萧敦五等十四人来家开谈判，宣示厚训无状，事毕厚训复咆哮数次，旁若无人，九时客散。十时予与叔和、小堂、福坪至淬成家宿，谈至转钟三时寝。

十四日　（7月20日）　　晴　　　热　　　大风

八时半起，心神不宁。叔和与予就淬成家早饭，十一时至春溪家略坐，缘渠昨曾约予过其家也，谈甚久。午后三时到新宅，见所搬物件凌乱无法整理，心恨而已。四时归曹宅，十二时寝，不安宁。

十五日　（7月21日）　　晴　　　热甚　　　九十六度以上

八时起，十时至新宅督促仆役，酷暑如蒸极难受。新宅房屋较窄，乍入颇形热闷。黄雪堂来谈片刻去，刘汉楼来亦坐未久出。指挥木工布置各处，足不旋踵身体已疲，心慌时作，极人生所难受之日也。傍晚过火，家母暨女客来者众。旋男客来道贺者众，迎送十余次身体愈疲，足不良于行矣。夜间熊、龚等在此为竹战并叶子戏，扰嚷甚，转钟一时消夜，彼等至天曙时方去。竟夜未安。

十六日　（7月22日）　　晴　　　热　　　九十四度

七时起，八时许俊甫来坐谈，得次诚、立群信；予此次归来本拟小住一二月以资休养。藉可整理各项文件，今则事与愿违，竟令予忧气不能在家安居一日。命里如此，岂非怪事，拟明晨出城祀先公，视察坟墓，一二日内仍往武汉讨生活也。傍晚至淬成处谈甚久，十一时归，十二时寝。

十七日　（7月23日）　　晴　　　热甚　　　早九十四度
　　　　　　　　　　　　　　　　　　　　　　午后大雨如注

今日大暑节。六时半起，命王兴发雇轿夫，至则索价三串八百文，奇事也。予去岁给一串八百，今以二串答之，彼谓至少非二串八百不可，倖倖而去，予平生最恶人欺骗挟制。七时遂与王兴发步行出城，到先公墓八时矣，小有吃亏不以为苦,祀毕步行至樊口,在茶馆小憩,雇民船归。起坡至朱坤山家未遇,回家后洗澡吃饭,十二时小睡,午后三时起。大雨数次,晚约淬成、叔和、福坪来谈各事,十一时去。十二时寝。

十八日 （7月24日） 阴 天气甚凉

九时起,倦甚。昨日雨后甚凉,迟起后欲清理各事未能也。明喜、洪英等来,命作一凉折以补天井日光。晚饭后至周子书、邓次丞、梁逢中等处奉看。晚至淬成家坐甚久,遇谢服初来谈各事,至谢处又略坐,九时归,十一时寝。

十九日 （7月25日） 阴 北风天气甚凉

八时半起,饭后清理应分类各事且预定出门之件。谢服初同叔和来谈,正午乃去。予同叔和至刘汉槎处略坐,又至象虚、愚溪、小轩、久称、云衢等处回看。归后清理各件麻烦至极,并开消各账及前夕王乐峰借款。傍晚嘱小堂、少山写知单,请前日送礼各家计二十九人。九时淬成来催客,盖其子今日十岁纪念也;九时去,十时半归,十二时寝。

二十日 （7月26日） 晴 热甚 九十度 晚雨一阵

八时起,十时早饭毕,略清各事。今晨前宅凌姓之岳母去世,年八十五,因此妪病二十余日,最近得一不洁之症,招呼者仅其女,亦六十矣。予于十五日迁入时听时有诟谇声甚,或有时骂,其儿媳亦随时咒之。昨日午后四时,曾约前宅主人凌益三来谈因果事,讽以垂危之人,不应如此对待,尚不知其今晨五时以前死去也。十二时凌宅料理丧事毕,午后三时客已到齐,计叔和、福坪、服初等二十四人,四时毕。象虚、叔和、云衢等在此作竹战之戏,少等则抹牌至天黑时方去。

二十一日(7月27日) 晴 热甚 九十四度

八时起,饭后清理书籍、字画古玩零件约三小时。邓次丞、周子书、孟愚溪先后来谈一时许去矣。又清理约三小时,汗出如渖,头脑晕痛。傍晚洗澡拟外出,适王侣梅来奉看,王为湖堂、寒溪两次同学,十余年未见者也,谈三小时去。叔和、淬成等来谈,至十时去。予十二时半寝。

二十二日(7月28日) 晴 热 九十六度

八时起,饭后清理各件。连日积极清检,终不能了结,移居困难如此真令人忧气。午后六时清理方告结束,外出一次。十一时寝于堂屋中,热已极矣。

二十三日（7月29日）　　　晴　　　　热　　　　　九十五六度

八时起，清理各事麻烦至极，午后亦如此，书籍类尚未检清也。今日为最热之日，食西瓜一次。晚至稚松家略坐谈，十时归后清检各事。宿于堂屋中似难成寐。

二十四日（7月30日）　　　晴阴不定　有风　　　　九十二度下

八时起，天气不甚热。成衣匠来做衣服，略与说明各事，饭后清检各事并检清字画、纸张各件矣。午后叔和等来谈，今日谢服初请客，须与叔和等同去也。四时到电报局，肴酒而精食之甚快。傍晚至邮局看报，大风忽起，天气改凉兼小雨，七时归。至王子恒处略谈，十时归，十二时寝。

二十五日（7月31日）　　　阴　　　　大风甚凉　　　八十度以下

八时起，成衣匠来，今日做琴囊及杂件。予仍清理各件已九分齐矣。晚徐平夫、周月亭来谈一时去。寻裱匠来分裱各件，嘱咐一小时始去，裱件二十余望其精也。叔和、淬成等来谈，予同出至周子模家奉看，坐半时出。十一时半寝。

二十六日（8月1日）　　　阴　　　　大风甚凉　　　雨

七时起，八时清理书箱、字画箱俱齐，惟配锁匙数根甚麻烦。去年书籍、字画均未晒，今年仍不能行，仅于各箱内置樟脑丸数枚避虫而已。午后三时，夏乃卿家来催客，去年客已齐矣。同席者喻未如，新公安局长也、魏伯鲁、曹保和、郑植卿、王侣梅、张啸青两同学及王某七人。四时半席散回宅，仍清检各事，晚叔和等来谈一时许去。十一时寝。

二十七日（8月2日）　　　雨

八时起，九时补清未竣之件，准备赴省衣箱、网篮，又清检历年所置各零件用品于篮中，以备需用时着人来取，免至当时乱寻也。连日清检之件重购者极多，略记浮费似在数十元，此亦不节用之一端，以后当切戒之。晚间叔和、月亭、平夫、淬成、聘堂先后来谈甚久去。十二时寝。今日请王侣梅、张啸青吃便饭。

二十八日（8月3日）　　　雨

七时起，饭后至各处略坐说明出门之意。至侣梅、啸青两处回看，遇周子吉谈片刻。至王小斋家探船讯，约定初一日搭凤阳到汉。傍晚至淬成处略坐，十时归，十二时寝。

二十九日（8月4日）　　　阴

八时起，补清各事，衣箱、书箱已另挂一小牌便于认识，书箱亦整理清楚，字画箱共五口。古玩箱一口,文具箱一口,沙市、蒲圻各账箱一口,文卷札委箱一口,俱一一以要紧符号志之。好琴二张亦志符号。予十八年以来供职政、学界所得仅有此耳。时局承平,此等物尚可值价,时局不靖,家无一石易米实难,所谓饥不能食、寒不可衣,真计之拙者也。自十三日搬家起,至今日止清理至十四日之久,头脑昏痛矣。午后四时外出一次,今日县中市票风潮,北门郑姓已倒塌。傍晚淬成处略坐,至叔和处略坐,十时归,十一时半寝。

（上列各件后迁至东门自买之,后日寇内侵时全失）

"长江学"学术研讨会简介

裴　远①

　　长江是中国的第一大河,是中华民族的母亲河、生命河。党的十八大以来,以习近平同志为核心的党中央高度重视长江经济带发展。习近平总书记先后三次主持召开以"推动长江经济带发展"为主题的座谈会。为了深入学习领会贯彻落实习近平总书记关于长江的系列重要讲话精神,为长江经济带的高质量发展提供学术支撑,2019年12月,湖北省社会科学院组织召开了第一届"长江学"学术研讨会,正式向学界发出了在新的时代背景下共建"长江学"的号召,迈出了构建"长江学"的第一步。

　　在此基础上,2020年11月,湖北省社会科学院克服新冠肺炎疫情带来的不利影响,聚焦灾害应对和相关学科对话,举办了第二届"长江学"学术研讨会。

　　2021年11月,第三届"长江学"学术研讨会在湖北省社会科学院举行。此次研讨会以"弘扬长江人文精神,凝聚发展强大动力"为主题,特意邀请了一批在长江研究领域崭露头角的青年学者参会,并首次尝试了线上、线下相结合的办会模式,取得了良好的宣传效果。

　　长江研究既是湖北省社会科学院长期坚守的学术方向,也是符合新时代国家发展需要的应时之举、务实之策。"长江学"学术研讨会作为湖北省社会科学院的重要学术品牌,未来将进一步发挥引领作用,为广大长江研究专家们提供更宽阔的学术交流平台,推动长江学研究走深走实。

　　为此,我们将三届"长江学"学术研讨会参会专家的观点摘编附录于后,供广大同仁参考。

---

①整理者系湖北省社会科学院2020级硕士研究生

第一届 "长江学"学术研讨会专家观点摘编

周维　原国务院三峡工程建设委员会办公室巡视员、研究员

习总书记对长江经济带发展提出的要求是"共抓大保护，不搞大开发"。在生态环境保护方面，中央已经制定了一系列政策法规，建立相关协调机制，生态补偿机制逐渐完善。地方政府也在环境污染控制监测方面做了大量的工作，但整个流域依然有很多问题，如饮用水的安全问题，地质灾害问题，生态退化问题等。

未来要做好四个方面的工作：一是建设生态环境保障工程体系，包括开展自然生态保护工程，重大灾害防御工程、环境生态风险防范工程等；二是开发节约集约、生态自然的生态保护大格局；三是强化以水资源优化调配和环境综合治理为重点的流域综合管理；四是建立和完善生态文明制度体系。

杨淳　水利部长江水利委员会原副主任、湖北省人民政府参事

长江流域立法十分必要。一是长江流域由于它的自然地理状态需要进行综合管理；二是现行立法不能针对性地解决特殊流域的特殊问题；三是长江经济带发展的新办法、新理念、新要求需要在法规中得以贯彻。

长江是中华民族的生态保障，是全世界最大的黄金水道，全世界最大的水能基地，需要专门的立法给予保护。流域综合管理从长江保护法的角度来讲，是形成一个机制，而不是体制。流域综合管理不等于流域机构综合管理，要形成共抓大保护的长效机制。

徐旭东　中国科学院水生生物研究所研究员、武汉市政协副主席

目前，长江水生生物栖息地丧失和退化、河流渠道化、湖泊面积锐减。过度采砂、生物资源过度利用等问题造成干流近岸水域和部分支流污染严重、生物多样性受到严重威胁。在管理方面，对水体开发利用的限度认识不足，对生态服务功能认识不全面，片面追求局部的短期的经济效益；管理以行政手段为主，并且九龙治水、政出多门，产权和责任主体不明；保护治理多限于局部区域和少数物种，缺乏水系尺度的整体保护战略。长江经济带共抓大保护，需要坚持整体保护原则、系统修复原则、绿色发展与综合管理原则。

熊召政　湖北省文学艺术界联合会名誉主席

秦的政治与楚的文化构成了中华文化的传统。从这个意思上讲，"长江学"就是"长江文明学"。不仅古代文人墨客，先贤伟人、国家领导、寻常百姓都对长江有着深厚的情怀。伟人和学者以及长江边的百姓共同创造了长江的历史。研究"长江学"，一是要对症，二是要对路。爱长江是一个感性问题，研究长江是一个理性问题，感性与理性相结合，便是长江的福气，长江流域人民的福气。

江作苏　湖北省人民政府文史研究馆馆员、教授

一是"长江学"研究要建立支撑性的子学科。建立一个学科，既要把握现实，也要面向大众传播。建议建立一种传播中的长江历史，重视传播中的长江，把它作为一种文化现象，作为一种可传播的信息。

二是从传播学的角度来看，"长江学"是一种信息场域，有自己的节点。各节点形成一个经济网络、文化网络。学术研究应重点在节点以及节点的相互连接上着力，探讨未知而客观存在的规律。

三是要有问题导向。长江流域既是经济区域，又是博弈场域。"长江学"要抓住热点问题切入，在博弈中发现问题。

四是研究长江是深入认识我们的生活环境。应把真实环境和虚拟环境有效对接，增加环境的透明性、开放性和公共性。

一个学科的伟大不在于描述以往，而在于预知未来。相信"长江学"一定能做到，能发展得更好。

李建林　三峡大学党委书记、教授

三峡大学因水而生，与水利工程结缘。水利是学校固有的优势和特色。长江经济带大保护离不开水利专业等自然科学领域的应用。三峡大学已经在长江流域水环境生态与城市洪涝灾害防治、长江岸线地质环境整治、化工园区转型升级及绿色化改造技术等方面进行了大量研究，希望今后在"长江学"学科构建中贡献一份力量。

刘玉堂　湖北省社会科学院研究员

中华文化虽在总体上是多元复合的，但在主体上是以长江文化为代表的南方文化和以黄河文化的北方文化二元耦合的。长江文化在中华文化中的地位和影响，可从屈原风骨与中华文明精神、止戈为武的理念与人类和平思想、长江流域稻谷种植与农耕文明、长江铜矿与中华青铜文明、楚辞汉赋与中国文学发

展、四大发明与中国科技创新、张仲景、李时珍与中国医药、陆羽与中国茶文化、理学与中国学识等十个方面进行探讨。建立"长江学"不仅必要,且任重道远,需要各学者各学科各领域携手共建,共创"长江学"研究美好未来。

秦尊文　湖北省一带一路研究院院长、研究员

长江学的构建,一是要设计好"学科屋顶",二是要立下"四梁八柱"。长江学涉及自然科学、人文历史、经济管理等学科。从长江经济带发展战略来讲,重点做好三篇文章,即生态修复、环境保护、绿色发展。"长江学"的四梁八柱从社科角度讲,应包含生态长江、经济长江、文化长江、善治长江。党的十九届四中全会提出要提升国家治理体系和治理能力现代化。善治长江就是提升长江治理体系和治理能力的现代化。善治长江要把百姓的利益放在第一位。同时,要考虑综合效率,既要维护生态环境,也要加强生态保护,做到两者的平衡。

陈进　长江水利委员会长江科学院副院长、教授级高级工程师

长江流域地位重要。长江流域人口居世界第一,岸线资源利用率和航运货运量世界第一,长江是全部流经单一国家最长的河流。长江流域全长、径流量居世界第三,流域面积居世界第十,地貌特征、水系、水文、水生生物、人文特点多样。

今后"长江学"的发展可以从以下七个方面着手:"长江学"要注重水文、自然地理与人文地理结合;要研究长江上游、中游及下游区域文明特色;要加强长江文明与黄河文明比较研究;要注重长江山水文化、茶文化、道文化、海派文化、码头文化、红色文化的研究;要关注长江流域本土物种及引进物种发展史;要关注自然灾害对于长江文明发展影响;要注重长江经济带的文化传承与发展。

盛毅　四川省社会科学院原副院长、研究员

建立长江学对全面系统研究与长江有关的问题具有重要意义。长江学研究的范围不仅包括长江干流,还应包括长江支流及受长江流域影响的相关区域。长江学研究的领域应包括长江流域历史、地理、文化、经济、生态、水利、治理等问题。长江学应是一门综合性学科和交叉学科,要充分依托现有理论作基础,定义自己的内涵和外延,建立概念体系,明确研究范围,提出基本假设、基本方法,指明学科特征和内在规律。长江学作为应用性学科,要注重对长江经济带重大实践问题的阐释,需要从经济学、自然、人文、生态、哲学等角度展开研究。

陈建军　浙江大学公共管理学院教授

区域一体化发展包括政府间合作与市场的一体化两个侧面,长三角一体化在实践"五大"发展理念,推动改革开放,构建大都市群和创新国家治理模式方面具有示范效应,但在政府合作行为与企业推动的一体化进程之间的契合、协同创新的创出等方面依旧短板。其主要原因是来自一体化内在动力机制中的体制性悖论,即市场化和"区域—行政"层级体系间的矛盾导致了一体化和区隔化的同时存在。为此,设想在长三角核心区域的沪苏浙三角地带打造超"区域—行政"边界的更高质量的一体化发展示范区。将政府间的区域合作行为与不同属地的企业面对面的合作竞争置于同一空间,构筑起有实体空间依托的协同创新平台,同时也为突破长三角更高质量一体化制度障碍提供试验性实践基地。

陈锋　武汉大学历史学院教授

长江作为"四渎"之首,历史文化底蕴深厚,建构"长江学"既是历史的承载,也是现实发展的必然要求。"长江学"的建构需要注意空间范围、时间向度的关系,并明确研究的重要内涵。所谓空间范围,是指流域与区域。所谓时间向度,是指历史时期流域内的差异与变动。长江流域的研究内涵,最为重要的是流域经济、流域文化和环境变迁,既需要单独的系列研究,也需要进行地理的、经济的、社会的、制度的、思想的、宗教的、民俗的多视域综合研究和融合研究。

曾刚　华东师范大学城市发展研究院院长、教授

流域经济是国家经济发展的支柱。长江流域是当今世界人口最多、城市最为密集、产业规模最大的流域。中央对长江流域的发展寄予厚望。今后,要对标中央战略部署,进一步明确长江经济带建设思路;充分认识生态环境保护的价值,从我做起;创新环保机制,加大环保投入;因地制宜,建设美丽长江。要建立合作网络,联合开展"长江学"系统研究与应用;联合建立基于信息交换、人员交往、课题交互的"长江学"研究联盟,组建中国长江学会;联合开展中纬度地球表层系统生产、生活、生态耦合系统、山水林田湖草城生命共同体等大科学计划研究;联合开展以限制、拓展、转型功能区为主体的国土空间开发利用格局研究与设计。

戴胜利　华中师范大学公共管理学院教授

河湖治理模式的历史经过了无序、"九龙治水"、"河湖长制"等三个阶段。江河、湖泊的保护在管理模式上已经做了些有益的探索,取得了显著的成效。

湖北省在推进"河湖长制"过程中,在政府内部建立了横向部际协调,纵向层级联动机制;在政府外部建立了非政府河长、专家智库、社会组织、大众传媒"四位"补充支持机制。但河湖治理仍然存在诸多困境,如政府内部横向协调包括地区信息壁垒、部门标准差异、个体能力悬殊等问题;政府外部面临民间激励缺乏、智库合力缺乏、多元参与不足的问题。

未来应探索网络化河湖治理模式。积极借鉴国际河流治理经验,建立多元参与、目标任务驱动的政府主导型网络模式,并且建立制度保障体系。

文传浩　云南大学经济学院教授

长江作为中华文明绵延发展的重要支撑,不仅是关系国家发展命脉的"经济带",关系亿万民生福祉的"生态带",更是关系民族振兴大业的"文明带"。因此,中华民族伟大复兴,重点区域在长江流域,关键区域在长江流域,难点区域更在长江流域。长江历史学是"长江学"的重要基础领域,长江历史学建设是牢记"美丽长江"这颗初心的重要举措。发展和建设长江经济学学科,是掌握长江发展的经济命脉和未来伟大复兴的物质基础。"长江生态学"则是"长江学"中又一重要组成部分。将生态学、生物学、环境科学、环境工程学、美学、艺术学、经济学等众多自然和人文学科交叉融合应用,将是未来治理长江、修复长江、保育长江的核心发展方向。

张艳国　江西师范大学党委副书记、教授

湖北省社会科学院站在深入学习贯彻习近平总书记关于推动长江经济带发展系列重要讲话精神、服务促进长江经济带高质量发展的高度,立足职能使命,发挥机构优势,率先提出"长江学"概念,开拓了长江经济带理论研究的新视野、新思路、新境界。

我们要以探索建立"长江学"为契机,积极打造长江学术共同体,从各学科对长江流域的广泛、分散研究,提升到协同聚焦长江经济带发展的综合研究、深度研究、高质量研究。概言之,要通过探索构建"长江学",发展"长江学"理论体系,深化"长江学"学科整合,拓展"长江学"研究领域,提升"长江学"研究层次,凝聚"长江学"研究队伍,总结更多长江故事,传播更多长江声音,产生更多长江智慧,以高质量的长江研究成果推动长江经济带高质量发展。

裘士京　安徽师范大学历史与社会学院教授

一是"长江学"应该是具有综合性、创新性、前瞻性,时机合适时,可以分为若干个分学科，以便深入研究。

二是"长江学"是在已有各学科既有研究的基础之上整合而成，因此研究起点高，眼界宽阔，参与者多为各学科成果斐然的学者。今后需要扩大队伍，尤其是吸引更多的年轻学者参与，这样能在不久的将来拓展出一片新的天地。

三是为了配合国家长江开发的总体规划，可以将区域经济、环境保护、历史文化等列为前期研究的重点，列出需要研究深化的课题申报国家社科基金，由基金项目带动，推动全流域、全方位的研究。

四是要提倡比较研究。要拓展全球视野，在比较中发现问题，以新的思维方式认识长江、保护长江，使之更好地造福人类。

王俊　云南省社会科学院民族文学研究所副所长、研究员

一是纵向整合政府、科研机构、高校，横向整合长江流域各省市研究机构形成合力，共同为长江学研究发力，为"长江学"研究奠定坚实的机构基础。

二是整合学科，共同发声。在学术研究领域做好项目招标、引导，在实践上推动长江流域研究，助推长江经济带高质量发展。

三是要培养人才，产出成果。各科研机构应在专业设置上强化学术人才队伍建设，创办、开设、增设以长江流域为研究对象的学术刊物、栏目，定期推出"长江学"研究的高端成果。

四是打造高端智库平台。提高智库服务决策化、精准化、高效化，推动召开年度学术论坛，积极扩大"长江学"的国际学术影响力，探索长江沿线省市的交流机制，分享研究成果。

刘锋　湖北省长江文化研究院院长

"长江学"研究要形成一个强大的学术文化支撑，多学科结合，形成自然生态、文化传承、经济理论等各学科、领域的联合体，构建学术发展平台，建立"长江学"学术体系和运用体系，尊重长江流域的基本特征及自然规律、社会规律，开展有针对性的研究。

彭智敏　湖北省社会科学院长江流域经济研究所所长、研究员

一门科学的建立，离不开其独有的研究对象和领域。作为以长江流域或长江经济带为空间载体的学科，"长江学"存在研究空间广泛、研究内容众多的特点。但现有的研究或多或少从不同层面、不同学科涉及到了。这对矛盾提示我们，构建一门独立的"长江学"，尤其是在起步阶段，不能面面俱到，更不能认为在"××学"之前简单地加上长江两个字即可。从科学的属性来看,许多学科如历史、文化、生态、区域经济等都深深地打上了区域的烙印,也就是具有与众不同的独特性。因此,我认为长江学的研究重点应当紧紧围绕"生态长江、文化长江、经济长江"展开,为"以长江经济带发展推动高质量发展"提供理论阐述和实践指导。

潘洪钢　湖北省社会科学院研究员

第一,个人浅见,长江学研究的重点应该放在长江流域的文化研究上。长江源头地区有羌藏文化,上游有巴蜀文化,中游有荆楚文化,下游有吴越文化。综合观察,都有少数民族文化特征。要研究南方各民族文化,才能深刻理解长江文明的特质,进而与黄河文明进行比较,进一步深刻理解中华文明的特质。第二,本次会议是在张忠家书记极力倡导下召开的,我们文史所会同长江所和楚史所筹办了第一届"长江学"学术研讨会。院党组、院行政领导基本上是全员出席了会议,体现出院里对这一学科的高度重视。第三,我们文史所当下应该好好理解、吸收会议上各方面专家的学术观点;近期则应做好将本所学术辑刊《长江文史论丛》改版为《长江学研究》的工作,全力支持《社会科学动态》开辟"长江学"专栏的工作,提供优质稿源,并在院里的统一布署下,筹备好"长江学研究会"的工作;长远来看,则应该发挥本所数十年学术积累深厚,目前学术队伍年轻、学历高、思想新锐的特点,发挥科研人员各自特长,从历史文化的角度深入研究和长期推进"长江学"建设。

贾海燕　湖北省社会科学院楚文化研究所副所长、副研究员

一是长江流域的高校和科研机构林立,十分强大,几乎占据了中国的半壁江山,以"长江学"研究而整合起来,将为长江流域的经济、文化发展提供智力支撑。

二是"长江学"要关注整个区域间的文化交流研究,如江西填湖广、湖广填四川等,还要关注区域间的交通勾连,主要是航运和古栈道。古栈道对古代而言是交通要道,对今日而言则是文化沉积带。对这些文化沉积带的抢救与保护是迫在眉睫的事,譬如武陵山区的盐道、古村落和方言等等。

三是设立全国性的长江学文化研究会之后,还需创刊一系列的文摘期刊,分政治、经济、文化、生态、社会等各个方面,对全国的长江学研究的论文和著作进行摘编,以期厚积薄发,久久为功,为中华民族伟大复兴而作基础性的智库服务。

张董敏　长江大学管理学院副教授

长江大学是一所与长江息息相关的大学。长江大学有长江经济带发展研究院、湖北农村发展研究中心以及楚文化研究院这三个省人文社科重点研究基地，可以为"长江学"的构建、发展做出自己的贡献。

第二届　"长江学"学术研讨会专家观点摘编

第一专题：长江流域的自然灾害与抗灾文化

熊召政　湖北省文史研究馆馆长、湖北省文联名誉主席、湖北省社会科学院文史研究所所长、研究员

长江流域在商周时期的气候与今天并不相同，气候是长江流域开发迟缓的主要原因。同时气候变迁深刻地改变了历史进程，曹操在赤壁之战中失败的原因是沼泽内形成的季流变成了东风，帮助孙刘联军烧毁了曹军战船，温暖的东风还使得钉螺可以在冬天存活，从而让曹军感染了血吸虫病而失去战斗力；蒙古帝国大汗蒙哥未能覆灭南宋也是源于气候，连日暴雨、山洪以及湿热天气让他的军队感染了疟疾，因而无力攻破钓鱼城；忽必烈顺利取得王位、决意攻占南宋，也是由于漠北、漠南的气候变异。

现在长江流域处于千年气候变化的时间窗口。在自然规律形成的过程中，人类的作用十分渺小。但是，我们可以像北宋著名理学家邵雍那样观察预测长江流域生态和气候的变化，对长江未来的发展有一个清醒的认识，并用更积极的方法与态度面对由气候引发的灾难，有所为也有所不为。

张涛　华中师范大学城市与环境科学学院教授

中国近三千年来的疫灾频度总体上呈波动上升趋势，大致可分为四个阶段。就整个历史时期而言，湖北的疫灾频度具有长期上升的变化趋势，随着时间的推移，疫灾波动的周期越来越长，波动的振幅越来越大，反映出疫灾的影响和危害越来越大。过去三千年来，我国疫灾重心变迁与经济重心变迁的轨迹基本一致，总体为由北向南、由东向西迁移，长江流域在明清以降逐渐成为瘟疫重灾区。就湖北而言，整个历史时期，疫灾主要分布在鄂东地区，其次是江汉平原和鄂西北地区，鄂西南地区罕见瘟疫流行。

中国整个历史时期疫灾的空间分布具有以下一般性规律：一，人口稠密区是疫灾高发区；二，交通沿线区是疫灾频发区；三，城市周边区是疫灾重灾区；

四,自然疫源区是疫灾多发区;五,灾害频繁区是疫灾频繁区。影响中国历史疫灾的因素主要有地理环境、自然灾害、气候变迁、人口增加和战争等五点。了解历史上长江流域的疫情分布规律,有利于我们更深入地认识新冠疫情的爆发原因,并为未来应对传染病提供历史镜鉴。

彭智敏　湖北省政府参事、湖北省社会科学院研究员

长江是我国洪涝灾害最为严重的河流之一,而且发生频率呈上升之势。20世纪是长江洪水的高峰期,三次流域性大洪水中,1954 和 1998 年的大水,党和政府依靠高度集中的行政领导体制,坚持生命第一的原则,采取分蓄洪工程等措施,应对积极而得当。

进入 21 世纪,长江流域洪灾发生的频率仍然很高,但造成的损失却大幅度减少,2020 年更是经受住了特大暴雨洪水的考验。防灾减灾取得重大成就的技术原因,一是防洪从主要依靠投劳逐渐演化为主要依靠科技与能力的提升,二是水利工程尤其是三峡工程作用越来越大,三是以堤防、分蓄洪区为代表的传统防洪手段仍然发挥着基础性作用。新时代长江防洪应始终坚持习近平总书记提出的"两个坚持、三个转变"的防灾减灾救灾理念,即坚持以防为主、防抗救相结合,坚持常态减灾和非常态救灾相统一;努力实现从注重灾后救助向注重灾前预防转变,从应对单一灾种向综合减灾转变,从减少灾害损失向减轻灾害风险转变。未来应全面提升全社会抵御自然灾害的综合防范能力。

田志光　河南大学黄河文明省部共建协同创新中心主任、教授

长江流域自古以来就是自然灾害多发的地区,其中上游地区地质灾害频发,中下游地区最为频繁也最为严重的自然灾害则是水患。洪涝灾害频发,长期制约了长江中下游地区的生产和发展。历代统治者为维护统治,曾采取许多防灾措施,历代防灾思想和实践带给我们如下启示:第一,要重视灾害预测;第二,应注重作物种植的多样性;第三,积谷以待灾年;第四,天人合一,尊重自然,这既是我国传统救灾思想的起源,也是其核心所在。

长江流域灾害频繁发生,有自然因素,更重要的还是人文原因。人类的社会活动与自然环境相互影响、相互制约,我们必须重视人与自然的和谐发展。中国传统的救灾思想,是中国从古至今的救灾政策与措施的理论依据。全面深刻地认识中国传统的抗灾思想和文化,以史为鉴,从中汲取有益成分,将对建立和完善我国灾害救助体系与推进长江流域生态文明建设,起到十分积极的作用。

第二专题：长江文化的保护、传承与弘扬

刘玉堂 湖北省社会科学院中国传统文化暨荆楚文化研究中心主任、研究员

长江流域的水稻栽培具有时间最早、品种优良、产量大三个特点。水稻的发展离不开水利灌溉，楚国人孙叔敖主持修建的期思陂，是长江流域最早的水利工程，也是我国最早见于记载的灌溉工程。

长江流域的手工业文化独善风流。出土的玉器可谓是中国早期手工业文化的代表。此外，青铜器冶炼技术高超，丝织品种类丰富、制作精美，目前看到的保存最好、发现时间最早、品质最好的丝绸，都在长江流域。宋元以后，江西景德镇瓷器冠绝全国，并远销海外。

商业文明是长江文化的重要组成部分。楚国重商，鼓励贸易。唐宋时期，长江流域商业更加繁荣。明清以降，汉口数百年繁华不减，与上游的上海一起，引领并缔造了长江流域的商业奇迹。

杨华 武汉大学中国传统文化研究中心主任、教授

历史上进入汉武帝大一统时期后，地方文明虽然仍会体现自身的区域特点，却很难再被视为具有独立意义的地域文明，因此应该将长江文明看作中国文明的一部分来进行讨论。

"长江学"的"学"字包含了两层含义：学理之"学"和学科之"学"。学理之学是否能上升为学科之学，以及学科自身的范围、边界、内涵等都值得深入研究。

在地域文明视野下考察长江流域，既要重视上中下游的文化互动，又要看到同一纬度两河文明的差异，如南稻北粟、南丝北麻、南水北土等。历史上长江流域为南迁的北方民族提供了更大的文明生存空间，但学界对早期长江流域文明的关注还不够，它的价值还有待进一步探讨。从全球视野出发将长江文明同尼罗河、恒河等世界大河文明进行比较，可见长江文明的最大特点在于其发挥作用的不间断性。

傅才武 武汉大学国家文化发展研究院院长、教授

黄河、长江同为中华民族的"母亲河"，"江河互济"是中华文明呈现于世界的最大特征。国家文化公园是传承中华文化和长江文脉的重要工程，在"十四五"期间筹划建设长江国家文化公园，是贯彻落实习近平总书记重要讲话精神

的重要措施,不仅有利于全面展示中华民族的智慧和21世纪的生态文明理念,而且有利于形成文旅产业和生态产业集成发展的新动能。具体可在两方面着力:一是将长江国家文化公园规划研究列入国家相关部门的工作任务;二是先期选择武汉作为建设长江文化公园核心区,进行试点,推动建设具有国际影响力和竞争力的长江黄金文化旅游带。

涂文学　江汉大学武汉研究院院长、教授

在国家全面推进长江经济带发展的大背景下,应高度重视长江文化带建设。具体而言,一是长江经济带建设需要文化支撑。文化是国家区域竞争的核心要素,为区域发展提供了新的经济机会,文化竞争能够由软实力转化为硬实力,以文化产业、文化创意提升长江经济带的竞争力是现实可行的途径。二是长江文化带是在中华文明发展进程中自然形成的。长江各个区域之间虽然有差异,但因长江流域连通而相互影响,这为长江文化带的形成提供了自然条件。三是用新理念、新手段实现长江文化带的新发展。需要明确处理好四个关系,即处理好虚和实的关系,处理好经济与文化的关系,处理好区域文化个性和流域文化共性的关系,处理好继承和创新的关系。

为在新的历史条件下实现长江文化的创造性转化和创新性发展,一要努力寻找长江文化带建设新热点,二要构建长江文化带建设新平台,三要打造长江文化带建设新品牌。

第三专题:"长江学"与其他区域学的对话

秦尊文　湖北省政府咨询委员、湖北省一带一路研究院院长、研究员

长江学研究的"屋顶"是人文社会科学,"四梁八柱"是"四个长江",即经济长江、文化长江、生态长江和善治长江。湖北省要在文化长江和经济长江中当仁不让地发挥核心作用。

习近平总书记在南京讲话中专门谈了"五新三主五要","五要"一是要加强生态环境系统保护修复,包括水资源、水生态、水环境、水安全、水文化、外线管理等;二是要推进国内大循环;三是要构筑高水平对外开放高地;四是要加快产业基础高级化、产业链现代化;五是要保护传承弘扬长江文化。长江文化是涵养社会主义核心价值观的重要源泉,新时代要特别重视文化在长江经济带建设中的重要作用。要借助"长江学"的研究,特别是学习总书记南京讲话,把"四个长江"真正建立起来,建设好。

艾少伟　河南大学黄河文明与可持续发展研究中心主任、教授

"黄河学"学科化进程包括搭建"黄河学"研究平台、提出"黄河学"建设目标和打造"黄河学"学术品牌、获批"黄河学"交叉学科博士点三个阶段。

"黄河学"的学科基础为河南大学的地理学、黄河文明学科群(中国史、考古学、中国文学)、应用经济学,拥有黄河文明与可持续发展研究中心、黄河文化研究院暨黄河文化实验室等平台,承担国家级科研项目百余项,推出了《黄河文明的历史变迁》等一批标志性成果,建有黄河云平台、黄河学综合数据库、黄河下游学科数据共享平台等数据库,并首倡"黄河保护与发展"智库联盟建设。

综合性学科建设应注意以下六个方面:瞄准国家重大战略,确立学科建设目标;平台支撑是关键;特色优势学科是基础;学科交叉融合是重点;服务社会和文化传承是主要衡量标准;培养跨学科、复合型、战略型的创新人才。

周广骞　聊城大学运河研究院教授

隋朝时人工创造出的大运河,流淌千年,已成为一脉活水,衍生出运河沿岸丰富的区域文化,并催生出"运河学"学科。运河学包括三个层次:一是作为遗产与通道的运河"本体"及与其相关的自然地理,主要是物化层面的运河。二是作为制度与历史现象及文化符号的"运河",包括运河的历史地位,运河与中国政治、经济格局变动的关系,运河的区域性差异与辐射意义,运河所反映出的国家治理与发展观念,运河与政治、经济、文化、社会的关联等。三是运河区域人群的生活方式、文化传承、社会心理等人文情态,即运河的主观性和活态化内容。长江学研究范畴大体与此相类。

长江学和运河学一样,在未来的发展中,应发挥学科优势,夯实研究文献基础;强化学术淬炼,营造研究浓厚氛围;注重平台建设,拓展研究学术影响;服务社会发展,发掘区域学研究社会价值。

李斌　湖南省社会科学院历史研究所所长、研究员

近年来推动湘学快速发展有三个重要因素:一是注重夯实根基,通过发布课题、策划丛书、编辑集刊、出版成果等措施,深化了湘学研究;二是注重服务现实,借助新闻媒体,宣传湘学与湘学精神,通过优秀湘学普及读物,扩大湘学影响力,积极开展智库研究工作,服务湖南经济社会;三是注重提升品质,通过建立优化中国湘学网,建设研究基地和调研基地,开展学术活动,为湘学载体平台

扩容提质。

湘学是长江学的重要组成部分。要发挥长江学的优势,将传统文化的保护传承与创新与现实经济社会发展相结合,并期望长江学成为长江流域文化研究与传承的标杆。

第三届 "长江学"学术研讨会专家观点摘编

专家演讲

刘玉堂 湖北省社会科学院中国传统文化暨荆楚文化研究中心主任、研究员

长江流域对中国科技史的贡献包括十个方面:民以食为天,长江流域是中国最早进行水稻栽培的地方,并在明清之际成为重要的粮仓;陶瓷烧制是长江流域重要的物质文明,宋代以后最有影响力的制造基地是江西景德镇;玉器制作在长江流域源远流长,长江流域出土的玉雕凤代表了中国古代玉器最高艺术水准;中国青铜器遗址多数位于长江流域,最大的青铜乐器是曾侯乙墓出土的编钟,最神秘的青铜器是三星堆出土的戴金面罩铜人头像;迄今发现的保存最多质量最好的丝绸在湖南长沙;迄今出土的漆器几乎都在长江流域,尤其是长江中游;出生于汉江支流南阳地区的医圣张仲景,所著《伤寒杂病论》对后世医学发展起到重要推动作用,来自湖北的药圣李时珍撰写的《本草纲目》是世界医药的百科全书;湖北天门人陆羽编著的《茶经》闻名于世,开启了茶的时代;东汉时期湖南桂阳人蔡伦发明了造纸术,推动了文化事业的发展;活字印刷术的发明者毕昇也来自长江流域。

刘保昌 湖北省社会科学院研究员、湖北省政府专项津贴专家、中国作家协会会员

长江文学是书写长江的文学创作,是一种地域文学。长江文学占据了中国文学史的半壁江山。先秦时期,《山海经》《淮南子》《楚辞》等文献中就保存了荆楚大地的神话传说,《诗经》也有对长江汉水国风的记载。唐代长江文学中心在襄阳,诗人杜审言、孟浩然、张继等都是襄阳人。晚明最著名的文学流派是公安派和竟陵派,其代表人物都是湖北人。

从事文学研究时,要具有东西、南北文化的比较视野。自从新航路开辟后,文化意义上的"东西论"就形成了。近代从张之洞到毛主席,长江流域文化不断

向西方学习。现代长江文学也应当与俄罗斯顿河、美国密西西比河文学等作比较研究。

两湖地域文化具有复杂性和二元耦合性,湖北文学分为两脉,一脉以屈原、岑参、闻一多为代表,热心向洋、九死未悔;一脉以老庄、孟浩然、公安派、竟陵派为代表,冷眼观世、从容自适。

熊文　湖北工业大学长江经济带大保护研究中心主任、教授,湖北省长江水生态保护研究院院长

水环境问题是长江流域生态环境保护最核心最根本的问题,治理水环境与实现它的生态价值需要实施精准监控。长江流域的水环境监控具有七大难点与痛点,要针对水环境实施"精细—精准—精确"的管控。建构水环境精准监控体系就要完善水环境精准监控四大系统:智能高效监控样品采送系统;全参数智能化高通量水环境分析实验室系统;智慧水环境大数据处理与决策支持系统;智慧水环境大数据处理与高新技术预警评估系统。要在《长江保护法》的有关要求下,创新水环境精准管理机制和监控管理体制,拓宽水环境精准管控功能,构建水环境精准管控新格局。

专题探讨一:长江文物保护与利用

马志亮　中信建筑设计研究总院副研究员、ICOMOS 文化线路委员会专家委员

长江流域有着丰富的文物资源。长江沿线省(直辖市)共有全国不可移动文物 30.6 万余处,约占全国不可移动文物总量的 39.8%。同时名城保护制度建立近 40 年,形成了"各级文保单位,历史建筑(优秀近现代保护建筑)——历史文化街区,历史文化名镇名村——历史文化名城"三个层次的保护框架以及理论方法。保护文物建筑要特别注意保护它们的历史环境。HUL(历史性城镇景观)这一概念充分表达出历史城镇的复杂性,同时也是认识城市遗产价值的一种新视角和新理念。

武汉市文化遗产保护的必由之路在于公众参与,需要不断完善鼓励公众参与文化遗产保护的制度。在创新公众参与文化遗产保护体系方面,首先要正确处理文化遗产保护过程中政府和公众之间的关系,其次要充分发挥社会各方在文化遗产保护中的作用。

董祖权　江西省文物保护中心文物保护工程责任设计师

江西省文物保护中心贯彻实施习近平总书记关于长江文物保护和资源管理的讲话精神和《长江经济带发展规划纲要》文件精神，对长江流域文物保护进行了统筹规划。

海昏侯遗址是我国现存最大、最完整、保存最好、内涵最丰富的汉代列侯等级墓葬遗址，极具学术价值。江西省加强考古发掘工作，妥善发掘该遗址的文化内涵，斥巨资建设公园和基础设施，加强环境保护和资源治理，传承和发扬秦汉文化，并确立了以此申报世界文化遗产的目标。

安源路矿工人运动是由中国共产党领导并获得胜利的工人运动，安源为汉冶萍公司推进中国近现代工业化重要地点，拥有沿长江铁路产业配套厂矿，是长江近现代工业化与早期红色革命活动联系最紧密的地区之一，与长江文化保护项目有密切的联系，目前相关文化保护项目的申报正在稳步推进。

余杰　湖北大学历史文化学院讲师

目前地下文物保护和利用的难点主要有二：一是地下文物的主体埋在地下，在墓葬受到破坏进行抢救性挖掘之前无法知道它的内涵和价值，也就不知道应采用怎样的保护策略和利用方式；二是由于文物与经济社会的融合度不高，其开发无法给经济建设带来推动力，所以地下文物的利用途径也相当有限。

关于地下文物保护利用方面，目前比较可行、效率比较高的方法是建设考古遗址公园。考古遗址公园脱胎于"大遗址保护"工程，由最初的保护遗址本体发展到融入国民的日常生活。其中的遗址博物馆让出土的文物保存在本地，既丰富了当地人的生活，也有利于吸引外地游客，打造成为当地重要文化名片。

专题探讨二：长江文艺传承与创新

罗周　江苏省戏剧文学创作院院长、国家一级编剧

江苏省是具有曲艺传统的戏剧大省，拥有108家剧团，多所培养戏剧演唱、创作等方面人才的高校，且戏剧尤其是昆曲在省内具备广泛的群众基础。

就昆曲创作内容来讲，除京剧传统外，还应与当下现实题材以及红色题材相结合，使现代昆曲既生长于传统戏曲范式又与时俱进，创作出真正能为各阶层喜闻乐见的作品。念白的创作在语音、韵脚等方面应坚持昆曲的原有传统，但在语言习惯、语序、词汇等方面应根据现有语境进行调整，以求与观众产生共鸣。

无论是何种曲艺形式,在传承与发展上都要落脚于现实而不悖于传统,既要从传统中汲取营养,又要抱定"试一试"的决心和勇气,打开视角,面向未来。

刘继林　湖北大学文学院副院长、教授

湖北作为与长江关系最为密切、地位最为重要的省份,在长江文化、长江文艺、长江文学的传承与发展中一直扮演着十分重要的角色。长江作为一个母题,一直以来都是湖北作家的书写对象。对于长江的发展、建设以及变化,湖北文艺中都有纪实的呈现。

传承与创新湖北文艺,需要注意由边缘到中心的长江文化如何引领全国,如何由地域研究走向联动,对长江文化的传承与创新该如何走向现代,文艺创作如何从重表现走向内部探索,寻找长江文明的文脉。湖北文学是长江文学重要组成部分之一,理应为"长江学"发展贡献更大力量。

古春霞　浙江科技学院讲师、浙江省中国特色社会主义理论体系研究中心研究员

长三角城市群有着丰富的历史积淀和独特的城市记忆,是一个不断发展的、吐故纳新的生长体。长三角文化的灿烂图景得益于江南文化、海派文化和红色文化的完美融合。

江南文化是缘于太湖水系形成的水缘文化,也是缘水而兴的商业文化和通俗博大的市民文化。江南文化具有包容、创新和再融合的特点,集中了中国人对自然和人文所有的美好想象,是华夏文明的核心组成部分。

海派文化的其形成与上海特殊的地理位置有着密切关联。1843年上海开埠后海纳百川、融通中外,外来生活方式和理念传入上海,与传统文化相融合,造就了独特的海派文化。咖啡和电影节是海派文化的重要代表。

长三角地区有着丰富的红色文化。上海和浙江是中国共产党扬帆起航之地,马克思主义在此生根发芽、茁壮成长,仅上海一地留下的红色革命文化遗迹就达上千处,可分为15大类。红色文化社区的营造成为城市记忆的重要环节,红色文化信息化、数字化传播是近年来重要的呈现方式。

专题探讨三:长江生态修复与治理

张胜花　中南民族大学资源与环境学院教授

湖泊生态系统涵盖湖泊生物群落和非生物环境,具有界限明显、水体更新

慢、生物种类丰富、存在分层现象和演替速度缓慢等特征。湖泊生态功能则包括光合作用与呼吸作用、浮游植物群落演替、沉积作用与分解作用、食物网结构、能流和营养物质循环。

人类活动对湖泊造成富营养化等影响，表现为水味腥臭难闻、水体透明度降低、消耗水体溶解率、向水体释放有毒物质、影响供水水质并增加制水成本、对水生态和渔业产生影响等。

进行湖泊生态修复时，要特别关注稳态转换的驱动力要素，如营养盐、温度、透明度、水位、风力作用、生物牧食条件等，可以采用设置岸带缓冲带、水生植物恢复与重建、建设生态浮床(岛)、进行生物修复、生物操纵与藻类控制等多种技术措施。

晏雪平　江西师范大学历史文化与旅游学院副教授

明清时期赣抚河口平原圩堤事业虽然全面展开，但发展并不同步。清代中期，赣抚河口平原圩堤经历了一个恢复发展时期。以南昌、新建二县为例，乾隆时期仅有数量变化而无质的改变，到嘉庆、道光、同治时期开始全面发展。

圩堤模式的发展经历了由下游至上游拓展的过程，这是由于下游筑堤引起水文变化，导致上游必须以圩堤备水患的结果。而"内拓型"圩堤系统的形成，实际上与河口平原受鄱阳湖南侵的趋势影响发育缓慢有密切关系。

圩堤兴修方式在一定程度上受到规模、经费和该区水文环境变化的影响，兴修过程中官民力量实为互补而非对立。

吴晗晗　湖北省社会科学院长江流域经济研究所助理研究员

结合长江经济带"五新三主"发展要求建立长江经济带高质量发展评价体系，采用改进熵值法对级指标进行综合权重分析，客观测度长江经济带11省市及五个分领域高质量发展水平，从结果来看，长江经济带高质量发展总体成效显著，得分水平稳步提升。但是，湖北在长江经济带绿色发展中也面临一些突出问题，如生态承载力及水资源总量不容乐观，生态修复治理力度处于中偏下水平，资源利用效率偏低问题亟需改善等。对策建议主要包括坚持生态优先，推进生态环境系统保护修复；坚持创新引领，推动产业结构优化升级；坚持绿色发展，提高资源综合利用效率；完善体制机制，促进长江绿色发展法治化。

李潇　武汉大学水利水电学院博士研究生

近年来，以洞庭湖为代表的湖泊湿地萎缩问题逐渐成为关注焦点。通过建立回归模型将水库调度前的流量和调度后的流量作为模型输入进行相关结果对比,可以发现水库群的调度对洞庭湖的水资源产生了较大影响,在水库群蓄水期间尤为明显。将河湖模型输入到水库群优化调度程序中,通过确定性优化的方法,可以获取水库群的最优运行规则,达到预期标准。总之,长江上游水库群的蓄水运行对湖泊水位产生了显著影响。如何在气候水文不断变化的条件下,智能更新运行规则将是接下来需要持续关注的问题。

《长江学研究》征稿启事

湖北地处长江的"龙腰"位置,是拥有长江岸线最长的省份。湖北省社会科学院数十年来一直致力于长江相关研究,取得了丰硕成果。

2019年12月,我院主办了第一届"长江学"学术研讨会,正式向学界发出了创建"长江学"的倡议。以此为契机,我院决定创办一份专门刊布"长江学"最新研究成果的专业性学术集刊——《长江学研究》。

《长江学研究》每年出版一辑,主要刊载以长江流域的历史文化、区域经济、生态保护及交通运输、城市规划、管理、法学、文学、艺术等为研究对象的专题论文、研究综述和学术书评。

为提高《长江学研究》的学术质量,特面向国内外公开征稿。所需稿件,除特约稿件外,均须是未公开发表的原创文章。文章字数以8000至15000字为宜,重点稿件不拘此例。来稿文责自负。欢迎国内外有志于"长江学"研究的同仁惠赐大作,并请注明作者信息。

投稿信箱:changjiangxueyj@126.com 或 wenshisuo@163.com

联系电话:027—86792406(联系人:路老师、曾老师)

《长江学研究》编辑部